21世纪经济与管理规划教材

旅游管理系列

U0832366

旅游企业人力资源开发与管理

HUMAN RESOURCES DEVELOPMENT AND MANAGEMENT OF TOURISM ENTERPRISES

李志刚/主编

北京大学出版社
PEKING UNIVERSITY PRESS

图书在版编目(CIP)数据

旅游企业人力资源开发与管理/李志刚主编．—北京：北京大学出版社，2011．8
(21世纪经济与管理规划教材·旅游管理系列)
ISBN 978-7-301-19317-4

Ⅰ．①旅…　Ⅱ．①李…　Ⅲ．①旅游企业-人力资源开发-高等学校-教材 ②旅游企业-人力资源管理-高等学校-教材　Ⅳ．①F590.6

中国版本图书馆CIP数据核字(2011)第154892号

书　　名：旅游企业人力资源开发与管理
著作责任者：李志刚　主编
策 划 编 辑：何耀琴
责 任 编 辑：马　霄
标 准 书 号：ISBN 978-7-301-19317-4/F·2838
出 版 发 行：北京大学出版社
地　　址：北京市海淀区成府路205号　100871
网　　址：http://www.pup.cn
电　　话：邮购部 62752015　发行部 62750672　编辑部 62752926
出版部 62754962
电 子 邮 箱：em@pup.cn
印 刷 者：北京富生印刷厂
经 销 者：新华书店
730毫米×980毫米　16开本　23印张　424千字
2011年8月第1版　2016年1月第3次印刷
印　　数：8001—10000册
定　　价：42.00元

前　　言

旅游资源、旅游设施和旅游服务是现代旅游企业经营管理的三大要素。当今社会,科学技术越来越发达,并迅速渗透到包括旅游业在内的社会各个领域,影响着人们的生活,但是机器和技术始终无法完全替代旅游业的服务工作,而且顾客越来越需要富有人情味的个性化服务。人力资源已成为现代旅游业最值得重视和开发的“第一资源”。虽然旅游业以劳动密集为特征,但是并不意味着现代旅游企业对人力资源开发与管理的要求是低水平的。

作为高等院校旅游管理和饭店管理专业的教科书,同时兼顾旅游行业管理培训和业务指导的需要,本书编写的出发点是,人力资源开发与管理不仅仅是旅游企业人力资源部门的一项专职工作,而且是所有旅游企业管理者都应该关注和掌握的一项工作技能,为此,全书力求在以下方面有所特色:

(1) 理论与实践相结合,科学梳理知识结构。本书从旅游企业经营管理的实际出发,把旅游企业管理理论、人力资源管理与开发理论和旅游企业管理实践融为一体,突出行业特点,使学生在了解旅游企业人力资源开发与管理工作的特殊性和重要性的基础上,掌握人力资源开发与管理工作的基本原理和实际方法。全书分为基础篇,包含旅游企业人力资源开发与管理导论、职位分析和人力资源规划与计划等内容;管理篇,包括员工招聘、员工绩效管理、薪酬管理和劳动关系管理等内容;开发篇,包括员工培训、员工激励和职业生涯发展等内容。这样不仅使教材名称与内容完全吻合,更重要的是对旅游企业人力资源工作进行了比较科学的梳理,整合了旅游企业人力资源工作各个环节的逻辑关系。

(2) 从实践应用出发,覆盖行业广泛。旅游业不像农业和工业那样是一个界限分明的独立产业,它的产品是由住宿业、旅行业、餐饮业、交通运输业、零售业等多项产业共同提供和构成的。因此,本书顺应现代旅游业开放性拓广发展的趋势,突破了饭店、旅行社和旅游景区等传统旅游企业的局限,将高尔夫球俱乐部、邮轮和游艇公司、航空运输和游乐园等快速发展的旅游企业纳入视野,在人力资源开发与管理的层面上讨论、研究和介绍有关的经验、案例和操作方法,试图形成一套具有广泛包容性和适用性的旅游企业人力资源开发与管理的“通论”体系。

(3) 教材体例与国际接轨,教学素材丰富。本书在编写过程中,借鉴了国外旅游企业人力资源管理类教材的体例安排,力求做到内容体系周全完整,运作方法直观简练,理论导入和阐述严谨生动。每章前有“知识要求”和“技能要求”,并精心选取了来自于旅游企业一线的人力资源开发与管理案例作为“引例”,激发学生的学习兴趣;每章后有“关键术语”、“复习思考题”和“案例学习”等内容,同时为了培养学生的团队学习意识和实践能力,每章后均设计了相关的“课业”,供学生课后以小组形式完成,从而实现“活学活用”的教学目标。

本书由李志刚担任主编,负责制定本书的编写结构与框架,并承担第一、二、三、五、七、九、十章的编写,薛天菲编写第四、六、八章。

本书是在参阅了大量学术文献和案例资料的基础上,通过创造性转述和加工完成的,在此对所有提供支持与帮助的专家、学者表示诚挚的感谢。此外,还要特别感谢北京大学出版社的何耀琴和马霄两位编辑,正是她们的精心策划,本书才得以顺利出版。

由于编者的专业知识水平有限,难免存在一些疏漏和差错,衷心欢迎各界朋友提出批评意见。

李志刚

2011 年 5 月

目 录

基 础 篇

管　理　篇

开 发 篇

基 础 篇

- 旅游企业人力资源开发与管理导论
- 旅游企业职位分析
- 旅游企业人力资源规划与计划

第一章

旅游企业人力资源开发与管理导论

知识要求

通过本章学习，学生应该掌握五项基本知识：

- 人力资源的含义、特征和质量内涵
- 人力资源开发与管理的概念和发展趋势
- 旅游企业人力资源开发与管理的概念和职能
- 现代旅游企业对人力资源队伍的总体要求
- 旅游企业人力资源开发与管理的原则

技能要求

通过本章学习，学生应该掌握三项管理技能：

- 根据人力资源数量与质量的关系原理，结合旅游企业的生命周期，提出控制人力资源数量与质量的措施
- 根据国际化旅游人才的素质构成，能够对我国旅游核心产业（饭店业、旅行社业、景区点及旅游车船公司）的国际化人才提出具体的行动要求
- 根据旅游企业的工作性质和人力资源结构的特点，能够提出旅游企业人力资源开发与管理的具体目标

引 例

作为一家世界级邮轮公司的人力资源总监，鲍勃·西蒙斯已经清楚地意识到今后的6个月将是非常繁忙的，因为董事会刚刚决定新开通欧洲到中国的航线，并打算以上海作为母港推出“中国风情游”产品，在这条航线上航行的“东方之梦”号是意大利一家造船厂刚刚交货的90 000吨级豪华邮轮，每个航次可承载2 200名旅客，全船需要987名员工。当“东方之梦”号从地中海起航时，鲍勃领导的人力资源部门必须雇用并培训好大约800名新员工，而其他人员则要从东南亚航线调配过来。最让鲍勃感到压力的是，董事会要求“东方之梦”号的服务人员应该有不少于100名来自中国。看来，鲍勃的责任不仅是要在他所熟悉的环境中招聘和培训新员工，还要设法使调来的员工熟悉“东方之梦”号的工作环境。鲍勃现在考虑的是马上到中国考察一下那里的人力资源市场，还要尽快任命一位负责到中国招聘员工的经理。

李强是北京一家知名旅行社的办公室主任，这家旅行社现在在北京拥有5个门店，主要经营覆盖广西、云南、四川和陕西等省区的16条主要旅游线路。因为企业规模比较小，所以没有设立独立的人力资源部门，而是由办公室承担了人事管理的工作。李强负责招聘各门店的员工和全社的导游，并对他们进行基本的入职培训，然后分配给具体的用人部门。上周末是发薪的日子，一个门店的经理在拿到工资后不辞而别。现在正值旅游旺季，旅行社人手十分短缺，而且还没有合适的人选去接管那家门店，旅行社的老总决定指派李强临时代管。

苏珊·布雷特已经在中国工作了3年，她所在的酒店管理公司在全球经营管理着超过600家的四星级酒店。在中国，它们的业务分布在11个省市。苏珊作为公司中国区的执行副总裁，分管人力资源和公共关系，下个月公司在深圳将有一家新的酒店开业，但是苏珊得到消息，如果公司在中国的所有酒店再不成立工会的话，政府将不支持新店开业。事实上早在5年前，苏珊所在的酒店管理公司在中国接手第一家酒店时，当地政府就要求它们成立工会组织。但是，苏珊可不想这样，她从前任职的那家企业在美国曾经和工会组织因为“性别歧视”打了两年的官司，最终以败诉告终。在中国成立工会，苏珊会遇到什么麻烦呢？

鲍勃、李强和苏珊在工作中的处境是类似的，他们都面临着来自与人力资源开发和管理有关的挑战。事实上，每一位旅游企业的管理者都必须正视和耐心处理复杂多变的员工问题，它既是日常管理工作的重要内容，也是事关旅游企业生存与发展的战略问题。

第一节 人力资源开发与管理的形成

一、对人力资源的认识

按照逻辑从属关系，人力资源属于资源这一大的概念范畴，是资源的一种具体表现形式。《辞海》把资源解释为“资财的来源”。资源是人类赖以生存的物质基础，对资源从不同的角度有不同的解释。从经济学的角度来看，资源是指能给人们带来新的使用价值和价值的客观存在物，它泛指社会财富的源泉；从财富创造的角度来看，资源是指为了创造物质财富而投入生产过程的一切要素。①

“人力资源”(human resource)这一概念曾经先后于1919年和1921年在约翰·R.康芒斯(John R. Commons)的两本著作《产业信誉》和《产业政府》中使用过，康芒斯也被认为是西方第一个使用“人力资源”一词的人②；但当时他所指的人力资源和现在管理领域所使用的人力资源在含义上有着很大的差异，只不过是字面上相同而已。

(一) 人力资源与人力资本

现代管理学研究的人力资源概念，是由美国管理大师彼得·F.德鲁克(Peter F. Drucker)于1954年在著名的《管理实践》一书中首先正式提出并加以明确解释的。德鲁克认为，在企业经营管理活动中，人力资源和其他资源相比，唯一的区别就是“它”是人，并且是管理者必须考虑的具有“转用性资产”的资源；人力资源拥有其他资源所不具备的素质，即“协调能力、融合能力、判断力和想象力”。他认为，与其他资源相比，人力资源是一种特殊的资源，必须通过有效的激励机制才能开发利用，并为企业带来可见的经济价值。

20世纪60年代以后，美国经济学家西奥多·W.舒尔茨(Theodore W. Schultz)等人提出了人力资本理论，他们认为，人力资本是体现在具有劳动能力(现实或潜在)的人身上的、以劳动者的数量和质量(即知识、技能、经验、体质与健康)所表示的资本，它是通过投资而形成的。

人力资源和人力资本都是以人为基础而产生的概念，都是在研究人力作为生产要素在经济增长和经济发展中的重要作用时产生的，研究的对象都是人所具有的脑力和体力，现代人力资源理论大都是以人力资本理论为根据的；人力资本理论是人力资源理论的重点内容和基础部分。

---

① 董克用.人力资源管理概论[M].北京:中国人民大学出版社,2007:5.

② 萧鸣政.人力资源开发学[M].北京:高等教育出版社,2002:2.

虽然人力资源和人力资本有着紧密的联系，但它们之间还是存在着一定的区别。

首先，在与社会财富和社会价值的关系上，两者是不同的。人力资本是由投资而形成的，强调以某种代价获得的能力或技能的价值，投资的代价可以在提高生产力的过程中以更大的收益收回。因此，劳动者将自己拥有的脑力和体力投入到生产过程中参与价值创造，就要据此来获取相应的劳动报酬和经济利益。而人力资源则不同，作为一种资源，劳动者拥有的脑力和体力对价值的创造起了重要的贡献作用。人力资源强调人力作为生产要素在生产过程中的生产、创造能力，它在生产过程中可以创造产品、创造财富，促进经济发展。

其次，两者研究问题的角度和关注的重点也不同。人力资本是通过投资形成的、存在于人体中的资本形式，是形成人的脑力和体力的物质资本在人身上的价值凝结，是从成本收益的角度来研究人在经济增长中的作用，它强调投资付出的代价及其收益，考虑投资成本带来多少价值，研究的是价值增值的速度和幅度，关注的重点是收益问题。人力资源则不同，它将人作为财富的来源来看待，是从投入—产出的角度来研究人对经济发展的作用，关注的重点是产出问题，即人力资源对经济发展的贡献有多大，对经济发展的推动力有多强。

最后，人力资源和人力资本的计量形式不同。人力资源是存量的概念，是指一定时间、一定空间内，人所具有的对价值创造起贡献作用并能够被组织所利用的体力和脑力的总和。而人力资本则兼有存量和流量的概念，从生产活动的角度看，是与流量核算相联系的，表现为经验的不断积累、技能的不断增进、产出量的不断变化和体能的不断损耗；从投资活动的角度看，则与存量核算相联系，表现为投入到教育培训、迁移和健康等方面的资本在人身上的凝结。

（二）人力资源的定义

由于对人力资源认识的角度不同，对人力资源的定义也不尽相同，基本可以分为两大类。

第一类主要是从能力的角度出发来解释人力资源的含义，持这种观点的人占多数：

张德（2001年）认为，所谓人力资源，是指能够推动整个经济和社会发展的劳动者的能力，即处在劳动年龄的、已直接投入建设和尚未投入建设的人口的能力。①

吴国存和李新建（2001年）指出，人力资源作为经济资源，实质就是人所具

---

① 张德.人力资源开发与管理[M].北京：清华大学出版社，2001：1.

有的运用和推动生产资料(物质资料)进行物质生产或社会经济活动的能力,亦即社会劳动能力。①

萧鸣政(2001 年)强调,所谓人力资源,是指劳动过程中可以直接投入的体力、智力、心力总和及其形成的基础素质,包括知识、技能、经验、品性与态度等身心素质。②

董克用(2007 年)认为,所谓人力资源,就是指人所具有的对价值创造起贡献作用,并且能够被组织所利用的体力和脑力的总和。③

第二类主要是从人的角度出发来解释人力资源的含义:

郑绍濂等人(1995 年)提出,人力资源主要指企业组织内外具有劳动能力的人的总和。④

陈远敦和陈全明(1995)认为,人力资源是指能够推动社会和经济发展的具有智力和体力劳动能力的人的总称。⑤

陆国泰(2000 年)指出,人力资源是指一定社会区域内所有具有劳动能力的适龄劳动人口和超过劳动年龄的人口的总和。⑥

于桂兰和魏海燕(2005 年)表述,人力资源是指人拥有的知识、技能、经验、健康等"共性化"要素和个性、兴趣、价值观、团队意识等"个性化"要素以及态度、努力、情感等"情绪化"要素的有机结合。⑦

本书认为,从能力的角度出发来理解人力资源的含义更接近其本质。人是通过运用自身的知识、经验、技能、体能等能力来为社会创造财富、体现其资源价值的。因此,人力资源是指人凭借在某一领域积累的知识和经验,支配体能和智能创造价值的能力之总和。

人力资源作为一种经济资源,实质就是人所具有的运用和推动生产资料进行物质生产的能力。它包括体能和智能两个基本方面。体能即人的身体素质,包括力量、速度、耐力、反应力和心理承受能力等,亦即对劳动负荷的承载力和消除疲劳的能力。智能包含三个方面:首先是人认识事物、运用知识、解决问题的能力,亦即智力,包括观察力、理解力、思维判断力、记忆力、想象力、创造力等;其次是知识,指人类所具备的从事社会生产与生活实践活动的经验和理论;最后是

① 吴国存,李新建.人力资源开发与管理概论[M].天津:南开大学出版社,2001:1.
② 萧鸣政.人力资源管理[M].北京:中央广播电视大学出版社,2001:2.
③ 董克用.人力资源管理概论[M].北京:中国人民大学出版社,2007:8.
④ 郑绍濂,等.人力资源开发与管理[M].上海:复旦大学出版社,1995:2.
⑤ 陈远敦,陈全明.人力资源开发与管理[M].北京:中国统计出版社,1995:1.
⑥ 陆国泰.人力资源管理[M].北京:高等教育出版社,2000:9.
⑦ 于桂兰,魏海燕.人力资源管理[M].北京:清华大学出版社,2005:3.

技能，是人们在智力、知识的支配和指导下实际操作、运用和推动生产资料的能力。体能、智力、知识、技能是人力资源的现实应用形态，也是其作为经济资源的基本内容。

（三）人力资源的特征

人力资源，是一种特殊的经济资源，与物质资源相比，具有自己的特征。

1. 人力资源具有生物属性

人力资源是一种融于人体内的有生命的活的资源，与人的自然特征相关联，具有天然生理构成的方面和出生、成长、死亡的自然生理发展过程。

2. 人力资源具有社会属性

人力资源的形成是人类生活和生产活动的必然结果，同时它也是社会生产和生活的主体，从其产生伊始，便存在于一定的人类社会形态之中。因此，它总是反映一定的社会关系，并随社会进步和社会生产方式的发展而发展，离开人类社会也就没有人力资源。

3. 人力资源具有能动性

人力资源的能动性表现在人力资源有思想，有社会意识，能够自觉地，有意识、有目的地从事社会生产活动，在社会生产和生活中居于主体地位，可以按照自己的意愿、目的和要求能动地发展生产，安排生活；在与自然界的关系上，人力资源不是被动地服从于自然，而总是主动地去认识、利用、改造自然，使之为人类服务，同时有意识地不断开发、提高和发展自己。

4. 人力资源具有时效性

人力资源的形成、开发有一个过程，需要时间。每个人的生命周期中，一般只有15岁到60岁（国际上一般到65岁）期间可以作为劳动力资源发挥作用，而在这几十年里，每个人在不同年龄段上的劳动能力又不相同。人力资源的使用要特别注意到这一特点。

5. 人力资源具有可增值性

对人力资源个体而言，其体力不会因为使用而消失，只会因为使用而不断增强，当然这种增强是有一定限度的；其知识、技能和经验也不会因为使用而耗尽，相反会因为不断的运用而更有价值。在一定的范围内，人力资源是不断增值的，其创造价值的机会会越来越多。当然，人力资源的增值离不开必要的教育、培训和有意识的自我总结经验。

（四）人力资源的质量

人力资源的质量包含三方面内容，即思想素质、文化技术素质和生理心理素质。

1．思想道德素质

思想道德素质包括政治觉悟、思想水平、道德品质等。从企业管理角度讲，思想道德素质主要是指员工工作的责任心、事业心、职业道德、敬业精神和思想状态，例如员工是积极进取还是安于现状，是勇于改革创新还是保守恋旧，等等。

2．文化技术素质

文化技术素质主要是指智力、知识、技能，这是人力作为资源而所具有的质的规定性的主要方面。

3．生理心理素质

简单地讲，生理心理素质就是上文所述的体能和心理状态。

（五）人力资源数量与质量的关系

人力资源的数量与质量是紧密联系的。一定的人力资源数量，必然具有质的规定性；而一定的人力资源质量，也必须通过一定的数量体现出来。但是，从现实的企业经营管理活动来看，在某一个具体的企业中，不同质量的员工之间应当有什么样的数量比例关系，则是一个具有相当技术难度和极大实用价值的研究课题。

1．人力资源一般呈金字塔形分布，即质量越高，人才数量越少。

如果企业中充斥的只是低素质的碌碌之辈，缺乏高素质的员工，势必很难在技术、财务、营销等方面具有优势，在市场竞争中就会处于落后地位。而企业中出现的人才低就现象，即招聘高水准人才来从事低要求的工作，则是人力资源的浪费，不仅对人才的使用和发展不利，还会使企业的人力资源成本增加。

2．不同质量内涵的员工之间是不容易互相替代的。

人力资源个体教育背景的差异、工作经历的不同，以及岗位分工的专业化，使得不同工作岗位的人力资源个体所具备的专业技能存在着比较大的差异，在A岗位上是高质量的人才，换到B岗位则有可能完全不适用。例如，财务部门的管理人员和计算机部的经理就不能互换职位，更不用说用低素质的电脑操作人员来取代高素质的程序维护和开发人员了。

3．人力资源数量与质量的比例关系要保证一定的弹性。

人力资源数量与质量的比例关系应当与企业的经营战略结合起来考虑，并保持一定的弹性，以避免企业发生经营业务战略转变时，出现人才结构比例僵化、失调的问题，影响企业的发展。

4．人力资源数量与质量的关系，是可以通过人员配置进行优化的。

员工队伍的配置是影响企业人力资源作用的重要因素。在实际工作中，人和事这两方面都是动态发展的。有的员工工作能力提高了，经验丰富了，个人需求也会提高，对现有的工作容易不满足，甚至产生厌倦的情绪；有的员工则随着工作内容的复杂化和设备的更新，其能力越来越不适应岗位，工作越来越困难。对于这些问题，必须采取相应的措施，从调整数量和提高质量两个方面考虑，及时优化人力资源队伍。

二、对人力资源开发与管理的认识

（一）什么是人力资源开发与管理

所谓人力资源开发与管理，是指组织为了获取、保持、发展和有效利用在生产和经营过程中所必需的人力资源，运用科学、系统的技术和方法协调人与工作的关系，处理工作中人与人的矛盾，充分调动人的积极性，以实现组织目标的过程。准确把握人力资源开发与管理的定义，应该注意以下几个方面：

1. 人力资源开发与管理首先需要确定主体和客体。

所谓主体，即谁进行开发与管理，在现代企业里，人力资源开发与管理的主体是代表企业利益进行管理的个人或部门；所谓客体，是开发与管理谁，即开发与管理的对象，通常是指所有被开发与管理者。

2. 人力资源开发与管理是组织行为。

一方面，人力资源开发与管理是组织启动的；另一方面，人力资源开发与管理是组织所进行的有计划、有目的的行为和活动。另外，人力资源开发与管理的目的是组织目标的实现，其一切活动必须服从于组织目标。

3. 人力资源开发与管理的实质，是在推动工作、完成组织目标和使命的过程中，进行人与事、人与人关系的调整。

人力资源作为企业的第一资源，在企业生产活动中发挥能动的主导作用，其一切经济行为或活动，均体现了人与生产资料、人与人的生产关系。所以，对人力资源的开发与管理，实质是安排、调整、协调处理人与事、人与人的关系。

4. 人力资源开发与管理是一项系统工程。

现代人力资源开发与管理是由对员工的聘任、使用、配置、培训、调整和保护等一系列活动构成，诸项活动并非无序、无关联的，而是立体交叉、有机联系在一起的，这就构成了人力资源开发与管理体系。

（二）人力资源开发与管理的目标

1. 终极目标

企业价值最大化是所有现代企业追求的目标。企业价值的产生和构成要素包括企业的运作管理和经营资源，以及股东价值、顾客价值和员工价值。因此，人力资源开发与管理的终极目标，是通过不断优化人力资源的结构，提高员工的价值，进而强化企业整体价值的持续创造能力。

2．具体目标

在终极目标之下，人力资源开发与管理还要达成以下具体目标：

（1）保证适时地雇用到组织所需要的员工；

（2）最大限度地挖掘每个员工的潜质，既服务于组织目标，也确保员工个人的发展；

（3）留住那些通过努力工作有效地帮助组织实现目标的员工，同时排除那些无法为组织创造足够价值的员工；

（4）确保组织遵守政府有关人力资源开发与管理方面的法律、法规和政策。

三、人力资源开发与管理的形成和发展

人力资源开发与管理发展成为较为系统的理论，是随着整个管理理论的发展而逐步形成的，它启蒙于19世纪中叶的工业革命，在20世纪初美国的科学管理兴起时期，人力资源开发与管理逐渐形成一门独立的学科，随后，在早期工业心理学和人际关系研究基础上诞生的行为科学，对这门学科产生了重大的影响，并使之趋于成熟。

（一）人力资源开发与管理的功能演进

人力资源开发与管理从最初的人事管理实践，发展到目前对企业战略目标的实现发挥重要支撑作用，其功能的演进可以划分为四个阶段，即人事档案管理阶段、政府职责阶段、组织职责阶段和战略管理阶段。

1．人事档案管理阶段

人事档案管理阶段从人事管理出现一直到20世纪60年代。这一时期，人事管理的主要工作内容就是招聘录用、培训员工和管理人事档案。随着雇主对员工的关心程度的增加，新员工的录用、岗前培训、个人资料的管理等工作逐渐由专职的人事部门或专门的人员负责。在这一时期企业普遍缺乏对人力资源工作性质、目标的明确认识，也缺少系统性的工作流程和制度。

2．政府职责阶段

政府职责阶段最先出现在20世纪六七十年代的西方国家。这一时期的特点是政府介入和法律规定开始在许多方面影响雇佣活动，但企业的高层领导人仍将人力资源开发与管理的成本视为非生产性消耗。

以美国为例，继1964年通过《民权法案》之后，政府相继通过了《种族歧视法》、《退休法》、《保健安全法》等涉及公民就业的多部法规，企业如果违反这些

法规就会导致巨大的经济损失。这就迫使企业领导者对劳动人事管理工作给予足够的重视,要求日趋严格,不允许任何环节有丝毫的疏忽,力求避免和缓解劳资纠纷,在出现劳资纠纷时能争取主动。在这种法律背景下,企业人事管理工作不得不强调规范化、系统化和科学化,工作内容逐渐形成了主要包括吸引、录用、维持、开发、评价和调整的工作流程,为完成上述各种任务所需要的各类人事专家也纷纷进入企业。而为此所支出的一切费用,仍然被许多企业的高层管理者视为整个组织的非生产性消耗,企业不过是为了应付政府不得已而为之。所以,这个阶段称为"政府职责"阶段。

3. 组织职责阶段

进入20世纪80年代以后,发达国家的企业领导人认识到人事管理不应该是"政府的职责",而把它真正视为企业自己的"组织的职责"。

这种认识的转变是有其历史背景的。首先,心理学、社会学和行为科学日益渗透到企业管理领域,在这种学科交融的基础上形成的人力资源开发与管理理论日益受到企业的重视,并被广泛接受;其次,劳动生产率增长趋缓,员工所表现出的懒散和管理水平的平庸使企业高层领导日益忧虑;再次,劳资关系日趋紧张;最后,政府对企业进行了越来越多的干预,再加上劳动力的多样化、教育水平的提高,使得企业对员工的管理更加困难。因此,企业高层领导被迫从企业内部寻找原因和出路,进而发现人力资源开发与管理是重要的突破口。

许多企业的高层领导人开始相信:调动人的积极性和掌握处理人际关系的技能非常重要,它既是保证企业排除当前困难的有效方法,也是保证企业未来成功的关键因素。为此,企业开始吸收人事经理进入企业高级领导层,共同参与企业的经营决策,并认为人力资源是一种最重要的战略资源,是企业成败兴衰的关键。20世纪80年代初期,发达国家的企业纷纷将人事部门改名为人力资源部,企业从强调对物的管理转向强调对人的管理。

4. 战略管理阶段

把人力资源战略作为公司重要的竞争战略,或者从战略的角度考虑人力资源问题,把人力资源开发与管理与企业的总体经营战略联系在一起,是20世纪90年代后人力资源开发与管理的重要发展。

在这一阶段,人力资源开发与管理成为整个企业管理的核心。在国际范围的市场竞争中,无论企业从事何种业务、规模如何,要想获得和维持竞争优势,核心资源都是人力资源。20世纪80年代以来,世界经济发展过程中一个突出的现象就是企业兼并与重组,为了适应兼并与重组的需要,企业必须制定明确的发展战略,因而战略管理逐渐成为企业管理的重点,而人力资源开发与管理对企业战略的实现有着重要的支撑作用,所以从战略的角度思考人力资源开发与管理的问题,将其纳入企业战略的范畴已经成为人力资源开发与管理的主要特点和发展趋势。

（二）现代人力资源开发与管理的发展趋势

现代人力资源开发与管理的发展趋势主要表现在以下九个方面:

1. 人力资源开发与管理理念的变化

美国假日酒店管理集团的创始人凯蒙·威尔逊先生曾经说过:没有满意的员工,就没有满意的顾客;没有令员工满意的工作环境,就没有令顾客满意的享受环境。考察国内外成功企业的文化体系不难发现,这些企业无论采用何种语言或是表达方式,均将员工视作企业最宝贵的财富,将“以人为本”奉为企业核心的管理理念;考察这些企业的人力资源开发与管理模式也不难发现,这些企业已经抛弃了以监督与控制为主的模式,转向了以领导与激励为主的模式。

这些变化归根结底源自于人力资源开发与管理理念的变化,即不再将员工视作“逃避工作、喜欢偷懒的人”,而是将其视为“愿意承担责任、能够自我指导与控制的人”。人力资源开发与管理理念的变化,实际上是对传统人性假设的反思,既是行为科学进步、社会环境变迁的结果,也是知识员工和顾客导向型企业大量涌现的结果。毫无疑问,尊重、理解、信任和关心员工,将成为未来企业成功的重要“基因”。

2. 人力资源开发与管理认识的变化

随着知识对企业贡献率的不断增加,人力资源开发与管理得到了越来越多的重视,已经开始从维持辅助的事务性层面,上升到了获取竞争优势的战略性层面,“战略性人力资源开发与管理”在更大范围和更大程度上从理论走向现实。人力资源开发与管理正在日益成为与企业各个层面的管理人员(包括各级直线经理乃至 CEO)都息息相关的事,而不再只是人力资源部门的事;人力资源部门也从后台走向了前台,不再只是企业发展战略的一个执行者,而是在参与甚至主导企业战略的决策过程中发挥作用。

3. 人力资源开发与管理导向的变化

如何才能使战略性人力资源开发与管理真正落到实处?受全面质量管理和流程再造理论的影响,美国企业界提出了“人力资源开发与管理的内部客户导向”的新理念。在一些管理先进的美国企业中,高层人力资源管理者已经开始把人力资源部门看做是一个战略业务单位,并且试图根据他们的客户基础、客户需要以及满足客户需要的技术等条件界定业务内容。

一般认为,人力资源部门具有三类内部客户,即直线管理人员、企业决策层和内部员工,这三类内部客户所需要的产品或服务是不同的。直线管理人员,希望在人力资源部门的协助下,获得具有奉献精神的高素质员工;企业决策层,需要在战略决策的制定过程中获得人力资源方面的信息与建议,在战略决策的执行过程中获得人力资源开发与管理制度和实践方面的支持;而内部员工,则希望人力资源部门能够创造出良好的人才发展环境,为其职业发展提供专家式的指导和咨询,不断提高自身的人力资本价值。

针对不同的内部客户以及差异化的需求,人力资源部门应当从专业角度出发,确定需要运用哪些技术、通过哪些途径来满足他们的需求。这种以内部客户为导向的人力资源开发与管理,实际上改变了人力资源部门传统的"企业宪兵"形象,使人力资源部门的权威基础从原来的来自于职位的"强制型权力",变成了依靠专业知识服务的"专家型权力"。这种改变使人力资源部门真正从成本中心走向了利润中心。

4. 人力资源开发与管理思路的变化

目前,国内外的成功企业,都是将人力资源开发与管理作为一个长期性的系统工程来考虑,从员工的招聘、筛选、录用到离开企业的各个环节,都重视相互的衔接与配套;在出台每一个政策或采用每一个策略之前,都要考虑是不是有利于企业战略目标的实现和员工工作效能的提高。

例如,员工选择不当是导致员工跳槽、人员流失的首要原因,并直接导致企业人力资源开发与管理成本的上升。因此,在选拔员工时,应首先对空缺的职位进行细分,按照岗位的不同特点选拔符合其性格要求的员工。著名的丽思卡尔顿酒店认为,任用那些充满激情、快乐、友善的员工总是正确的选择,他们通过"性格特征聘用法"精心选拔后,每一个岗位上的员工都是高效率的,员工不仅不遗余力地使顾客满意,并可以参与自己工作区域内的计划制订。在过去的几年中,丽思卡尔顿酒店的人员流动率下降了近50%。

5. 人力资源开发与管理重点的变化

技术和服务日新月异的变化,知识员工队伍的扩大,使人力资源开发与管理的重心从原来对可用性的重视转向了对发展性的强调,建立以核心能力为中心的人力资源开发与管理体系成为一种趋势。越来越多的企业意识到组织学习是不断提高并持续保持环境适应能力的主要途径,开始致力于学习型组织的建设和加强对知识的管理,组织学习的有效性和知识的贡献率成为衡量人力资源工作绩效的重要标准。同时,职业生涯设计和继任者计划也成为企业留住核心员工的不可或缺的管理工具。

6. 人力资源开发与管理手段的变化

自20世纪80年代以来,面对员工忠诚普遍下降但是对于企业发展贡献率却不断上升的现实,人力资源的开发与管理也从常规向创新转变。仅以激励手段而言,不仅出现了以岗位和职务为基础向以业绩、技能和胜任力为基础的薪酬体系的转变,而且为了企业的持续发展和满足员工的发展需求,还衍生出了像延期收入、股票期权、利润共享等长期激励措施,以及工作内容丰富化、参与式管理、弹性工时制等更加个性化的精神激励模式。在旅游业,著名的丽思卡尔顿酒店推出"自我导向工作团队"措施,通过授权员工行使其上一级管理人员的权力,为员工营造自由空间,激励并释放他们的潜质,使他们能够快速成长,员工的参与增强了其责任心和使命感,极大地提高了整个酒店的服务质量。

同时,信息技术的发展与战略性人力资源开发与管理的需求,推动了人力资源开发与管理信息化的进程,信息技术被广泛地应用于人力资源开发与管理的各个环节。网上招聘系统、远程网络培训系统、人力资源开发与管理信息系统、人事政策自助服务系统等的建立与使用,不仅使员工的个性化需求得到了更好的满足,而且也提高了人力资源开发与管理的效率,为人力资源管理者将更多的精力集中到对企业价值贡献更大的管理活动中创造了条件。

7. 人力资源开发与管理范围的变化

传统的人事管理,主要局限于员工在企业中、上班时间内的行为控制与管理;而现代人力资源开发与管理,已经开始将影响员工工作绩效的一切因素均考虑在内,大大拓展了人力资源开发与管理的范围。注重家庭生活与工作生活的质量、关注家庭与事业的平衡,被认为是一种更加符合人性的、也更加有利于提高员工奉献精神的现代管理理念,在员工激励方案和职业生涯设计中也得到了充分的体现。

当企业工作场所的管理日臻完善之后,员工的家庭生活便成为企业让员工满意、进而提高员工工作绩效的一个重要管理切入点。越来越多的企业已经认识到了"工作狂"的弊端,不再将加班加点、透支性劳动作为一种工作精神加以提倡,而是普遍缩短了每周工作时间、引入了带薪假日制度。此外,一些企业在外派人员的管理、员工集体活动和员工的表彰奖励等方面也都不同程度地考虑家属因素,其最终目的是获得家人对员工工作的理解和支持,进而赢得员工的奉献精神。

8. 人力资源开发与管理领域的变化

经济的全球化使全球市场的联系越来越紧密,一方面使跨国企业成为世界经济的主宰力量,另一方面也使战略联盟、虚拟型组织成为新的重要的组织形式。相应的,人力资源开发与管理的边界也从清晰到模糊,从封闭走向开放;人力资源开发与管理的国际化,以及组织的柔性化成为人力资源开发与管理的新领域。突破传统意识中的企业边界与地理边界、培养全球观念和团队协作精神、实施有效的跨文化培训与管理,是21世纪企业人力资源开发与管理必须面对的挑战。

9. 从事人力资源开发与管理所需能力的变化

人力资源价值的显现和地位的提升,使人力资源开发与管理成为企业管理方面具有决定意义的内容,对人力资源管理者本身也提出了更高的能力要求。在现代企业中,从事人力资源开发与管理的群体,应当同时承担四种角色,即战略规划的参与者和执行的管理者、人事与行政管理专家、员工发展的指导者与支持者、组织发展变革的倡导者与代言人。

国外人力资源专家认为,现代企业的人力资源开发与管理人员要想真正发挥作用,应该具备以下四个条件:第一,要熟悉企业的业务流程;第二,能够掌握和应用现代人力资源开发与管理的手段;第三,在企业中具有良好的个人信誉;第四,懂得如何推动和领导企业的变革与重组。也就是说,一个称职的人力资源开发与管理人员,必须能够同时胜任职能性角色与战略性角色,需要同时具备战略意识与综合服务的"通才"能力。

第二节　旅游企业人力资源开发与管理的含义与特点

一、人力资源在现代旅游业链中的价值

旅游业不像农业和工业那样是一个界限分明的独立产业,因为它的产品是由住宿业、旅行业、餐饮业、交通运输业、零售业等多项产业共同提供和构成的。因此,许多国家和地区的国民经济统计中没有将"旅游业"作为统计口径指标,在我国的"国家统计年鉴"中也仅有"国际旅游"这一项要素的统计,而没有将"旅游业"作为一个产业进行统计。2000年3月联合国批准了由世界旅游组织(WTO)、经济合作与发展组织(OECD)和欧盟统计委员会(EUROSTAT)联合编制的《旅游卫星账户:建议的方法框架》(*Tourism Satellite Account: Recommended Methodological Framework*)。卫星账户是用于测量那些在现有国家核算体系中尚未或不能被作为一个产业的经济部门的规模的一个核算方法。在旅游卫星账户(Tourism Satellite Account,简称TSA)中,与旅游需求关系密切的旅游特征产业有以下十二个:(1) 旅馆和类似的住宿设施;(2) 第二处住房所有权(如分时

度假旅馆)；(3) 餐馆和类似的餐饮设施；(4) 铁路客运交通服务；(5) 公路客运交通服务；(6) 水路客运交通服务；(7) 航空客运交通服务；(8) 交通支持性服务；(9) 交通设备租赁；(10) 旅行社和类似的机构；(11) 文化服务；(12) 体育和其他娱乐设施。虽然这些产业或行业的主要业务和产品有所不同,但是在涉及旅游的方面,它们都有一个共同之处,就是便利旅游活动,通过提供各自的产品和服务满足旅游消费者的需要。

一般认为现代旅游业是以旅游资源为凭借,以旅游设施为基础,通过提供旅游服务满足旅游消费者各种需要的综合性产业。旅游资源、旅游设施和旅游服务是现代旅游业经营管理的三大要素。我国国家旅游局在旅游卫星账户分类基础上结合中国实际,提出了旅游核心产业的概念。旅游核心产业包括饭店业、旅行社业、景区点及旅游车船公司。

根据现代旅游业的性质和产业构成,可以看出服务贯穿于现代旅游业链的全过程,而服务的实施、传递离不开员工,从一定程度上讲,员工是旅游服务的主要承载者。当今社会,科学技术越来越发达,并迅速渗透到包括旅游业在内的社会各个领域,影响着人们的生活,但是机器或技术始终无法完全替代旅游业的服务工作,而且顾客越来越需要高接触、体贴入微、富有人情味的个性化服务。人力资源成为现代旅游业最值得重视和开发的"第一资源"。

二、现代旅游企业对人力资源队伍的总体要求

人力资源队伍的建设是各类旅游企业最重要的战略性工作之一,也关系到一个国家或地区的旅游业能否可持续发展。一个行业的人力资源优势主要体现在两个方面:一是人力资源的总体素质,它体现为潜在的生产力;二是对已经投入的人力资源的开发与管理水平,它体现为对人力资源的利用程度。现代旅游企业对人力资源队伍的总体要求集中反映在以下六个方面:

(一) 可竞争性

以人力资源作为核心竞争力的旅游企业,视员工为最重要的财富,强调集中全体员工的智慧和力量不断创新产品、创新服务,并通过他们的智慧、技能和创造性的活动使企业获得抵御外来风险的力量。人力资源队伍要敢于并有能力迎接挑战,成为组织可持续获取利润的驱动力。

(二) 可学习性

旅游业作为极具活力的"朝阳行业",发展速度十分惊人。人力资源队伍要适应并跟上现代旅游业发展的步伐,一方面需要不断补充乐于接受新鲜事物、具有良好可塑性的年轻人,另一方面要通过建立一整套系统的人力资源开发机制,

使员工的知识和技能素质可拓展和可延伸。而这两方面的实现,都要求人力资源队伍自身具备自我学习、自我提高、获取新知识和新技能的愿望和能力。

(三)可激励性

美国哈佛大学威廉·詹姆士等人研究发现,在缺乏科学、有效激励的情况下,人的潜能只能发挥出20%—30%,有效的激励机制能让员工潜能发挥80%—90%,其中50%—60%的差距是激励的作用所致。旅游企业人力资源队伍的年轻化所表现出来的个性需求,与企业可承受的激励机制存在着一定的矛盾,要想破解这一问题,不仅需要企业认真研究、分析员工的需求,建立合理的激励机制,更要求员工能够调整自我,乐于接受激励。实践证明,任何行业都不存在普遍适用于所有人的激励措施,因此,能够适应旅游企业的激励机制,认同其价值导向,是旅游企业人力资源积聚的前提条件之一。

(四)可变革性

在行业特征方面,旅游业表现出比较明显的脆弱性,主要表现在受自然因素、政治因素和经济因素的影响比较大,这就要求旅游企业的人力资源应该能够及时觉察、适应外界环境的变化和组织内部随之发生的各种改变,并能根据企业内外环境变化的需要,不断调整自己的思想观念、知识结构、思维方式和行为模式,始终跟上行业和组织发展的步伐。

(五)可凝聚性

在今后相当长的时期里,现代旅游业将依然保持着劳动密集型的行业特征。这就特别要求旅游企业的人力资源队伍能够在组织共同的价值观念下,形成一个统一的、和谐的整体,具有顾全大局、服从组织、团结协作、强调沟通、支持配合的文化氛围和组织心理,使员工具有集体荣誉感和归属感。

(六)可延续性

现代旅游业是一个人员流动性很强的行业,这是无法回避的现实。旅游企业的人力资源总是处于不断的流动、调整和再配置过程中。人力资源的快速流动,一方面要求旅游企业对不同层次的岗位及时进行补缺,以保持工作的连续性和正常秩序;另一方面,也要求旅游企业的员工具备适时补位的素质,随时准备接受来自更高职位的挑战。人力资源的储备和适时补位,已经成为现代旅游企业人力资源队伍建设所必须重点考虑的问题之一。

三、国际化旅游人才的标准

人才是一个国家经济发展的宝贵资源。著名的竞争战略专家迈克尔·波特在"国际竞争优势"理论中认为,一个国家的竞争优势包括生产要素、需求要素、相关产业及辅助产业、企业战略和结构以及竞争、机遇、政府作用等六个方面。人才既是生产要素中的人力资源中较高层次的群体，又是专业核心知识的载体，同时，也是制定企业战略和产业政策的主体，即人才是构成国际竞争力的重要综合因素。

对外开放是中国旅游业的永恒主题。自从1982年第一家中外合资饭店——北京建国饭店开业到现在，喜来登、希尔顿、万豪、假日、凯悦、香格里拉、雅高、半岛等30多家国际知名品牌的饭店管理集团，已经在中国经营管理了上百家星级饭店。结合我国旅游业的国际化进程和发展趋势，可以将我国的国际化旅游人才定义为：具有较高学历（专科及专科以上），熟悉现代旅游企业经营与管理理念，掌握世界服务贸易原则和国际旅游业通行的规则，同时具有丰富的专业知识和国内外从业经验，具备较强的创新能力和跨文化沟通能力的人力资源。

（一）国际化旅游人才的素质构成

具体地讲，国际化旅游人才的素质要求包括思想道德素质、知识素质、能力素质和生理心理素质等四个一级属性，及其涵盖的二十个二级属性（见表1-1）。

表1-1　国际化旅游人才素质构成表

一级属性	思想道德素质	知识素质	能力素质	生理心理素质
二级属性	诚信意识 责任感 敬业精神 服务意识 环保意识	知识更新能力 国际视野 外语水平 专业背景 学历水平	行业前瞻能力 市场拓展能力 危机处理能力 跨文化沟通能力 专业化服务能力	主动合作精神 开放意识 情绪稳定性 举止文明 体魄健康

（二）国际化旅游人才应该具备的能力

1. 具有广阔的国际视野

国际化旅游人才的国际视野，不仅包括对本行业或领域国际上的整体格局、前沿动态和发展趋势有深入的了解，对国际旅游业发展的规律、潮流和最新成果能够准确把握，还应该关注国际形势对旅游企业的影响，并保持足够的敏锐性。

2. 通晓国际旅游业的基本规则和惯例

国际旅游业是由高度细分的产业部门通过一个跨国的复杂分销链，来销售一系列包括住宿、餐饮、交通、观光娱乐等产品和服务的产业。旅游服务业是世界贸易组织中服务业开放承诺最多的一个领域，在服务贸易总协定中旅游服务原则分为两类：一是规定一般性义务，即每一个缔约方均需遵守的纪律，如最惠国待遇原则、透明度原则、发展中国家的更多参与原则、国内法原则；二是规定每个缔约方都需经谈判作出具体承诺,如市场准入原则和国民待遇原则。此外,各成员方的承诺还包括:不对到国外旅游设置新的限制;不对由国外业者拥有或经营的旅游机构实施限制;不对本国国民到国外旅游设立最高随带金额或兑换外币的限制等。[①] 可见,熟悉以服务贸易总协定规则为代表的一系列国际旅游业基本规则和惯例,是国际化旅游人才参与世界旅游服务贸易竞争所必需的。

3. 在跨国环境中熟悉、尊重有关国家和地区的文化

美国学者 R. 韦恩 · 蒙迪和罗伯特 · M. 诺埃(1996)在研究了美国员工在海外工作失败的多个案例后,指出员工能否对当地文化保持足够的敏感性和灵活性,是在跨国环境工作中所必须考虑的因素。[②] 在国际商业活动中最困难的,同时也是最重要的环节之一就是理解不同文化的背景、价值观以及社会需求的差异。旅游业也不例外,熟悉有关国家和地区的文化是国际化旅游人才的基本立足点之一。

具体地讲,国际化旅游人才应该深入了解有关国家和地区的文明和历史文化,理解有关国家和地区的社会经济发展水平,愿意使用非母语进行交流,尊重不同的生活方式和社会价值观。在跨国环境中,文化差异不只限于语言,还包括宗教、时间、空间、数字、美学和食物偏好等多个方面。

4. 具有较强的跨文化沟通能力

国际化旅游人才的跨文化沟通能力,是指以对客源国文化背景的了解为基础,合理运用基本的语言沟通和非语言沟通技巧,以灵活、务实的态度,协调旅游服务中各种关系的能力,如图 1-1 所示。

使用双方熟悉的语言交流,仅仅是跨文化沟通的一部分;在许多地区,非语言沟通是跨文化交流中比较容易出现障碍的方面。例如,印度在历史上曾经是英国的殖民地,因此英语的普及程度很高,但是美国游客在印度总会感受到接待者的怠慢和不被尊敬,原因之一就是在美国,直盯着说话人的眼睛才表示尊重对方,而印度的传统观念是,人与人交流时,不盯着对方的眼睛表示信任和尊重对方。可见,作为旅游企业国际化人才即使熟练掌握一门或一门以上外语,如果对顾客所习惯的文化不了解,在跨文化交流能力方面也不能算合格。

---

① 高舜礼. 中国旅游业对外开放战略研究[M]. 北京:中国旅游出版社,2004,第 29 页.

② 〔美〕R. 韦恩 · 蒙迪,罗伯特 · M. 诺埃著. 葛新权等译. 人力资源管理[M]. 北京:经济科学出版社,1996,第 198 页.

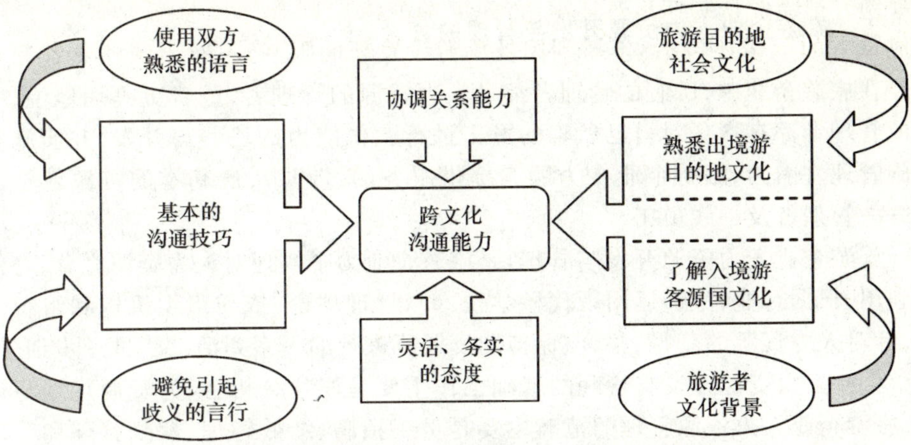

图 1-1 国际化旅游人才跨文化沟通能力构成

四、人力资源开发与管理在旅游企业经营管理中的地位

从管理的领域来看,旅游企业管理是在人员、资金、物资、市场和时间五大资源中进行的,在此相互联系、相互依存、相互交错的五大领域之中,旅游企业的管理活动对人力资源领域的驾驭,是决定其他各个领域管理好坏的关键。

从管理的职责来看,旅游企业管理总是通过管理人员,运用管理功能分别对接待服务工作和企业员工这两个主要方面实施管理,也就是说,旅游企业对人与事两个方面的管理,贯穿于业务经营活动的始终,体现在经营活动的各个环节。将人与事两者的管理有机结合,才能使旅游企业取得服务工作的成效和良好的经济效益。

由此可见,人力资源开发与管理在旅游企业经营管理中居于十分重要的地位。首先,员工是旅游企业生产经营活动中最积极、最活跃的因素,健全的管理机制、正确的领导方法和各项业务活动的开展,都涉及对旅游企业人力资源的开发与管理;其次,成功的人力资源开发与管理是调动员工积极性、提高劳动者素质、保持旅游企业生机和活力的重要条件;最后,旅游企业的服务工作,具有手工操作比重大、对人员素质依赖性强、服务程度高和强调细节等特点,员工服务态度如何、服务意识强弱、服务技能高低,都会对顾客体验价值感知具有重要影响。因此,对旅游企业而言,人力资源开发与管理既是成功的关键因素之一,又是经营管理的难点和薄弱点所在。

五、旅游企业人力资源开发与管理的含义

在旅游企业中,所有的管理者都是人力资源的管理者,或者更确切地说,所有的管理者都有责任对自己所辖的员工进行工作能力的培养与开发,并实施有效的管理。因为,旅游企业在为顾客提供服务的过程中,最基本的资源就是人员——管理者及一线员工。

旅游企业人力资源开发与管理,是旅游企业为了实现对人力资源充分、有效的利用,根据行业特点,运用现代科学技术和管理理论,依靠组织机构和组织手段,针对人力资源的获得、整合、保持和发展所进行的一系列活动。进一步细分,旅游企业人力资源开发与管理的基础工作主要是职位分析、人力资源规划与计划;旅游企业人力资源管理的范畴主要是员工招聘、绩效管理、薪酬管理和劳动关系管理;而旅游企业人力资源开发的范畴则主要包括员工培训、激励管理和员工职业生涯管理。

在旅游企业人力资源开发与管理活动中扮演重要角色的是人力资源经理,他的基本职责是协调旅游企业管理活动中涉及人力资源的诸多环节,帮助组织实现其人力资源战略目标,他通常以顾问或参谋的身份与其他管理者一起工作,帮助这些管理者处理一系列有关人力资源方面的问题。

通过有效的人力资源开发与管理实践来提高旅游企业的服务质量,其前提是必须清楚地认识到:

(一)员工代表着旅游企业的社会形象

员工特别是一线员工作为连接旅游企业与外部顾客和环境的人,他们代表旅游企业与外部顾客和环境沟通,是旅游企业的公众形象代表,即使许多员工并不是自始至终地承担全部服务,但是在顾客眼中他们依然是旅游企业的代表——他们的每一句话、每一件事、每一个态度都会影响顾客对旅游企业的形象感知,他们的行为也使旅游企业的产品具体化。如果员工表现专业或对顾客态度诚恳热情,顾客就会大大提升对旅游企业的形象感知,反之则会大打折扣。

(二)员工为旅游企业创造经济效益

员工是旅游服务的实施与执行者,顾客对服务质量主要从可靠性、功能性、响应性、经济性、舒适性、移情性六个方面进行感知,如准确无误地按承诺提供服务,保证服务设施设备的完好性,及时根据顾客需要提供服务,这些几乎全受员工的控制,一旦服务出现差错或失误,也主要由员工实施挽救,使服务回到正常,并凭借自身判断决定进行服务补救的最佳途径。《哈佛商业评论》曾做过调查,回头客可带来25%—85%的利润,而吸引他们的主要原因首先是服务质量,其

次是产品，最后才是价格。1个满意的顾客会带来8个潜在的顾客，其中至少有1个成交，而1个不满意的顾客会影响25个另外顾客的购买意向；争取一个新顾客的成本是保住1位老顾客的5倍。旅游服务具有无形性和不可储藏性，因而对顾客具有更为强烈的依赖性；所以，提供优质的服务，争取顾客忠诚是旅游企业经营的目标。由此得到的推论是：

- 旅游要实现长期的盈利，必须最大限度地争取忠诚顾客；
- 顾客忠诚直接受顾客价值的影响；
- 服务质量是顾客价值的重要影响因素；
- 服务质量的主要影响因素是员工的服务意愿；
- 员工的服务意愿来自于对旅游企业的忠诚。

由此可见，企业的利益来自于顾客的忠诚，而顾客的忠诚必然要受到员工忠诚的影响；如果员工对旅游企业没有忠诚，如何造就忠诚的顾客？员工的忠诚是企业利润“价值链”上不可或缺的一环。

（三）员工是旅游服务差异化的重要来源

旅游服务技术含量相对较低，服务不具备专利性，很容易被模仿。旅游企业经常面临着如何使自己提供的服务产品区别于其他旅游企业的挑战。例如，许多旅行社提供相同的旅游线路，采用同一种交通方式、同样的食宿条件，旅行社获得竞争优势的唯一途径就是为顾客提供细致、周到的服务，而这归根结底还是需要员工的技能、态度和情感做保证。

（四）对人力资源进行开发与管理不仅仅是人力资源部门的任务，而且是所有管理者的责任

所有与其部门员工一起工作的管理者，都有责任在日常工作中为其下属和员工提供一个较宽领域的成长空间，并给予他们工作和生活上的关怀。

充分开发、利用员工的潜能，并把它作为竞争的重要武器，是摆在每位旅游企业管理者面前的艰巨任务，而要做到这一点，管理者就必须首先具备识人、育人、用人及留人的能力，并在制定和实施组织计划和目标时，把人力资源问题作为重点考虑的问题之一。

六、旅游企业战略性人力资源开发与管理

（一）战略性人力资源开发与管理产生的必然性

在现代企业经营管理活动中，人力资源的战略作用越来越显著。首先，任何战略均需要相应的员工的态度和行为的支持；其次，特定的人力资源开发与管理的政策和手段会导致相应的员工的反应、态度和行为；最后，日益频繁的企业重

组，一是在给定战略的情况下重组资源，二是在给定资源的条件下重组战略，后者相比较前者要容易得多。因此，有必要将人力资源开发与管理提到战略性高度来认识，必须建立战略性人力资源开发与管理思维。

旅游企业的战略目标和战略意图，必须借助人力资源开发与管理渠道被服务主体认知，只有这样才能保证服务行为不脱离企业战略发展的需要。为此，旅游企业人力资源战略必须与旅游企业组织战略相配适，才能有助于旅游企业利用市场机会，提升旅游企业内部的组织优势，有助于旅游企业围绕核心竞争力的保持与发展进行卓有成效的工作。这种配适的观点，已逐渐为理论界和实业界所认知，被称为战略性人力资源开发与管理的核心。

（二）旅游企业战略性人力资源开发与管理的含义

战略性人力资源开发与管理，是以较为宏观的观点来看待组织中人力资源开发与管理的角色与功能。所谓旅游企业战略性人力资源开发与管理，是指从旅游企业的组织全局、长远目标和根本利益出发，将员工视为战略性资源和竞争优势的主要来源，通过周密的科学论证，设计出具有指导性的人力资源开发与管理原则、方针和行动计划与策略的过程。

七、旅游企业人力资源开发与管理的特点

（一）程序化

现代旅游企业人力资源开发与管理是动态的，在这一动态活动中已经形成了比较成熟的工作流程，主要内容包括计划、招聘、培训、考核、激励、异动等重点作业环节。

（二）全员化

人力资源开发与管理的全员化不仅指要对旅游企业各类人员进行全员培训与考核，而且包括各级管理人员对下属的有效督导和科学管理。因此，现代旅游企业人力资源开发与管理决不仅仅是人力资源部门的专项工作，而且是全体管理人员的日常工作之一。

（三）系统化

人力资源开发与管理工作作为一个管理系统，是由录用系统、培训系统、使用系统、考核系统、奖惩系统、离退休系统等子系统组成的，每个子系统中都包含着非常具体的工作内容。

（四）科学化

标准化、制度化和定量化是旅游企业人力资源开发与管理科学化的具体表现。标准化是指招聘录用员工要有素质条件标准，岗位培训要有合格条件，服务

工作要有质量标准。制度化是指人力资源开发与管理必须有严密的规章制度为保障，使招聘、录用、考核、选拔等工作顺利进行。定量化是指岗位有合格的定员，工作有具体可行的定额，业绩考核有科学的数量依据等。

（五）战略化

基于对人力资源的战略性作用的高度认识，越来越多的旅游企业开始以长期的战略视角规划人力资源开发与管理活动，并通过不断的整合与调适来落实以下三项活动：

- 人力资源开发与管理必须与旅游企业其他战略和战略性需求相结合。
- 人力资源政策应该与旅游企业的功能性政策和层级结构保持一致。
- 人力资源开发与管理实务必须遵循旅游企业人力资源战略规划，直线管理者和员工视之为日常工作的一部分，并共同参与。

第三节　旅游企业人力资源开发与管理的职能和原则

一、旅游企业人力资源开发与管理的职能

（一）职位分析

职位分析是旅游企业人力资源开发与管理的基础性工作。旅游企业在组织架构确立之后，实施人力资源开发与管理的第一项工作，就是对每个职位的工作职责和所需要的技能，以及从业者的生理和心理素质要求进行分析研究，并做文字记录，作为下一步人力资源开发与管理的依据。通过职位分析，根据不同职位的工作内容，旅游企业规定每个职位应承担的职责和工作条件等，以吸引和保持合格的员工，实现事得其人、人尽其才。

（二）人力资源规划、招聘和录用

旅游企业为了实现其经营目标，必须有能够胜任所设工作岗位的员工。聘用到合适的员工离不开人力资源规划、招聘和录用。

人力资源规划的制定是为了保证旅游企业在任何发展时期都能有充裕的、符合岗位工作要求的、劳动力成本比较经济的人力资源，这也是战略性人力资源开发与管理的基本要求。旅游企业人力资源规划建立在可靠的工作说明资料和人力资源信息基础上，通过系统地分析、检讨企业的人力资源需求，确保人力资源计划对企业的经营和发展起到促进的作用。

招聘工作的具体内容包括：确认旅游企业中有人力资源需求的岗位或部门的具体工作要求；对人力资源需求数量和详细用工条件做出准确的判断；选择适

当的媒体在一定范围内公布旅游企业当前人力资源的需求情况,吸引符合条件的人士提出申请;对有资格的工作申请人提供均等的雇佣机会。

录用是从旅游企业角度出发,从被吸引来的工作申请人中选择那些最适合旅游企业及其招聘岗位的人员的过程。这里需要注意的是,录用人才要根据其将来工作的具体内容和旅游企业所能支付的报酬水平做出判断,切忌不加分析地一味要求有高学历和高级工作经历,这样不仅违背人力资源开发与管理的"最适"高于"最优"原则,甚至有时还会对旅游企业的社会形象造成不良影响。

(三) 员工培训

旅游企业的员工培训不同于学校教育,旅游企业的许多岗位如导游、餐厅服务、客房服务和园艺养护等,要求员工不仅掌握标准的操作流程,而且还要有与之相适应的熟练技能。因此,旅游企业培训更强调实用性,特别是动手能力和应变能力的培养,有时不一定要系统地介绍许多理论知识,但一定要与实践紧密地联系起来,使员工真正能够感受到通过培训其工作效率和服务效果有明显的提高。同时,旅游企业培训还应该注意有针对性,即针对每位员工的基本素质、工作经历、工作表现和能力水平,安排适当的培训内容、形式和时间,既要保证收到实效,又要避免让不思进取、已无培养价值的人充塞培训班。

(四) 绩效管理

所谓旅游企业的绩效,就是各类旅游企业要实现或已经实现的特定目标,可以一般地理解为在一定时期内旅游企业员工个人工作成绩表现、团队运作效率或总体业绩效益以及外部社会效果的总称。旅游企业绩效管理的实质,从技术层面讲,就是要处理好"效率"问题,即旅游企业内部如何组织、分工和协作以把服务工作做到顾客满意;从经济层面讲,就是要解决好"效益"问题,即怎样为旅游企业的所有者和其他利益相关者带来良好的收益;从社会层面讲,就是把握好"效果"问题,即怎样保证旅游企业的所有经营活动符合法律法规要求和社会道德标准。

旅游企业的绩效,作为一个多因变量,除了取决于员工个人主观努力程度或激励机制的有效性以外,还与员工所拥有的知识和技能、机遇或工作条件以及其他外部因素相关。因此,旅游企业的绩效管理应该是一种"人本管理"的过程,即需要所有管理者共同努力、全体员工集体参与,在互动沟通中进行知识共享和系统学习,敏锐察觉并紧紧抓住那些决定旅游企业绩效的关键成功要素,并围绕核心价值观共同努力,最终齐心协力实现目标。

(五) 薪酬和福利管理

在今天的社会中,工资收入不仅仅衡量一个人的劳动价值,往往也会折射一个人事业的成功与否。在同行业中，薪酬和福利水平低的企业的人才流向薪金和福利水平高的企业是一种趋势，这种趋势在短时期内不会改变；而在不同的行业，如果存在比较大的薪金和福利差异，那么对于薪酬和福利水平低的行业，"人才的后续"问题会越来越突出。从20世纪90年代以来，中国的旅游行业在薪酬和福利方面几乎没有优势可言，这也是中国旅游企业人力资源开发与管理所面临的重大挑战之一。

旅游业是劳动密集型行业，薪酬和福利开支占企业总成本的比重很大，无论是薪酬和福利开支的绝对额，还是占总收入的百分比，都有不断增长的趋势。为了提高经济效益水平，增强旅游企业的活力和行业竞争力，不仅要建立适应本企业发展的薪酬和福利体系，而且还要采取比较灵活的用工制度，目的是既控制人力资源的总体成本，又保证薪酬和福利的有效激励作用。

（六）员工安全和健康管理

员工在安全的环境中工作并享有良好的健康，能够使其全身心地投入服务工作中，对提高旅游企业服务质量和劳动生产率有积极的影响，进而能够为旅游企业带来长期、稳定的效益，所以保证员工安全和健康地工作是十分重要的。为此，成功的旅游企业一直提倡并加大力度实施必要的安全生产和保健措施。

对那些工作危险系数比较大的岗位的员工，如从事饭店室外高空清洁的员工、驾驶长途旅游交通工具的员工和长期从事户外导游工作的员工等，要采取十分可靠的安全保护措施和必要的工伤救护措施。旅游企业工作的随机性特点，使实行"以八小时为标准的工作日制度"存在一定的困难，因此，在保护员工的身体健康、保障员工的休息权利的前提下，旅游企业人力资源部门要科学地安排各工作岗位的班次，保证国家目前每周40小时法定工作制的执行。

此外，结合旅游行业女性员工所占比重比较大的特点，人力资源部门要认真研究、贯彻国家对女工的劳动保护政策相关规定，确保企业合法经营。

（七）调整劳动关系

当前，旅游业的市场竞争十分激烈，劳动力的供求双方由于权利和义务的不同，对市场竞争环境的认同也很难一致，管理层考虑经济效益为多，而普通员工则更多地关心自己的切身利益，两者出现争议和纠纷的情形在所难免。

调整劳动关系，要求旅游企业的人力资源开发与管理既要从维护企业的根本利益出发，又要严格遵守国家有关的劳动法律、法规，同时认真考虑旅游业整体劳动关系水平以及本企业员工的真实情况，通过合作、协商和仲裁等形式稳定、发展和约束劳动关系。

（八）员工职业生涯管理

当今社会既是一个充满竞争的、迅速变化的社会，又是一个强调个性、尊重个人的社会。许多旅游企业已经清楚地意识到要在竞争中保持优势，一方面，需要运用科学的、有效的方法开发员工的潜能，提升人力资源的质量，在促进员工全面发展的同时，还要防止人力资源的流失，以满足企业发展的需要；另一方面，也要尊重员工的个人发展，根据员工个人性格、气质、能力、兴趣和价值观等特点，为其提供不断发展的机会，帮助其实现自我发展的人生目标。职业生涯管理为解决这一问题提供了良好的思路和方法。

企业和员工是一个利益共同体——企业的生存与发展，离不开员工的努力工作；员工的发展，也不能离开企业所提供的职业机会。旅游企业加强员工的职业生涯管理，能够体现企业对员工的关心，可以不断吸引并留住人才。

（九）人力资源研究

人力资源研究是人力资源开发与管理的高级阶段。人力资源研究的实验室是企业整个的工作环境，研究对象涉及人力资源开发与管理的每一个职能。例如，通过对旅行社某一优秀导游的行为分析，总结出其性格、气质、学历和工作经历等特点，可以应用到今后该岗位的员工招聘选拔中；而对工作安全方面的研究，则有助于判别某些工作事故发生的原因。

人力资源研究是一项企业管理的系统工程，每一个人力资源开发与管理案例都是人力资源研究的对象，这些问题归纳起来主要有公平就业问题、选才与授权问题、员工合理流动问题、综合利用人力资源问题等。人力资源研究的成果不仅会对旅游企业人力资源开发与管理的实践具有指导意义，而且还应该是企业经营管理决策的依据。

以上是就旅游企业人力资源开发与管理的一般效能和作用而言的九项主要职能。从旅游企业经营管理的全局来讲，人力资源开发与管理的职能则主要包括以下两大类：

一是常规经营性职能，它侧重于短期目标的行政事务工作，以日常工作的顺利开展为直接目的，主要涉及：招聘或选拔人员填补当前空缺；向新员工介绍企业概况；审核安全和事故报告；处理员工抱怨和投诉；实施员工薪酬福利计划方案；经办员工流动；考核与评价员工工作等。

二是战略支持性职能，这是将旅游企业人力资源开发与管理置于国际和国内的大环境、大背景之中，从战略角度出发，侧重于全球视野、全国和所在地区任务，着眼于旅游企业的长期性目标及创新，以旅游企业经营目标实现和持续发展为目的，主要涉及：制定人力资源规划；跟踪政府的就业政策；跟踪有关劳动保护的法律、法规与政策;分析劳动力供给与需求的变化趋势和有关问题,劳动力市场发育与运行;协助旅游企业进行重组和人员优化;为企业购并提供人力资源方面的决策;制订企业人力资本投资、员工教育培训计划与实施策略;制订报酬计划和实施政策等。

二、旅游企业人力资源开发与管理的原则

(一) 以真才实干为标准选拔、重用人才

从纵向考察,旅游企业不仅需要操作型的服务人员,更需要大量智慧型的决策管理人才。从横向考察,旅游企业人力资源存在着严重的专业缺口问题,以饭店为例,各种岗位所需要的基层员工涉及前厅服务、客房服务、餐饮服务、烹饪、娱乐服务、市场营销、财务管理、计算机网络管理、空调机组控制和电气工程维修等诸多领域,而旅游职校的毕业生所掌握的技能则主要集中在前厅服务、客房服务、餐厅服务和烹饪等方面,饭店在工程维修、物业管理和市场营销方面所需要的人才奇缺。专业缺口大的另外一个表现是既具有实践经验又具有较高理论水平的旅游人才难觅——年轻的旅游院校毕业生仅仅具备一定的外语水平和专业知识,而没有经过比较多的实践锻炼,不可能成为一名合格的旅游企业管理人员。

因此,对于有真才实干的员工,旅游企业的管理者要努力发现、挖掘其工作能力的闪光点,在实践中重点培养、锻炼,为其充分发挥才华和积极性创造条件、机会,以一系列行之有效的激励手段促进其成长。

(二) 考核与奖惩相结合

通过对员工的工作表现和结果进行考核,企业可以调动员工的积极性,提高劳动效率,并从中选拔管理人才。员工经历了公正的定期考核,如果晋升有望,工作热情会更高。另一方面,考核结果通常被企业用作奖励先进、刺激平庸、警告(惩罚)后进的重要指标之一。一种考核方式如果能比较准确地做出符合实际的评定,就是好的考核制度。与好的考核制度相配套的是公正、严明的奖惩制度。在同一标准下考核同一层面的员工所得到的不同考核结果,如果没有任何说法,不仅有损于人事考核制度的严肃性,也不利于人力资源管理的权威性,因此,奖惩制度同样需要具体地细分和科学地制定。

(三) 优化组织结构,调动和发挥人力资源潜能

优化组织结构就是依照旅游企业工作岗位分工与协作的要求,结合新技术和新工艺的应用推广水平,把人、物、事有机地配置、组合,并确立相应的、高效率的组织机构。优化组织结构是保持企业活力和有效管理的经常性工作。通过确

立和分清工作任务,明确每个员工的分工和职责,确定管理层次及各级人员之间以及同级人员之间的相互关系,能够使人力资源工作的各种联系更加紧密,沟通更加迅捷。

人力资源的潜能是在经过优化的组织结构中发挥出来的。职责分明、信息流畅、管理有序等诸多外因,对人力资源的内在潜能起着诱导、调动、激发的作用,是人力资源开发与管理成功的保证。优化组织结构不仅要处理、协调好各种关系,努力消除矛盾,更重要的是把企业群体内的内耗力减少到最低程度,把群体内的内聚力最大限度地增强,使人力资源的潜能集中地爆发出来。

(四) 完善福利保障体系,调控合理流动

当前,旅游企业人力资源的流动存在着两个极端——既存在基层操作服务型员工流动过于频繁的问题,又存在中高层技术人才及管理人才不正常流动的问题。据统计,大多数旅游企业员工的年流动率一般超过了20%,有的甚至高达40%。跳槽的员工,大部分属于一线操作服务型员工。这些基层员工刚进入旅游企业时大部分没有实践经验,企业投入了大量的人力、物力将其培养为熟练员工,但是由于旅游行业对这部分员工的需求量很大,加之经济待遇比较低而劳动强度又很高等原因,基层员工往往跳槽频繁。而另一方面,由于种种原因,旅游企业中高级管理人才的合理流动始终是一个难点,一部分处于旅游企业中高阶层的管理人才竞争意识不足,不能充分发挥能动性和创造力;另有一部分中高级管理人才则为其他行业所吸引,彻底脱离了旅游业。

随着经济社会的发展及劳动力市场的变化,完善的福利保障体系在吸引人才、留住人才方面正发挥着越来越重要的作用。福利是组织整体报酬体系中免费赠送的部分,它与奖励和工资不同,它的提供与员工的工作成绩及贡献无关。所以就其本质而言,企业福利的根本目的是促进经营目标的实现,即通过丰厚、优越的福利待遇及条件,来吸引并留住员工,以使组织形成稳定的员工队伍。当前,旅游行业的准入条件不断提高,企业利润率趋于接近,再加上个人收入所得税的调控,同档次旅游企业之间的工资水平基本相差不大,福利待遇便成为旅游企业之间竞争人才的一个重要手段,也成为人们选择就业单位的一个重要参数。

(五) 分析需求,有效激励

一般说来,每一位员工总是由某一种需要、欲望或期望而激发自己的内在动力,这种动力驱使他为这种需要、欲望或期望的实现而努力工作。员工的工作动机决定着他在工作中的行为表现,直接影响着他的工作积极性和工作效率,因此,旅游企业的管理者必须十分重视对员工的工作动机进行刺激的问题,即如何进行激励。

员工的需要、欲望或期望存在着个体差异，这导致了员工对各种激励措施会有不同的反应，管理者应该注意避免根据主观意识不加研究分析地对员工的需求做出判断。有专家曾对美国接待服务与饭店业的部分从业人员进行了有关激励态度方面的调查，调查结果显示：大多数员工认为“对他们所做的工作进行充分肯定和感激”对他们来说是最重要的，此后的排列因素依次是“有趣的工作”、“丰厚的薪水”、“工作安全”以及“在组织内部的提升和发展”。但是，这一行业的大多数管理者并没有真正发觉这些需求在员工心目中的地位，当问及管理者如何看待员工的需求时，大多数管理者对员工需求的排列顺序是：“丰厚的薪水”、“工作安全”、“良好的工作环境”、“在组织内部的提升和发展”、“对他们所做的工作进行充分肯定和感激”。由此可以看出，许多旅游企业的管理者感到激励员工很困难就不足为奇了。事实上，不同文化层次、不同年龄、不同性别的员工既有共同需求又有特殊需求，成功的管理者总是在充分了解员工特点的前提下，经常性地调查分析员工的需求，制定个性化的激励政策，有针对性地实施形式多样的激励措施。

关键术语

人力资源(human resource)

人力资本(human capital)

人力资源开发与管理(human resource development and management)

人力资源经理(human resource manager)

战略性人力资源开发与管理(strategic human resource development and management)

旅游企业人力资源开发与管理(human resource development and management of tourism enterprise)

国际化旅游人才(international talents of tourism)

复习思考题

1. 什么是人力资源？

2. 如何理解人力资源的数量与质量的关系？

3. 什么是旅游企业人力资源开发与管理？旅游企业人力资源开发与管理的特点主要体现在哪些方面？

4. 旅游企业人力资源开发与管理应遵循哪些原则？

5. 现代旅游业对国际化人才有怎样的能力要求？

课　业

选择一家旅游企业，分别请该企业的高层管理者、中层管理者、基层管理者和普通员工，就是否同意“员工第一，顾客第二”和“没有快乐的员工，就不会有满意的顾客”这两个命题，进行访问，然后统计调查结果，完成一份有结论性的调查报告。

案例学习

迪斯尼公司的人力资源开发与管理

以系列卡通人物和迪斯尼乐园闻名于世的“神秘王国”迪斯尼公司，成立于1955年，现有雇员5万多人，人力资源开发与管理岗位500多个。公司每天大约要雇用员工100名左右，同时还要处理现有员工岗位轮换及升调辞退等工作。因此，迪斯尼公司人力资源部所面临的工作量非常之大。迪斯尼公司对员工的管理已经形成一套完整而行之有效的体系。

一、如何招聘新员工

迪斯尼公司的总裁及首席执行官迈克尔·艾斯纳曾经说过：“保持公司良好的企业文化是我所要做的最重要的事。”这足以看出企业文化在迪斯尼公司所发挥的重要作用。公司人力资源部非常注意从招聘开始就对可能成为公司员工的人员进行企业文化熏陶。在应聘者前来应聘之际，公司会主动向他们发放详细列有公司雇员工作条件及所应遵守的有关规章制度等材料，以便应聘者决定是否愿意并能够在这里工作。此外，在整个应聘过程中，公司还会通过幻灯片、可视电话以及面试等形式多次沟通相关内容。

迪斯尼公司设有专门的装饰豪华的面试中心。该中心以其有趣的圆形大厅和弯路为特征。在弯路的两边镶嵌有各式壁画，介绍迪斯尼公司的历史及公司的主要特点。中心的人力资源部代表格雷·斯托科说：“我们希望这能够让应聘者感受到一点迪斯尼的神秘。”

通常，该中心每天要接待150—200名初试合格的应聘者，这些应聘者中大约有30%左右是由公司原有员工推荐来的。他们到达面试中心后，公司会分发列有公司全部职务清单的小册子，上面列有公司现今所需的职务名称，以及公司对员工穿着的基本要求。

经过这一系列的精心安排，通常通过层层选拔的公司新员工在进入公司工作之前就会基本了解公司的企业文化，有利于规范他们的言行，保证公司沿着既定目标向前发展。

二、对新员工的岗前培训

迪斯尼公司对新员工所进行的岗前教育不仅仅局限于基本的技能教育，他们更重视的是精神层面的教育。培训部经理帕克斯说：“我们不是希望将员工放在迪斯尼中，而是希望将迪斯尼放在员工心中。”

每个新员工都需接受“传统教育”，这些课基本上由那些自愿来授课的老员工来讲。他们通常会讲述自己在迪斯尼的工作经历，描述所发生的令人感动或震惊的事件。老员工谢拉·史密斯讲述了他如何帮助一个患有癌症的 10 岁小男孩，使他的家庭恢复原有的快乐的故事。其目的是试图让新员工明白什么是规章上所要求的“主动性的友好”。听完他的讲述，新员工的反应不大一致，但有一点值得肯定的是，他们都会承认选择到迪斯尼来工作是十分明智的。

当然，这种讲述不仅仅局限于老员工的自身经历，培训部门通常会按照各部门经理的要求安排讲课内容。由于各部门经理对员工的要求不断增加，并考虑到这种岗前教育的重要性及良好效果，公司早在 1994 年就开始将其日程由原来的一天半改为三天。

虽然公司反复强调对服装的基本要求，但是仍然有少数新员工穿着不符合要求的服装来参加岗前培训。对于这部分人，公司会把他们请到一边，提醒他们注意，告诉他们其行为严重违反了公司的规章制度，而且将受到相应的惩罚。当这部分员工认识到自己的错误并加以改正后，公司会为他们重新安排岗前培训时间及起始工作时间。这一过程会使新员工进一步了解公司的文化及其严肃性。

三、激励员工士气的秘诀

迪斯尼公司根据员工士气的变化绘制出图表。通过图表可以发现，通常在刚开始的时候员工的士气呈现不断上升的趋势，但随着时间的推移，这种上升的速度开始变缓，并在某一时刻开始下降。但值得庆幸的是在下降一段时间后，员工士气会再次上升，并且会上升到一个比原来更高的阶层。这一过程将循环下去。

如何使员工保持较高的工作热情呢？人力资源部负责人里雷说：“我们并不刻意地去激励员工，但是我们会创造一个支持性的工作环境，让员工在其中自然而然地感受到激励因素的存在。”迪斯尼公司的具体做法是创建一系列的识别程序，主动去发现员工的先进事迹并及时给以奖励。比如，公司将会给做了一件好事的员工一张“为你喝彩”卡。

更值得一提的是以下五点：

(1) 公司废除了有关出勤的奖励，因为他们不希望顾客看到生病的员工，这会影响到公司的整体形象。

(2) 公司取消了考核部门，因为他们认为考核不应该仅仅是一个部门的工作,更应该是各部门领导的责任。

(3) 人力资源部将在新任经理上任的前几天向他们专门讲述公司总体的考核基准及奖励方法,每一部门可以根据自己的实际情况,在这一基准上制定自己的奖惩制度。正是迪斯尼公司的这种分权式奖励系统,使公司内部保持了一种共同参与的气氛。人力资源部经理安德森说:“我们仅仅提供一种框架，我们希望各个部门有他们自己的激励方式。”

(4) 公司的部门经理可以根据本部门的实际情况制定自己的考核基准。这一新的考核基准要能够有效地运转,降低本部门的员工流失率,提高顾客的满意度。

(5) 以何种方式奖励新员工，经理将会征求新员工本人的意见,采取休假、赠电影票、公开表扬等不同方式。这种独特而灵活的考核激励机制的建立与运作是迪斯尼公司维持较高的员工士气的秘诀。

四、员工的内部沟通网络

迪斯尼公司员工多而且工作领域分散,公司采取了各种方法以保持内部的有效交流，及时准确地传达相关信息。公司所采用的沟通工具有:各种电子公告板、电子邮件、计算机网络中心、内部电视台等,并且公司每周都要发放四万多份内部报——《视与听》,传播公司内部信息。各部门主管将分别在早、中、晚时段向相应班次的员工传达最新信息。

他们坚信,能够让员工在既定的时间内分享到公司的最新消息,是保持员工积极参与的一个重要方法。因此，大多数部门的经理都会每周定期召开会议，进行有关工作总结及信息通报。对经理们来说,他们主要通过会议、口头传达、电子邮件三种方法来与下属员工进行沟通。公司还坚信,尽管有各种各样的沟通工具,但部门领导的直接参与是最好的沟通方式,因为每一个员工都希望从他的上级那里直接得到消息。

每年,公司都会聘请专业咨询公司,帮助调查员工对公司的企业文化、领导模式、工作流程等方面的满意度,并将结果公布,找出其中需要改进的地方,用来指导下一年的工作。

公司还在通道的交接地摆放一个大型的公告板,以公布近期顾客的满意度调查结果,同时罗列出顾客对迪斯尼其他的属下娱乐公园的满意度,以增进企业内部的有效竞争。

有效的内部沟通，大大提高了迪斯尼公司的工作效率，保证了公司的正常、高效运营。

五、其他方面的人力资源开发与管理内容

除了上面所述的各种管理方法以外，迪斯尼公司还非常重视以下三方面人力资源开发与管理的内容。

(1) 员工关系。迪斯尼公司注重为员工提供公平的就业机会，履行保护残疾人的有关法规，对有关性别歧视的案例进行及时调查和处理，定期与工会签订相关协议，等等。

(2) 员工培训。迪斯尼公司为各级经理制订了相应的职业发展计划并设计了核心培训计划，同时又设计了成套的反馈工具。另外，公司还设有专门的网上大学，供员工学习新的技能、重新进行自己的职业生涯设计。

(3) 报酬系统。迪斯尼公司每年都会制订奖赏计划，并向公司公布同期同行业工资水平，同时健全自身的绩效评估系统。

资料来源：赵晓飞."神秘王国"迪斯尼的人力资源开发与管理[J].国际人才交流，2005(7)：60—61.

案例思考

1. 迪斯尼公司的人力资源开发与管理有哪些特点？

2. 迪斯尼公司的人力资源开发与管理政策对其建立核心竞争力有什么帮助？

第二章

旅游企业职位分析

知识要求

通过本章学习，学生应该掌握五项基本知识：

- 职位分析的含义
- 职位分析、职位说明和职位规范三者之间的区别与联系
- 职位分析对旅游企业人力资源开发与管理的重要性
- 职位分析的主要内容
- 旅游企业职位分析的基本程序

技能要求

通过本章学习，学生应该掌握四项管理技能：

- 能够根据旅游企业的发展阶段和工作的变化情况，把握开展职位分析工作的时机
- 综合运用观察法、访谈法、问卷调查法、关键事件分析法、工作日志分析法和工作实践法对各类旅游企业进行职位分析
- 根据旅游企业职位分析的结果，撰写比较标准的职位说明和职位规范
- 以“职位分析是旅游企业人力资源开发与管理的最基础性工作”为理念，将职位说明和职位规范运用到旅游企业人力资源开发与管理的各项工作中

引 例

Y 高尔夫球俱乐部宣布从 2009 年春季开始取消球童服务，为客人提供价格低廉的自助打球方式——这在中国目前是十分罕见的。今后，到 Y 高尔夫球俱乐部打球的客人，先接受一个简短的培训，包括如何使用 GPS 系统、操作球车、下场后的注意事项等，就可以自己开着配备 GPS 导航的电瓶车进入球道，在没有球童服务条件下，自助打球。

在欧美球场，打高尔夫球完全是个人的事情。由于人力成本昂贵，除非客人要求，欧美球场一般不会安排专职球童，所以客人必须要自己搞定一切，照顾同组球友的同时，还要爱护球场里的一草一木。国内却有所不同，从中国有第一家高尔夫球场开始，下场打球带球童是“天经地义”，解读球场、判断距离、选杆、看线、擦球、耙沙坑、补打痕、找球、插拔旗杆、记成绩等工作几乎都由球童来承担。

取消球童服务，最大的好处是降低打球价格，给球友真正实惠。据 Y 高尔夫球俱乐部总经理介绍，取消球童费不仅会降低打球价格，同时也培养客人自助打球的习惯。例如，以前打 18 洞需要消费 420—470 元（包括球车、球童费以及小费），现在 18 洞仅需要 180 元（包括球车费），再打 18 洞七折收费，即球友打 36 洞比原来的 18 洞还要便宜。与之前不同的是，现在客人下场将带有 GPS 的球车开下球道，通过卫星定位自助判断距离。

考虑到取消球童服务客人可能短时间无法适应的情况，Y 高尔夫球俱乐部推出了相关的“球童合作”服务，即球童与球会的关系已不是雇佣关系，而是合作关系。俱乐部负责人表示，“考虑到有些客人会需要球童，我们搭建一个合作平台，推出指导价格，客人会将球童的劳动所得直接给球童”。

对于 Y 高尔夫球俱乐部人力资源部经理王颖来讲，“取消球童服务”似乎不是一件轻松的事。原来 117 名球童中的一部分人可以分配到草坪维修部，因为为了减少客人的找球时间，草坪的修剪标准更加严格，球场清除杂草的工作量也明显加大了；此外，有时客人自助完成的修打痕补沙、修果岭和耙沙坑等工作，效果不一定很理想，还需要专业人员进一步完善；还有一些人可以留在高球运作部转为巡场员，负责引导客人的打球速度，以及协商打球慢的组别让打球快的组别先打，避免没有球童服务可能引发的打球秩序混乱。即使这样，俱乐部也还要和大约 70 名球童解除劳动合同。王颖在安排好球童解聘的准备工作后，马上找到了草坪维修部和高球运作部经理，和他们讨论如何重新修订这两个部门的职位说明。王颖希望能够在一周内完成对新的职位分析和职位说明的修订，这样她就可以从原有的球童中物色适合新岗位的人员，同时，草坪维修部和高球运作部对他们的培训也会进行得比较顺利。

从上述案例可以看出，当旅游企业的服务内容发生变化、员工被赋予更多的职责，或者有新的技术需要推广应用时，人力资源开发与管理的很多方面都需要对此做出反应，首先要考虑的就是对发生变动的职位进行重新审视，搞清楚工作任务、应承担的职责和责任、任职者应具备的素质等，这就必须要用到本章所介绍的职位分析技术。

第一节　职位分析的概念

一、职位分析的定义

在旅游服务工作中，如果导游缺乏必要的地理常识、餐厅服务员缺乏服务技能、饭店客房服务员缺乏必要的训练等，都会使旅游企业的经营出现问题；同时，员工在工作中不清楚什么是企业的期望以及怎样干好工作，都会直接影响到工作的效果。因此，为了真正实现以“工作”为中心，因事设岗、以岗定编，达到人与事的最佳组合，就必须从人与事两方面开展研究和分析。

职位分析是指根据旅游企业工作的实际情况，对旅游企业中的各项工作内容、特征、规范、要求、流程，以及完成此工作所需员工的素质、知识、技能等进行研究和描述的过程，它是旅游企业人力资源开发与管理的最基础性工作。职位分析的主要目的有两个：第一，研究旅游企业中每个职位都在做什么工作，包括工作性质、工作内容、工作责任、完成该项所需要的知识水平和技术能力以及工作条件和环境；第二，明确这些职位对员工有什么具体的从业要求，包括对员工的自身素质、员工的技术水平、独立完成工作的能力和员工在工作中的自主权等方面的说明。

职位说明书和职位规范书是职位分析结果的文字表达形式。

二、职位分析的重要性

通过职位分析，可以系统地对旅游企业所设置的职位从工作性质、任务、责任以及工作人员的条件等方面进行梳理，并且做出全面、规范的描述与记录，为旅游企业人力资源开发与管理的各项工作提供依据。

（一）为旅游企业人力资源开发与管理决策奠定坚实的基础

全面而深入的职位分析，可以使旅游企业各级管理者充分了解各职位的具体工作内容，以及对员工的身心素质要求，为人力资源工作决策提供科学依据。

（二）避免人力资源的浪费

通过职位分析，使旅游企业中每个员工的职责分明，可以有效提高个人和部门的工作效率与和谐性，从而避免工作重叠、劳动重复等浪费现象。

（三）科学评价员工绩效

通过职位分析，每一种职位的工作内容都被明确界定。员工应该做什么、不应该做什么，应该达到什么要求，都一目了然。这样，以职位分析的结果为根据，对员工绩效进行评价就能够比较合理、公平，有助于达到员工绩效管理科学化的目的。

（四）人尽其才

通过职务分析，可以明确哪一工作岗位需要什么样的人才，这样就可以把“大材小用”或“小材大用”的现象尽量减少。旅游企业在员工招聘和职位晋升中，就可以使最适当的人选得到最恰当的职位。

（五）有效地激励员工

通过职位分析，可以为员工培训、安全生产管理、薪酬政策制定、组织架构设计和员工职业生涯规划等方面提供建设性意见，对旅游企业有效地激励员工具有非常积极的意义。

三、职位分析的用途

职位分析是旅游企业人力资源开发与管理的最基本的工具。具体来讲，职位分析可以应用于以下几个方面（见图 2-1）：

（一）人力资源计划

在旅游企业经营活动中，新的工作不断产生，旧的工作需要重新设计。作为旅游企业的管理者，如果仅仅知道到未来一年需要补充 150 名新员工才能够满足企业的发展需要，那是绝对不够的。因为旅游企业每一职位的工作对知识、技术和能力都有不同的要求，而且随着技术进步、竞争加剧和顾客需求的变化，这些要求调整的频率呈加快的趋势，旅游企业在制订人力资源计划时，必须对此予以重视。

（二）招聘和选择

如果旅游企业的招聘者不知道胜任某项工作所必需的资格条件，那么员工的招聘工作就将是漫无目的的。通过职位分析，一方面可以比较清楚地规划出旅游企业各岗位的工作职责、工作内容、工作要求和任职人员的资格要求；另一方面也能够为选拔应聘者提供客观的依据，从而提高选择员工的效率和透明度，降低人力资源选择成本。

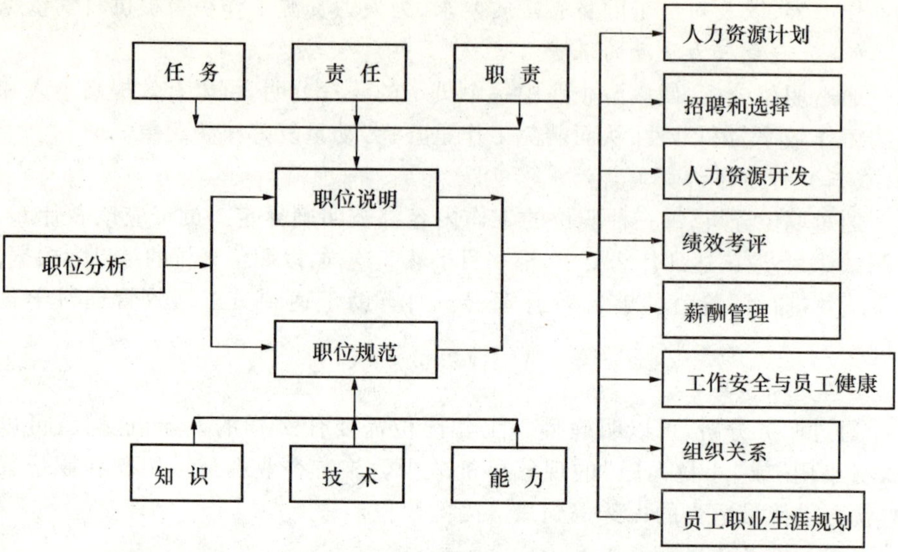

图 2-1　职位分析是旅游企业人力资源开发与管理的最基本的工具

(三) 人力资源开发

作为职位分析成果之一的职位规范书,所包括的信息在确定人力资源开发需求方面常常是很有价值的。如果职位规范书指出某项服务工作需要特殊的知识、技术或能力,而在该职位上的员工又不具备所要求的条件,那么就意味着必须要对其进行培训;此外,比照更高一级职位的规范对员工进行工作能力方面的培养,是员工职业生涯发展的必要准备。

(四) 绩效考评

职位说明书是职位分析的另一重要成果,它能够使员工清楚地了解企业对其工作的要求目标,同时也为绩效管理标准的建立和绩效考评工作的实施提供了依据,从而减少了因绩效考评引起的员工不满。如果一名管理人员评价员工的工作表现,不是根据职位说明书中所包括的内容,那么这种评价在很大程度上就会带有不公正性。

(五) 薪酬管理

在薪酬管理方面,用货币体现某一职位的价值之前,必须了解其对旅游企业的相对价值。通过职位分析,旅游企业可以比较清晰地掌握各工作岗位的劳动价值,为建立科学的薪酬体系提供依据,从而确保员工薪酬的内部公平性,降低员工因薪酬待遇引发的不公平感。一般来讲,工作的职责越大,工作就越有价值;要求有更多的知识、技术和能力的职位对旅游企业来说应该更具价值。

(六) 工作安全与员工健康

在对工作安全与员工健康实施管理的过程中,来自职位分析的有关信息也是很有价值的。例如,饭店应该说明厨师在厨房工作时是存在着一定危险的,这类危险是可能会发生火灾、切割烹饪原料时可能会伤及自己等等,在厨房工作岗位的职位说明书和职位规范书中应该反映出这些。此外,在某些有危险的工作中,员工为了安全地完成工作,也需要了解有关规避危险的信息。

(七) 组织关系

通过对旅游企业职位的全面分析,可以清楚地了解各工作岗位是如何衔接和协调的,以及在工作中上级与下级之间的隶属关系是如何确立的。这可以为旅游企业建立组织严谨、信息流畅的管理链提供保障;同时,还有利于提高职务效率。

(八) 员工职业生涯规划

员工通过学习和使用职位说明书和职位规范书,可以清楚地了解自己的工作前途,以便根据自身的工作特长和兴趣制订自己的职业发展计划;同时,旅游企业也应该引导员工将自己的职业发展计划与企业的经营战略规划结合起来,使员工的职业生涯发展能够与企业的发展保持同步,这样也有利于企业员工队伍的稳定。

四、职位分析的时机

(一) 新成立的旅游企业

新成立的旅游企业一定要进行职位分析,这样可以为后续的人力资源开发与管理工作奠定基础。由于很多职位还是空缺,所以新成立的旅游企业进行职位分析时,应该结合旅游企业的组织结构、经营计划等信息来进行,先完成一个粗略的职位分析。在这一阶段,职位分析的结果只要能够为招聘员工提供必要的“工作职责”和“任职资格”即可,更为详细的职位分析可以在旅游企业稳定运营一段时间之后进行。

(二) 当新的职位产生时

随着旅游企业经营业务和服务项目的变化,旅游企业会不断出现新的工作岗位。例如,某饭店组建了自己的洗衣房,娱乐部增加了台球项目,这就意味着需要对新增加的“洗衣工”和“台球房服务员”等职位进行分析,以保证该饭店职位分析的完整性和准确性。

（三）当工作由于新技术、新设备或新流程的引入而发生重要变化时

新技术、新设备或新流程的应用有可能对工作内容产生重大影响，同样也会对承担工作的员工提出更高的要求；只有及时进行职位分析才能重新规范工作职责，确定新的任职资格和条件。例如，旅游企业建立基于计算机网络的管理信息系统，要求管理者改变凭经验和感觉行事的工作习惯，利用现代信息技术对经营管理作出科学的判断和决策，此时就需要对所有应用该管理信息系统的职位重新进行分析。

第二节 职位分析的内容

一、职位分析七要素

为了能够全面、准确、真实地掌握旅游企业各项工作的具体含义，帮助旅游企业确定各工作岗位所需要的工作技能，职位分析必须从以下七个方面入手收集信息：

（一）什么职位

职位分析首先需要确定的是职位名称。这方面的信息可以通过职位分类来获得。所谓职位分类就是以每一位旅游企业员工所承担的工作责任为依据，进行实际调查，并根据工作性质、繁简难易程度、责任轻重以及任职资格四个方面，确定职位名称并进行分类。

（二）员工承担什么样的体力和脑力劳动

现代旅游企业的各类工作岗位都需要员工既付出体力又付出脑力，但是由于工作性质和内容的不同，体力劳动和脑力劳动在各项工作中所占的比重不尽相同。因此，职位分析应该从体力劳动和脑力劳动两方面进行分析。

（三）工作将在什么时间完成

为了确保工作质量和工作效率，职位分析需要对完成工作的具体时间进行调查、统计和计算；同时，这也是执行国家法定工时和保证员工身体健康的需要。具体地讲，就是要详细掌握工时和工作排班情况。

（四）工作将在哪里完成

这是指了解工作地点和物理环境方面的信息，例如，饭店宴会服务的“整鱼除骨”工作是在餐桌上进行，还是在顾客确认菜品后拿到备餐台进行；高尔夫球场的球童在夏季服务是否属于高温作业，是否需要采取防暑措施等。

（五）员工如何完成此项工作

通过研究工作内容和性质，确定员工在完成一项工作时必须应该掌握的工作方法以及具体的操作步骤。这方面的信息是决定工作完成效果的关键，也是职位分析最重要的一部分。

（六）为什么要完成此项工作

这是为了了解某项工作的重要性及如何衔接的问题，也就是要掌握该项工作与上一个环节是如何联系的，对下一步工作有什么意义，为下一步工作如何做提供依据，并明确该项工作的隶属关系，接受监督以及进行监督的性质和内容等。

（七）完成工作需要哪些条件

从职位分析角度讲，完成工作所需要的条件主要包括两个方面的内容，一是承担工作的员工应该具备什么样的素质和技能，另一个是完成工作所需要的设备和设施以及其他辅助性工具。

二、职位说明

职位说明是根据职位分析的结果编制而成的，它是有关职位的工作范围、目的、任务与责任的广泛说明，也是工作评估、员工招聘、人力资源开发以及工作行为鉴定的基础。一套高质量的职位说明，不仅有助于员工清楚地了解旅游企业对其工作的预期，提高员工对工作任务的明确程度，而且有利于旅游企业管理者准确地掌握各项工作的完成标准，及时调整、改善与下属员工的工作关系。

（一）职位说明是职位分析的具体应用

职位分析的使用价值是通过职位说明具体体现的，职位分析的结论性内容在职位说明中主要有以下几方面：(1) 员工应履行的主要职责；(2) 员工在完成各项职责时所消耗的时间；(3) 员工应达到的业绩标准；(4) 工作条件和可能产生的危险；(5) 完成工作的员工数量；(6) 员工在工作中使用的设备、设施或工具。

详细的职位说明包括两部分：第一部分是工作条件说明；第二部分是职责与要求，亦即旅游企业对员工的工作绩效期望。

（二）职位说明的基本内容

1. 职位识别

职位说明中的职位识别部分包括职位名称、部门、汇报关系和工作编号。准确的职位名称应该真实地反映工作内容的性质。但是在实践中，职位名称常使人产生误解。例如，“行政秘书”可能只是旅行社计调部一位工资水平比较高的内勤人员，而具有同样工作名称的人在饭店总经理办公室则可能是参与饭店具体经营的人。为了避免职位名称混乱，可以将部门名称放在职位名称的最前面，以限定职位名称的有效范围；另一种更有效的方法是对工作职责不同但名称相同的职位进行工作职位编号，加以详细区分。

2. 职位分析日期

职位分析日期通常放在职位说明书里，这样便于及时发现是否有工作发生变化而职位说明却没有及时修订的情况。有的旅游企业还会在职位说明中注明有效期，从而确保对工作内容定期进行检查，有效地减少职位说明与实际工作脱节的现象。

3. 工作概要

工作概要是对职位的简要描述，它通常用一段简短的文字陈述工作内容，主要内容包括工作摘要、工作范围、工作条件和物理环境等。

4. 履行职责

履行职责是员工完成“工作概要”所应该表现出的具体行为，主要包括简单的动作描述、行动结果、是独立承担还是与他人合作以及工作汇报关系。

表 2-1 是比较规范的职位说明书范例。

(三) 编写职位说明的基本原则

1. 以工作内容为核心的原则。职位说明针对的应该是具体工作，而不是研究工作中的人。

2. 具体化原则。职务说明要具体，尽可能少使用模糊或抽象的术语。例如对酒吧收银工作做出的工作描述，不可以要求为“有扎实的计算机知识，头脑清楚，反应灵敏”，而应该叙述为“能够熟练使用 POS 机，能够在光线较暗的情况下借助验钞器准确鉴别伪币”。

3. 简明扼要原则。职位说明要简明扼要，避免将工作的每一个动作都进行过于详细的描述；而对一些技术性的术语则要附加解释，如“POS”要备注为“Point of Sells，电子收款机系统”。

4. 规避处罚奖惩的原则。职位说明作为一种人力资源开发与管理的工具，目的是指导员工更好地致力于旅游企业的工作，而不是作为奖励或惩罚的框架来约束员工的行为，因此其内容不应该涉及任何奖励或处罚措施。

表 2-1　饭店客房部经理职位说明书

职务名称:客房部经理 岗位级别:C 级 隶属部门:客房部 直接上级:饭店运营总监 直接下级:客房服务中心主管 3 人,公共区域主管 1 人,洗衣房主管 1 人 工作条件: 95%以上时间在饭店内工作,一般不受气候影响,温度、湿度适中,很少接触噪音,无个人生命或严重受伤危险,不接触有毒有害物质。计算机和饭店管理信息系统是其主要辅助管理工具。 主要职责: (1) 根据饭店的经营方针和政策以及总经理室下达的任务和目标,制订客房部的工作计划并负责实施。 (2) 负责制定本部门的岗位职责、规章制度和工作程序并适时评估与修改完善。 (3) 负责本部门员工的招聘、培训、评估与激励,制订客房部年度培训计划,努力造就和保持一支高素质的员工队伍。 (4) 负责本部门经营物资的管理与控制,在保证质量标准的前提下减少消耗、降低费用。 (5) 参与客房装饰布置方案的设计和客房更新改造计划的制订。 (6) 负责客房部的安全工作,保证客人与员工的人身和财产安全。 (7) 合理调配和使用人力,在保证正常运行和服务质量的前提下,努力降低人力消耗。 (8) 巡视检查并督导下属的工作。 (9) 做好重要客人及特殊客人的接待与服务工作,主要包括看望慰问生病客人、拜访长住客人、处理客人的投诉等。 工作权限: (1) 对本部门员工的聘用、晋升、辞退有建议权。 (2) 对本部门员工有工作调配权和奖惩权。 (3) 对采购部为本部门购进的物资有一票否决权。

三、职位规范

职位规范反映的是职位分析结果的另一个方面,即完成工作所需要的资格,它包括任职者的教育背景、身体特征、经验、培训经历、个性、技能和职业兴趣等。简单地讲,职位规范就是对从事某一职位工作的人所必须具备的最基本的资格条件的具体说明。职位规范使用最频繁的,就是为员工招聘中的测试与面试环节提供技术支持。在一些旅游企业中,职位规范没有独立形成文件,而是作为职位说明的一部分。表 2-2 是比较规范的职位规范书示例。

表 2-2　饭店宴会销售经理职位规范书

职位名称:宴会销售经理 所属部门:宴会部 主要职责: (1) 根据宴会部的目标市场及顾客的潜在需要,制订本部门的销售工作计划。 (2) 负责现有重要客户及潜在的重要客户的资料收集、归纳、分析工作,对销售人员进行技术指导。 (3) 制订宴会部销售人员的工作计划,并合理调配人员。 (4) 每周制订一次出外推销计划并提交宴会部经理,出访宴会客户,填写推销卡片,详细记录每次出访推销情况,并定期向宴会部经理汇报外出推销情况。 (5) 在宴会开餐前恭候客户的到来,实地检查接待准备情况,保证所有的安排妥当,与宴会服务经理协调,确保接待服务的落实。 (6) 收集宴会活动后客人的各种反映并及时反映给宴会部经理,以便处理或修正。 (7) 定期对下属进行绩效评估,按照奖惩制度实施奖惩,并组织实施培训,提高销售人员的技术和素质。 业务知识: (1) 了解饭店宴会接待服务工作程序,熟悉饭店餐饮产品特色及其价格政策。 (2) 掌握饭店业市场营销理论,并能够熟练运用。 技能要求: (1) 熟悉本地区大中型企业餐饮招待的特点和标准,并能够与其保持密切的沟通与联系。 (2) 熟练掌握饭店餐饮产品的推销技巧。 工作经验: (1) 餐饮部累计工作时间不少于 2 年。 (2) 具有管理不少于 3 人小组的经验。 (3) 具有比较丰富的策划和接待大型餐饮活动的经验。 教育及培训背景: (1) 具有饭店管理、旅游管理或市场营销专业大专以上学历。 (2) 本岗位专业培训不少于 80 小时。

编写职位规范要注意的是,所列出的所有任职资格条件必须与旅游企业工作有直接关系,并且不能通过制定任职资格,随意限制受法律保护群体的就业。

第三节　职位分析的过程

一、职位分析的阶段

职位分析的过程实质就是对工作进行全方位评价的过程,一般分为四个阶段,即准备阶段、调查阶段、分析阶段、完成阶段。

（一）准备阶段

在准备阶段所要做的是：

1. 成立由职位分析人员、现岗在职人员、上级主管参加的工作小组。

2. 向参加职位分析的岗位代表宣传、解释职位分析的作用和意义；与之建立良好的人际关系，使他们能够充分地配合。

3. 确定调查和分析对象的样本，同时考虑样本的代表性；制定工作进度表。

4. 将各项工作分解成若干工作元素和环节，确定工作重点和难点，并进行职位分析的方法培训。

（二）调查阶段

调查阶段的主要任务是对工作过程、工作环境和工作内容等多个方面进行调查，完整地获得“职位分析七要素”，核心是根据收集到的信息，了解工作行为以及工作相关知识、技巧、能力及其他特质（KSAOs；Knowledge, Skills, Ability, and Other Characteristics）。具体工作如下：

1. 根据旅游企业工作的特点，有针对性地编制调查问卷和提纲。

2. 根据具体的分析对象选择行之有效的方法进行调查。例如，到饭店宴会厅进行现场观察，观察宴会厅服务员“餐前准备”的工作流程，记录主要工作环节，调查该项工作必需的工具和设备，观测工作的物理环境。

3. 收集有关工作的特征及需要的各种数据，如相关的规章制度、员工对目标工作的认识等。

4. 重点收集被调查员工对职位工作特征和工作人员特征的重要性和发生频率等所做出的等级评定。例如，可以让所有参加者按其个人理解指出胜任导游服务工作的要素，如年龄、相貌、语言表达水平、服务态度等，然后进行统计，根据提及的频率和先后顺序，确定出导游的基本素质要求。

（三）分析阶段

具体的分析工作可以从以下四个方面进行：

1. 职务名称分析：实现职务名称标准化，以求通过名称就能了解职务的性质和内容。

2. 工作规范分析：包括工作任务分析、工作关系分析、工作责任分析和劳动强度分析等。

3. 工作环境分析：包括工作的物理环境分析、工作的安全环境分析和工作的社会环境分析等。

4. 职位候选人必备条件分析：包括必备知识分析、必备经验分析、必备操作能力分析和必备心理素质分析等。

（四）完成阶段

完成阶段的主要任务就是根据所收集的信息和分析的结果，综合提出“职位说明”和“职位规范”。具体工作内容如下：

1. 根据所收集的工作信息和分析的结果，起草“职位说明”和“职位规范”。

2. 将“职位说明”和“职位规范”的初稿与旅游企业实际工作对比。

3. 根据对比发现调查和分析的误差，及时修正“职位说明”和“职位规范”；对重要职位应考虑进行多次对比、修正。

4. 形成正式的“职位说明”和“职位规范”。

5. 将“职位说明”和“职位规范”应用于实际工作中，并注意收集反馈信息，不断完善。

二、工作调查方法

在职位分析过程中，运用科学的方法收集相关的工作信息是十分重要的。工作信息的收集主要源于工作调查，只有深入旅游企业工作的一线，才能够获得真正有价值的工作信息。在现阶段，旅游企业职位分析主要以定性分析为主，因此一般采用观察法、访谈法、问卷调查法、关键事件分析法、工作日志法和工作实践法等。

（一）观察法

观察法是职位分析人员在工作现场运用感觉器官或其他辅助器材，如计数器和摄像机等，观察特定对象的实际工作动作和工作方式，并以文字、图表或图像等形式记录收集工作信息的方法。这种方法主要可以用来收集强调人工技能的那些工作信息，如酒吧调酒师的工作。观察法还可以帮助职位分析人员确定体力与脑力劳动之间的相互关系。但是，在实践中，仅采用观察法通常是不够的，特别对那些以脑力劳动为主要内容的工作更是如此。例如，通过观察一名餐厅成本核算员的工作，很难全面地揭示“餐厅成本核算”的工作要求。

由于不同的观察对象的工作周期和工作突发性有所不同，观察法具体可分为直接观察法、阶段观察法和工作表演法。

1. 直接观察法

职位分析人员直接对员工工作的全过程进行观察。直接观察法适用于工作周期很短的职务。例如，饭店前厅部的行李员的工作基本上是以一天为一个周期，职位分析人员用一个整天的时间跟随其进行直接工作观察，便可以获得比较全面的职位信息。

2. 阶段观察法

有些职位的工作具有较长的周期性，为了能完整地观察到员工的所有工作，必须分阶段进行观察。例如，五星级饭店总统套房服务员，只有总统套房有人入住时才有可能真实地记录其工作信息。有时由于阶段跨度太长，职位分析无法拖延很长时间，这时采用“工作表演法”则更为合适。

3. 工作表演法

工作表演法比较适合工作周期长和突发性事件较多的工作。例如，旅游景区的保安工作，除了有正常的工作程序以外，还有很多突发事件需要处理，如盘问可疑人员、营救遇险旅客等，职位分析人员可以让保安人员表演“盘问”和“营救”的过程，来完成对该项工作的观察。

在采用观察法时，职位分析人员首先要取得调查对象的信任，并且事先准备好观察表格（见表2-3），以便随时对体力消耗、噪音、高温等进行记录。有条件的旅游企业，可以使用摄像机等设备将调查对象的工作内容记录下来，以便仔细分析。此外，观察工作应注意不要影响到工作的进行，并在观察结束后和该项工作的主管讨论观察的结果。

表2-3　饭店客房职位分析观察提纲（部分）

被观察者姓名：____________　　日期：____________

观察者姓名：____________　　观察时间：____________

工作类型：____________　　工作部门：____________

观察内容：

1. 什么时间开始正式工作？____________。

2. 上午工作多少小时？____________。

3. 上午休息几次？____________。

4. 第一次休息时间从____________到____________。

5. 第二次休息时间从____________到____________。

6. 上午整理客房多少间？____________。

7. 平均整理一间客房需要多少时间？____________。

8. 与同事交谈几次？____________。

9. 每次交谈多少时间？____________。

10. 工作环境温度：____________。

11. 工作环境噪声是多少分贝？____________。

（二）访谈法

访谈法是通过职位分析人员与担任相关职位的人员一起讨论工作的特点和要求，从而取得有关职位信息的调查研究方法。在采用访谈法时，可以先查阅和整理有关工作职责的现有资料，在大致了解职位情况的基础上，再开展访谈。同时,也可以访问相关职位的上一级管理者和从事相应培训工作的讲师。由于被访问的对象是那些最熟悉这一职位的人,因此,认真的访谈可以获得很详细的职位分析资料。

访谈法对执行人的语言表达能力和逻辑思维能力有较高的要求。访谈时,职位分析人员要能够控制谈话的局面,既要防止谈话跑题,又要使谈话对象能够无所顾忌地侃侃而谈。为此,职位分析人员应该准备好访谈提纲,并及时准确地做好谈话记录,使访谈能够按照预定的计划进行。访谈法适用于脑力工作者,如财务人员、企划人员、旅游企业的高层管理人员等。

访谈时要注意修正偏差。有时被访谈者会有意无意地歪曲其职位情况,比如,把一件容易的工作说得很难或把一件难的工作说得比较容易——这就需要和多个同职者访谈所搜集的资料对比加以校正。以下是一些建议访谈的问题:

- 平时需要做哪些工作?
- 主要的职责有哪些?
- 如何去完成它们?
- 在哪些地点工作?
- 工作需要怎样的学历、经验、技能或专业资格?
- 基本的绩效标准是什么?
- 工作有哪些环境和条件?
- 工作有哪些生理要求和情绪及感情上的要求?
- 工作的安全和卫生状况如何?
- 工作中需要和旅游企业内部或外部哪些部门有定期性的接触?这些接触的原则是什么?

(三)问卷调查法

为了减轻职位分析的工作量,职位分析人员可以把需要调查了解的工作信息提前分类整理,并设计出一些相对独立的分类问卷,分发给任职人员填写,然后根据所填写的资料,对各项工作的性质、繁简难易、责任轻重以及工作承担者的基本素质进行分析。

一般来讲,问卷的内容包括工作名称、所属部门、现任人员姓名、工作上受何人监督、需督导何人、完成工作的程序与方法、需要的材料和设备以及需要具备的学识、技能、经验等。在任职人员填写问卷前,有必要对其进行填写要领的辅导,然后再由任职人员独立填写。调查问卷的内容要简明扼要,不能过于复杂烦琐。表2-4是职位分析问卷调查表的一份范例。

表 2-4 工作分析调查问卷

<table>
<tr><td>姓名</td><td></td><td>职称</td><td></td><td>现任职务</td><td></td><td>工 龄</td><td></td></tr>
<tr><td>性别</td><td></td><td>部门</td><td></td><td>直接上级</td><td></td><td>进入旅游企业时间</td><td></td></tr>
<tr><td>年龄</td><td></td><td>学历</td><td></td><td>工资等级</td><td></td><td>从事本岗工作时间</td><td></td></tr>
<tr><td>工作时间要求</td><td colspan="7">1. 正常的工作时间每日由________时开始至________时结束。
2. 每日工休时间为________小时，________%的时间可以保证。
3. 每周平均加班时间为________小时。
4. 实际上下班时间是否随业务情况经常变化(总是，有时是，偶尔是，否)。
5. 所从事的工作是否忙闲不均(是，否)。
6. 若工作忙闲不均，最忙时常发生在哪段时间________________。
7. 其他需要补充的问题：</td></tr>
<tr><td rowspan="4">工作目标</td><td colspan="4">主要目标：</td><td colspan="3">其他目标：</td></tr>
<tr><td colspan="4">1.</td><td colspan="3">1.</td></tr>
<tr><td colspan="4">2.</td><td colspan="3">2.</td></tr>
<tr><td colspan="4">3.</td><td colspan="3">3.</td></tr>
<tr><td>工作概要</td><td colspan="7">用简练的语言描述一下您所从事的工作：</td></tr>
<tr><td rowspan="6">工作活动程序</td><td>活动名称</td><td colspan="2">作业流程</td><td colspan="2">依 据</td><td colspan="2">管理要求</td></tr>
<tr><td></td><td colspan="2"></td><td colspan="2"></td><td colspan="2"></td></tr>
<tr><td></td><td colspan="2"></td><td colspan="2"></td><td colspan="2"></td></tr>
<tr><td></td><td colspan="2"></td><td colspan="2"></td><td colspan="2"></td></tr>
<tr><td></td><td colspan="2"></td><td colspan="2"></td><td colspan="2"></td></tr>
<tr><td></td><td colspan="2"></td><td colspan="2"></td><td colspan="2"></td></tr>
<tr><td rowspan="7">工作活动内容</td><td rowspan="2">名 称</td><td colspan="2" rowspan="2">结果或形成的绩效</td><td rowspan="2">占全部工作时间的百分比(%)</td><td colspan="3">权 限</td></tr>
<tr><td>承 办</td><td>需报审</td><td>全权负责</td></tr>
<tr><td>1.</td><td colspan="2"></td><td></td><td></td><td></td><td></td></tr>
<tr><td>2.</td><td colspan="2"></td><td></td><td></td><td></td><td></td></tr>
<tr><td>3.</td><td colspan="2"></td><td></td><td></td><td></td><td></td></tr>
<tr><td>4.</td><td colspan="2"></td><td></td><td></td><td></td><td></td></tr>
<tr><td>5.</td><td colspan="2"></td><td></td><td></td><td></td><td></td></tr>
<tr><td>失误的影响</td><td colspan="5">若您的工作出现失误，会发生下列哪种情况？
1. 不影响其他人工作的正常进行。□
2. 只影响本部门内少数人。□
3. 影响整个部门。□
4. 影响其他几个部门。□
5. 影响整个旅游企业。□</td><td colspan="2">说明：
如果出现多种情况，请按影响程度由高到低依次把编号填写在下面括号中。
(________________)</td></tr>
</table>

（续　表）

内外部工作接触	内部部门： 外部单位：
监督	1. 直接和间接监督的人员数量。(　　) 2. 被监督的管理人员数量。(　　) 3. 直接监督人员的层次：一般职工、基层管理人员、中层管理人员、高层管理人员。(　　)
	1. 只对自己负责。□　　2. 对职工有分配工作、监督指导和考核的责任。□
工作基本特征	1. 不需对自己的工作结果负责。□　　2. 仅对自己的工作结果负责。□ 3. 对整个部门负责。□　　4. 对自己的部门和相关部门负责。□ 5. 对整个旅游企业负责。□
	1. 在工作中时常做些小的决定，一般不影响其他人。□ 2. 在工作中时常做一些决定，对有关人员有些影响。□ 3. 在工作中时常做一些大的决定，对自己部门和相关部门有影响。□ 4. 在工作中要做重大决定，对整个部门有重大影响。□
	1. 工作的程序和方法均由上级规定，遇到问题时可随时请示解决，工作结果须报上级审核。□ 2. 分配工作时上级仅指示要点，上级并不时常指导，但遇困难时仍可直接或间接请示上级，工作结果仅由上级大概审核。□ 3. 分配任务时上级只说明要达成的任务或目标，工作方法和程序均由自己决定，工作结果仅受上级原则审核。□
	1. 完成本职工作的方法和步骤完全相同。□ 2. 完成本职工作的方法和步骤大部分相同。□ 3. 完成本职工作的方法和步骤大部分不同。□ 4. 完成本职工作的方法和步骤完全不同。□
	在工作中，您需要做计划的程度： 1. 在工作中无须做计划。□ 2. 在工作中需要做一些小的计划。□ 3. 在工作中需要做部门计划。□ 4. 在工作中需要做公司整体计划。□ 说明： 如出现多种情况，请按“做计划”的程度由高到低依次填写在下面括号中。 (____________________)
	您在工作中所使用的资料属于哪几种，使用的比例约为多少？ 1. 语言(%)　　2. 文字(%)　　3. 劳动工具或设备(%)； 请举例：________________________。

（续　表）

<table>
<tr><td rowspan="22">任职资格要求</td><td colspan="2">1. 常用的外语</td><td>频率</td></tr>
<tr><td colspan="2">（1）英语□　（2）日语□
（3）韩语□　（4）其他□</td><td>1　2　3　4　5
极少　偶尔　不太经常　经常　极多</td></tr>
<tr><td colspan="2">2. 常用的数学知识</td><td>频率</td></tr>
<tr><td colspan="2">（1）计算机程序语言□
（2）四则运算□
（3）乘方、开方、指数□
（4）其他□</td><td>1　2　3　4　5
极少　偶尔　不太经常　经常　极多</td></tr>
<tr><td colspan="3">3. 学历要求</td></tr>
<tr><td colspan="3">初中□　高中或中专□　大学专科□　大学本科□　研究生以上□</td></tr>
<tr><td colspan="3">4. 为顺利履行工作职责，应进行哪些方面的培训？需要多少时间？</td></tr>
<tr><td>培训科目</td><td>培训内容</td><td>最少培训时间（天）</td></tr>
<tr><td></td><td></td><td></td></tr>
<tr><td></td><td></td><td></td></tr>
<tr><td></td><td></td><td></td></tr>
<tr><td colspan="3">5. 一个刚刚开始从事本职的人，要多长时间才能基本胜任您所从事的工作？</td></tr>
<tr><td colspan="3"></td></tr>
<tr><td colspan="3">6. 为顺利履行您所从事的工作，需具备哪些方面的工作经历？约多长时间？</td></tr>
<tr><td>工作经历要求</td><td colspan="2">最少时间要求（月）</td></tr>
<tr><td></td><td colspan="2"></td></tr>
<tr><td></td><td colspan="2"></td></tr>
<tr><td colspan="3">7. 您所从事的工作有何体力方面的要求？
1　2　3　4　5
轻　较轻　一般　较重　重</td></tr>
<tr><td colspan="2">8. 其他能力要求</td><td>需要程度</td></tr>
<tr><td colspan="2" rowspan="3">（1）组织能力□
（2）激励能力□
（3）授权能力□
（4）创新能力□
（5）计划能力□
（6）人际关系能力□
（7）协调能力□
（8）谈判能力□
（9）公文写作能力□
（10）分析、判断能力□
（11）其他：________□</td><td>说明：
1　2　3　4　5
低　较低　一般　较高　高</td></tr>
<tr><td>说明：
1　2　3　4　5
低　较低　一般　较高　高</td></tr>
<tr><td>说明：
1　2　3　4　5
低　较低　一般　较高　高</td></tr>
</table>

问卷法实施的一般程序包括被调查者的选取、发放问卷、回收问卷、分析问卷及结果处理。一般有两种发放和回收方式:一种是现场发放、集中做答,现场回收;另一种则是先发送到各个部门,再另找时间做答。第一种方式的回收和做答效果最好,但操作时由于受时间、场地等诸多条件制约,往往较难实现。

第二种方式在旅游企业中最为常用,但操作时须注意,将问卷发放到各部门时,应首先召集各部门的各级主管进行动员和培训。培训内容包括调查目的、如何消除员工疑虑、常见问题及解答等。建议职位分析人员带着各级主管先浏览整个问卷,然后由部门主管负责组织本部门员工集中填答。员工填完后,须交由主管审核签字,以确保数据的准确性。问卷回收后,职位分析人员必须检查是否填写完整,并仔细查看是否有不清楚、重复或冲突之处。若有,就要考虑是否约此任职者或其主管进一步面谈,以确保数据收集的准确性。

(四)关键事件分析法

关键事件分析法是请任职人员回忆、报告,在实际工作中对他们的工作绩效有影响的重要工作特征和事件,从而获得职位分析的信息。

关键事件分析法调查的重点是与“职位要求”相适应的工作行为,属于相对动态的分析。这种方法要求如实记录工作行为中的“关键事件”——使工作成功或者失败的行为特征或事件。在大量收集关键事件以后,通过分析,总结出职位的关键特征和行为要求。关键事件分析法既能获得有关职位的静态信息,也可以了解职位的动态特点。

(五)工作日志法

工作日志法是让员工用工作日记的方式记录每天的工作活动,以此作为职位分析的信息。工作日志法应该由职位分析人员设计好详细的工作日志单,让任职人员按照要求及时填写工作内容(见表2-5)。

需要注意的是,工作日志应该随时填写,比如以30分钟或1小时为一个周期,而不应该在下班前一次性填写,这样是为了保证填写内容的真实性和有效性。如果这种工作日志记录得很详细,就会经常提示一些其他方法无法获得或者观察不到的细节。

表 2-5 导游工作日志表

日期	年 月 日	团名		入出境时间	年 月 日 至 年 月 日
当日行程					
游览车	司机： 车号：	午餐餐厅		住宿酒店	
06:00			16:00		
07:00			17:00		
08:00			18:00		
09:00			19:00		
10:00			20:00		
11:00			21:00		
12:00			22:00		
13:00			23:00		
14:00			24:00		
15:00					
重要记事： 导游签名：					

（六）工作实践法

工作实践法是指由职位分析人员亲自完成所需研究的工作，以搜集相关职位的信息。这种方法的优点是能够获得第一手资料，可以准确地了解工作的实际过程，以及在体力、知识、经验等方面对任职者的要求。从获得职位分析信息的质量方面来看，这种方法比前几种方法效果要好。但是，工作实践法只适用于短期内可以掌握的工作或者工作内容比较简单的职位，如餐厅服务员；而不适用于需要进行大量训练或危险的工作。

（七）综合应用

事实上，上述方法都各有利弊，为了收集到更加完整、准确的职位信息，高效率地完成职位分析任务，旅游企业通常会综合采用以上几种方法。表 2-6 是几种工作调查方法的利弊比较。

表 2-6　职位调查方法比较

职位调查法	优　点	缺　点
观察法	直观;适用于大量标准化、周期短的以体力劳动为主的工作。	不适用于以智力劳动为主的工作;不适用于周期长、非标准化的工作;不适用于各种户外工作;不适用于高、中级管理人员的工作。
访谈法	直接;与任职人员双向交流,了解较深入;可以发现新的、未预料到的重要工作信息。	回答问题时可能有随意性、即时性,准确度有待验证;职位分析人员的思维定势或偏见影响判断和提问;对任职人员工作影响较大;对职位分析人员的素质要求高;不能单独使用。
问卷调查法	可以比较全面地收集到尽可能多的工作信息;收集的工作信息准确、规范、含义清晰;可以随时安排调查。	问题事先已经设定,调查难以深入;工作信息的采集受问卷设计水平的影响较大;对任职人员的知识水平要求较高。
关键事件分析法	直接描述工作中的具体活动,可提示工作的动态性;所研究的工作可观察、衡量,故所需资料适应于大部分工作。	归纳事例需耗大量时间;易遗漏一些不显著的工作行为,难以把握整个工作实体。
工作日志法	按照时间顺序记录工作信息,信息量大,由任职人员亲自记录不容易漏掉细节问题。	获得的信息比较凌乱,难以组织;任职人员在记日记时,有夸大自己工作重要性的倾向;会加重员工的负担。
工作实践法	分析者亲自体验,获得的信息真实。	只适用于短期内可掌握的工作,不适于需进行大量的训练或有危险性的工作的分析。

三、工作流程的整理

在旅游企业的经营管理活动中,有许多内部业务工作从起始到完成,是由多个部门、多个职位、经多个环节协调及顺序工作共同完成的,因此,在进行职位分析的过程中经常遇到一些职位的工作内容交叉。为了具体了解某一职位所承担工作的详细过程,在采用上述职位调查方法的过程中,有必要对某一工作项目进行工作流程的梳理。所谓工作流程，就是企业为达到特定的目标而集合各种资源，由不同职位的人按照一定的顺序，以不同的方式承担具体责任而共同完成的一系列工作活动。

采用图示的方法对工作流程进行梳理是一种形式简单、内容清晰的方法。工作流程图有很多种类型，国际上比较通用的是"矩阵式流程图"。美国国家标准学会(ANSl)为"矩阵式流程图"专门规划了标准设计符号(见图2-2)。实际上，工作流程设计的标准符号远不止这些。工作流程图的绘制越简洁明了，操作起来越方便，企业也越容易接受和落实；符号越多，流程图越复杂，企业越不易接受。对于旅游企业而言，只使用前四种符号就基本可以满足绘制工作流程图的需要。

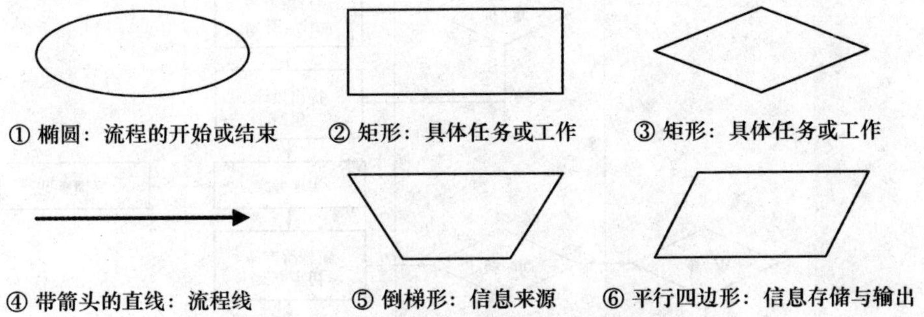

图 2-2　矩阵式流程图设计标准符号

"矩阵式流程图"分成纵向、横向两个方向，纵向表示工作的先后顺序，横向表示承担该项工作的部门和职位。通过纵向、横向两个方向的坐标，就可以比较清楚地解决一项工作先做什么、后做什么的问题，也可以解决具体的工作结点由谁负责的问题(见图2-3)。

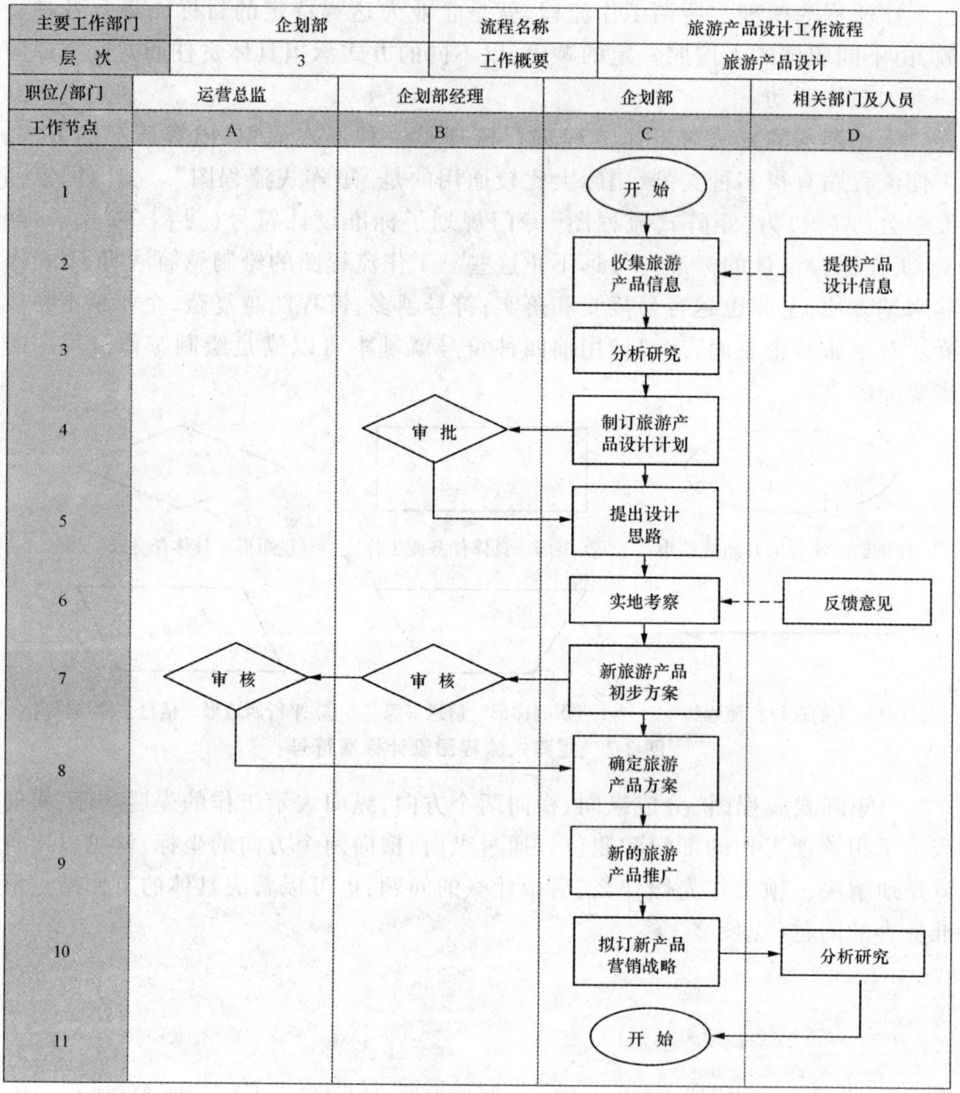

图 2-3 旅行社矩阵式工作流程图示例

资料来源：孙宗虎，肖民书. 旅行社管理流程设计与工作设计[M]. 北京：人民邮电出版社，2008。

关键术语

职位分析(job analysis)
职位（job）
任务（task）
职责（responsibility）
责任（duty）
知识（knowledge）
技术（technology）
能力（capacity）
岗位（position）
职位说明（job description）
职位规范（job specification）
工作识别（job identification）
职位分析日期（job analysis date）
工作概要（job summary）
履行职责（duties performed）
访谈法（interview）
观察法（observation）
职位分析问卷调查法（position analysis questionnaire，PAQ）
关键事件分析法（critical incident technique）
工作日志法（employee recording）
工作实践法（job involvement）
工作流程(work process)

复习思考题

1. 职位分析的结果对旅游企业人力资源开发与管理有什么重要价值？
2. 职位分析的任务是什么？主要包括哪些方面的内容？
3. 旅游企业职位说明书是如何制定的？它应该包括哪些基本内容？
4. 旅游企业在什么情况下最需要进行职位分析？
5. 各种职位调查方法各有什么优缺点？

课　业

现在需要对酒吧调酒师进行职位分析。首先请根据表2-3设计一份有针对性的“调酒师职位分析观察提纲”，然后选择一家四星级饭店的酒吧分别采用观察法、访谈法和问卷调查法（可采用表2-4）对调酒师一职进行职位分析，根据收集到的资料完成酒吧调酒师的职位说明书和职位规范书。最后，设法找到该饭店拟定的酒吧调酒师职位说明和职位规范，对照一下，看看有何差异。

案例学习

广场酒店的职位削减

拥有百年历史的广场酒店距离堪萨斯城的乡村俱乐部广场和王冠中新区仅几步之遥，是一家拥有50间客房的仿欧式酒店，至今仍保持着古典的维多利亚风格——古董家具、东方地毯、大理石浴缸和奢侈的厚绒布浴袍……这些吸引了许多著名人物惠顾下榻。但是，广场酒店的新任总经理大卫·巴特正面临着一系列的挑战，其中包括经济衰退、入住率和收入在持续下跌。许多常客抱怨，自从这家酒店更换了新的管理团队后，就完全变了样。更糟的是，一家与广场酒店档次完全相同的丽思卡尔顿酒店新近开张，这也是一家供高消费阶层旅客使用的酒店，距离广场酒店只有两个街区远，开业优惠房价仅75美元。

鉴于酒店经营业绩不佳，大卫·巴特开始着手削减成本，其中包括砍掉了一些职位。在餐饮部，三名餐厅经理有两人被裁；前台经理的职位也被裁撤，前台工作人员由销售部经理负责管理。这样，酒店的管理人员和员工队伍就大大缩减了。除餐饮部外，所有经营部门都只有一名负责人，没有行政助理。

广场酒店的生意终于在巴特接手4个月后开始有了起色。需求的上升使前台的工作压力很大。前台接待区是一个雅致的古典造型门房桌，因为太小一次只能容纳一名员工。因此，一班只安排一名前台接待员。由于裁撤了分组交换机的话务员和秘书，前台接待员不仅要为客人提供服务，而且还要接电话、为管理人员收发信息、预订客房和餐厅。另外，销售部未与酒店客房预订管理信息系统连接，销售经理常常要通过前台核对空房情况，从而回绝或更新团队预订。同样，管家部也无法查询酒店客房预订管理信息系统，前台要在酒店客房预订管理信息系统中记录和更新客房状况，负责安排每天早晚的客房清洁任务。大卫·巴特认为，在酒店的运转中，前台应该发挥中心的作用。

一班只安排一个人，前台接待员要接电话、协调部门活动、满足每位客人的个性化服务要求，而这里是酒店的招牌。在忙碌的时候，客人办理人住和退房手续常常被电话铃声粗鲁地打断，有时候，前台接待员忙着帮助客人，把打电话的人晾在一边等半天。

不能有效地回应电话和客人的需求成了一件麻烦事，不仅从客户服务的角度看如此，从收入损失的立场上看也是如此。如果订房电话等待时间超过两分钟，往往就会挂断电话。另外，由于同时要接电话和为客人提供帮助，前台接待员常常报低房价、将到达日期弄混、把有人的房间预订出去。有时未对取消预订的要求做出正确处理，一些本来取消预订的客人却要付预订费。一位前台接待员说："我要接其他三部响个不停的电话，因此只好反复地请客人不要挂电话，这样想把房子订出去真是太难了。"

资料来源：Paul F. Buller, Randall S. Schuler 著；卢嫄，杜仕平 译：组织和人员管理案例[M]. 北京：清华大学出版社，2004：95—99.

案例思考

1. 广场酒店削减成本的措施合理吗？为什么？
2. 请根据广场酒店的前台工作现状，分析其问题的根源是什么，怎样解决？

第三章

旅游企业人力资源规划与计划

知识要求

通过本章学习,学生应该掌握六项基本知识:

• 旅游企业人力资源规划的含义、内容和能够解决的问题

• 旅游企业人力资源计划的含义、要素、构成

• 人力资源规划与人力资源计划之间的关系

• 基于旅游企业生命周期的人力资源战略选择

• 影响旅游企业人力资源供给的因素

• 制订旅游企业人力资源计划的一般过程

技能要求

通过本章学习,学生应该掌握五项管理技能:

• 旅游企业人力资源配备的方法

• 旅游企业人力资源需求预测的方法

• 人力资源短缺情况下的人力资源计划策略与措施

• 人力资源剩余情况下的人力资源计划策略与措施

• 监控与评估旅游企业人力资源计划

引 例

刘立新是星月皇冠国际旅游公司的计调部经理,他刚刚亲自解决完一起客户投诉,这是他本季度内第三次遇到由于他的员工张玫填写业务表单潦草而导致的客户投诉,前两次是由于张玫没有将“团队计划书”中的酒店名称写完整,这一次则是由于“导游人员接团准备表”中“入境航班”书写潦草,致使签约的旅游汽车公司派车出现失误。更让刘立新恼火的是,就在大约一周前他还亲自组织了关于如何正确填写计调部工作表单的培训,现在他真的觉得忍无可忍了。

在刘立新的印象当中,张玫在星月皇冠国际旅游公司已经工作很多年了,而且还换过好几个岗位。刘立新不想因为现在的这类投诉而将张玫开除,那样对她以后的职业发展打击太大了,而且似乎还有点小题大做。于是,他找到了公司负责人力资源的经理安东。“嗨,安经理。那位张玫小姐又给我惹麻烦了,她最近总是写错表单,客户对她的投诉接连不断。除了开除,你有什么好办法让他离开我们部门吗?”刘立新抱怨道。“你知道,公司现在除了导游,哪个部门都不缺人,再说张玫犯的那些错,按公司制度也够不上开除啊。”沉了一下,安东接着说:“让我想想办法,是不是可以采用不再和她续签劳动合同的办法,让她走人。”安东一边说一边打开面前的电脑,开始对员工劳动合同信息进行查询。

大约一分钟后,安东对刘立新摇摇头,说:“很遗憾,我看这条办法是行不通了。张玫的劳动合同将于下月1日到期,按照劳动合同法,是否续签劳动合同必须提前30天告知对方,否则就视为劳动合同自动延期。所以,现在公司已经不可能采取不再续签劳动合同的方法,来彻底解决张玫的工作失误。让我们再想一想其他方法吧。”

不论皇冠国际旅游公司的管理者准备对员工张玫采取的措施合理与否,都暴露出这家企业在人力资源管理方面存在的问题——劳动合同管理缺乏计划性。旅游企业解决人力资源日常工作中所发生的问题,方法无非是:第一,遇到这些问题及时解决;第二,分析这些问题,找到产生这些问题的原因,避免再次出现类似情况;第三,预先估计出现问题的可能性,在管理中有意识地加以避免。这三种方法中最有效的是第三种,即做好人力资源规划与计划。

第一节　旅游企业人力资源规划与计划概述

一、人力资源规划

（一）人力资源规划的含义

人力资源规划的实质是战略问题，所以又称为人力资源战略规划。人力资源规划的战略性表现在，一方面它既具有自身的战略性目标，同时还要服从于组织的总体战略；另一方面人力资源规划的重点是为管理者确定新的人力资源开发与管理方向，阐明企业未来通过人力资源开发与管理获得并保持竞争优势的方略。

旅游企业人力资源规划，是指以人力资源可持续发展并保持竞争优势为目标，将人力资源开发与管理与企业总体战略相结合，通过分析、确定人力资源需求以及满足这些需求的可能性，制订相应的人力资源获取、利用、保持和开发策略，确保旅游企业在未来发展中有充裕、合格的人力资源，并使旅游企业和员工获得长远利益的一项管理活动。

旅游企业人力资源规划的过程，一般是从企业的最高管理层开始，结合企业经营战略的制定，对未来3—10年的企业人力资源进行中长期规划，然后要求各下级单位的管理者制订相应的执行计划。

（二）旅游企业人力资源规划的内容

1．人力资源规划的切入点

以评价旅游企业外部环境与竞争产生的威胁与机遇为基础，评估旅游企业组织结构的发展趋势、未来某时期旅游企业对员工的需要和人力资源的供给水平。

2．人力资源规划的地位

人力资源规划是战略性人力资源管理与企业经营战略结合、互动的整体系统的一部分。人力资源规划与旅游企业整体规划密切相关（图3-1）。

3．人力资源规划的总体框架

具体包括：预测人力资源中长期（3—10年）需求；如何从获得整体竞争优势出发，以最低成本、最高效率的方式利用人力资源；解决人力资源的中长期供给（包括内部和外部两方面）问题。

4．人力资源规划的目标

（1）使旅游企业可以预见其未来人力资源开发与管理的工作重点，以及对

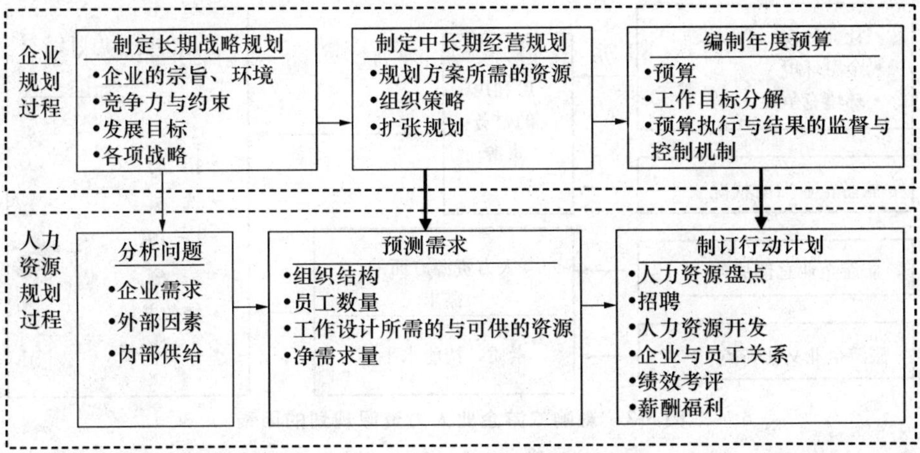

图 3-1 人力资源规划与旅游企业总体规划的关系

人力资源的数量和质量需求；

(2) 为满足旅游企业获得并保持竞争优势的需要，寻求可以支持人力资源开发与管理的其他实践活动（如各项人力资本投资活动等）；

(3) 保证旅游企业其他经营管理目标的实现。

5. 人力资源规划的相关因素及其相互关系

人力资源规划的相关因素及其相互关系如图 3-2 所示，其中，社会环境要素具体包括：劳动力构成与工作模式、政府影响力、经济状况、地理环境、市场竞争激烈程度等。

(三) 人力资源规划所解决的问题

制定旅游企业人力资源规划必须解决以下五个方面的问题：

1. 旅游企业要建立什么样的企业文化？

2. 旅游企业管理员工的指导思想是什么？是控制、激励，还是兼而有之？

3. 旅游企业对人力资源的需求是什么水平？旅游企业各岗位需要什么样的员工？如何提供？

4. 旅游企业的薪资福利策略是什么？最高、中间还是中偏上？鼓励长期服务还是用短期高现金收入吸引员工？

5. 旅游企业采取何种方式为内部各级组织提供管理接班人？外部招聘还是自己培养？

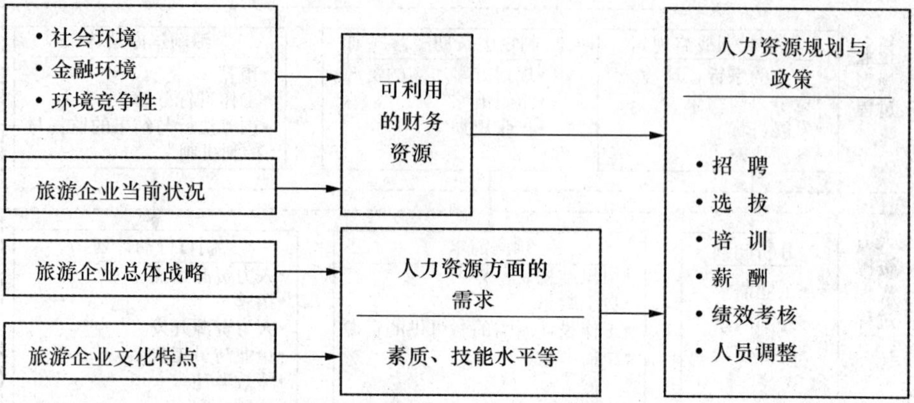

图 3-2　影响旅游企业人力资源规划的因素

二、旅游企业人力资源计划

（一）旅游企业人力资源计划的含义

旅游企业人力资源计划，是指为实现旅游企业战略目标和战术目标，根据人力资源战略规划和目前人力资源状况和对未来组织任务、环境要求、人力资源状况的预测，为满足旅游企业未来短期内（1—2 年）对人力资源质量与数量的需要，针对吸引、保持、提高和流出人力资源等措施所做出的决策性安排。

旅游企业人力资源计划的实质是具体落实人力资源战略规划，其质量和精确性取决于旅游企业高层决策者的战略管理能力、战略目标明确程度和组织结构、财务预算、经营计划等的有效性，也有赖于人力资源信息的准确性和有效性。

（二）制订人力资源计划的意义

制订人力资源计划不仅是实现旅游企业人力资源规范化管理的需要，其重要意义还体现在：

1. 有利于旅游企业适应经营环境的变化

旅游企业的经营活动总是处在一定的外部环境之中，政治、经济、法律、文化、技术等一系列外部因素的变化都要求旅游企业在竞争战略、市场营销策略、服务理念等方面做出反应，进而影响旅游企业内部环境，使旅游企业在组织结构、管理架构、管理体制等方面发生改变，导致人员结构与需求的变化。人力资源计划可以通过科学、准确的预测，及时洞察外部环境的变化，指导旅游企业在人力资源方面采取相应的策略，以积极的态度应对挑战。

2. 人力资源计划是旅游企业组织管理的重要依据

现代旅游企业为顾客提供交通、饮食、住宿、娱乐、健身、购物和观光等多项服务，不仅部门繁多而且组织结构复杂，在这种情况下，制订详细、周密的人力资源计划具有非常重要的作用。它能够为旅游企业的员工录用、晋升、培训、人员调整以及编制控制等活动提供准确的信息和依据。

3. 确保旅游企业有充足、合格的人力资源

旅游业作为劳动力密集型行业，其人力资源保障问题是人力资源计划中必须解决的核心问题。这其中包括人员的流入预测、流出预测、人员的内部流动预测、社会人力资源供给状况分析、人员流动的损益分析等。一个成功的旅游企业，只有在人力资源“量”和“质”两方面都有效地保证供给，才有可能进行更深层次的人力资源开发与管理。

4. 合理控制人工成本

在旅游企业管理中人工成本方面最大的支出是工资，而工资总额在很大程度上取决于各部门员工分布状况。人员分布状况指的是组织中的人员在不同工种、不同职务上的数量状况。当一个旅游企业刚成立的时候，低职务的人会比较多，人工成本相对便宜；随着时间的推移、组织机构的完善、人员的职务等级水平上升，工资成本也就会增加。在没有人力资源计划的情况下，未来的人工成本是未知的，难免会发生成本上升、效益下降的趋势，因此，在预测未来旅游企业发展规模的同时，必须有计划地调整人员的职位分布，把人工成本控制在合理的支付范围内。

5. 使旅游企业和员工都能够获得利益

旅游企业人力资源计划不仅是面向本组织的计划，也是面向员工的计划。企业的发展和员工的发展应该是互相依托、互相促进的关系。科学的人力资源计划可以成为员工职业生涯设计的基础，同时也有利于旅游企业最大限度地开发员工的潜力。如果管理者只考虑旅游企业发展的需要，而忽视如何同时促进员工的发展，就会使企业发展目标的实现受到来自内部的阻力。

（三）人力资源计划的要素

旅游企业人力资源计划的要素主要包括：计划的时间区段（从何时开始到何时结束）；计划目标（数字化的人力资源供需目标）；情景分析（目前状况、未来状况）；计划内容（执行时间、责任人、检查人、检查日期和预算等）；计划制订者（如董事会、人力资源经理等）；计划制订的时间（如董事会正式通过或总经理批准的时间）。

人力资源计划的基本因子有四个：人员、工作、时间和资金。

（四）人力资源计划的构成

旅游企业人力资源计划是在人力资源规划所确定的人力资源管理总原则、总方针和总目标的基础上，制定更加详细的内容，如表 3-1 所示。

表 3-1 旅游企业人力资源计划的基本构成

类别	目标	政策	实施步骤	预算
总体规划	总目标:人力资源总量、素质、绩效、员工满意度	政策趋势:扩张、紧缩、变革、稳定	主要步骤:分年度制定	总预算:______万元 第一年:______万元 第二年:______万元
人力资源补充计划	满足旅游企业对人力资源总量、素质、专业结构的需要	招聘标准、来源、起始待遇等	年度实施步骤: ______月拟定招聘标准 ______月广告宣传 ______月招聘 ______月签约	招聘费用: ______元
人力资源晋升计划	提高人力资源结构和人力资源使用效益	人力资源选拔标准、资格、晋升比例、未晋升人员安排	确认晋升方案、考核晋升对象、晋升对象试用、晋升方案确认	晋升材料处理费用、晋升人员工资变化导致人工成本增加数额
人力资源开发培训计划	提高人力资源的素质、提供后备人力资源、转变员工工作态度	培训时间的保证、培训效果的保证(待遇、考核、使用)	培训计划拟订、培训场所和培训讲师安排、接受培训员工条件确定、员工自我申请、部门批准、主管部门批准、高层领导批准	培训场所和讲师费用、员工脱产培训对业务处理造成的损失
人力资源配置使用计划	优化旅游企业组织结构、部门人力资源配置优化、提高业务处理效率、后备人力资源岗位轮换	上岗条件、岗位轮换规定、任职时间	各部门提交岗位需求计划、根据总体规划审核计划并选择合适人选、部门审核人选、与候选人交流意见、完成配置	人员岗位变动以后的工资福利待遇变化等
人力资源缩减计划	降低人工成本、提高生产率	退休政策、解聘政策和程序、压缩工时的规定	部门提交降低劳务成本解聘计划、审核解聘计划、确定解聘人员、与解聘人员交流意见	人员解聘安置费用

(续 表)

类 别	目 标	政 策	实施步骤	预 算
人力资源薪酬福利计划	保持关键人力资源、提高员工士气、增加员工绩效	工资政策、奖励政策、福利政策	核算人力资源成本总额、评估效果、拟订薪酬福利方案、实施薪酬福利方案	工资、奖金和福利增加额
人力资源职业生涯计划	开发人力资源、保留人力资源	员工晋升政策、员工培训政策	公布各部门人力资源需求目标、员工考核与潜能评估、员工职业生涯研讨、员工职位安排预测	研讨会费用、员工评估费用、职业辅导补贴

三、旅游企业人力资源规划与人力资源计划的关系

企业总体竞争战略是制定人力资源规划的基础。人力资源规划是企业总体发展战略规划的一个组成部分，人力资源规划中被进一步细化的部分即为人力资源计划(见图3-3)。在制定过程中，一般是从旅游企业的最高管理层开始，在制定总体战略的同时，规划人力资源战略，然后要求人力资源部门制订相应的实施计划，其他部门则在人力资源部门的指导下制订更加具体的员工需求计划、培训计划和绩效考评计划等。

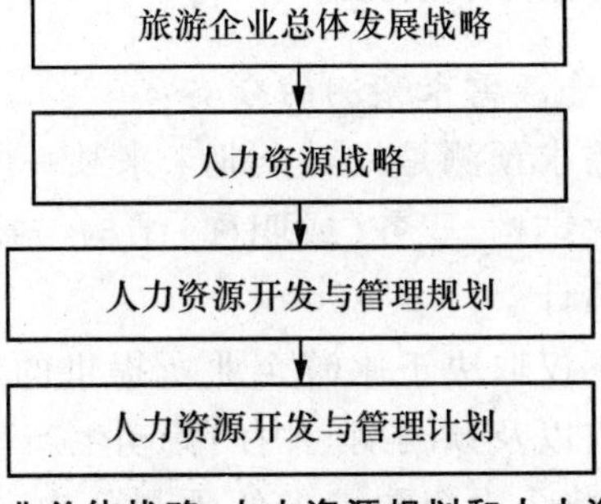

图3-3 旅游企业总体战略、人力资源规划和人力资源计划的关系

从时间跨度和制定过程中的侧重点来讲，旅游企业人力资源规划的时效偏于中长期，一般在3年以上，重点关注旅游企业的长远发展，更多地考虑宏观因素，重视研究社会、法律环境的可能变量对旅游企业人力资源开发与管理的影响，追求旅游企业战略目标的实现和竞争优势的形成与保持。旅游企业人力资

源计划的时效偏于短期,一般在3年以内,更多地考虑旅游企业内部的微观因素,主要是通过对旅游企业未来的员工需求量、内外部人力资源供给状况的预测,制订具体行动方案(招聘、培训、薪酬、福利、晋升、调动、辞退等),重在实现旅游企业的战术目标。

第二节 旅游企业人力资源计划与供需预测

一、旅游企业人力资源计划研究的主要内容

旅游企业人力资源计划有两项非常重要的研究内容:人力资源需求和供给。预测则是研究人力资源需求与供给的主要手段。预测是在分析已有资料的基础上,考虑各种内外部环境因素的影响,对未来的发展做出合乎逻辑的推理过程。人力资源需求预测就是根据职位说明书和员工技能水平确定所需员工的数量和工种。服务标准和劳动生产率的改变是影响旅游企业人力资源需求预测的主要因素。

人力资源供给预测是研究旅游企业内部人力资源(现有员工)存量情况、外部人力资源(劳动力市场)提供水平及其就业趋势,确保旅游企业在经营的各个时期都有充足、合格的人力资源。旅游企业人力资源计划离不开科学的预测,只有通过科学的预测,制订人力资源计划才有可靠的依据。

二、旅游企业人力资源需求预测

(一)旅游企业人力资源需求预测的分类

旅游企业人力资源需求预测是指对企业未来某一段时间内人力资源需求的总量、专业结构、学历层次结构、职务(或职称)结构与技能结构以及人力资源的年龄结构等进行事前的估计。

人力资源需求预测不仅取决于旅游企业所提供的服务项目和服务质量,而且还取决于旅游企业目前以及预测期间内的劳动生产率。根据一个旅游企业所设定目标的长远性,可以将人力资源需求的预测分为三种类型:短期预测、中期预测、长期预测。

一般来说,短期预测是指研究旅游企业在下一个年度里所需要的人员状况、配备的需求等;中期预测则集中考虑旅游企业为了发展,在未来3—5年里对人力资源的需求和计划;长期预测则致力于在考虑了中期人力资源计划的基础上,针对旅游企业要实现的远大目标和战略规划,做出关于人力资源整体方面的预

测。在这三种预测中,比较容易做的是短期预测,最不好做的是长期预测。因为在较远的未来数年里可能会发生许多预料不到的事情,由于条件、环境的变化,许多因素的不确定性使中长期预测的难度增大。

（二）旅游企业人力资源配备与需求

旅游企业对各部门、各职位所需的员工数量进行配备测算,是进行人力资源需求预测的前提。通过员工配备测算,可以帮助管理者计划和控制要保证服务运营所需的工时和员工数量,进而还可以计算出人工成本,这也是人力资源计划的一个重要方面。在旅游行业有两种人工成本:固定人工成本和可变人工成本。固定人工成本是指为维持旅游企业运转的最低员工数量,向这些员工所支付的各种费用;可变人工成本则是随业务量的变化而变化的。图 3-4 是员工配备测算的工作步骤。

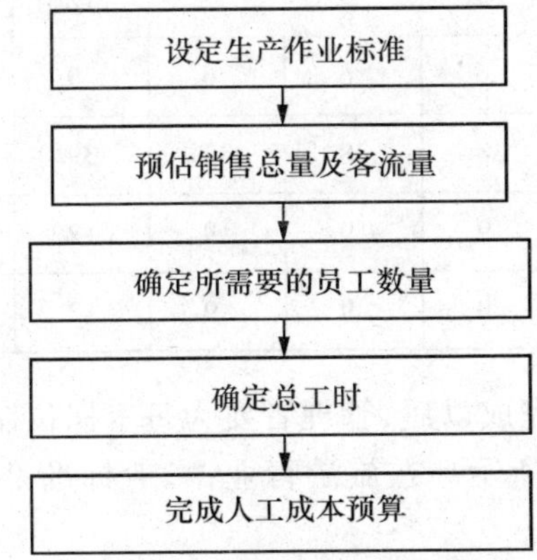

图 3-4　旅游企业员工配备测算流程

下面以某饭店餐饮部为例,介绍如何建立一套人力资源配备体系。

1. 设定生产作业标准

建立员工配备体系的第一步是设定生产作业标准。有效的员工配备要求各项工作能够按时完成。由于旅游企业的岗位和工种普遍比较繁杂,很难有统一的劳动生产率标准,因此,管理者可以根据生产作业的历史记录来确定标准。表 3-2 是用于记录的“生产作业劳效评价表”。每个班次的劳动生产率受很多因素影响,因此应每隔一段时间填写一份同样的表格,以准确估计营运的员工需求量。

表 3-2　生产作业劳效评价表(样表部分)

部　门:	餐饮部							
班　次:	晚　餐							
统计日期:	2010 年 2 月 1 日—7 日							
周工作日:	周　一	周　二	周　三	周　四	周　五	周　六	周　日	日　均
客流量:	375	410	425	455	535	510	405	445
岗　位	计划工作时数							
服务员	28	28	28	32	39	39	32	32.3
迎宾员	9	9	9	9	12	12	9	9.9
领　班	9	9	9	9	12	12	9	9.9
收银员	6	6	6	6	9	9	6	6.9
厨　师	28	28	28	32	39	39	32	32.3
厨　工	9	9	9	9	12	12	9	9.9
洗碗工	9	9	9	9	12	12	9	9.9

生产作业劳效评估完成以后,管理者要为每个岗位制定生产作业量标准,即计划工作时数,如表 3-2 所示。在旅游行业,一般标准都以工时量计算,其优点是计算比较精确。

最后用实际工时量对比标准生产作业量水平,并进行修正。表 3-3 给出了一个标准工时对照表的例子。表中最后一栏的备注是用于填写影响人工成本的特殊事件(如天气、促销活动等)。通过这张表管理者可以比较清楚地知道实际工时和预计工时的差距有多大,是超过了还是不足。从给出的表 3-3 中可以看出,该饭店餐饮部统计的 7 个岗位中有 5 个超过了计划工时,只要用小时工资值乘以超出的时数,管理者就可以知道该班次实际人工成本比预算超出了多少。比如,一个服务员的平均工资是 8 元/小时,则可以推算出每天晚餐服务员的人工成本超支 24 元。

表 3-3　员工配备统计比较表(样表部分)

部　门:	餐饮部								
班　次:	晚　餐								
统计日期:	2010 年 2 月 1 日—7 日								
岗　位		周　一	周　二	周　三	周　四	周　五	周　六	周　日	平　均
服务员	计划工时	28	28	29	32	38	39	32	32.3
	实际工时	26	30	30	35	46	44	36	35.3
迎宾员	计划工时	9	9	9	9	12	12	9	9.9
	实际工时	8	8	9	9	13	13	8	9.7
领　班	计划工时	9	9	9	9	12	12	9	9.9
	实际工时	8	8	10	10	14	13	9	10.3
收银员	计划工时	6	6	6	6	9	9	6	6.9
	实际工时	5	5	6	7	10	10	6	7.0
厨　师	计划工时	28	28	28	32	39	39	32	32.3
	实际工时	26	28	28	30	36	34	30	30.3
厨　工	计划工时	9	9	9	9	12	12	9	9.9
	实际工时	8	9	10	11	14	14	9	10.7
洗碗工	计划工时	9	9	9	9	12	12	9	9.9
	实际工时	9	10	11	12	14	14	11	11.6
备　注									

建立生产作业量标准,可以使管理者在制订用工计划时至少有了一半的把握,另一半就看每个班次的客流量了。

2. 预估销售总量及客流量

要准确地完成员工配备测算,必须先预测每天的业务量。这种预测最好的依据就是根据销售历史记录,一般来讲,饭店每天都会记录餐饮部的销售额,这个记录积累起来就是可以用于预测的历史数据——管理者可以用这个数除以平均每人的用餐消费金额得出用餐人数。

例如,某饭店周五晚餐的平均销售额是 50 000 元,平均每个客人的用餐消费是 100 元,那么可以推算出周五晚餐的平均用餐人数是 500 人。

3. 确定所需要的员工数量

预估销售总量及客流量以后,管理者就要确定需要多少员工为这些预计的客人服务，这时就要用上服务工作标准了。继续讨论上面的例子，假设服务工作标准是平均每个服务员1小时服务15个客人，如果餐饮部周五晚上营业3.5个小时，这天的晚班就需要大约10名服务员（530名客人/3.5小时营业时间/每小时服务的15名客人）。但是，这样简单推算，管理者还无法知道周五具体哪一个时段最忙，表3-4给出的是以往周五每小时的客流情况。

表3-4　单位时间员工需求统计表（服务员部分）

营业时间	时段客流量	员工需求量
18:00—19:00	160	11
19:00—20:00	190	13
20:00—21:00	120	8
21:00—21:30	30	2

如表3-4所示，由于客流量的变化，周五晚上该饭店餐饮部所需要上岗的服务员数量，在各时段变化较大，因此，餐饮部经理可以细分班次，不必整个晚上都安排10名服务员。但是要注意，通常应安排一部分员工提前来做营业准备，另一部分做收尾工作。如果让所有的员工都同一时间开始、同一时间结束，是最不经济的用工方法。

4. 确定总工时

管理者利用排班表（表3-5），根据表3-4"单位时间员工需求统计表"中各工作时段所需要的员工数量，安排每位员工的具体工作时间，并统计出计划总工时数。

5. 完成人工成本预算

该饭店餐饮部周五晚上的人工成本可以用平均小时工资乘以计划总工时数计算出来，假设服务员的小时工资是8元，则预计人工成本是304元（38×8）。

最后，管理者以同样的方法测算出该部门所有职位的人工成本，完成员工配备测算。

以上是通过详细分析旅游企业一个部门的劳动效率，来测算各班次应该配备的员工数量。在实践中还可以应用简单的劳动效率定员法，来计算定员数，这是一种根据工作量、劳动效率、出勤率来计算定员的方法。主要适用于实行劳动定额管理、以手工操作为主的工种。其计算公式为：

$$定员数量=\frac{工作量}{员工劳动效率\times 出勤率}$$

表 3-5　饭店员工排班样表

部门：	餐饮部								岗位：			服务员					
时间：	2010 年 2 月 5 日星期五																
班次：	晚　餐								营业时间：			18:00—21:30					
姓名/工号	6:00—7:00	7:00—8:00	8:00—9:00	9:00—10:00	10:00—11:00	11:00—12:00	12:00—13:00	13:00—14:00	14:00—15:00	15:00—16:00	16:00—17:00	17:00—18:00	18:00—19:00	19:00—20:00	20:00—21:00	21:00—21:30	计划总工时
张　薇																	3.0
林　红																	3.0
赵　盈																	3.0
王　艳																	3.0
孙　海																	3.0
陈　蒙																	3.0
王　莉																	3.0
于　慧																	3.0
魏　悦																	3.0
李　亮																	3.0
韩　璐																	3.0
李　园																	2.5
张　欣																	2.5
总　计																	38

例如，某三星级饭店拥有客房 400 间(套)，年平均出租率为 80%。客房服务员分早、中两个班次，早班每个客房清扫员每天的劳动定额为 12 间，晚班为 48 间，员工出勤率一般为 95%。该饭店实行每周 5 天工作制，除固定休息日外，还享受每年 7 天的有薪假期(11 天的法定休假日正常排班，根据劳动法进行加班补偿)。计算客房部应该如何确定客房服务员的定员人数。

根据上述公式，可以得出：

$$客房部定员数量 = \frac{客房总数 \times 年平均出租率}{客房服务员劳动定额 \times 平均年出勤天数 / 365}$$

其中：客房服务员平均年出勤天数 = [365 − (52 × 2) − 7] × 95% ≈ 241(天)

早班客房服务员定员人数 = (400 × 80%)/(12 × 241 ÷ 365) ≈ 41(人)

中班客房服务员定员人数 = (400 × 80%)/(48 × 241 ÷ 365) ≈ 11(人)

(三) 旅游企业人力资源需求预测的方法

人力资源的需求有许多种预测方法,旅游企业常用的方法有经验预测法、零基预测法、回归预测法、德尔菲法、人力资源成本分析预测法和自下而上法。这些方法适用于不同的人力资源需求预测类型。

1. 经验预测法

经验预测法是人力资源预测中最简单的方法,它适合于经营比较稳定的小型旅游企业或经营业务比较单一的餐厅、酒楼以及歌舞厅、健身房等娱乐企业,通常预测期为中、短期。经验预测法,顾名思义就是用一定经营时期内积累的人力资源管理经验来推测企业未来的人员需求。例如,某饭店根据以往的经验以及本饭店餐饮部服务的规格水平,认为每一位传菜员可以承担6桌标准餐台的传菜工作,那么在未来扩大餐厅规模时,就可以按增加的标准餐台数预测出所需的传菜员人数。

由于每一位管理者的阅历、学识、本行业从业时间及工作风格都不近相同,不同的管理者的预测可能有所偏差,因此可以通过多人综合预测或查阅人力资源历史记录等方法提高预测的准确度。要注意的是,经验预测法只适合于一定时期内旅游企业的经营没有发生重大结构性或方向性变化的情况,而对于新增的职位,或者工作的内容、方式发生了比较大变化的职位,不适合使用经验预测法进行人力资源预测。

2. 零基预测法

零基预测法又称现状规划法,其基础是假设当前的旅游企业职务设置和人员配置是恰当的,并且没有职位空缺,因此不存在人员总数的扩充,人员的需求完全取决于未来员工的退休、劳动合同到期、产假、离职等情况的发生。所以,这种人力资源预测实质上就是对员工退休、产假、离职等情况的预测,其中,员工离职是比较难准确预测的。

旅游企业一般是通过对人力资源变动的历史资料统计和比例分析,来提高零基预测的准确度。例如,根据行业特点以及从业人员的年龄结构和知识结构特点,许多旅游企业发现每年春节过后和9月份是员工离职的两个高峰期,分析原因有两个:一是旅游企业的年终奖金大都集中在春节前一天发放,对奖金水平不满意的员工通常会在春节过后采取离职行动;二是旅游企业的年轻员工在工作一段时间后有了一定的经济积累,同时发现自己的知识结构不能够适应个人职业生涯发展的需要,他们会选择高一级的学校进修提高,这样大专院校开学的9月份可能就会出现年轻员工比较集中离职的情况。旅游企业可以根据这些特点,提前做好预测,规划人力资源补充方案,保证经营业务的正常运行。零基预测适合于旅游企业中、短期的人力资源预测。

3. 回归预测法

回归预测法，是通过对一个或几个变量（自变量）的了解来预测另一变量（因变量）的定量分析方法。具体地讲，回归预测法就是通过建立一定的数学回归方程，对旅游企业人力资源的真实情况进行实验的一种方法。回归预测法首先要根据旅游企业自身和同行业其他企业的相关历史数据，通过建立表示员工水平与其他经营变量间相互关系的数学模型，然后管理者可以设置一些“条件”问题，例如：如果旅游企业销售额计划增长10%，旅游企业现有员工数量可能发生怎样的变化；如果饭店客房部从现在的两班制改成三班制，人力资源可能会产生什么样的需求。以下是某饭店客房部应用一元线性回归预测的例子。

某五星级饭店扩大规模后，需要对各部门员工重新进行配置，采用回归预测法预测客房部服务员数量时，通过相关数据比对分析后，发现客房数与客房服务员的需求量之间相关程度比较高，因此可以考虑建立两者之间的线性关系。管理者可以参考本饭店的历史数据和其他同星级饭店的有关数据（见表3-6）。

表3-6　客房数和客房部员工数统计表

客房数(x)	360	390	440	480	500	530	580
服务员数(R)	63	65	68	72	74	80	83

将客房数设为自变量 x，客房部服务员数设为因变量 R，假设客房部需用服务员数量与客房数的线性相关趋势成立，就可以建立预测人力资源的一元线性回归预测模型：

$$R = a + bx$$

式中：R——人力资源预测对象；

x——自变量，即相关因素数据；

a、b——模型参数。

根据 R 和 x 的已知样本数，可以利用最小二乘法求得参数 a、b 的估计值 $\hat{a}$、$\hat{b}$。

$$\hat{b} = \frac{n\sum x_i R_i - \sum x_i \sum R_i}{n\sum x_i^2 - \left(\sum x_i\right)^2}$$

$$\hat{a} = \frac{\sum R_i - \hat{b}\sum x_i}{n}$$

将表 3-6 中的数据代入到上述公式中,可计算出$\hat{a}=8.186$,$\hat{b}=0.095$,回归方程即为:

$$R = 27.63 + 0.095x$$

该饭店客房部扩大规模后,客房数将由原来的 580 间增加到 700 间,因此需要配备的普通员工数为:

$$R = 27.63 + 0.095 \times 700 = 94.13 \approx 95(\text{人})$$

通常,决定旅游企业员工数量的相关因素不止一个,销售额、劳动力成本趋势、法定工作时间、服务标准等都可能对员工数量有所影响,因此回归预测法必须通过建立多元回归方程来预测。为了确保预测的准确性,一般应该先做相关性检验,然后再根据自变量的未来值来预测因变量的未来值。回归预测法的目的是使人力资源管理者在做出实际决策之前,能对相关联的特定问题有深入的了解。随着计算机技术在人力资源管理领域的普及,已经有许多大、中型旅游企业采用回归预测法借助有关的统计分析软件进行中、长期人力资源预测。

4. 德尔菲法

德尔菲法又称专家讨论法,是指企业邀请本行业的一些专家或有经验的管理人员(20 人左右),对经营管理中的某一项目进行多轮(3—4 轮)预测,并最终达成基本一致意见的结构化的方法(见图 3-5)。

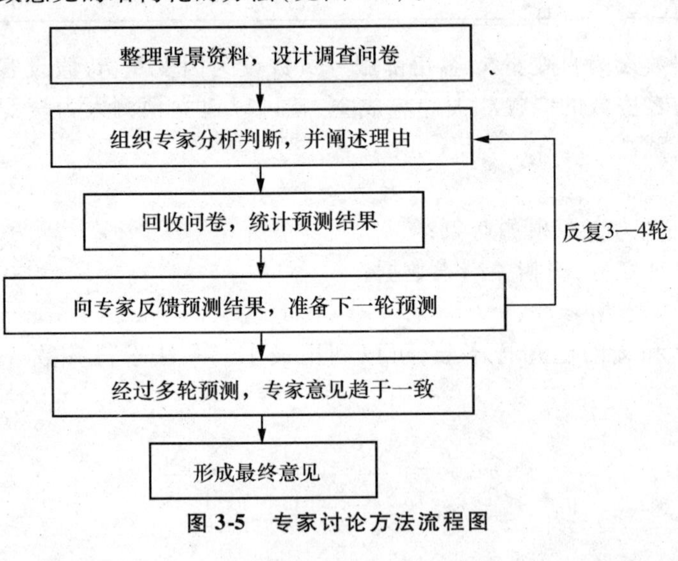

图 3-5　专家讨论方法流程图

德尔菲法的特点是:第一,资源利用的充分性。由于吸收众多的专家参与预测,充分利用了专家的经验和学识。第二,最终结论的可靠性。采用匿名或背靠背的方式,能使每一位专家独立地做出自己的判断,不会受到其他繁杂因素的影响。第三,最终结论的统一性。预测过程必须经过几轮的反馈,使专家的意见逐渐趋同。德尔菲法的主要缺点是过程比较复杂,花费时间较长。德尔菲法适合于旅游企业中、长期人力资源预测(见表3-7)。

表3-7 专家预测调查表

预测项目:某旅行社导游外语专业人才与非外语专业人才合理结构比例(第 n 轮)	
上轮结果	主要理由
1. 非外语专业人才不需要	
2. 外语专业人才:非外语专业人才 =1:0.5	
3. 外语专业人才:非外语专业人才 =1:1	
4. 外语专业人才:非外语专业人才 =1:1.5	
5. 外语专业人才:非外语专业人才 =1:2	
上轮预测中位值:1:1;四分区间值[1:0.5,1:1.5]。	
您新的预测是:外语专业人才:非外语专业人才 =	
您的理由是:	

5. 人力资源成本分析预测法

人力资源成本分析预测法,是在一定的预算条件下,根据人力资源成本构成对人力资源需求进行预测,其公式如下:

$$\mathrm{NHR} = \frac{\mathrm{TB}}{(S + \mathrm{BN} + W + O) \times (1 + f \times T)}$$

式中:NHR——未来期段需要的人力资源数量;

TB——未来期段人力资源预算总额;

S——当期人均工资;

BN——当期人均奖金;

W——当期人均福利(保险、住房公积金等);

O——当期人均其他开支;

f——企业人力资源预算变动率;

T——期限。

例如,某度假村3年后人力资源成本预算为每月90万元,目前每月平均工资是1 700元/人,平均奖金是600元/人,平均保险开支是280元/人,其他支出为50元/人。度假村制定的财务预算允许人力资源成本平均每年增加5%。求该企业3年后的人力资源需求。

$$\mathrm{NHR} = \frac{\mathrm{TB}}{(S + \mathrm{BN} + W + O) \times (1 + f \times T)}$$

$$= \frac{900\,000}{(1\,700 + 600 + 280 + 50) \times (1 + 5\% \times 3)} \approx 298(\text{人})$$

6. 自下而上法

自下而上法又称为分合性预测法，它是基于这样的推理，即每个部门的管理者最了解该部门的人员需求，因此，人力资源预测应该是从旅游企业组织结构的基层开始逐步进行预测。具体方法是，旅游企业各部门根据本部门的工作内容、技术水平等变化情况先对本部门未来各职位员工的数量进行预测，然后各个部门将所做出的预测层层向上汇总，最后由旅游企业人力资源管理部门对所有预测进行综合平衡，制定出旅游企业人力资源总体预测。这种方法能够比较充分地发挥各级管理人员在人力资源预测工作中的作用，但是由于基层管理者很难理解和把握企业的发展战略和经营规划等，所以他们无法做出中、长期的人力资源预测。这种自下而上的方法适用于短期人力资源预测。

除上述方法外，旅游企业人力资源需求预测要考虑在一定时间内影响人力资源需求变化的多种因素发展趋势，例如根据某一客源国货币汇率呈持续走强的趋势，可以判断未来该客源国的旅游输出人数可能也会呈现增长的趋势，则相关的涉外旅游企业就应该积极考虑增加熟悉这一客源国习俗的接待人员，或在这方面注意加强培训；同时还应该注意总结和发现人力资源需求与供给的周期性规律。对于观光度假型的旅游企业，经营业务的季节性变化也是人力资源预测所必须考虑的。

三、旅游企业人力资源供给预测

人力资源供给预测是指旅游企业为实现其未来的战略发展目标，对未来一段时间内企业内部和外部各类人力资源的补充情况进行的预先估计。人力资源供给预测的主要目的，是解决企业内部人力资源变动与企业发展造成的人力资源短缺问题，其流程如图3-6所示。

（一）内部人力资源供给预测

1. 盘点员工基本技能

旅游企业人力资源规划不仅要保证为空缺的职位提供相应数量的员工，同时还要保证每个空缺都有合适的人员来补充，因此，建立员工基本技能与职业发展动向的记录是十分必要的。技能清单是盘点员工基本技能的一份重要工具，

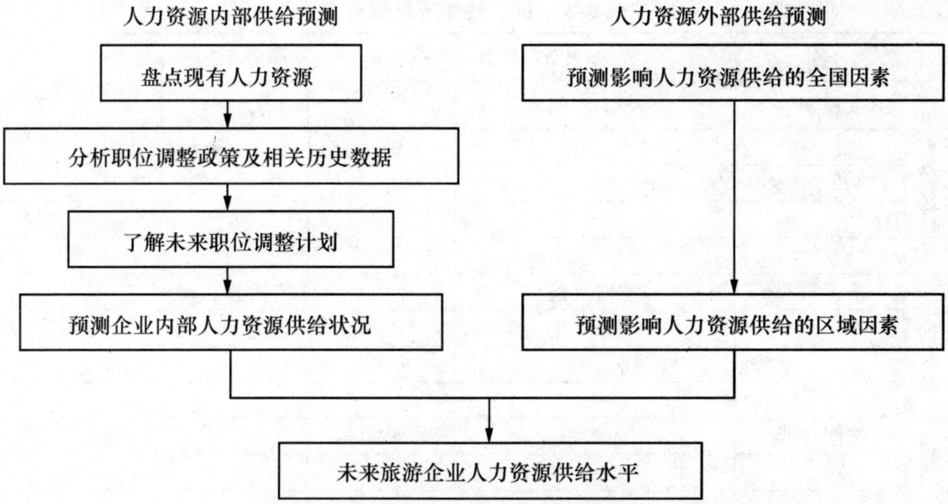

图 3-6 旅游企业人力资源供给预测流程图

它是将员工现在所掌握的技能、工作经历、教育培训背景、专业领域、工作特长、学习新技术的能力、预计退休时间、职业发展目标和追求等内容以列表的形式加以记录(见表 3-8)。目前,许多旅游企业都采用人力资源管理信息系统(HRIS)储存这些清单内容,不仅易于保存,而且调取查阅也非常简便。技能清单除了可以用于人力资源规划以外,还可以应用于确定晋升人选、部署职位调整、分配特殊工作以及员工培训和职业生涯规划等方面。需要注意的是,技能清单必须得到员工的确认,并及时更新,以保证信息的有效性和时效性。

2. 员工流动分析

预测未来的人力资源供给不仅要结合目前供给的状态,而且必须考虑员工在旅游企业内外部的流动状况。旅游企业员工流动通常有以下几种形式:离职、内部调动、退休、死亡和伤残等。制订人力资源计划,需要知道员工流动模式和变动率。旅游企业人员变动率是指一定时期(通常以年度为期)内某种人力资源变动(离职和新进)与员工累计总数的比率,公式如下:

$$\text{人员变动率} = \frac{\text{年度岗位发生变化的员工总数}}{\text{年度在职员工累计数}} \times 100\%$$

旅游企业人员变动率是考察旅游企业组织与员工队伍是否稳定的重要指标,具体又可以分为:员工离职率、员工新进率、员工净流动率等。

(1) 员工离职率

员工离职率是某一单位时间内的离职人数占工资册的当期累计人数的比率。以公式表示:

表 3-8　员工技能清单调查表

姓　名			部　门		职务/工种		
出生日期			到职日期		工　号		
教育背景	层　次	学　校		主修专业	毕(结)业时间		
	高中/中专						
	大　学						
	研究生						
培训背景	培训科目	培训机构		培训起止时间			
技能	技能种类	证　书		发证机构	发证时间		
工作经历	单位/部门	起止时间		主要工作任务			
志向	是否愿意到其他部门工作	否	是	愿去部门	1.	2.	3.
	是否愿意承担其他类型工作	否	是	愿承担工作	1.	2.	3.
	是否愿意接受工作轮换	否	是	愿轮换工作	1.	2.	3.
自认为需要接受的培训		改变现有技能和绩效			1.	2.	3.
		晋升所需的经验和能力			1.	2.	3.
主管意见：					主管签字		

填表时间：　　年　月　日

$$当期离职率=\frac{当期离职人数}{工资册当期员工累计数}\times 100\%$$

在计算离职率时，将分子定义为在某一时期内的离职人数，分母定义为该时期的累积在册人数，即该时期内的在职员工最多时的数量，这样求出的离职率比较科学。一方面应用这样的方法可以更加容易理解离职率的含义，另一方面，不论员工什么时候辞职(包括当月入职并当月辞职的情况)，都可以在离职率上反映出来，特别是新员工的流动往往对企业分析员工流动原因有重要的作用。

离职率可用来测量人力资源的稳定程度。离职率通常以月为单位，这是由于如果以年度为单位，就要考虑季节与旅游企业经营周期变化等因素，因此较少采用。

(2) 员工新进率

员工新进率是某一单位时间内旅游企业新招聘的员工人数占工资册累计人数的比率，公式表示：

$$当期员工新进率 = \frac{当期新进员工数}{工资册当期员工累计数} \times 100\%$$

(3) 员工净流动率

员工净流动率是某一单位时间内旅游企业补充员工人数占工资册累计人数的比率，所谓补充人数是指为补充离职人员而新雇用的员工人数。用公式表示：

$$当期净流动率 = \frac{当期补充员工数}{工资册当期员工累计数} \times 100\%$$

例如，某旅行社 2009 年前六个月中每个月的期初人数、录用人数、离职人数、期末人数如表 3-9 所示。

表 3-9　某旅行社 2009 年上半年人力资源变动统计表

	1 月份	2 月份	3 月份	4 月份	5 月份	6 月份	合　计
期初人数	50	18	33	47	55	52	—
录用人数	3	35	20	13	0	3	74
离职人数	35	20	6	5	3	1	70
期末人数	18	33	47	55	52	54	—

1 月份员工离职率 = 35/(50 + 3) × 100% = 35/(35 + 18) × 100% = 66.0%

1 月份员工新进率 = 3/(50 + 3) × 100% = 3/(35 + 18) × 100% = 5.7%

1 月份员工净流动率 = (18 − 50)/(50 + 3) × 100% = (3 − 35)/(35 + 18) × 100% = −60.4%

继续应用上述公式，可以计算出该旅行社 2009 年前六个月的员工离职率、员工新进率、员工净流动率，见表 3-10。

表 3-10　某旅行社 2009 年上半年人力资源变动指标分析表

	1 月份	2 月份	3 月份	4 月份	5 月份	6 月份
员工离职率	66.0%	37.7%	11.3%	8.3%	5.5%	1.8%
员工新进率	5.7%	66.0%	37.7%	21.7%	0	5.5%
员工净流动率	−60.4%	28.3%	26.4%	13.3%	−5.5%	3.6%

分析员工净流动率时，可与离职率和新进率相比较。对于一个成长发展的旅游企业，一般员工净流动率应该等于离职率；对于一个处于紧缩时期的旅游企业，员工净流动率等于新进率；而处于常态下的旅游企业，其员工净流动率、新进

率、离职率三者基本相同。

3. 员工职位接替

员工职位接替是在评价企业现有人力资源状况的基础上,对员工未来晋升或调动的可行性做出判断,从而预测企业潜在的内部人力资源供给能力。为了使一些职位出现的空缺能够及时得到补充,或者能够有意识地为不同的职位准备接替人员,旅游企业可以对一些重要的职位设计职位接替模型(如图 3-7 所示)。职位接替模型表明了每个不同职位的可接替状况,它记录了每个接替人员的能力、工作经验、工作绩效和所需要改进之处。

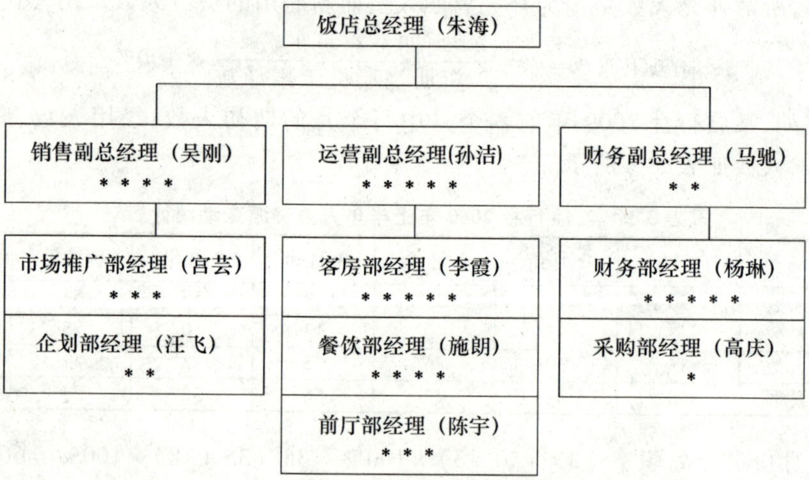

*	业绩一般，需要进一步历练
* *	业绩良好，经验欠丰富
* * *	业绩突出，经验丰富，需强化培训
* * * *	业绩突出，经验丰富，需进阶培训
* * * * *	条件优越，可随时晋升

图 3-7 职位接替模型示例

企业职位接替模型主要用于确认特定职位的内部候选人。建立职位接替模型的关键,首先是根据职位分析的信息,明确不同职位的任职资格和条件;然后确定一位或几位比较容易达到任职条件的候选人,或者确定哪位员工具有潜力,经过锻炼和培训可以胜任这一工作;最后,还应该把各职位的候补人员情况与员工的职业生涯设计综合起来考虑,协调好员工职业生涯发展计划与不同职位接替之间的关系。

（二）外部人力资源供给预测

外部人力资源供给预测主要是预估未来外部可能提供的人力资源数量、质量和结构，以确定企业在今后一段时间内能够获得的人力资源供给量。

1. 影响旅游企业人力资源供给的全国性因素

影响旅游企业人力资源供给的全国性因素主要包括：预期经济增长、预期失业率和全国范围的劳动力市场状况等。

（1）预期经济增长。在这里，预期经济增长主要考虑的是旅游行业的经济增长情况。旅游业是全球公认的朝阳行业，因此旅游业将长期保持比较高的经济增长率。从宏观角度讲，旅游业对相关人力资源的需求将是持续增加的态势，从微观的角度讲，这将导致旅游企业面临人力资源供给紧张的局面。

（2）预期失业率。主要通过预期失业率来了解旅游企业可以从劳动力市场获取人力资源补充的情况，一般情况下，失业率越低，人力资源供给越少。预期失业率与全社会经济增长率紧密相关，这些信息可以参考各类统计资料和专家对经济形势的预测。旅游业属于劳动密集型行业，且绝大多数岗位的职业准入门槛比较低，因此比较高的失业率有利于其他行业的人力资源向旅游业转移。

（3）全国范围的劳动力市场状况。包括全国范围内旅游业人力资源供需状况，全国范围内旅游业从业人员的薪酬水平和差异，全国旅游专业的大学生毕业人数及就业情况等。这些因素直接影响到旅游企业可以从劳动力市场获取人力资源的数量与质量。

2. 影响人力资源供给的地域性因素

（1）旅游企业所在地区的人力资源现状。这包括人力资源的整体情况，尤其是有效的人力资源情况，如：旅游企业需要哪一类型的人力资源，这一类型人力资源的市场供给情况如何，其他行业对这一类型人力资源的需求如何；通过对地区人力资源供给情况的了解，使旅游企业了解本企业所需要的人力资源是否能够从外部获取以及从外部获取的难易程度如何。

（2）旅游企业所在地区对人力资源的吸引程度。一个对人力资源具有强大吸引力的地区才能为企业提供充沛的外部人力资源。一般主要分析旅游企业所在地对人力资源的各种吸引因素，例如，企业所在地区的居住环境怎样，企业所在地区的地域文化怎样，在企业所在地区工作是否具有安全感，企业所在地区对各类人力资源是否具有包容性。

（3）人口发展趋势对人力资源供给的影响。人口发展趋势决定了企业外部人力资源供给的可能性，其中影响因素最大的有人口规模、人口年龄、人口素质和劳动力参与率等。企业只有清楚地了解本地区的人口状况和影响因素，才能对本地区人力资源总量供给和结构供给进行准确的预测。

3. 技术进步

技术进步对旅游企业人力资源供给预测主要有以下影响：

(1) 科学技术的进步使劳动生产率大幅度提高，工作的繁重程度也在下降，人们有越来越多的闲暇时间和机会接触旅游业，因此旅游业对劳动力的需求总体是增长趋势。

(2) 对员工的技能要求在逐步提高，特别是对计算机的操作使用能力。

(3) 由于办公室自动化和网络技术的普及，旅游企业中层管理人员可以适当削减，而具备不断创新能力的人才显得更加宝贵。

4. 有关的法律法规和政策

旅游企业在进行人力资源供应预测时，必须重视有关劳动管理的法律法规，以及与本行业有关的政策，如《劳动法》、《劳动合同法》、《工会法》和《旅行社导游人员管理条例》等，并预见这些法规、政策对未来人力资源管理的影响。此外，各地政府为了保证本地区经济的发展，保护本地劳动力的就业机会，也会颁布一些地方性的劳动管理和劳动保护政策，旅游企业同样应该密切关注，及时作出反应。

5. 劳动力就业意识和择业心理偏好

旅游企业在预测外部人力资源供给时，不能简单地从数量上进行预测，还需要考虑人力资源的就业意识和择业心理偏好。例如，在旅游行业，一方面有大量比较苦、累的职位缺少人手，另一方面却有大批的城市下岗人员；许多大学毕业生对职业选择的期望值过高，希望毕业后马上谋得一份职业稳定、薪酬待遇好、工作强度不大的工作，而不愿意从服务性行业的基层做起。因此，旅游企业在进行人力资源供给预测时，不仅应预测劳动力市场可能供给的人力资源，更重要的是预测企业所需人员在劳动力市场中实际能够供给的情况。

第三节 人力资源计划的制订

旅游企业人力资源计划的基本理念应该是将员工作为一种最活跃、最具动力的可开发资源来对待，旅游企业的所有管理者都应采取积极的态度、科学的方法来参与旅游企业人力资源计划的制订。通常旅游企业人力资源计划的制订需要经过以下步骤来完成，如图 3-8 所示。

一、旅游企业组织目标对旅游企业人力资源计划的影响

旅游企业人力资源计划过程应该与旅游企业的经营战略目标紧密相连，清

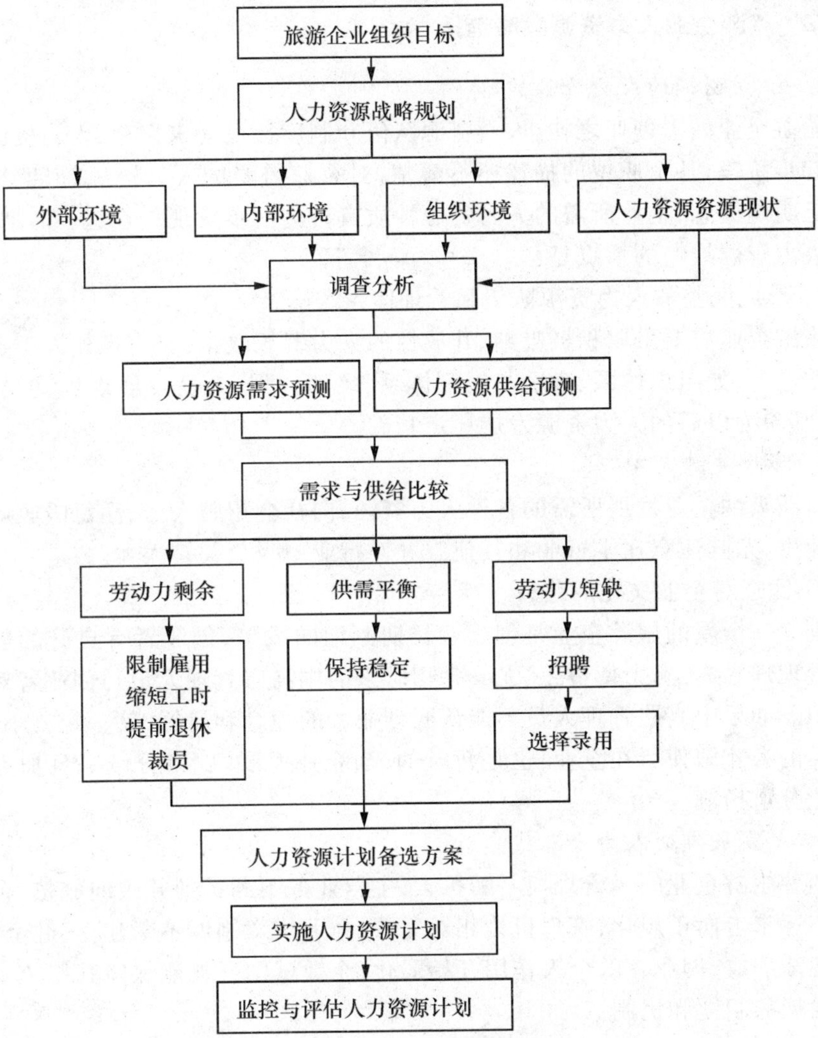

图 3-8　旅游企业人力资源计划的制订过程

楚地了解旅游企业发展目标、发展计划以及在劳动力数量和质量方面的要求，并把它们作为制定人力资源规划的必备信息，为进一步制订更加具体的人力资源计划奠定基础。此外，旅游企业的外部环境，包括销售预测、市场趋势、竞争态势和顾客满意度等，以及旅游企业的内部环境，包括各种技术的发展水平和劳动生产率的变化等，也是制订旅游企业人力资源计划的基础信息。

二、旅游企业人力资源战略选择

（一）初创期的人力资源战略

旅游企业处于创业之初，人力资源队伍和制度往往尚未完善，人力资源工作处于起步阶段，各个职位的描述还不清楚，对企业需要的人力资源总量、员工结构缺乏明确概念，企业所需的人力资源性质有待进一步发现。在这一时期，旅游企业人力资源战略的重点是：

1. 形成完整的人力资源队伍和管理体系

旅游企业需要采取积极吸纳、开放性的人力资源政策，努力搭建人力资源工作基础平台，如组织体系、激励与报酬体系、培训计划、人员发展规划、增员与裁员制度等，为以后的人力资源发展奠定基础。

2. 吸收关键人才

广泛吸纳企业发展所需的各种人力资源，向社会招聘人才，注意吸收应届大学毕业生，尤其注意在本行业和其他服务性行业中吸收关键人才。

3. 注意对企业文化的培育

创立一个新的旅游企业是创业者长期酝酿的成果，创业者有自己的创业目标和管理理念，要努力使员工，尤其是招聘来的中高层管理人员与创业者对此达成共识。如果中高层管理人员不能认同创业者的理念和目标，就一定要小心，因为这样的人才即使留在企业，也是暂时的，当企业发展之后，分歧一旦加大就会与企业分道扬镳。

（二）发展期的人力资源战略

随着旅游企业的经营规模不断扩大，主营业务不断扩展并走向成熟，企业组织形态逐步走向正规化，管理机构相对完善，企业规章制度不断建立、健全，企业文化逐渐形成，创业者的个人作用开始弱化，企业试图寻找能保障其持续、稳定、健康发展的制度和机制。

在这一时期，扩大人力资源规模仍然是旅游企业人力资源战略的主要内容，但是在员工流入增加的同时，离职率也开始上升。此时的员工流出一般分为两种类型：一类是企业经过一段时期的发展，员工发现自己不适应企业的运行，或者想要另谋高就，主动离开企业；另一类是企业发现员工并非企业之所需，启动裁员机制，在发展过程中及时地淘汰不合适人员。

旅游企业发展期的人力资源战略，重点是：

1. 创新人力资源招聘机制，根据企业发展的需要多方吸收各种人才

例如，可以鼓励员工介绍人才加入企业，如果员工介绍的人才能够被企业雇

用，介绍人可以获得一定奖励。

2. 渐进式吸收适用人才，注意人力资源的使用效率

发展期的旅游企业常常会采用“人海战术”应对机遇和挑战，人员激增而使企业应接不暇，无法充分发挥所吸收的人力资源的效率。此外，发展期的旅游企业在人力资源使用方面喜欢攀比，搞“人才高消费”。“人海战术”和“人才高消费”的后果是不仅增加人力资源成本，还会为以后的人力资源开发与管理埋下隐患，使企业很难吸收到真正有价值的人才。

3. 建立规范、完整的人力资源管理制度

当度过了规模比较小、“生存第一”的初创期后，旅游企业步入正式发展的轨道，人力资源工作就必须告别“人治”状态，通过建立健全招聘、培训、考核、薪酬、激励和劳动关系等方面的规章制度，使旅游企业人力资源开发与管理的各项工作有章可依，有章必依，依章行事。

4. 加强员工的流动管理

处于发展期的旅游企业，一方面，需要定期根据员工业绩的考核结果，选优汰劣；另一方面，对于员工主动离职，人力资源管理部门应该深入了解员工离开的真正原因，是员工个人原因，还是企业某个方面做得不够。统计分析员工主动离职的原因，可以作为企业改进人力资源管理、吸引和留住人才的重要依据。

（三）成熟期的人力资源战略

处于成熟期的旅游企业，灵活性、成长性及竞争性达到了均衡状态，企业的管理制度和组织结构逐步成熟，开始充分发挥作用，即使制度或组织结构暂时或局部出现了问题，企业也有部分自我协调机制。随着人力资源队伍的稳定，在旅游企业内部出现非正式的、具有排他性的小团体，使企业对外部人力资源的封闭和排斥倾向大于开放和吸纳的倾向。

旅游企业成熟期的人力资源战略，重点是：

1. 建立完善的经营者激励约束机制

旅游企业步入成熟期，规模扩大往往带来股权的分散化，企业所有者与经营者逐渐分离，所有者不直接参与日常的经营管理工作，而由职业经理人负责。所有者与经营者目标和利益不一致、所有者与经营者之间信息不对称，都会造成损失。因此，必须建立经营者激励约束机制，通过建立完善的内部治理结构，约束经营者的行为，更重要的是建立科学的薪酬体系（包括报酬构成、数量以及与何种业绩指标挂钩）以有效激励经营者。

2. 保持企业人力资源创新能力

旅游企业核心能力的获得和保持依赖于其拥有的优秀员工，成熟期的企业

更需要不断创新以保持在业内的领先地位，因此必须不断引进优秀人才，建立完善的培训体系，培养员工的学习热情和创新精神，同时重视非正式组织的影响力，通过合理转化，使之能够适应企业创新的要求和趋势。

3. 解决发展机会减少带来的员工激励不足问题

随着旅游企业进入成熟期，发展速度放慢导致内部升迁机会减少，因此员工个人发展与企业发展的矛盾开始凸显。晋升机会的减少可能造成员工激励不足、流动性增加等现象，旅游企业可以通过为每个员工进行职业生涯规划，提供有竞争力的薪酬和系统的培训计划，完善考评和晋升机制，提供管理、技术等多渠道职业发展途径等方式，来满足员工个人发展的需要。

4. 人力资源整合

成熟期的旅游企业由于实力增强，更有能力通过并购获得发展。但是企业并购后，不但会面临不同风格的企业文化的冲突，而且还要面对组织机构重合带来的裁员和人员调整，这是一个比较长期的过程。在企业整合的初期可以采取“暂不干涉”的战略，在并购企业稳定以后，根据员工的能力和绩效进行职位调整。

(四) 衰退期的人力资源战略

衰退期的旅游企业会出现这样一些特点：管理制度和组织结构逐渐僵化，不能适应环境的变化，企业难以应对所面临的困境；人力资源队伍不稳定，关键人才、核心人才纷纷离职。企业人力资源队伍中关键员工的离职，导致人力资源队伍人心涣散。

此时，旅游企业人力资源的主要战略目标是如何在减少人力资源规模的同时，保留关键员工，为今后企业的恢复做好准备。旅游企业衰退期的人力资源战略重点是：

1. 保留关键员工

处于衰退期的旅游企业在调整人力资源队伍时，要注意去伪存真，留住关键人才；同时，吸纳一批年轻的优秀专业人员和管理人员，为他们在企业重整和再造过程中发挥潜能创造一切条件。

2. 破除旧有企业文化

在这一阶段，旅游企业人力资源部门要努力将新生力量配置到各个僵化的部门中去，这需要领导强有力的支持，否则新增人员可能会遭到排斥和打击。在吸纳新鲜人力资源的过程中，要着力处理好减员与增员的关系，以及增员的原则和目标，为企业今后的复兴做好人力资源储备。

三、分析评价旅游企业人力资源需求与供给

为了使旅游企业人力资源管理者清楚地了解劳动力需求与供给之间的矛盾，准确地判断人力资源配备是否科学、合理，就必须在完成员工需求与供给预测的基础上，进行关于员工数量、组合和技能等方面的供需情况对比。这种对比分析与评价应该重点研究以下一系列问题：

- 所预测的人力资源需求与供给之间是否存在不平衡？
- 现有员工的技术素质发展水平和报酬水平对服务质量和劳动力成本有什么影响？
- 在哪些工作岗位和年龄层存在比较突出的员工流动问题？
- 旅游企业是否有要取消的工作岗位？
- 是否有具备足够潜力和素质的管理者以满足旅游企业未来发展的需要？
- 旅游企业是否存在缺乏关键能力的工作岗位？

通过对上述六个方面的分析，旅游企业就可以有针对性地在招聘、录用、培训、选拔和再培训等方面制订长期的工作计划。

在对人力资源需求和供给进行平衡分析时，不仅要确定整个旅游企业的净需求，还要确定每一岗位的净需求，这是因为在总需求与总供给平衡的情况下，某些岗位的人员有可能短缺，而另一些岗位的人员则可能有剩余；因此，还需要进行分析比较，以便于在制订人力资源计划备选方案时采取相应的政策和措施来解决员工剩余与短缺问题。例如，如果两个工作岗位的技能要求相似，就可以考虑把剩余人员调整到人员短缺的岗位上去。

四、制订人力资源计划备选方案

人力资源计划备选方案应该充分体现旅游企业经营的方针和理念，这类方案通常是由两部分内容组成，一部分是旅游企业人力资源计划的具体内容，包括员工配备计划、旅游企业组织结构计划、人力资源开发计划、薪资和福利计划、职业管理计划、退休计划等；另一部分则是保证人力资源计划顺利实施的规定和政策，包括员工招聘和录用政策、绩效考核办法、晋升原则、福利待遇政策、组织原则、激励政策、员工培训管理办法等，其中涉及解决人力资源短缺或过剩的策略与措施是人力资源计划备选方案中所必须考虑的。

（一）人力资源短缺情况下的人力资源计划策略与措施

1. 比较工作量的饱和程度，将其他工作岗位的员工调到人员短缺严重的工作岗位上。

2. 根据工作表现对员工进行择优培训,及时将他们提拔到人员短缺的高一级职位。

3. 建立健全奖励机制,鼓励员工加班或主动申请增加工作负荷量。

4. 培训员工的工作技能,使他们能用较少的工作时间承担较多的工作量。

5. 鼓励员工积极提出建议和措施,重新设计工作流程和方法,提高劳动生产率。

6. 采用技术先进、操作简单、明显提高工效的设备。

7. 结合旅游企业经营的特点,在一些技术含量较少的工作岗位雇用小时工、季节工等临时性人员。

8. 采取从外部招聘新员工的办法来解决人员短缺问题。

(二) 人力资源剩余情况下的人力资源计划政策与措施

1. 重新安置

如果旅游企业内部的剩余人员只限于部分岗位,可以采取重新安置的办法来解决剩余人员问题,即当某些工作岗位出现剩余人员,而另一些岗位却存在人员短缺现象时,可以考虑把剩余人员安置到需要人员的岗位上去。重新安置的一个重要前提是剩余人员必须具有新工作岗位所需的技能和知识。因此,重新安置需要提早计划,培训在先。

2. 永久性裁员

永久性裁员是解决人员过剩的另一种办法。必须注意的是,采取这种方法一定要十分谨慎,因为它不仅涉及员工本人及其家庭的利益,而且也会对整个社会产生影响。只有在旅游企业经营出现严重亏损,或营业不可能恢复的情况下,才能考虑采取这种办法。在裁员之前,旅游企业应该告知员工目前企业的经营困境,并尽力为剩余人员在企业内部寻找新的工作岗位。在企业内部确实无法安置的情况下,方可进行裁员。

3. 降低劳动成本

解决人员过剩的第三种办法是降低劳动成本。近年来,旅游企业通常采用暂时下岗、减少工作时间、提前退休和降低工资等措施降低劳动成本。这些措施值得借鉴之处在于,当预测到旅游企业出现过剩人员时,不是简单地将其裁掉,而是缓和矛盾,让企业和员工共同分担困难。如果员工个人不愿维持工作不饱和、低工资的现状可以自愿离职,这就避免了将其立即推向社会而可能引起的不良反应。

五、人力资源总计划的实施项目

在对人力资源计划备选方案进行优化组合后，要将方案转化成有具体措施、目标日期、时间进度安排和资源投入的可操作项目。旅游企业人力资源总计划的实施项目是一项系统工程，它包括招聘录用项目、薪资福利项目、人力资源开发项目、员工流动控制项目、绩效考核项目、员工激励项目以及员工离职和退休项目等。要保证这些项目顺利实施，不仅需要有具体的执行时间限制和专人负责，还必须注意项目之间的相互协调与配合。只有这样，人力资源计划才有可能成为解决旅游企业人力资源管理所有问题的指导书。

六、对人力资源计划的监控与评估

制订旅游企业人力资源计划的最后一个步骤是为管理者监控人力资源总体计划的实施结果提供方法，即要求人力资源计划不仅包括计划实施方案，同时也必须有对计划执行情况的监控与评估方法。通常采用目标对照监控法，这种方法是以原定的目标为标准进行逐项的监控评估，广泛收集并分析研究有关的人力资源数据，如管理人员、服务人员和服务辅助人员之间的比例关系，在某一时期内员工迟到、旷工、离职、工伤和劳动纠纷等方面的情况，以便于客观地评价旅游企业人力资源计划和改进旅游企业人力资源管理工作。这一步骤应该重点关注以下五个方面的问题：

- 人力资源计划执行情况如何？
- 人力资源计划是否具有成本效益？
- 对旅游企业其他经营计划的实现产生了什么样的影响？
- 本期人力资源计划在执行中存在哪些不足？如何修正？
- 在下一计划期内人力资源计划需要进行哪些修改？

在对旅游企业人力资源计划进行监控与评估的过程中还应该注意组织方面的保证。对于大型旅游企业可以由一位分管行政的副总经理、人力资源部经理、财务主管和各级员工代表组成人力资源委员会来完成；中小型旅游企业则可以考虑由总经理办公室牵头，召集人力资源部经理和一定比例的员工代表重点对旅游企业人力资源计划的有关方针政策进行监控和评估。

关键术语

人力资源战略规划(human resources strategic planning)

人力资源计划(human resource planning)

需求预测(forecasting human resource requirements)
供给预测(forecasting human resource availability)
人力资源管理信息系统(HRIS)(human resource information system)
员工配备(staff establishment)
经验预测法(experience forecasting)
零基预测(zero-base forecasting)
回归预测法(regression forecasting)
德尔菲法(Delphi method)
人力资源成本分析预测法(labor cost analysis and forecasts)
自下而上预测法(top-down forecasting)
技能清单(skill inventory)
职位接替模型(succession planning model)
人力资源战略(human resources strategy)

复习思考题

1. 什么是人力资源规划？旅游企业人力资源规划主要包括哪些内容？

2. 旅游企业人力资源规划要重点解决哪些方面的问题？

3. 什么是旅游企业人力资源计划？它与旅游企业人力资源规划有哪些关联？

4. 完整的旅游企业人力资源计划应该包括哪些内容？

5. 海南某高尔夫球场2008年每个季度的期初人数、录用人数、离职人数、期末人数如表3-11所示：

表3-11 海南某高尔夫球场2008年度人力资源变动统计

	一季度	二季度	三季度	四季度
期初人数	328	300	285	320
录用人数	32	25	55	10
离职人数	60	20	20	55
期末人数	300	285	320	275

试计算该高尔夫球场2008年各季度员工离职率、员工新进率和员工净流动率，并分析该高尔夫球场人力资源规模的变化，结合其经营淡旺季，推测其经营发生了怎样的变化。

6. 某游乐场2002—2009年员工人数见表3-12，根据这些数据利用回归预测法,试预测企业在2013年和2015年所需员工数量。

表3-12　某游乐场2002—2009年月供人数统计表

年度(x)	2002	2003	2004	2005	2006	2007	2008	2009
员工人数(R)	235	244	256	271	282	290	300	305

7. 旅游企业如何预测人力资源需求与供给?
8. 如何平衡旅游企业人力资源的需求与供给?
9. 旅游企业在不同的发展阶段,如何选择其人力资源战略?

课　业

选择一家旅游企业,围绕其最关心的未来人力资源需求项目,整理出一份必要的背景资料,采用德尔菲法,设计一套“专家预测调查表”,分别找两位自己的专业课老师和两位资深的业内人士进行预测,注意专业课老师和业内资深人士在预测中阐述理由的特点,然后完成一份人力资源需求预测报告。

案例学习

雅高酒店集团在中国的人才本土化战略

在这个充满机会的市场,酒店管理人才的短缺,一直是困扰着那些在中国跑马圈地的国际酒店业巨头们的一个难题。

身为欧洲最大的酒店管理集团——雅高酒店集团的大中华区首席副总裁,马睿(Robert Murray)到中国已经十多个年头了。多年来,在主管酒店营运业务以及负责销售部门之外,马睿把大量的精力投注到人力资源的战略布局上。如今,在人力资源的本土化上,雅高是进行得最彻底的国际酒店集团之一,中国地区18 000名员工中,99%是本土员工。而在管理人员中,初级经理级别中99.5%是中国籍员工,中层经理一级中98%是本土员工。而在十年前,雅高的管理层还几乎是清一色的境外人士。

正是马睿在中国一手创办的“人才储备”培训项目,根本地改变了雅高的面貌,这也是他个人觉得最成功、最富有成就感的一项重大决策:每1—3年,全集团选出100名被评价为“具有发展潜力”的员工来参加特定培训项目,随后,其中的部分人进入下一个阶段的“中国本土经理培训”,由他们各自的总经理级别高管担任他们的职业导师,然后,在各个部门接受各种不同的培训内容;再高一级的，是"亚洲地区全国管理培训项目"，届时，来自大中华地区的精英们将在曼谷汇聚进行各种特训项目。

"现在，在奢华型品牌酒店里，我们还比较多地任用境外的专业人士。但是，在宜必思网络里，所有的经理、员工都已实现本地化，而且每一个总经理都培养自我们的集团内部。"回想多年前刚踏上这片新兴市场的情景，马睿充满着骄傲，"即使是在亚洲其他地区有丰富经验的人，面对中国市场的时候，还是觉得自己缺乏准备。我们想成为这个市场的一部分，我们已经是这个市场的一部分，将来会扮演更重要的角色。"

每当面试总经理们时，马睿会问他们一个问题——你喜欢中餐么？(Do you like Chinese food?)"听上去很简单。可是，食物占据人们生活和交往的中心位置，你要真正享用中餐，必须有乐于与人打交道的性格，我们经常需要和不同的合作伙伴吃饭交流，如果你只是人坐在那里，心不在那里，就不可能喜欢中餐，如果你不喜欢中餐，你就不可能适应中国，又怎么可能有一个崭新的、有希望的开始呢?" 马睿是这样解释的。

资料来源：徐琳玲. 马睿：雅高的中国传奇[J]. 中国饭店. 2008(10).

案例思考

1. 雅高酒店集团在中国的人力资源战略规划有什么特点?
2. 雅高酒店集团是如何将企业战略与人力资源规划有机结合起来的?

管　理　篇

- 旅游企业员工招聘
- 旅游企业员工绩效管理
- 旅游企业薪酬管理
- 旅游企业劳动关系管理

第四章

旅游企业员工招聘

知识要求

通过本章学习，学生应该掌握六项基本知识：

- 招聘的含义
- 旅游企业员工招聘的依据
- 旅游企业员工招聘选择的一般过程
- 影响旅游企业员工招聘工作的因素
- 旅游企业员工内部招聘和外部招聘的优势与劣势
- 旅游企业员工招聘工作对实施者的要求

技能要求

通过本章学习，学生应该掌握六项管理技能：

- 拟订招聘计划
- 根据旅游企业的职位说明，撰写招聘广告
- 根据招聘职位的特点有效选择招聘途径
- 根据旅游企业招聘的特点，确定“选择测试”的类型
- 拟定面试提纲，合理运用面试技巧
- 根据统计数据评估招聘效果

引 例

虽然2008年第四财季出现亏损,但是美国西南航空公司(Southwest Airlines,以下简称西南航空公司)仍延续了连续36年盈利的纪录。这样的业绩得益于西南航空公司员工的高效率工作、相对行业较低的人力成本以及在飞行途中给乘客创造轻松愉快环境的服务方式。在一个时期,西南航空公司的空乘服务员每小时收入为18美元,大陆航空为20美元,美国航空为23美元,但西南航空的员工流失率非常低。

美国西南航空公司的创始人赫伯·凯勒尔从公司成立时起就坚持宣传"快乐和家庭化"的服务理念和战略,并通过招聘、培训和支持有经验的员工,通过员工的力量将这种理念的价值充分体现和发挥出来。西南航空公司招聘空乘服务员的过程没有什么条条框框,招聘工作看起来更像好莱坞挑选演员,而不是招聘面试。第一轮是集体面试,每一个应聘者都被要求站起来讲述自己最尴尬的时刻。这些未来的空乘服务员由资深的乘务员和地勤服务员、管理者,甚至包括顾客组成的面试小组进行评估。西南航空公司让顾客参与招聘面试基于两个认识:顾客最有能力判别谁将会成为令人满意的乘务员;顾客最有能力培养有潜力的乘务员成为顾客想要的乘务员。接下来是对通过第一轮面试的应聘者进行深度个人访谈,在这个访谈中,招聘人员会试图去发现应聘人员是否具备一些特定的心理素质,这些特定的心理素质是西南航空公司通过研究最成功的和最不成功的乘务员发现的。

新聘用的乘务员要经过一年的试用期,在这段时间里管理人员和新员工有足够的时间来判断他们是否真正适合这个公司。西南航空公司鼓励监督人员和管理人员充分利用这一年的试用期,将那些不适合在公司工作的乘务员解雇掉。但是有趣的是,西南航空公司很少主动解雇新员工。因为在这些员工被告知之前,他们已经知道自己与周围的环境显得格格不入而主动走人。

资料来源:快乐和家庭化:美国西南航空的管理圣经[J].时代经贸,2009(1):83—86.

美国西南航空公司的成功无疑是和它的人力资源招聘策略分不开的。旅游企业招聘到合适的员工,是正式实施人力资源管理的开始,它会对后续的人力资源开发与管理产生十分重要的影响。具有战略眼光的旅游企业不仅要通过招聘填补职位上的空缺,更要为满足企业未来发展做好人力资源的储备。

第一节　招聘的概念

一、招聘的含义

招聘是指旅游企业根据人力资源计划和工作分析的结论,并结合旅游企业的经营状况,及时、足够多地吸引具备工作资格的个人补充空缺职位的过程。准确理解“招聘”的含义,应该注意以下六个方面:

(1) 合适的时间(right time)。就是要在恰当的时间内完成招聘工作,以保证及时补充旅游企业所需的员工,这是对招聘工作最基本的要求。

(2) 合适的成本(right cost)。就是在保证招聘质量的前提下,以最经济的成本来完成招聘工作;在同样的招聘质量下,应当选择那些费用最少的方法。

(3) 适当的范围(right area)。就是要在恰当的区域范围内开展招聘工作,这一区域范围不仅要能够吸引到足够数量的合格人员,而且还应该考虑未来员工赶赴工作地点的便利性。

(4) 适当的来源(right source)。就是要通过恰当的途径来寻求目标人员,不同的职位对人员的要求是不同的,因此要挑选那些与空缺职位匹配程度较高的目标群体进行招聘。

(5) 正确的信息(right information)。就是在招聘之前要对空缺职位的工作职责内容、任职资格要求以及企业的相关情况全面而准确地做出描述,使应聘者能够充分了解有关信息,以便对自己的应聘活动做出判断。

(6) 正确的人选(right people)。就是要把最合适的人员吸引过来应聘企业提供的职位,这包括数量和质量两个方面的要求。

二、招聘的原则

(一) 守法、公正的原则

一方面,我国《劳动法》明确规定劳动者就业,不因民族、性别、宗教信仰不同而受歧视——“平等就业”是招聘工作必须遵守的。当然,对于一些特殊的工作岗位,旅游企业招聘时要有必要的解释和说明,例如对于饭店餐饮部,在招聘员工时就有必要指出接触的食品是否为清真,以免对员工的宗教信仰造成伤害。另一方面,在旅游企业一系列的人力资源管理制度中,岗位规范和岗位职责等都对应聘者的素质提出了具体的要求,在招聘工作中必须以此为准则,对所有应聘者一视同仁,通过考试、测评和面试等手段公正地选拔人才。

（二）效益最优化原则

效益最优化原则是指力争用尽可能少的招聘费用，录用到高素质、满足旅游企业需要的人员，或者说，以尽可能少的招聘成本录取到同样素质的人员。

企业招聘都是要支出费用的，如招聘人员的工资、招聘广告费用、支付就业机构的费用、招聘成本测试费用、体检费用等。这些支出也被称为招聘的直接成本。有时候，招聘专业人员的直接成本能够达到这些人第一年工资的50%—60%。

当旅游企业出现职位空缺时，也可以采用内部晋升或内部引荐的办法解决。不管采用何种方法，对于应聘的人员都要经过人力资源部门的考核，合格后方能上岗。这样既可以保证任职人员的质量，同时也节约了招聘费用，避免了职位长期空缺造成的损失。

（三）适用优先原则

不同的企业有不同的文化和价值观，形成了各自的"水土"。因此，与企业文化和管理风格不能相融的人，即使很有能力，对企业的发展也会有不利之处。此外，由于人的知识、阅历、背景、性格、能力等方面存在差异，旅游企业在选择应聘者时应该量才录用，不一定是最优的，但是一定要尽量选到最合适的。要做到人尽其才，用其所长。

（四）"宁缺毋滥"原则

对待招聘，旅游企业应该在可招可不招时尽量不招，可少招可多招时尽量少招。旅游企业是创造效益的人力资源集合体，因此，制定招聘决策时一定要树立"宁缺毋滥"的观念，一个岗位宁可暂时空缺，也不要让不适合的人占据。

三、员工招聘的依据

（一）人力资源计划

旅游企业的人力资源计划包括了组织结构和岗位编制计划，这些文件从数量和质量两个方面规划、明确了旅游企业人力资源的需求，将这种需求与旅游企业现有的人力资源水平进行比较，可以比较清楚地发现当前旅游企业需要招聘的员工的数量和条件。

（二）职位说明书

对于旅游企业的招聘者来讲，不清楚自己正在招聘的员工需要完成什么任务、拥有什么样的权利、必须履行何种义务，这种招聘注定是要失败的。职位说明书能够在招聘过程中提供这样的帮助：使招聘标准更加客观；指出成功地完成某一职位的工作所需要的教育、培训和经验；为设计录用测试的方法提供依据；

回答应聘者对所应聘工作的咨询。

（三）用人部门招聘申请

当旅游企业的经营出现向好趋势时，一些部门可能会出现人员紧缺，这是人力资源计划所难以准确预测的。一般来讲，在不突破本企业人力资源总编制或工资预算10%的情况下，经旅游企业最高管理层批准，人力资源管理部门可以根据用人部门的招聘申请表（表4-1）实施招聘。

表4-1 旅游企业招聘申请表示例

<table>
<tr><td>申请部门</td><td colspan="4"></td><td colspan="4">部门经理（签字）</td><td></td></tr>
<tr><td rowspan="2">申请原因</td><td colspan="2">□ 员工辞退</td><td colspan="2">□ 员工离职</td><td colspan="2">□ 业务增量</td><td colspan="2">□ 新增业务</td><td>□ 新设部门</td></tr>
<tr><td colspan="9">说明：</td></tr>
<tr><td rowspan="4">需求计划</td><td colspan="3">使用时间</td><td colspan="5">职位名称与人数</td><td>希望到任时间</td></tr>
<tr><td colspan="3">临时使用（小于30天）□</td><td rowspan="3">职
位</td><td>1</td><td></td><td rowspan="3">人
数</td><td></td><td></td></tr>
<tr><td colspan="3">短期使用（小于90天）□</td><td>2</td><td></td><td></td><td></td></tr>
<tr><td colspan="3">长期使用（小于180天）□</td><td>3</td><td></td><td></td><td></td></tr>
<tr><td rowspan="11">聘用标准</td><td colspan="3">利用现有职位说明书</td><td colspan="6">□ 可以利用； □ 不能利用； □ 局部修改；
□ 尚无职位说明书，需编写。</td></tr>
<tr><td rowspan="3">工作内容</td><td>1</td><td colspan="7"></td></tr>
<tr><td>2</td><td colspan="7"></td></tr>
<tr><td>3</td><td colspan="7"></td></tr>
<tr><td rowspan="3">工作经验</td><td>1</td><td colspan="7"></td></tr>
<tr><td>2</td><td colspan="7"></td></tr>
<tr><td>3</td><td colspan="7"></td></tr>
<tr><td rowspan="2">专业知识</td><td>1</td><td colspan="7"></td></tr>
<tr><td>2</td><td colspan="7"></td></tr>
<tr><td>语言表达</td><td colspan="3"></td><td colspan="2">性格要求</td><td colspan="3"></td></tr>
<tr><td>外语水平</td><td colspan="3"></td><td colspan="2">计算机技能</td><td colspan="3"></td></tr>
<tr><td>其他条件</td><td colspan="9"></td></tr>
<tr><td>薪酬标准</td><td>基本工资</td><td colspan="2"></td><td colspan="2">其他津贴</td><td></td><td colspan="2">其他收入</td><td></td></tr>
<tr><td>业务直属上级批示</td><td colspan="9">签字：
日期：</td></tr>
<tr><td>人力资源部门意见</td><td colspan="9">签字：
日期：</td></tr>
<tr><td>总经理批示</td><td colspan="9">签字：
日期：</td></tr>
</table>

四、招聘工作的构成

如图 4-1 所示，旅游企业的员工招聘过程包括许多工作环节，是一项系统性工作。其中，最为重要的部分是招募、甄选、录用和评估。

（一）招募

招募就是使潜在的合格人员对旅游企业的特定职位产生兴趣，并应征该职位的过程。招募的主要工作内容包括：招聘计划的制订与审批、招聘信息的发布、接受应聘者的申请等。

（二）甄选

甄选就是从一组求职者中挑选出最适合旅游企业某一特定职位的人员，并使之接受这一工作的过程。选择的主要工作内容包括：评价求职者的申请和工作简历、面试、测试、个人材料的审查与调查、体检等。

（三）录用

录用是旅游企业最终决定雇用应聘者并分配其具体工作的过程。录用的主要工作内容包括：录用决策、通知被录用人、对落选者的回复等。

（四）评估

评估是对招聘活动的效益与所录用的员工质量进行评价的过程，它可以为下一次员工招聘活动提供借鉴和参考。评估的主要工作内容包括：新员工流失率统计、新员工投诉（事故）率调查、用人部门反馈分析等。

五、影响招聘工作的因素

旅游企业招聘工作能否获得成功，不仅取决于科学的招聘方法，还受到其他诸多因素的影响。这些因素主要可以分为外部影响因素和内部影响因素两类。

（一）外部影响因素

1. 国家的政策、法规

国家有关劳动用工的政策、法规，从客观上对旅游企业招聘对象的选择和限制条件进行了制约。例如，《中华人民共和国劳动法》第十二条规定：“劳动者就业，不因民族、种族、性别、宗教信仰不同而受歧视。”第十三条规定：“妇女享有与男子平等的就业权利。在录用职工时，除国家规定的不适合妇女的工种或者岗位外，不得以性别为由拒绝录用妇女或者提高对妇女的录用标准。”第十五条规定：“禁止用人单位招用未满十六周岁的未成年人。”

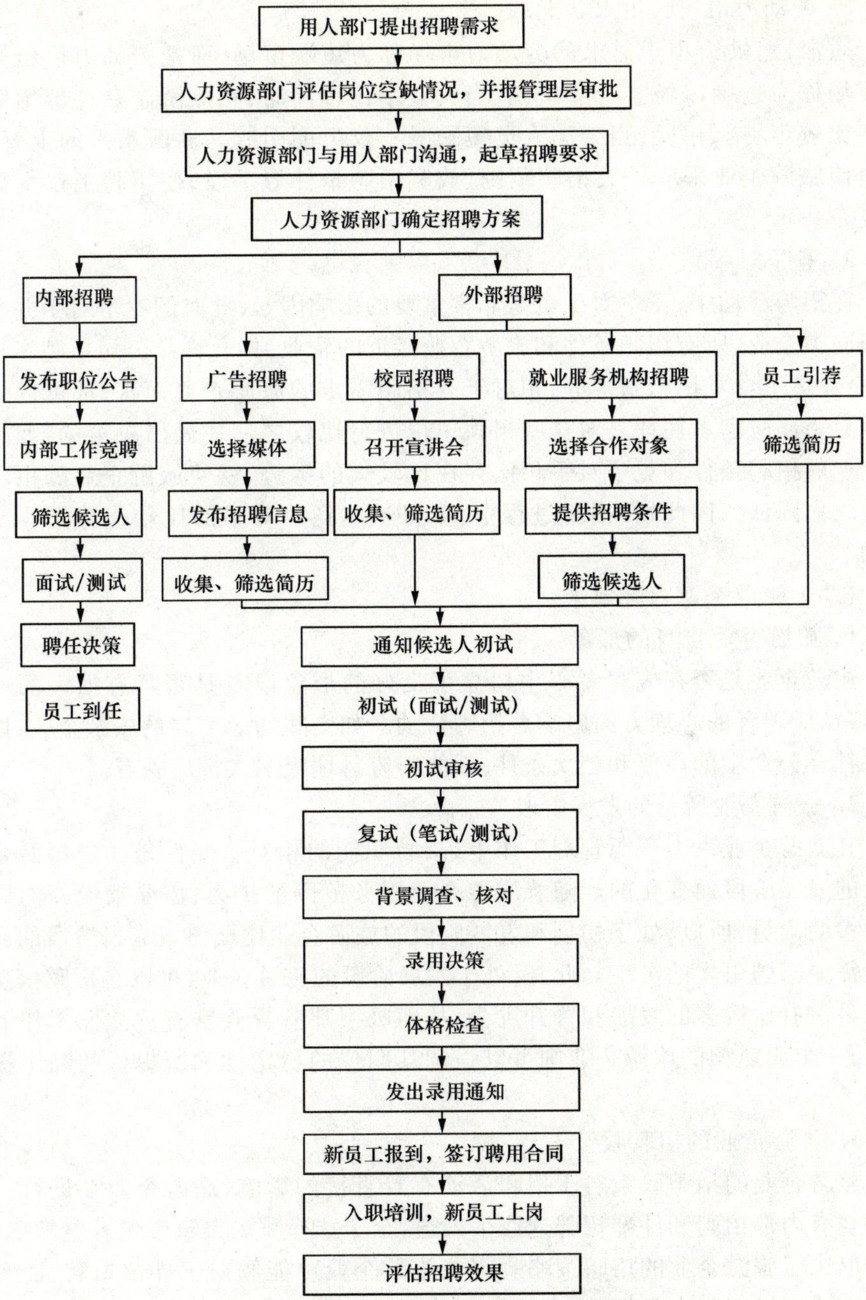

图 4-1　旅游企业员工招聘的一般流程

2. 劳动力市场的供求状况

通常,把供给小于需求的劳动力市场称为短缺市场,而把劳动力供给充足的市场称为过剩市场。一般来说,当失业率比较高时,在旅游企业外部招聘新员工比较容易。相反,当某类人员短缺时不仅可能引起其薪酬水平的上升,而且迫使旅游企业采取扩大招聘范围、放宽招聘条件等手段,使招聘工作变得错综复杂。

3. 竞争对手

在招聘活动中,竞争对手也是非常重要的影响因素,此时的竞争对手并非仅限于同类企业,所有招聘条件和旅游企业接近的企业,如奢侈品公司招聘客户代表、企业员工食堂招聘厨师等,相对于有招聘需求的旅游企业而言,都可以算是竞争对手。应聘者往往是对这些招聘单位进行比较之后才做出决策的,如果旅游企业的招聘条件和竞争对手相比存在比较大的劣势,就使旅游企业的招聘吸引力大大降低。因此,在招聘过程中,取得超越竞争对手的比较优势是非常重要的。

(二) 旅游企业内部因素

1. 旅游企业自身的形象

旅游企业是否在应聘者心中树立了良好的形象以及是否具有强大的号召力,将从应聘者的心理方面影响着招聘活动。如一些知名度高的旅游企业,以它们在社会公众中的声望和档次条件,就能很容易地吸引大批应聘者。

2. 旅游企业所处的发展阶段

在旅游企业人力资源管理工作中,招聘职能的相对重要性是随着旅游企业所处的发展阶段而变化的。随着旅游企业服务范围的扩大,需要增设新的岗位和更多的人员,所以,处于初创和发展阶段的旅游企业比成熟或衰退阶段的旅游企业需要招聘更多的员工。此外,处于发展阶段的旅游企业,可以在招聘信息中强调员工有比较多的发展和晋升机会,从而吸引那些喜欢富有挑战性工作的人员;而一个成熟型的旅游企业则可以强调其职位的稳定性和所提供的高工资和福利。

3. 旅游企业的招聘政策

旅游企业的招聘政策对于招聘活动有着直接的影响,旅游企业在进行招聘时一般有内部招聘和外部招聘这两个渠道,至于选择哪个渠道来填补空缺职位,往往取决于旅游企业的招聘策略。有些旅游企业可能倾向于外部招聘,而有些旅游企业则倾向于内部招聘;在外部招聘中,旅游企业的招聘策略也会影响到招聘来源的选择,有些旅游企业愿意从学校招聘新手,通过完善的培训和优秀的企业文化建立起员工良好的忠诚度,而有些旅游企业则更愿意从社会上招聘,期望能够减少一些技能培训的开支,充分挖掘其经验优势。

4. 工资和福利待遇

旅游企业的工资制度是员工劳动报酬是否公正的主要体现,旅游企业的福利措施是企业是否关心员工的反映,它将从物质方面影响招聘活动。

5. 招聘预算和时间要求

充足的招聘预算可以使旅游企业选择更多的招聘方法,扩大招聘的范围,例如,可以花大量的费用来进行广告宣传,选择的媒体也可以是影响力比较大的;相反,有限的招聘资金会使旅游企业进行招聘时的选择大大减少,这会对招聘效果产生不利的影响。

时间方面的要求也影响着招聘途径的选择。如果某一旅游企业正面临着增加服务产品所带来的突发性需求,那么它就不会考虑去大专院校招聘,因为大学生毕业时间有一定的季节性,而且完成招聘需要比较多的时间。一般来说,许多招聘途径所涉及的时间,还随着劳动力市场条件的变化而变化的。当劳动力市场短缺时,一方面应聘人的数目减少,另一方面他们愿意花更多的时间去比较和选择企业,所以此时招聘工作需要花比较长的时间才能完成。

第二节 员工招聘的途径

当旅游企业出现职位空缺的时候,既可以在旅游企业现有的人力资源队伍中选聘,也可以面向全社会招募适用的人才。由此,旅游企业员工招聘的途径可以划分为内部招聘和外部招聘两大类型。

一、旅游企业内部员工招聘

旅游企业内部招聘工作主要有两种形式:一是内部晋升,指当旅游企业管理层出现职位空缺时,鼓励有资格的员工竞聘更高一级的职位;二是调换岗位,指员工的职务等级和待遇不发生比较显著的变化,仅是根据员工的意愿将其聘用到有职位空缺的岗位。

(一) 内部招聘信息的发布

当一家经营稳定的旅游企业出现某一职位空缺时,应该首先考虑从现有员工中提拔或调动。职位公告(job posting)是旅游企业内部招聘信息发布的主要形式。职位公告,是指以文字的形式公开向旅游企业全体员工详细通报现有工作岗位空缺,以及任职资格条件、工作时间和相关待遇的文件。

(二) 工作竞聘

工作竞聘(job bidding)是指允许那些认为自己具备空缺职位任职资格的员工提出新的工作申请的招聘程序。工作竞聘是旅游企业内部招聘工作不可或缺的重要环节,其目的是保证内部招聘的公平性和公正性。

(三) 内部招聘的优点与缺点

1. 内部招聘的优点

(1) 树立内部公众形象。采取内部优先选用的政策,不仅树立了“企业能够提供长期工作保障”的内部公众形象,有助于旅游企业员工队伍的稳定,并且传达了一个信息:诚信和出色的工作表现会得到晋升的奖励。这也是一种十分有效的工作激励措施。

(2) 充分了解员工。和来自旅游企业外部的求职者相比,内部员工通常需要较少的任职资格评估,因为有来自本企业的有关资料和工作表现记录,他们是“经过了解的”。

(3) 简化基础性培训。由于内部竞聘者已经熟悉本企业的业务流程和企业文化,“磨合期”会比较短;并且不必为他们安排某些基础性的培训,如“《员工手册》培训”等。

(4) 节约招聘成本。由于没有通过公共媒体发布招聘广告,旅游企业可以节约大笔的广告发布费用,使招聘成本下降。

(5) 降低招聘难度。实行内部晋升,能够使旅游企业将对外招聘主要集中在“初级层次”上,而填补初级职位比较容易;同时,也使旅游企业有更多的时间去培训和评估那些渴望做到更高层职位的外来人才。

2. 内部招聘的缺点

(1) 职位内定。职位“内定”(高一级的管理层实际上已经有了一个候选人)会使内部竞聘者们不满,因为并不是所有竞聘职位都是“真正的空位”。这种情况极有可能造成落选的优秀人才辞职,旅游企业为此付出比较大的代价。

(2) 直接上级的误解。一些管理者会认为下属参加工作竞聘是“不忠诚”的表现,因而阻挠他们的晋升或转换岗位,甚至惩罚那些申请内部职位的员工,从而影响了职位公告的效果。

(3)“连锁”反应对经营的负面影响。内部晋升或转换岗位会引起“连锁”反应。当一个人离任时,他的下属会得到晋升,下属的下属也会得到晋升,因此出现了多个空位。事实上如此多的人不得不在相对较短的时间里学习“新工作”,很容易影响旅游企业的服务质量和正常经营。

(4) 内耗。实现内部晋升或转换岗位之前,可能会出现员工之间为谋求职位而欺骗和勾心斗角,这会给旅游企业管理造成混乱。

(5) 缺乏创新。如果一家旅游企业的管理者大都是从内部选拔上来的,那么必然会导致人际关系复杂、近亲培植,从而造成经营思想保守、决策雷同,缺乏创新意识。

二、旅游企业外部员工招聘

旅游企业从外部招聘员工,通常是基于以下原因:

• 一线部门初级服务岗位的人力资源出现短缺。

• 现有员工无法通过短期培训掌握某种技术,必须通过招聘专门人才满足工作需要。例如,一家四星级的饭店餐饮部新增设日本料理,那么日本料理的厨师就必须考虑从饭店外部招聘。

• 迫切需要具有创新思想或高级职业背景的管理人员。

在实施外部员工招聘时,旅游企业面对的是一个十分广阔的人力资源市场,有多种细分途径可供选择,关键是要针对所招聘的职位特点,选择恰当的招聘途径。

(一) 广告招聘

广告招聘是指通过报刊、广播和互联网等媒体向社会公众传达旅游企业的劳动用工信息。广告招聘的目的是,一方面通过广告宣传使社会公众了解旅游企业的基本概况及其当前工作职位的诉求,另一方面吸引和鼓励有才干、符合旅游企业招聘职位要求的人士积极应聘。

招聘广告应包括以下内容:旅游企业的基本情况;政府劳动部门的审批情况;招聘的职位、用工数量与基本条件;招聘的范围;薪资与福利待遇;报名时间、地点、方式及所需要携带的个人资料;其他有关注意事项。表 4-2 是一家旅游企业招聘广告的示例。

选择恰当的媒体发布广告是广告招聘成功的关键。目前,比较适合发布旅游企业招聘广告的媒体主要有以下三种:

1. 报纸

报纸以其传播范围广、速度快、传播信息准确、可信度高、便于留存等特点,一直是旅游企业发布招聘广告的首选媒体。旅游企业选择报纸刊登招聘广告的标准是:发行量大,读者覆盖面以中青年为主,在企业所在地有非常大的影响力。

表 4-2　旅游企业招聘广告示例

古都饭店招聘英才

四星级标准的古都饭店成立于 1995 年,位于本市经济技术开发区第五大街,拥有客房 308 间,可容纳 600 人同时进餐的大型餐厅三个。现根据经营需要,招聘以下职位的员工:

一、门童(3 人)

具体要求:

1. 男性,年龄 18—25 岁,身高 175 cm 以上。
2. 身体健康,相貌端正,形体匀称。
3. 高中以上学历,普通话标准,能使用简单英语交流;懂其他小语种者优先。
4. 能适应夜班工作,具备星级饭店大堂服务工作经验者优先。
5. 试用期工资 1 500 元/月,饭店根据国家法律缴纳全部社会保险和住房公积金。

二、宴会厅主管(1 人)

岗位职责:

在餐饮部经理的领导下,负责宴会厅的日常管理工作,主持大型宴会菜单的设计,每日负责检查宴会厅设备设施的卫生及员工个人卫生,承担宴会厅员工的技术培训工作,并与厨房保持密切联系,确保宴会厅的服务质量。

具体要求:

1. 相貌端正,身体健康,年龄 28—35 岁;身高(男)170 cm 以上,(女)160 cm 以上。
2. 经济学或管理学大专以上学历,普通话标准,可熟练使用英语与客人交流;懂其他小语种者优先。
3. 良好的语言沟通能力和团队领导能力。
4. 至少 3 年三星级以上饭店相同岗位工作经验,熟悉西餐服务流程者优先。
5. 试用期工资 3 000 元/月,饭店根据国家法律缴纳全部社会保险和住房公积金。

有意应聘者请于见报 10 日内将个人简历、学历证书和本人身份证复印件以及一寸免冠近照寄至:本市经济技术开发区第五大街 26 号古都饭店人力资源部。请在信封上注明"应聘",或发 E-mail 至:hrm@ gudu-hotel. com。

初审合格参加面试和测试,申请材料将被严格保密,恕不退还。

2. 互联网

随着互联网在现代生活中的不断渗透,网上招聘已经不容忽视,特别是上网人员的年轻化,使旅游企业招聘越来越重视这一新兴的公众媒体。网上招聘的特点是:招聘信息传播范围广、速度快、成本低、信息留存时间可控、供需双方选择余地大,且不受时间、地域的限制。采用互联网发布招聘广告有两种方式:一是旅游企业利用自己的网站,发布招聘信息,由于访问旅游企业网站的人士以消费者居多,这种方式的效果不会很理想;二是委托专业的人力资源招聘网站(如智联招聘网 www. zhaopin. com,中华英才网 www. chinahr. com)发布信息,这类网站可以为旅游企业招聘者提供查询、检索应聘者信息库的条件,使招聘工作中的人员初选工作变得轻松易行,对合适的人选可以打印其简历,有的招聘网站也可以帮助旅游企业筛选电子邮件,将合适的简历转发给招聘企业。

3. 专业杂志

选择专业杂志发布招聘信息,适用于旅游企业招聘中高级管理人员或专业技术人员。专业杂志作为一种工作资料,虽然专业性强,阅读人员有限,但受重视程度高,留存时间长,因此旅游企业在招聘诸如高级管理人员、高级厨师、计算机网络管理员等人士时,可以选择这些人员有可能接触到的专业杂志。

（二）大、中专学校招聘

开设旅游管理、酒店管理和会展管理等专业的大中专学校,每年都可以为旅游业输送有一定专业基础的毕业生,旅游企业可以利用这一机会获取自己所需要的人才。具体的做法有:

1. 专项培养

通过定向培养、委托培养等方式直接从学校获得所需要的人才。这种做法的优势是人力资源的获取比较稳定,且质量有保证,但培养周期比较长,人力资本投入比较大。

2. 奖学金吸引

有实力的旅游企业可以与学校接洽,针对相关专业设立专项奖学金,或资助贫困学生,借此吸引学生毕业后去本企业工作。

3. 接纳实习生

充分利用在校学生的实习机会,为其提供实习岗位,在实习过程中试用、观察,以期发现合适的人才;学生则通过实习了解旅游企业,积累工作经验,有利于其做出加盟旅游企业的职业选择。

4. 校园专场招聘

在学生毕业前10个月左右,旅游企业与学校联系,争取直接进入校园散发招聘广告、举办招聘宣讲会,并现场接收简历等。

（三）就业服务机构

就业服务机构在旅游企业外部招聘活动中主要发挥中介作用:既为旅游企业择人,也为求职者择业。借助就业服务机构,旅游企业与求职者不仅都可以获得大量劳动力市场信息,同时也可以传播各自的信息。目前,我国的就业服务机构主要有以下三类:

1．人才市场和劳动力市场

人才市场和劳动力市场属于公共就业机构，其主要运作模式是根据招聘时间、招聘对象、招聘单位的不同，策划、组织一系列的主题招聘，将各用人单位召集起来，在一定的时间内形成有一定规模的招聘活动。招聘会是这种招聘活动的典型形式。旅游企业通过参加人才市场和劳动力市场举办的招聘会，不仅可以及时了解当地劳动力市场的动态，同时还有比较多的机会全面介绍本企业，从而吸引更多的应聘者。

2．人才交流中心和职业介绍所

人才交流中心和职业介绍所是公共就业机构的常设组织形式，其主要运作模式是一方面预先了解、掌握企业的招聘计划、招聘条件，代为企业在一定范围内发布招聘信息；另一方面，长年接待各类求职人员，为其建立简单的个人资料档案，及时向他们提供用工信息，并指导他们应聘、就业。

由于旅游企业的员工流动性比较大，有些旅游企业的部分岗位经常处于人员缺编状态，因此，旅游企业可以考虑与人才交流中心和职业介绍所合作，委托其代理招聘那些员工流动性大的初级岗位。这样做不仅招聘费用比较低，而且招聘速度也比较理想。

3．猎头公司

猎头公司又称行政搜寻公司（executive search firms）、高级人才开发公司、高级人才咨询公司，是以营利为目的，专门为企业物色、招聘高级管理人才和技术人才的人力资源服务机构。猎头公司通过与需要高级人才的组织沟通，并保持经常性的联系，对该组织及其高级人力资源需求有比较详细的了解；同时，猎头公司利用其掌握的某一行业详细的人力资源信息，为有人力资源需求的组织寻找符合要求的候选人，安排双方接触、面试以及检查核实有关情况。猎头公司作为专业性极强的就业服务机构，其收费也是非常高的，一般收费标准为招聘职位年薪的10%—30%。

需要注意的是，如果旅游企业计划聘请猎头公司代为招聘高级人才，一定要考察猎头公司对旅游行业的熟悉程度，特别是与旅游企业各类高级人才的关系，因为这些是猎头公司能否真正胜任的基本条件。

（四）员工引荐

许多旅游企业在招聘过程中都允许员工介绍自己所熟悉的人参加应聘。通常，员工在引荐应聘者时，会自觉或不自觉地根据所了解的企业招聘条件，对将要引荐的人进行一次审视，从而降低了应聘的盲目性；此外，绝大多数的员工都会认为，被推荐者的素质及其今后的工作表现与自己有关，只有他们认为所引荐的人不会给自己带来不良影响的情况下，才会主动推荐，这些都有利于保证招聘的质量。但是需要注意的是，如果被引荐人与员工是直系亲属关系，那么为了便于管理，他们之间不能是直接的上下级关系，同时还应该避免两个人归属同一个管理者直接领导。

通过员工引荐入职的新员工容易很快地融入企业原有的非正式团体，原有员工对企业的成见会影响新员工对企业情况的客观分析和判断，原有员工有些消极的工作方式可能会直接影响到新员工的表现。这是员工引荐可能带来的弊端。

表 4-3 对旅游企业外部员工招聘途径的特点和适用性进行了比较。

表 4-3　旅游企业外部员工招聘途径的比较

招聘方式		职　位	区域局限	速　度	成　本
广告招聘	报纸	所有职位	强	快	高
	互联网	所有职位	弱	适中	适度
	专业杂志	专业技术人士	弱	慢	高
大、中专学校招聘	专项培养	普通职位	不明显	慢	高
	奖学金吸引	普通职位	不明显	慢	高
	接纳实习生	普通职位	不明显	慢	低
	校园专场招聘	普通职位	不明显	快	低
就业服务机构	人才市场和劳动力市场	所有职位	强	适中	适度
	人才交流中心和职业介绍所	所有职位	强	适中	适度
	猎头公司	高级管理者	弱	慢	高
员工引荐		所有职位	不明显	快	低

三、内部招聘和外部招聘的比较

旅游企业员工招聘，是选择内部招聘作为主要途径，还是选择外部招聘作为主要途径，很大程度上是由企业文化所决定的，更具体地讲是企业用人原则的真实体现。表 4-4 的比较分析，有助于旅游企业客观地选择适用的招聘途径。

表 4-4　员工内部招聘和外部招聘的比较

招聘途径	优　势	劣　势
内部招聘	1. 有利于提高员工的士气和发展期望。 2. 对组织工作的程序、企业文化、管理方式等比较熟悉,员工能够迅速地展开工作。 3. 对企业目标认同感强,辞职可能性小,有利于个人和企业的长期发展。 4. 风险小,企业对员工的工作绩效、能力和人品有基本了解,可靠性较高。 5. 可以节约时间和费用。	1. 容易引起同事间的过度竞争,发生内耗。 2. 竞争失利者感到心理不平衡,难以安抚,容易降低士气。 3. 新上任者面对的是“老人”,难以建立起领导威信。 4. 容易产生近亲繁殖问题,思想、观念因循守旧,思考范围狭窄,缺乏创新与活力。
外部招聘	1. 为企业注入新鲜的“血液”,能够给企业带来活力。 2. 避免企业内部员工相互竞争所造成的紧张气氛。 3. 给企业内部人员以压力,激发他们的工作动力。 4. 选择的范围比较广,可以招聘到优秀人才。	1. 对内部人员是一个打击,感到晋升无望,会影响工作热情。 2. 外招人员对企业情况不了解,需要比较长的时间来适应。 3. 企业对外招人员不是很了解,不容易做出客观的评价,可靠性比较差。 4. 外招人员不一定认同企业的价值观和企业文化,会给企业的稳定造成影响。

资料来源:董克用. 人力资源管理概论[M]. 北京:中国人民大学出版社,2007:258.

第三节　招聘工作的准备

一、参与招聘工作的人员素质

通常,参与招聘工作的核心人员是用人部门的主管和人力资源部主管,旅游企业中高级职位的招聘则需要由总经理或副总经理承担主要工作。招聘工作的实施者所表现出的素质和工作作风,对旅游企业招聘工作有着重要影响,因此要注意以下几个方面:

(一) 热情诚实,公正负责

旅游企业招聘工作是一项政策性和敏感性都很强的工作。旅游企业招聘工作的实施者代表着旅游企业的形象,特别是在旅游企业对外招聘时更是如此。

无论应聘者的条件如何，只要积极参加应聘，就说明其愿意投身到旅游企业所提供的工作岗位，招聘者必须以热情的态度接待他们，如实地说明和解答有关本次招聘的各项事宜。同时，招聘工作的实施者还要本着既为旅游企业负责也为应聘者负责的态度，公正地对应聘者的才能以及应聘者是否适合所应聘的职位作出判断。

（二）知识丰富，善于交流

招聘工作的实施者不仅要了解应聘者各方面的素质和经历，而且还需要掌握用人部门的基本情况，同时还要与政府劳动人事部门、劳动力市场、广告传媒机构和学校等外部公众保持经常性的接触。因此，他们必须熟悉本企业的背景、所招聘职位的任职资格和条件，掌握本地区和本行业劳动力市场的基本情况及其相关法律、法规和政策，具有丰富的社会知识和经验，能够通过全面的交流与沟通保证招聘工作的顺利进行。

（三）有较强的洞察力和想象力

招聘工作的实施者经常需要在很短的时间内尽可能多地认识和了解应聘者，因此，招聘工作的实施者不仅需要学会观察人的行为，而且还要能够透过语言沟通，领悟应聘者的真实思想；此外，掌握“从人的肢体语言分析人”的技巧也是十分有用的，这些都离不开洞察力和想象力。

（四）注意克服主观偏见

在人际交往过程中，根据对方的穿着、长相、化妆、性别、年龄、民族、出生地点和家庭背景作出某种判断，是十分常见的情况。但是，如果招聘工作的实施者把对上述因素的喜恶程度作为取舍应聘者的主要依据，那么对旅游企业的招聘工作是十分不利的。招聘工作的实施者必须要认识和了解自己，经常提醒自己排除主观因素和偏见的干扰。

二、招聘工作的职责分工

在旅游企业人力资源管理活动中，对招聘工作起决定性作用的是用人部门，它不仅提出用人需求，而且还拥有初选与面试、录用、人员安置与绩效评估等决策权，处于绝对主动地位。人力资源部门在招聘过程中则主要起到组织和服务的作用（见表4-5）。

表 4-5　招聘过程中用人部门与人力资源部门的工作职责分工

用人部门	人力资源部门
1. 用人需求申请	2. 制订招聘计划
3. 招聘职位的职位说明书及录用标准的提出	4. 招聘信息的发布
	5. 接收求职申请，审查资格
6. 应聘者初选，确定参加面试的人员名单	7. 通知参加面试的人员
	8. 组织面试、测试工作
9. 具体实施面试与测试工作	10. 审核应聘者个人资料，安排体检
11. 录用人员名单、人员工作安排及试用期待遇的确定	13. 与受聘者签订试用合同
	14. 新员工报到及生活方面的安排
12. 正式录用决策	15. 组织新员工入职培训
16. 新员工培训决策与实施	17. 新员工的绩效评价与招聘评估
17. 新员工的绩效评价与招聘评估	18. 修订人力资源规划
18. 修订人力资源规划	

说明：表中的数字表示招聘工作中各项活动的顺序。

资料来源：郑晓明. 人力资源管理导论[M]. 北京：机械工业出版社，2005.

三、制订招聘计划

招聘计划是招聘的主要依据，制订招聘计划的目的在于使旅游企业招聘工作更趋于合理化、科学化。招聘计划一般包括以下内容：

- 招聘信息的基本内容：招聘的职位名称、人数、任职资格等。
- 招聘途径与范围。
- 招聘信息发布的时间、方式。
- 招聘小组人选，包括小组成员的姓名、职务、各自的职责。
- 应聘者的测试方案，包括测试的场所、时间、题目设计等。
- 撰写招聘广告样稿。
- 招聘费用预算，包括资料费、广告费等。
- 招聘工作的起止时间。
- 新员工的上岗时间。
- 招聘计划实施的授权人。

四、发布招聘信息应遵循的原则

（一）广泛性原则

发布招聘信息的面越广，接收到该信息的人就会越多，应聘人员中符合职位要求的人的概率就会越大。

（二）及时性原则

在条件允许的情况下，招聘信息应该尽早地向公众发布，这样有利于缩短招聘进程，而且有利于使更多的人获知信息。

（三）层次性原则

潜在的应聘人员往往处于社会的某一层面，因此要根据空缺职位的特点，有选择地向特定阶层的人员发布招聘信息，以提高招聘的有效性。

（四）真实性原则

通过向应聘者提供有关职位的真实信息，能够有效地降低人员进入旅游企业后的流动率。

（五）全面性原则

除了提供有关职位本身的信息外，旅游企业还要尽可能多地提供其他的相关信息，比如旅游企业的概况、工作的条件、职业发展的机会等。应聘者对旅游企业了解得越多，越有助于他们做出判断和选择。

此外，广告设计所提倡的 AIDA 法则，在发布招聘信息时很有借鉴意义（见表 4-6）。

表 4-6　AIDA 法则在发布招聘信息中的应用

AIDA	A(Attention)	I(Interest)	D(Desire)	A(Action)
广告设计要求	引起注意	激发兴趣	唤起渴望	采取行动
招聘信息实务	选择宽的花边装饰、设计独特的旅游企业徽标、高雅的套色处理等方法吸引人们的视线；一些重要的招聘职位应单独放在一个醒目的位置上。	人们对招聘职位的兴趣不仅来自工作内容，有时候某项工作的其他方面如出国培训机会、工作时间和地点等，也能激发求职者的兴趣。	招聘信息不仅要详述任职条件，而且还要提供有关薪酬等方面的信息，如“提供极富竞争力的工资”，以便唤起人们对所招聘职位的渴望。	“请在一周内将应聘资料寄给我们”、“我们期待您能够在不久的将来加入我们的团队”等，这类鼓励求职者采取行动的语句是应该有的。

第四节　招聘选择

招聘选择的过程就是从接受求职者的职位申请开始，对所有应聘者进行审核、考查，分步骤排除那些不符合“职位说明”要求的候选人，从而最大程度地避免录用到不适合的人员。

一、接受职位申请

应聘者在获得招聘信息后,可向发布招聘信息的旅游企业提出职位申请。职位申请有两种形式:一是应聘者通过自荐信函或电子邮件向招聘企业提出申请;另一种形式是直接填写招聘企业的职位申请表(见表4-7)。无论是采取哪一种形式,旅游企业都应该要求应聘者提供以下内容:

• 应聘的具体职位。

• 个人资料,包括姓名、性别、年龄、身份证号、住址、联系电话、婚姻状况、子女、国籍等。

• 个人简历,重点说明受教育程度、职业培训经历、工作经验、技能水平、成果(成绩)、个人性格和爱好等信息。

• 各种学历、职业培训、技能水平、成果(包括获得的奖励)的证明(复印件)。

• 应聘所能够接受的条件,包括薪酬水平和工作时间等。

• 身份证(复印件)和近期免冠照片。

上述材料必须详尽真实,以便人力资源部门在招聘工作的后续环节予以核实。值得注意的是,一些旅游企业会将诸如“你是否计划在1年内生育”、“你是否正在怀孕期、哺乳期”、“家中是否有需要照顾重症病人”等问题列入职位申请表中,这种做法容易引起法律争议。

二、初步选择应聘候选人

初步选择应聘候选人的目的,是将明显不符合职位要求的申请者排除在招聘过程之外,这样,可以为招聘工作节约大量的时间和费用。通常,专业性比较强的职位,如饭店厨师、会展公司美工设计等职位,应该由用人部门审核资格,参照职位说明书,确定参加下一步测试和面试的人选;而对于普通职位,如饭店洗碗工、旅游景区保洁员等,则可以由人力资源部门根据旅游企业的经营档次和目前员工的基本水平进行初步筛选。

不论是人力资源管理部门还是用人部门,都应该认真研读全部应聘材料,其目的是:

• 决定邀请何人来旅游企业参加进一步的测试和面试。

• 掌握面谈的基础资料。

• 判断应聘材料的真实性。

• 评估各种招聘途径的有效性。

• 分析当前劳动力市场的供求水平。

表 4-7　职位申请表示例

编号：

<table>
<tr><td>姓　名</td><td></td><td>性　别</td><td></td><td>出生日期</td><td>年　月　日</td><td rowspan="5">一寸免冠照片</td></tr>
<tr><td>国　籍</td><td></td><td>民　族</td><td></td><td>文化程度</td><td></td></tr>
<tr><td>政治面貌</td><td></td><td>婚姻状况</td><td colspan="3">□未婚；□已婚；□离异；□丧偶</td></tr>
<tr><td>身　高</td><td></td><td>体　重</td><td></td><td>健康状况</td><td></td></tr>
<tr><td>外语语种</td><td></td><td>外语水平</td><td></td><td>专　长</td><td></td></tr>
<tr><td>电子邮箱</td><td></td><td>联系电话</td><td></td><td>身份证(护照)号</td><td colspan="2"></td></tr>
<tr><td>家庭通信地址</td><td colspan="2"></td><td>邮　编</td><td></td><td>最早可报到时间</td><td></td></tr>
<tr><td>申请职位</td><td colspan="2">第一选择：</td><td colspan="2">第二选择：</td><td>最低工资要求</td><td></td></tr>
<tr><td>引荐人</td><td colspan="2">□无；□有，姓名：　部门：</td><td colspan="2">亲属在本企业情况</td><td colspan="2">□无；□有，姓名：　部门：</td></tr>
<tr><td rowspan="4">工作简历</td><td>何年何月至何年何月</td><td colspan="2">工作单位</td><td>职　位</td><td>薪　资</td><td>联系电话</td></tr>
<tr><td></td><td colspan="2"></td><td></td><td></td><td></td></tr>
<tr><td></td><td colspan="2"></td><td></td><td></td><td></td></tr>
<tr><td></td><td colspan="2"></td><td></td><td></td><td></td></tr>
<tr><td colspan="7">是否与原单位有在期的保密协议或竞业禁止约定？　□无；　□有</td></tr>
<tr><td rowspan="4">学习简历</td><td>何年何月至何年何月</td><td colspan="2">学校名称</td><td colspan="2">主修专业</td><td>所获学位</td></tr>
<tr><td></td><td colspan="2"></td><td colspan="2"></td><td></td></tr>
<tr><td></td><td colspan="2"></td><td colspan="2"></td><td></td></tr>
<tr><td></td><td colspan="2"></td><td colspan="2"></td><td></td></tr>
<tr><td rowspan="4">培训经历</td><td>何年何月至何年何月</td><td colspan="3">培训机构名称</td><td colspan="2">培训证书</td></tr>
<tr><td></td><td colspan="3"></td><td colspan="2"></td></tr>
<tr><td></td><td colspan="3"></td><td colspan="2"></td></tr>
<tr><td></td><td colspan="3"></td><td colspan="2"></td></tr>
<tr><td rowspan="2">主要家庭成员</td><td>姓　名</td><td>关　系</td><td colspan="2">工作单位</td><td>职　位</td><td>联系电话</td></tr>
<tr><td></td><td></td><td colspan="2"></td><td></td><td></td></tr>
<tr><td colspan="7">声明：我承诺，在本表中所提供的信息全部真实有效，聘用方可对表中有关信息进行调查核实，包括但不限于本人品德、声誉、信用记录、就业和教育经历等，如以上信息被证实含有虚假成分，聘用方有权即刻终止雇佣关系，不予支付工资并追溯本人法律责任。
填表人(签字)：________　________年____月____日</td></tr>
</table>

三、初步面试

如果应聘者是来到招聘现场递交求职申请书，那么初步面试就可以开始了。旅游企业招聘人员可以凭借经验，对应聘者的第一印象作出判断，即是否可以进入下一步招聘环节。例如，佩戴高度数近视眼镜的应聘者显然不适合从事烹调工作。

初步面试不仅是为了尽快排除明显不符合要求的应聘者，同时还要解答应聘者有关职位工作内容和条件的咨询。此外，有时候可供求职者申请的职位不止一个，旅游企业应该主动向合适的求职者介绍、推荐其他空缺职位，这样不仅能够为旅游企业建立良好的声誉，也可以使招聘选择的收益最大化。

四、评价求职申请表

为了全面了解应聘者的个人信息，以及便于整理分析和比较评价，旅游企业人力资源部门通常会设计出比较专业的职位申请表。使用这类职位申请表，可以为评价求职者节省许多时间。

评价职位申请表时，应该注意以下五个方面：

（一）逻辑性

职位申请表中的信息是否符合逻辑。例如，应聘者填写的最高学历为“大学本科”，但是在“受教育经历”中只有两年在大学学习的时间，这显然不符合逻辑。

（二）真实性

应聘者是否在用一种夸大的或不现实的方式表现自己。例如，应聘者自称曾是某饭店的“运营总监”，其目的一是夸大原工作单位的规模和架构，二是抬高自己的身价，而实际情况则可能是，应聘者分别在某饭店的餐饮部和客房部担任过经理，该企业根本就没有“运营总监”一职。

（三）准确性

为了准确、真实地评价求职申请表，旅游企业通常还会要求应聘者提供能够佐证职位申请表中某些信息的具体材料，如学历证书、技术等级证书和培训证书的复印件，如果认为有必要甚至可以要求其提供原件。

（四）预见性

有时候通过认真研读职位申请表，可以预见应聘者的未来工作表现。如果发现某位应聘者在过去的两年时间里，先后在四家企业工作过，那么基本上可以判断此人的工作稳定性比较差，需要慎重考虑。

（五）避免歧视性

旅游企业在设计职位申请表的具体项目时，应注意维护求职者的隐私权益，并注意避免宗教、民族和性别等歧视性问题。

五、选择测试

选择测试可以比较准确地预测应聘者完成工作的能力，但是却很难反映应聘者的个人潜力；此外，当测试涉及与个性和个人爱好有关的问题时，测试的效果主要取决于应聘者是否诚实；有时候应聘者可能有强烈的动机或顾虑，促使其对问题做出不真实的回答，或根据自己认为旅游企业所期望的答案作答。

（一）认知能力测试

这组测试包括对一般智力的测试和特殊心理能力的测试。

1. 智力测试

智力测试也称智商测验，它检查的是一般的智力能力，包括对记忆、语义、言语表达及数理能力等一系列能力的检测。

最初，智商是一个严格按字面意义而得出的一个“商”，其程序是用一个人的心理年龄除以他（她）的生理年龄（通过智力测验得出），然后把所得的结果乘以100。因此，如果一个8岁的孩子回答了一个10岁孩子才能回答的问题，那么他（她）的智商就是125。

显然，用这种办法去衡量一个成年人的智商似乎显得有点荒唐，所以一个成年人的智商分数实际上是一个衍生数，它反映的是一个人的智能高于或低于平均数的程度。

2. 特殊认知能力

特殊认知能力，也称特殊心理能力，包括归纳推理、演绎推理、言语理解、记忆及数理能力等，这种测验的目的是检测候选人对某一特定工作的天资。例如，作为一名出色的导游，就需要具备对人的体貌特征有比较好的识别和记忆能力，以及良好的语言理解能力。

（二）运动协调能力测试

运动协调能力的测试，对服务工作而言是一种很重要的测试，它包括手指的灵活、手腕的灵活、胳膊移动的速度及反应速度等。通常使用的测验方法有插入、调换、组装、分解等。

插入：用一种专门设计的手腕作业检查盘，盘的上部和下部各有48个孔，上部盘插着48根圆棒，被测验者两手同时从上盘中一个一个拔出圆棒，将其插在对应的下盘的孔中，以检查手及胳膊的灵活性。

调换:使用的检查盘同上,用单手拔出一根棒,用同一只手将拔出的棒上下反转,插入原来的孔中,以检查其反应速度。

组装:用另一种手指灵巧检查盘,有50个孔,孔附有金属的小铆钉和座圈,要求被检查者从上半部盘的孔中,用一只手拔出圆形的铆钉,同时用另一只手从旁边圆柱中取出座圈,把它安在铆钉上,仍然用一只手将其插入与拔出的孔相应的下半部的孔,以此来检测手指的灵活性。

除了运动协调能力的测验以外,有时还要求进行身体能力的测验。身体能力包括静态的力量(举重)、动态的力量(拔桩子)、身体协调能力(跳绳)及耐力等。运动及身体协调能力的测验,对从应聘者中选择餐厅厨师、酒吧调酒师,以及其他以轻体力劳动为主要工作内容的员工是十分必要的。

(三) 性格及兴趣测试

性格测试能测验出一个应聘者性格的基本方面,例如是否内向、稳重以及动机因素等。这类测试许多都是主观的反映,它一般是通过“投影”来进行的,例如假设现在呈现在被测试者面前的是一幅像墨水痕迹或阴云密布的天空一般的模糊画面,测试内容是要求被测试者对此做出说明和反应;因为这一画面是模糊的,所以一个人的说明只能是发自内心的想象。不同的回答和反应,可以反映出不同人的性格。

对性格的测试,因为比较抽象,所以评估和运用起来难度都较大,但越来越多的研究证明,性格测试能帮助旅游企业招聘到比较合适的员工。除此之外,性格测试还能帮助旅游企业比较准确地预测哪些应聘者在将来的工作中有可能取得成功,哪些人不能,以便择优录用。

兴趣测试是把一个人的兴趣与那些从事相同职业的人们的兴趣相比较。如果旅游企业要对一个应聘者进行相关的兴趣调查,就可以把他的兴趣与现职的优秀员工进行比较。如果旅游企业能选择到与现职的优秀员工的兴趣相似的候选人,那么这些新人很可能在未来的工作岗位上也能取得成功。

此外,兴趣测试的结果还可以应用于员工的职业生涯设计,因为一个人总是会把自己感兴趣的工作做得更好。

性格及兴趣的测试实质上都属于心理测试的范畴。因此,在实施过程中还必须注意:

(1) 要注意对应聘者的隐私加以保护。应聘者的各项能力、人格特征和兴趣特征属于应聘者的个人隐私。在未征得应聘者的同意之前,将应聘者的个性及兴趣测试结果公布是非常不合适的。如果应聘者未通过测试,企业应该将测试结果退还给应聘者。

(2) 要有严格的程序。从测试的实施,到最后的测试结果的评判,都要遵循严格的程序。执行人必须经过正式的心理测试的专业培训,必要时可请专业人员协助工作。

(3) 测试的结果是对应聘者的能力特征和发展潜力的一种评定,不能将测试结果作为个性及兴趣的唯一判断依据,也不能把兴趣混同于才能或能力。

(四) 专业能力测试

专业能力测验又称工作样本测试,是指对应聘者进行实际工作操作或解答专业问题的测试,这类测试的内容通常是根据职位规范书的要求设计的,如应聘餐厅服务员,就要展示对餐饮产品的了解程度、说出布置某种风格餐台要用到的餐具等,而应聘厨师,则需要演示实际烹调操作技能。

专业能力测试只适用于有职业经历的应聘者,不适合测试刚刚毕业的学生和那些准备转行的应聘者。

六、面试

根据面试在招聘工作中出现的阶段,可以分为初次面试和复试。一般初次面试由人力资源部门实施,人力资源部门的主管或指定人员担任主试人。通过初次面试,淘汰那些学历、经历、资格等基本条件不适合的应聘者。复试或带有评定性质的面试则通常需要由用人部门主管担任主试人。有时为了保证面试工作的公正、客观,还需要组成一个临时的面试组,面试组一般由用人部门主管、人力资源部门主管和其他专业人员或高级主管组成。

(一) 面试目标

面试是招聘工作中唯一一个可以有互动内容的环节,面试者和应聘者都有机会和资格通过语言交流,了解对方和对方所代表的企业,但是双方的目标是有差异的,见表4-8。

(二) 面试重点

面试与测试的关注重点有所不同,面试主要考查的是应聘者的语言表达能力、组织能力和事务处理能力。

1. 语言表达能力

在语言表达能力方面,面试侧重于考查应聘者语言表达的清晰性和逻辑性,包括演讲能力、介绍能力、规劝能力和沟通能力等。

表4-8　面试双方的目标差异比较

目标维度	面试者	应聘者
气　氛	尽可能创造融洽的气氛，使应聘者能正常展示自己的实际水平。	适应面试现场的气氛，最大限度地展示自己的实际水平。
地　位	居于主导地位，控制面试的内容和节奏。	希望被理解、被尊重，并得到公平的对待。
主　旨	了解应聘者的专业知识、岗位技能水平和非智力素质。	充分利用时间和各种机会，有重点地向面试者反映自己的优势条件。
导　向	让应聘者更加清楚地了解旅游企业的发展状况、应聘岗位信息和本企业人力资源的主要政策等。	充分了解自己所关心的有关应聘职位的各类问题。
权　力	决定应聘者是否通过本次面试。	最终做出决定是否接受旅游企业所提供的职位。

2．组织能力

在组织能力方面，面试侧重考查应聘者对组织协调性的理解，具体包括会议主持能力、部门利益协调能力和团队组建能力等。

3．事务处理能力

在事务处理能力方面，面试侧重于考查应聘者处理事务的条理性和力度，具体包括公文处理能力、解决冲突能力和并行工作处理能力等。

（三）面试分类

1．按旅游企业参加面试的人员划分

（1）单独面试

单独面试是指只有一位面试人员的一对一面试。面试人员应该是用人部门的管理者。单独面试主要适合应聘者比较多、面试时间比较分散或预计淘汰率比较高的情况。

（2）综合面试

综合面试是指旅游企业人力资源部门和具体用人部门同时参与的面试。人力资源部的人员负责了解应聘者的工作和学习背景及非智力素质，用人部门的管理者负责了解应聘者的专业知识和岗位技能水平。综合面试适合应聘者比较集中或招聘岗位人数比较少的情况。

（3）合议制面试

合议制面试一般将初试或复试统一在一次进行。面试人员有人力资源部门负责人、用人部门负责人、精通招聘职位的专业人员和旅游企业决策者等。合议制面试的提问比较多、时间比较长，但录用决策迅速，时间短。合议制面试适合员工需求紧急或高级别职位招聘的情况。

2. 按面试问题的类型划分

(1) 结构化面试

结构化面试，也称标准化面试，是根据所制定的评价指标，运用特定的问题、评价方法和评价标准，严格遵循特定程序，通过面试人员与应聘者面对面的言语交流，对应聘者进行评价的标准化过程。结构化面试测评的要素涉及知识、能力、品质、动机、气质等，尤其是有关职责和技能方面的具体问题，更能够保证筛选的成功率。

结构化面试中常见的问题可以细分为行为描述、情景模拟、思维分析和意愿表述四种类型，具体运用见表4-9。其中，"要求应聘者叙述过去工作经历的具体事实来证实其所说的内容"，被认为是最有效的，因为"过去的行为是未来行为的最好预言"。因此，面试人员可以按照"应聘者从事过的某项工作所处背景(Situation)——应聘者所承担的具体工作任务(Task)——应聘者为完成工作任务所采取的行动(Action)——应聘者在完成上述工作任务后得到的结果(Result)"这样一种逻辑层次进行了解，这种模式又被称为"STAR面试法"。

表4-9　结构化面试问题的类型及应用

问题类型	发问要点	举　例
行为描述型	直接围绕与工作相关的关键胜任能力来提问，并且让应聘者讲述一些关键的行为事例。	"请你讲述一次印象深刻的加班经历。当时你的表现是怎样的？"
情景模拟型	提供给应聘者一个与未来的工作情景相关的假设情景，让其回答在这种情况下可以怎样做。	"假如你的一名下属一向表现出色，最近却在工作中频频失误，你会采取什么措施？"
思维分析型	提供一个比较复杂的社会问题，让应聘者发表自己的看法，考察其思考、分析问题的能力；一般不要求应聘者发表专业性的观点，也不对观点本身正确与否做评价，主要是看应聘者是否言之有理。	"中国有句古话'乱世用重典'，你怎么看？"
意愿表述型	考察应聘者的求知动机与拟任职位的匹配性，应聘者的价值取向和生活态度。	"离开原来的工作单位，你觉得自己会失去什么，有可能得到什么？"

(2) 非结构化面试

非结构化面试就是没有既定的模式、框架和程序,面试人员可以“随意”向应聘者提出问题,而对应聘者来说也无固定答题标准的面试形式。面试人员提问的内容和问题顺序取决于其兴趣和现场应聘者的回答。这种方法给面试双方充分的自由,面试人员可以针对应聘者的特点进行有区别的提问,并允许应聘者围绕某一主题自由发表议论,从中观察应聘者的组织能力、知识面以及谈吐和风度等方面的表现。非结构化面试比较适用于旅游企业招聘中、高级管理人员。

(3) 半结构化面试

半结构化面试是指对面试构成要素中的基本内容做统一的要求,其他内容则不做统一的规定,其一般形式是在预先设计好的试题(结构化面试)的基础上,面试人员再向应聘者提出一些随机性的试题。半结构化面试是介于结构化面试和非结构化面试之间的一种形式。它结合两者的优点,有效避免了单一方法的不足。

3. 按应聘者参与面试的情况划分

(1) 单人模拟面试

单人模拟面试是指每次面试人员只对一位应聘者讲明模拟设置的某种工作情景,一般情景中只有一个角色或主角,要求应聘者尽可能贴近实际地解决问题。有时面试人员可以参与进去,担当配合人员。单人模拟测试适合应聘者较少或复试时使用。

“公文处理”是针对管理职位实施的一种单人模拟面试方法,具体做法是首先假设应聘者已经从事了某一职位;然后给他提供一批文件,文件的类型和内容要根据这一职位在实际工作中经常遇到的情况来设计,一般有信函、备忘录、报告、电话记录、上级指示、下级请示等;接着让应聘者在规定的时间和条件下处理完毕,并说明理由和原因。通过这种方法,面试人员可以对应聘者的规划能力、决策能力、分析判断能力等做出评价。

(2) 多人模拟面试

多人模拟面试是指每次由面试人员对两位或两位以上应聘者讲明模拟设置的某种工作情景,并为每位应聘者分配各自扮演的角色,要求每位应聘者尽可能发挥自己的能力,贴近实际地解决问题。有时面试人员可以参与进来担当协调人员。多人模拟面试适合应聘人员较多或初试时使用。

“无领导小组讨论”是多人模拟面试的代表,具体做法是把几个应聘者组成一个小组,给他们提供一个议题,事先不指定主持人,让他们通过小组讨论的方式在限定的时间内给出一个决策,评委们则在旁边观察应聘者的行为表现并做出评价。通过这种方法,面试人员可以对应聘者的语言表达能力、分析归纳能力、说服能力、协调组织能力和集体意识等做出评价。

（四）面试准备

1. 确定面试时间

目的是让应聘者充分做好准备,更重要的是可以让面试者提前对自己的工作进行安排,避免与面试时间发生冲突,以保证面试的顺利进行。

2. 安排面试地点

旅游企业安排的面试地点应当便于应聘者寻找。此外,面试现场应该做到宽敞、明亮、整洁、安静,为应聘者创造一个和谐的环境。

3. 提前熟悉应聘者的情况

面试者应提前研读应聘者的相关资料,对应聘者的基本情况有一个初步了解,这样在面试中可以更有针对性地提出问题,以提高面试的效率。

4. 准备面试提纲

面试提纲是整个面试过程中的问话提纲。面试人根据面试提纲,向应聘者提出问题,了解应聘者的素质和能力,控制面试进程。准备面试提纲一般应该注意以下几个方面:

(1) 面试提纲必须围绕招聘岗位的重点工作内容来编制。

(2) 提问的问题应该具体、明确。

(3) 面试提纲由若干面试项目组成,如"沟通能力"、"专业知识"、"敬业精神"等。每一面试项目均应设计相应的提问内容以便面试时更有针对性、更加具体。

(4) 如果应聘者有着不同的情况和经历,不需要每个人选都用同一套提纲依序问到底。因此,每一面试项目可以从不同角度出一组问题,以便于面试时合理选择。

(5) 面试提纲可以分为通用提纲和重点提纲两部分。通用提纲涉及问题较多,适合于提问各类应聘者。重点提纲则是针对应聘者的特点和应聘岗位的工作特征提出的,以便对职位要求中有代表性的信息有所侧重。

在实践中,许多旅游企业将面试提纲和面试记录合并设计在"面试测评表"中,见表 4-10。

表 4-10　面试测评表示例

编号：

姓　名		应聘职位		面试时间	年　月　日
评分标准	劣:1 分;差:2 分;一般:3 分;良:4 分;优:5 分。				
考核项目	参考提问内容	评价报告		得　分	
表达能力	两分钟简要介绍一下您个人经历、家庭情况及过去工作中较满意的一件事。	□无法交流,思维混乱,词汇匮乏 □不善言谈,思维和观点模糊 □语言表达清楚,反应适度 □语言流畅,思维清晰,比较自信 □语言简明、流畅,思维清晰,自信			
专业知识	针对应聘职位的岗位职责及专业技能提问。	□ 不具备属于这个职位的知识 □ 只有少量与这个职位相关的工作经验 □ 具备基本专业知识,但欠精通 □对工作比较精通,需要一些培训 □对工作非常精通,不需要任何培训			
工作兴趣 工作态度	您怎样看待不计加班的超时工作？对本职位的工作想法。	□对工作不关心,没兴趣 □仅对应聘职位工作有一些兴趣 □真心希望加入本企业工作 □对职位很感兴趣,提出问题 □对工作很迫切,提出很多问题和想法			
举止、自信心及控制力	谈谈你过去的工作中,你认为哪些好的经验值得总结？如在工作中你莫名其妙受到上级批评,你将如何对待？	□无气质,缺乏自信心,不修边幅 □时常表现出不确定,举止比较差 □有较好的自控能力 □对自己很肯定,自信心强 □高度自信,有感召力			
评　语				总分：	
面试结果	□ 推荐　□ 待用　□ 拒聘		面试人签字		

（五）正式面试

1．初始阶段

在面试的初始阶段,面试人主要是了解应聘者最基本的情况,如工作经验、家庭背景、居所住址、过去的奖励及处罚、离开现单位的原因和身体状况等。

2. 深入阶段

面试的深入阶段主要是指就应聘者工作的动机及行为等方面做实际探讨的阶段。在这一阶段要注意不要像对待犯人一样对待应聘者,不要以恩赐的态度自居,不要讥讽应聘者,不要凌乱无序地独占面试时间,也不要使应聘者居于面试的主导地位;所提出的问题应该尽可能地让应聘者一次听懂,同时注意倾听回答并鼓励其充分表达自己的真实想法。此外,还可以通过重复应聘者的话或总结其语意,来了解应聘者的意见和思想,例如,"你对平淡无奇的工作没有兴趣,对不对?"

3. 互动交流阶段

为了尽可能详细地获得应聘者的信息,在面试接近结束时,可以通过询问应聘者有没有问题来强化一下双向沟通,面试者可以通过应聘者提出的问题来对其做出判断。应聘者可能的回答:

回答一:我没有什么问题想问。

回答二:我的工资是多少?你们企业有没有什么带薪年假。

回答三:我需要承担什么责任?我喜欢具有挑战性的工作。

面试者应该能够从这些回答中发现应聘者的潜在动机,第一种回答表达的含义是"无所谓"或"无目的",第二种回答表明其关心的是个人利益,第三种回答是对工作的一种追求。

4. 结束面试

如果面试的问题已经基本完成或预定的时间已到,面试人就要将面试引向结束。此时非语言的沟通可以发挥作用,如面试人可以改变姿势,视线转向门口,看一下手表等均可以暗示面试结束的时间已到;还可以用"你最后还有什么问题需要了解的吗?"来收尾。面试人填写好"面试测评表"是面试的最后一项工作。

5. 面试过程中应注意的事项

(1) 对应聘者要充分重视。有时面试人在面试中会表现出一种对应聘者漫不经心的态度,这样会使对方感觉到自己受到冷落而反应不积极,不利于了解应聘者真实的心理素质和潜在能力。

(2) 紧紧围绕面试提纲展开提问。这一点十分重要,有的面试人在面试时,往往会偏离主题,这样往往达不到目的,有的时候应聘者也会主动或无意识地把目标引开。

(3) 旅游企业的许多工作都是直接与顾客面对面进行和完成的,因此应聘者的举止是否大方得体、是否能够显示出有一定的职业素养、是否能够为大多数人所接受,这是面试人必须认真观察和考虑的细节问题。在面试时要注意应聘者的一些非语言的动作行为,包括身体的姿势、谈话的语气、声调、说话时的手势、表情、发型和衣着等。

(4) 对应聘者要前后一致,不能前紧后松,或者前松后紧。刚开始时由于面试人精力比较旺盛,思想比较集中,提问仔细,对应聘者测评比较准确,到了后期,由于长时间的工作,特别是参加面试的应聘者比较多时,面试人有可能疲倦所至,就草草了事,这样面试的整体结果就不会很理想。

(5) 注意克服第一印象中的消极因素。一般来说,应聘者在参加面试时都会进行刻意打扮和充分准备,所以给面试人留下的第一印象都比较好。但是第一印象可能是准确的,也可能是不完全准确的,因此要防止第一印象的影响,这样才能比较客观地判断、评价应聘者。

(6) 要防止与己相似的心理影响。"与己相似"这种心理是指当应聘者某种背景和自己相似,就会产生好感或同情的心理活动。例如,听到应聘者与自己是同乡或同一所大学毕业,面试人就产生一种与己相似的感觉,从而自觉或不自觉地放宽对应聘者的条件要求,这样就难以保证面试的质量。

(7) 避免"刻板"印象。所谓"刻板"就是指有时仅凭目测对某个人产生一种固定的印象。例如,一见到老年人,马上就认为这是一位思想保守的人,认为穿牛仔裤的人一定是思想开放的人。这种"刻板"印象往往会影响面试人客观、准确地评价应聘者。

七、鉴别个人资料

许多旅游企业都会努力对应聘者的简历及推荐人进行调查和核实,采用的方法大都是以电话进行,也有以信函方式进行的,目的是防止应聘者隐瞒一些劣迹,同时还可以了解应聘者以前的职业情况,包括职位、任职时间、薪酬水平和离职原因等。

此外,还应该采用以下方法重点对学历证书和培训证书等文凭进行真伪鉴别。

(1) 观察法:通过眼睛观察和与真文凭的对比来识别假文凭。有些假文凭做工比较低劣,比如纸质硬度不够、没有防伪水印、学校公章模糊、钢印不清等都可以用眼睛识别。当然,现在的一些假文凭制作得比较逼真,水印、公章、钢印等一应俱全,简单地通过眼睛很难识别。如果手边有真文凭,可以将它与需要识别的文凭进行对比,这样往往可以发现其真伪。

(2) 提问法:根据文凭中所涉及的专业,面试人员提出一些专业性问题,可以有助于初步判断文凭的真伪。

(3) 核实法:面试人员可以与文凭颁发学校或机构的学籍管理部门联系,让他们协助调查该文凭的真伪,一般地说,这些单位都能积极协助,准确率很高。此外,还可以登录有关的网站,如中国高等教育学生信息网(www.chsi.com.cn),对文凭的有效性和真实性进行查询。

八、体格检查

体格检查是旅游企业招聘工作中绝对不能忽视的一个环节。旅游企业的服务工作更多的是通过人际接触来完成的,因此要绝对防止传染病患者被录用。此外,旅游行业的工作对员工的体力有比较高的要求,员工的身体素质决定了他能否连续、比较长时间地胜任以体力行为为主的服务工作。身体健康的员工还有助于减少由于病假造成的岗位暂时性缺员。

第五节 录用与就职

一、录用决策

通过旅游企业组织的专项测试和面试的应聘者,可以称其为"最佳候选人"。通常,一个招聘职位会有一个以上的"最佳候选人",这时候就需要进行决策性选择。在实际工作中,录用的最终决策权属于用人部门的经理。

(一) 录用决策的选择

对应聘者的录用决策有两种方法:第一种方法是在"最佳候选人"之间进行选择,第二种方法是在候选人和招聘标准之间进行比较。一般说来,对于旅游企业比较重要的职位或劳动力市场比较紧缺的人员,如销售部经理或计算机软件系统维护员等,可以采用第一种方法;对于普通职位或劳动力市场供应充裕的人员,如饭店客房部领班或餐饮部传菜员等,则应该采用第二种方法。

(二) 录用决策需要注意的问题

1. 旅游企业只能录用那些可以满足其薪酬要求的人

应聘者的工作经验和资格应该与其获得的报酬相符。如果旅游企业支付的薪酬明显低于应聘者的期望值,并且也不能保证马上给予其晋升的机会,那么应聘者必定会寻找那些能给予其更好待遇或机会的企业。

2. 可以尝试进行高风险录用

每一个旅游企业都需要表现出色的员工,而这种表现出色的员工也许就存在于应聘者中,所以必要时可进行大胆录用,而不必拘泥于小节或既定的条条框框。高风险的录用要么是非常成功,要么是非常失败,但旅游企业不应该害怕失败而放弃可能获得优秀人才的机会。

3. 应聘者一定要喜欢与人相处

旅游企业中的绝大多数岗位都需要与内部或外部进行频繁的交流与沟通,因此,需要以热情和好客来感染周围的人,孤僻、内向的性格不太适合这一行业的大多数工作。通过了解应聘者的兴趣和爱好,可以确定其是否喜欢与人相处。如果某一应聘者的所有兴趣都集中在读书、编织或集邮上,那么他可能是一位不太喜欢交际而喜欢独处的人。

4. 相信并珍惜人才

处于招聘中的管理者,不要害怕录用那些才能超过自己,或比自己更有吸引力、更漂亮的人,关键要看其是否能给企业带来贡献。

5. 身体素质尤为重要

应聘者的精力是否旺盛、体质如何,是旅游企业招聘过程中需要特别关注的方面。旅游行业中的许多工作都是高负荷的,有时工作量极大,所以旅游企业必须选择那些身体条件好并且勤劳聪颖的人。

二、确定并公布录用名单

(一) 录用通知

在通知应聘者被录用时,最重要的原则是"及时"。有许多用人机会都是由于在决定录用后没有及时通知应聘者而失去的。因此,录用决策一旦做出,就应该立即通知被录用者,具体的做法有电话通知和书面通知两种方式。不论采取哪一种方式,都应该向被录用者准确说明报到时间、报到地点、需要携带的物品和证件以及正式开始工作的日期。如果使用书面的录用通知书,还可以注明被录用者将获得的薪酬标准和主要工作职责。

(二) 辞谢通知

在招聘过程中的任一阶段,应聘者都可能被拒绝,大多数人都会接受未被选中的事实。即使如此,旅游企业也有必要对已经参加过测试和面试的应聘者给予答复,并将其应聘资料存档备案,保留一定时间;如果有新的职位空缺,旅游企业可以从中优先考虑。

三、签订劳动合同

劳动合同依法订立即具有法律约束力，当事人必须履行劳动合同规定的义务。合同签订后报劳动管理部门备案，或请劳动管理部门对合同进行鉴证。通过备案或鉴证，促使合同力求完善，符合国家有关的法律、法规和政策，便于维护旅游企业和被录用者双方的合法权益。

为了考察新录用的员工是否真正具有任职能力，以及补救不恰当的任用措施，旅游企业可以在劳动合同中规定试用期。《中华人民共和国劳动法》将试用期按劳动合同期限长短分别做了规定。即：劳动合同期限三个月以上不满一年的，试用期不得超过一个月；劳动合同期限一年以上不满三年的，试用期不得超过两个月；三年以上固定期限和无固定期限的劳动合同，试用期不得超过六个月。

四、建立新员工档案

当新员工报到时，旅游企业应该立即着手建立档案。员工档案的内容包括职位申请表、面试测评表、录用批准书、劳动合同、体检合格证明和其他有关该员工的资料。这些档案反映了员工就职前的基本情况，也将伴随着员工在旅游企业工作，它是掌握员工工作情况、影响员工职业发展的文字材料。

五、介绍工作环境

为了让新员工迅速适应工作要求，在员工报到后，企业应该首先让其熟悉企业的基本情况，如组织结构、员工手册、主要管理人员等；然后，介绍部门同事，并详细讲述工作的内容、隶属关系、横向联系及其基本规则等。这项工作既有利于新员工对旅游企业产生良好的印象，加强感性认识，又能防止原有老员工将自己的偏见传递给新员工。

一些旅游企业将该项工作称为到职复核，为了确保员工到职手续全面、完整，使用到职复核单是比较有效的，如表 4-11 所示。

表 4-11　员工到职复核单示例

到职复核提示	提示内容(完成后在“□”内打“√”)
个人资料是否齐全	姓名□、现住址□、身份证复印件□、最高学历证书□、联系电话□、家属情况□、求职申请表□、近期免冠照片□、体检合格证□
入职信息沟通是否已经通知有关部门	工资□、社会保险□、工服□、工牌□、考勤卡□、更衣箱□、员工就餐卡□、上岗培训□
任职基本情况是否已经告知员工	班次及上下班时间□、用餐休息时间□、工休日□、工资计算方法□、假期安排□、病事假管理□、离职及退休方法□、投诉程序□、福利待遇□
企业概况是否解释清楚	企业历史及隶属关系□、现状及特色□、经营理念□、发展方向□、服务项目□
组织架构是否解释清楚	部门设置□、有关领导和同事□、基础设施条件□
企业主要规章制度是否解释清楚	有关的经济法规□、安全卫生规定□、财产及设备使用规定□、考勤制度□、培训制度□、店容店貌制度□、薪酬制度□
本职工作概况是否解释清楚	工作内容□、程序□、基本工作方法□、承担的责任□、培训要求□、上下级关系□、合作部门□

第六节　评估招聘工作

对许多旅游企业而言，招聘是人力资源管理的一项日常工作，招聘工作完成的成功与否直接关系到人力资源管理的绩效水平，因此，有必要从招聘途径、招聘时间、招聘成本、招聘测试的信度与效度、招聘结果和招聘质量等六个方面对招聘工作进行评估。

一、招聘途径评估

通过分类统计各种招聘途径的应聘者数量计算应聘比例和录用比例，可以对这些途径的有效性做出评估，公式如下：

$$\text{某招聘途径应聘比例} = \frac{\text{通过该途径应聘人数}}{\text{计划招聘人数}} \times 100\%$$

$$\text{某招聘途径录用比例} = \frac{\text{最终被录用人数}}{\text{通过该途径应聘人数}} \times 100\%$$

某一招聘途径的应聘比例越大，说明这种招聘途径的人力资源市场反应越好，但是并不表明这种途径的招聘效果也很好，因为有时候应聘者虽然多，但符合条件的人却很少,而录用比例则能够反映出这种途径的适用性。

例如,某游艇俱乐部计划3月份招聘服务生30名,通过互联网发布招聘信息后,共收到求职申请750份,经测试和面试后录用了18人;该俱乐部后与某旅游职业学院联系,举办校园招聘会,该校应届毕业生中有50人递交了简历,最后录用了12人。现对两种招聘渠道进行比较:

$$互联网应聘比例 = \frac{750}{30} \times 100\% = 2\,500\%$$

$$互联网录用比例 = \frac{18}{750} \times 100\% = 2.4\%$$

$$校园招聘应聘比例 = \frac{50}{30} \times 100\% = 166.67\%$$

$$校园招聘录用比例 = \frac{12}{50} \times 100\% = 24\%$$

通过计算,可以看出游艇俱乐部通过互联网招聘,人力资源市场反应强烈,为游艇俱乐部提供了比较大的选择余地,但同时也会耗费比较多的时间和精力;校园招聘的录用人数虽然少于互联网,但是录用比例却是互联网的10倍。通过评估,某游艇俱乐部本次招聘,校园招聘的有效性优于互联网招聘。

二、招聘时间评估

旅游企业的员工招聘过程可以划分为若干个工作节点,其中有三个重要节点,又被称为"招聘关键时间"。第一个是人力资源部门找到合格的候选人并将其推荐给用人部门进行面试的时间,这被称为"招聘反应时间";第二个是应聘者通过录用决策并被告知聘用的时间,这被称为"职位空缺填补时间";第三个时间是应聘者正式开始工作的时间,这被称为"应聘者开始工作时间"。使用"招聘工作节点时间跟踪表"(见表4-12),可以比较清楚地发现招聘工作到底在哪一环节被耽搁。

表4-12将员工招聘工作归纳出10个工作节点,并可以根据工作记录,统计出各节点之间衔接耗用的时间。以A部门为例,节点①为人力资源部门收到招聘申请的时间,这是整个过程的开始日期,用掉的时间为0。由于关键点2发生在4月2日,用掉的时间为1天,则在"耗用时间"栏填写数字1。节点③出现在4月9日,就是7天之后,就这样接下去填写整行的记录。这种方法的优点在于,每个环节之间耗费了多少时间一目了然。对于希望缩短"招聘反应时间"和"职位空缺填补时间"的部门,在哪里耽搁了时间是显而易见的。对A部门而

表 4-12 招聘工作节点时间跟踪表

申请招聘部门	招聘节点	①	②	③	④	⑤	⑥	⑦	⑧	⑨	⑩
A 部门	发生时间	04/01	04/02	04/09	04/12	04/16	04/25	04/30	05/03	05/12	05/26
	耗用天数	0	1	7	3	4	9	5	3	9	14
B 部门	发生时间	04/05	04/07	04/10	04/17	04/20	04/28	05/05	05/08	05/09	06/01
	耗用天数	0	2	3	7	3	8	7	3	1	23

节点说明：① 收到招聘申请；② 选择招聘途径；③ 第一个应聘者出现；④ 首次筛选；⑤ 后续跟踪；⑥ 用人部门经理面试；⑦ 招聘决定；⑧ 发出录用通知；⑨ 应聘者接受/拒绝录用；⑩ 新员工开始工作。

言，招聘工作最大的改进机会在节点③、⑥、⑨和⑩处。同理，对 B 部门而言，应该重点考虑节点④、⑥、⑦和⑩处的工作效率。

三、招聘成本评估

员工招聘作为旅游企业人力资源管理的一种经济行为，招聘成本应该被列为评估招聘工作的主要内容。员工招聘可能发生的成本见表 4-13。

表 4-13 旅游企业招聘成本构成

成 本	构 成
直接成本	在招聘过程中发生的一系列显性支出，如广告费、代理招聘费、差旅费、测试材料费和工作安置费用等。
重置成本	由于招聘失败，导致必须重新招聘所花费的支出，内容同“直接成本”。
机会成本	因新录用人员试用期离职，或新录用人员的能力不能完全胜任工作所产生的隐性支出。
风险成本	因新录用人员到职，引发原有人才加速流失，导致未完成职位招聘目标，由此带来的支出和损失。

下列公式是评估招聘成本的常用公式，一般来讲，运用这些公式计算的结果越低，说明招聘成本效益越好。

$$\text{单位招聘成本}=\frac{\text{本次招聘的直接成本}}{\text{本次招聘最终到任人数}}$$

$$\text{单位招聘支出成本}=\frac{\text{本次招聘的直接成本}}{\text{本次招聘全部应聘者人数}}$$

$$单位面试成本=\frac{用人部门面试人员的小时工资\times 面试小时数}{面试人数}$$

四、招聘测试的信度与效度评估

招聘测试的信度是指招聘测试的可靠性程度,即某项测试所得结果的稳定性和一致性,可以通过如下指标考察某一测试方法的信度:

• 稳定系数,是指用同一种测试方法对一组应聘者在两个不同时间进行测试所得结果的一致性,一致性程度可用两次结果之间的相关系数来测定。

• 等值系数,是指对同一应聘者使用两种对等的、内容相当的测试题所得结果之间的一致性程度,它可用两次结果之间的相关程度(即相关系数)来表示。

招聘效度是指招聘的有效性,即用人部门对应聘者真正测到的品质、特点与其想要测试的品质、特点的符合程度。招聘结束后立即精确计算招聘测试的效度是较为困难的,一般可以采用如下方法估计招聘测试的效度:

• 本人评价法,把测试的结果反馈给本人,请他们判断评定结果是否符合本人的实际情况,以同意的人数与总人数的百分比来评价效度,百分比越高,效度越好。

• 对照法,将招聘时求职者的测评结果与录用后实际工作绩效考核得分作比较,若两者相关性很大,则说明此测试效度高。

五、招聘结果评估

衡量旅游企业招聘结果的指标包括空缺职位填补数量和及时性。一般认为,通过招聘活动使得旅游企业的职位缺口越少,空缺职位得到填补越及时,招聘结果就越理想。

• 招聘完成比,如果招聘完成比等于或大于 100%,则说明在数量上全面或超额完成了招聘计划,公式如下:

$$招聘完成比=\frac{本次招聘最终到任人数}{本次计划招聘人数}\times 100\%$$

• 录用比,直接反映的是可供招聘选择的人数水平,相对而言,录用比越小,录用者的素质越高,选择难度比较大;反之,则可能录用者的素质偏低,公式如下:

$$录用比=\frac{本次招聘最终到任人数}{本次招聘全部应聘者人数}\times 100\%$$

六、招聘质量评估

招聘质量主要是通过应聘者入职后的工作适应程度和工作表现来体现的。以下两项指标是旅游企业评估招聘质量时常用的。

• 新员工流动率,通常反映新员工工作不适应的程度。如果新入职的员工在试用期内辞职或要求调动,那么可以认为被录用者与职位之间缺乏良好的匹配,公式如下:

$$\text{某职位(部门)新员工流动率} = \frac{\text{该职位(部门)尚处于试用期的员工流动人数}}{\text{该职位(部门)本次招聘新录用人数}} \times 100\%$$

• 事故(或顾客投诉)发生率,新员工入职后在工作中出现的事故(或顾客投诉)发生率也在某种程度上反映招聘的效果,公式如下:

$$\text{某时段事故(顾客投诉)发生率} = \frac{\text{试用期员工发生事故(顾客投诉)数}}{\text{当期事故(顾客投诉)总数}} \times 100\%$$

如果新入职员工接受培训后上岗,事故(或顾客投诉)发生率居高不下,那么就意味着职位安排存在问题,或员工的条件不符合职位要求。

关键术语

招聘(recruitment)
内部招聘(internal recruitment)
职位公告(job posting)
工作竞聘(job bidding)
外部招聘(external recruitment)
职位申请表(employment application)
认知能力测试(cognitive aptitude tests)
运动协调能力测试(psychomotor abilities tests)
性格及兴趣测试(personality & interest tests)
专业能力测试(professional competence tests)
招聘面试(employment interview)
结构化面试(structured interview)
非结构化面试(unstructured interview)
半结构化面试(semi-structured interview)
面试提纲(interview outline)

面试测评表(interview evaluation form)
鉴别个人资料(reference checks)
录用决策(hiring decisions)

复习思考题

1. 如何准确理解“招聘”的含义?
2. 旅游企业招聘应遵循什么原则?
3. 影响旅游企业招聘工作的因素有哪些?
4. 内部招聘与外部招聘各有什么优势与劣势?
5. 旅游企业外部招聘渠道主要有哪些形式?各有什么特点?
6. 招聘面试中双方的目标有什么差异?
7. 旅游企业常用的选择测试方法有哪些?各有什么特点?
8. 如何对旅游企业招聘质量进行评估?

课 业

当得知应聘者是从同行一家不景气的企业出来的,某旅游企业的用人部门经理很感兴趣,马上问:“你认为你原来单位不景气的原因是什么?”应聘者迟疑了一下,嘴上说“这个原因很复杂”,心里却思索着:对原单位的业务定位进行评价,或者说是因为经营策略调整,似乎都不太妥当。但是,不回答显然是不可以的。就在这几秒的迟疑中,经理生硬地说:“你不说,我们怎么知道?”应聘者尽力回答完了这个问题。接下来,经理抓着这个问题继续问:“现在你们单位的人员去向如何?”应聘者说:“老员工企业负责安排去处,新员工各自找出路。”经理沉着声音说:“那么说,你是被辞退的喽?”应聘者不知所措。经理紧接着问:“那你离职后的这些天都干什么去了?”应聘者说自己这两个月一直待业在家。随后经理说:“看来你挺内向的,非得我们问你一句,你才答一句。我们的面试到此结束。”

请两个学生分别扮成“经理”和“应聘者”模拟上述场景,并在扮演结束后分别谈一谈自己的心理感受,最后请观摩的同学对上述招聘场景进行评价。

案例学习

丽嘉酒店的招聘选拔与员工培养

Mary 加入上海的波特曼丽嘉酒店已经有两年半了,今天,她的 QSP(Quality

Select Process,质量选拔程序)成绩再次被人力资源部经理翻了出来,“这个女孩子做得不错,看看我们能为她做些什么吧。”

每一位进入丽嘉酒店的员工在经过最初的一轮面试之后都必须做 QSP 测试,衡量这些应聘者的价值观和态度是否适合丽嘉酒店的公司文化,然后才有资格会见部门总监,进入下一轮的专业面试。通过数十年的使用和改进,丽嘉酒店发现 QSP 涉及的内容非常之广,作用更远不止这些。

丽嘉酒店的 QSP 按级别分有一般员工、管理级(主管、领班)、经理级、总监级(行政人员)。因为酒店的销售人员非常关键,针对销售他们还有另外一套 QSP。每套 QSP 有 50—60 个题目,涉及大约 10—11 个不同方面,分别测试应聘者的学习能力、是否有服务意识和能力、处理突发事件的能力、沟通能力、工作安排能力和与别人建立关系的能力等。

每一套 QSP 会根据部门、级别的不同而有各自的内容和侧重点。例如,销售经理就需要有良好的沟通和表达能力,和客户建立联系的经历和设想,谈话是否有说服力,是否具备市场敏感度以及以前如何安排某些项目。但如果是后台领班的话,组织能力、帮助员工发展就成了考查重点了。

设计题目的时候,丽嘉集团统计了当时全球丽嘉酒店的所有员工,对他们进行调查测试。虽然每一个问题都没有标准答案,但是统计出来的成绩还是按照不同的部门和级别被归纳成不同的档次:表现很好的员工被归为一档,表现不是很好的员工被归为另外一档,中间就出现一个范围,他们通过系统把范围量化。比如说涉及 10 个方面的问题,那么就会有 10 个点,分别从 1—5 来评分,然后根据分值形成曲线。

现在,诸位“主考官们”也是根据应聘者的回答做相应的评分,最后形成一个曲线图。这个曲线图将和作为标准的参考图相对照,两组曲线当然是越接近越好。不过很少会有初入行者能达到这些要求,所以人力资源部会选择三个特别相关的点,一定要接近甚至达到这个点才算是通过这轮测试。

两年半之前刚刚从大学毕业,在丽嘉酒店实习过 1 个月的 Mary 就经历了这样一次让她特别难忘的面试。“我当初本来是准备应聘酒店的侍应生,从基础开始好好学习酒店的管理实践。”Mary 回忆当时的情景,但结果却大出她的意料——人力资源部的考官们建议她做酒店公关!

主考官们的解释是,在一个多小时的沟通中他们发现这个女孩子思维敏捷,表达能力异常好,人缘也不错,善于跟周围的人建立良好的关系,应该在公关方面有些潜力,就在给她的 QSP 中插入部分问题。QSP 结束之后,他们把 Mary 的曲线图和参考图系一比较,觉得当初的直觉没错,“每个人只有在适合自己的位置上才能有更好的发挥。”这位在人力资源部工作了5年的主管一向都这么认为，“不过也还是要征询一下她本人的意见。”

Mary也许并不知道，在公关部任职之后，她的几次培训也都与QSP有着非常紧密的联系，她的QSP成绩也已不止一次地被翻出来查看。因为如果花同样的时间和精力，某个员工在某项上发展较快，肯定就在该项目上有天赋，是其强项，所以他们就会把重点放在强项的发展上。

不过，Mary的QSP成绩显示，她在领导力方面的分数较其他初学者高，很有发展潜力，人力资源部自然而然地就在Mary的公关专业培训之外推荐了几个领导力课程方面的培训，包括怎样给员工工作安排计划、如何制订实现计划的步骤等。

另外在员工要求换岗的时候，人力资源部也会参照员工的QSP成绩，看看他们是否合适其希望去的岗位，或者是否有这方面的潜力。

Mary似乎在公关部做得挺得心应手，一次次出色地完成任务给大家留下了相当不错的印象，而她参加的领导力培训似乎也颇见成效。因此，人力资源部最近决定给Mary做经理级的QSP。这项测试更多地考查员工如何制定目标、安排工作计划、帮助员工发展能力、是否有能力让整个部门的人达到某个既定目标、当团队里有员工出现问题时作为经理将如何处理，也就是说，领导力和管理能力成了应聘经理级别的员工的最重要考查点。

这时候公关部刚好有位经理调到外地，Mary是否有能力胜任，就要看她的新QSP成绩了。

资料来源：叶利雅．波特曼丽嘉酒店利用质量选拔程序（QSP）发展员工．IT经理世界．2003(23)．

案例思考

1．丽嘉酒店的员工招聘工作有什么特点？
2．丽嘉酒店是如何将员工招聘与员工发展联系起来的？
3．QSP模式对人力资源管理的其他方面有什么样的支持作用？

第五章

旅游企业员工绩效管理

知识要求

通过本章学习，学生应该掌握六项基本知识：

- 员工绩效管理的含义
- 员工绩效管理在旅游企业人力资源开发与管理中的作用
- 员工绩效管理的基本过程
- 绩效目标的构成
- “平衡计分卡”模型的核心指标
- 设计关键绩效指标时应遵循的原则

技能要求

通过本章学习，学生应该掌握五项管理技能：

- 确立绩效目标的途径
- 拟订绩效目标协议书
- 合理选择员工绩效考核的方法
- 有效控制员工绩效考核中容易出现的误差
- 根据考核结果进行绩效面谈

引　例

杨辉在上大学期间学的是市场营销专业。在毕业招聘会上，一家中日合资的高级游艇俱乐部招聘销售主管的招聘信息吸引了杨辉，这虽然是一家即将开业的旅游企业，但是对专业没有很严格的要求，杨辉抱着试试看的心理报了名，没想到经过几轮测试和面试，他居然被录用了。说是销售主管，其实杨辉手下并没有可管的人，原来职务的称谓只是为了在拜访和开发客户时能够被重视，但是杨辉并不太在乎，毕竟刚步入职场。

工作的头两年，杨辉的销售业绩确实不敢让人恭维。俱乐部一方面加大对这些新入职大学生的培训投入，包括在营业淡季安排他们前往澳大利亚接受专业培训；另一方面，每个季度俱乐部都会对销售部拜访客户的频次、安排产品体验的人次和发展会员人数等进行考核。随着业务逐渐熟练，以及对当地高端旅游消费市场了解的逐步深入，杨辉的销售业绩逐渐上升。到第三年年底，杨辉根据与同事们的接触，估计自己的销售大约能够给俱乐部带来15%以上的营业额，这在销售部应该是“冠军”的水平了。不过，游艇俱乐部的政策是不公布各位销售主管的销售额，也不鼓励员工互相比较，所以杨辉还不能肯定。

去年，杨辉干得特别出色，到9月底就完成了全年的销售任务，但是上司除了再一次为他申请了加薪，就再没有其他反应了。尽管工作上非常顺利，但是杨辉总是觉得自己的心情不舒畅。最令他烦恼的是，俱乐部从来不告诉大家干得好坏，也从来没有人特别关注销售人员的销售额，倒是对细节服务抓得很紧——俱乐部提倡“呵护般的服务”。

杨辉一个月前参加了一次大学同学聚会，通过聊天他发现不少企业现在都有销售竞赛和奖励活动，有的企业内部还有自己的刊物，不仅对各部门的销售业绩做出评价，而且每季度都会对贡献突出的员工进行表扬。那些干得不错的同学大都开始“管人”了，想到自己所在企业的做法，杨辉就十分恼火。

上星期，杨辉主动找到日方总经理岛田上作，谈了自己的想法。不料，岛田先生说这是既定政策，而且也正是俱乐部的企业文化特色之一——强调团队协作，从而婉转地拒绝了杨辉的建议。

几天后，令俱乐部管理层吃惊的是，杨辉辞职而去，据说是被俱乐部的一个会员挖走，去一家房地产公司做海景别墅的销售了，毕竟能够消费得起游艇的客人对别墅也会感兴趣的。而杨辉辞职的理由也很简单：自己的贡献没有被给予充分的重视，自己看不到自己的价值。

虽然，游艇俱乐部对其销售部门的绩效有比较完整的考核机制，但是，对杨辉而言这种考核不过是"例行公事"，并没有使自己对工作更加感兴趣。事实上，员工的绩效管理，特别是绩效考核是旅游企业人力资源管理中不论是管理者，还是普通员工都不愿意面对的一项工作，因为它的计划与实施不仅牵扯面广，过程复杂，影响因素众多，而且很难使参与者满意。企业如果不必就员工的培训、薪酬调整、职位变化以及企业的发展规划等方面做出决策，的确就可以考虑抛弃绩效考核制度。这时请记住绩效管理本身不是目的，它只是企业为获得强大竞争力而使用的手段。

第一节　员工绩效管理概述

一、员工绩效的含义

广义的绩效既涉及整个组织，又与员工有密切联系。员工的绩效不仅是其工作所达到的结果，还包括完成工作的过程中所表现出的技能和态度。因此，旅游企业人力资源管理所研究的绩效，是指员工在工作过程中所表现出来的与旅游企业经营目标相关的工作业绩、工作能力和工作态度。

员工的绩效是受多种因素影响的，既有员工个体的因素，如知识、技能、价值观和家庭背景等，也有旅游企业的因素，如旅游企业的规章制度、激励机制、生产工具、工作地点和场所等。员工的绩效与影响绩效的因素之间的关系，可以用公式表达为：

$$P = f(K, A, M, E, O)$$

式中，f 表示一种函数关系；P(performance)表示绩效；K(knowledge)表示知识，指与工作相关的知识；A(ability)表示能力，指员工所具备的工作技能；M(motivation)表示激励，指员工在工作中所受到的激励；E(environment)表示环境，包括生产工具、工作地点和场所等；O(opportunity)表示机遇，指有利于创造绩效的条件和机会。

以餐厅厨师的绩效为例，首先，厨师必须具备基本的烹饪理论知识(knowledge)，这方面的知识直接影响其绩效(如菜品的营养价值)；其次，厨师的烹调技能(ability)，如刀工的熟练程度，也会影响其绩效水平(如配菜的速度)；再次，厨师烹制菜肴在餐厅经营活动受到的重视程度(motivation)，同样会影响到其绩效的实现；厨房设备的性能、操作间的布局等(environment)也与厨师的绩效相关；最后，技艺高超的厨师如果有机会为名人主厨(opportunity)，并得到盛赞，其绩效则会显得更加突出。

二、员工绩效管理的概念

员工绩效管理是指组织按照一定的绩效目标和标准,采用科学的方法收集与绩效有关的信息,定期对员工的绩效水平做出评价和反馈,以确保员工的工作活动和结果与组织要求相一致,进而保证组织目标完成的管理手段与过程。

(一) 员工绩效管理的目的

1. 战略目的

绩效管理能够把员工的努力与组织的战略目标联系在一起,通过提高员工的个人绩效来提高企业整体绩效,从而实现组织战略目标。

2. 管理目的

通过绩效管理,可以对员工的工作行为和结果进行评估,以便适时给予相应的奖惩以激励员工,其评价的结果是企业进行薪酬管理、晋升选拔以及是否留任员工等人力资源管理决策的重要依据。

3. 开发目的

在实施绩效管理的过程中,可以发现员工工作存在的不足,在此基础上有针对性地进行改进和培训从而不断提高员工的素质,达到提高绩效的目的。

(二) 员工绩效管理的前提

实施绩效管理必须首先了解员工创造良好绩效的动因,正确处理创造和提高员工的工作满意度(job satisfaction)和组织忠诚度(organizational commitment)与创造高工作绩效的关系。一定要认识到高满意度不一定会有高绩效,这其中有一个"动力模型",也称为"绩效——满意——努力模型"(见图 5-1)在发挥作用。

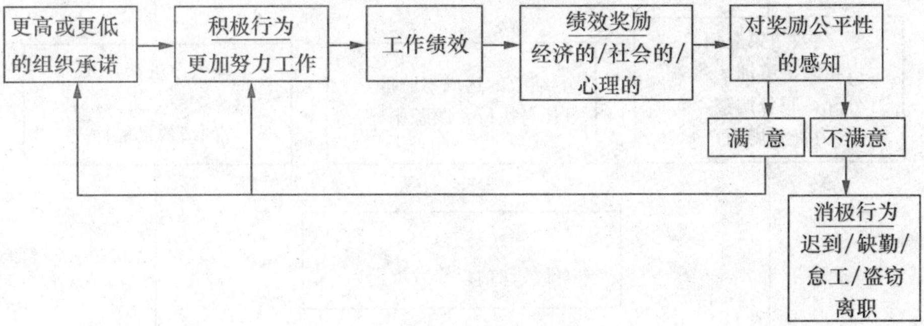

图 5-1　员工工作绩效动力模型

资料来源:王先玉等.现代企业人力资源管理学.北京:经济科学出版社,2003:213.

当员工感知到凭借自己的工作绩效获得了公平的报酬或奖励时员工的工作满意度就比较高,实际上这取决于员工绩效目标的设定。绩效目标的确立是实施绩效管理的另一前提条件,它对员工个人绩效的影响非常大(见表5-1)。

表 5-1　绩效目标对员工绩效的影响

目标状况	详细、明确	模　糊	具有挑战性	与人分享	被员工接受	被员工拒绝	伴之积极的奖励
绩效趋向	高	低	高	高	高	低	高

三、员工绩效管理的过程

员工绩效管理包括以下六个主要环节,它们之间要紧密相连,环环相扣,形成循环动态的系统,任何一环的脱节都可能导致绩效管理的失败(见图5-2)。在一轮绩效管理结束后,旅游企业应在本轮绩效管理的基础上进行总结,结合企业下一阶段的战略目标,制订下一轮的绩效计划,使得绩效管理能持续进行,达到不断提升企业绩效的目的。

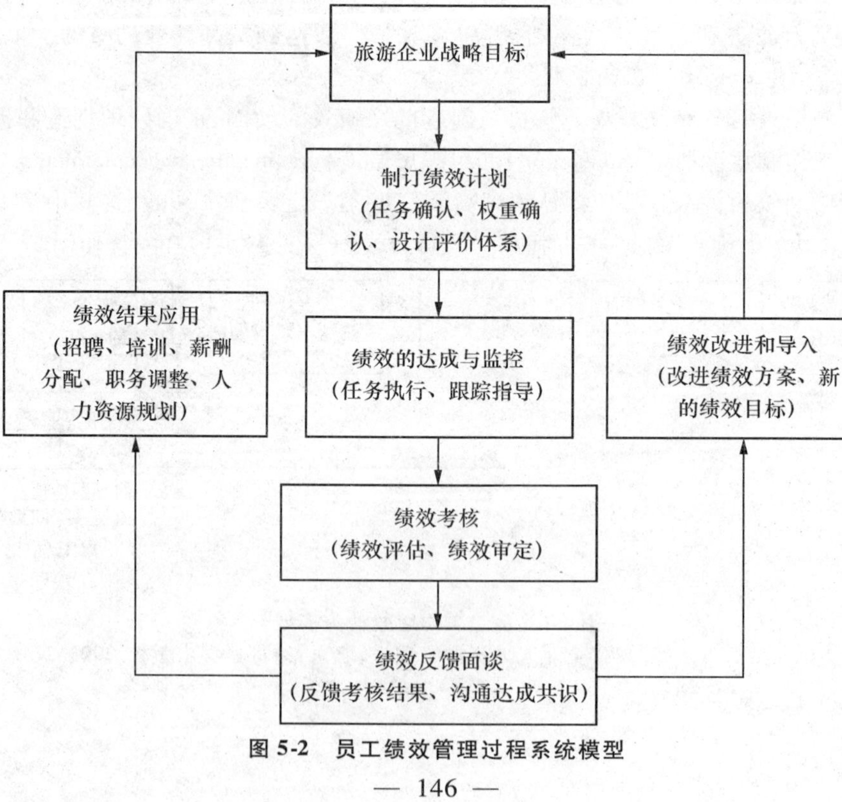

图 5-2　员工绩效管理过程系统模型

（一）依据旅游企业战略目标制订绩效计划

绩效管理要以企业的战略目标为引导，对战略目标的认识和领会将关系到绩效管理体系的成败。因此，要在识别外部机会和威胁、分析自身优势和劣势的基础上，结合时间维度将战略目标分解为绩效管理周期的具体目标。例如，可将旅游企业战略目标分解，形成旅游企业年度经营计划等。

绩效计划是旅游企业确定对员工的绩效期望，并得到员工认可的过程。旅游企业绩效计划的制订分两步进行：一是准备阶段，包括行业基准或竞争对手的标杆数据、各部门任务或目标、各类职位分析、员工的职责描述、员工上一个绩效周期的考核结果、计划的沟通方式等；二是绩效计划沟通制订阶段，包括管理者向下属传达旅游企业整体计划、工作重新设计、上下级一起探讨和沟通在绩效计划周期内应该履行的工作职责、要达到的工作目标、各项工作任务的权重、授权水平、绩效衡量方法、管理者可以为下属提供的支持与帮助、工作中可能遇到的障碍及解决方法等一系列问题，最后达成共识，得到下属的承诺，共同建立考核指标体系和指标标准体系。

（二）员工绩效的达成与监控

制订了绩效计划之后，员工就开始按照自己承诺的目标开展工作。在工作的过程中，管理者与下属要保持联系，全过程监控计划的进展情况，对下属的工作绩效不断进行测定、指导、监督、记录、反馈，发现影响绩效的障碍并及时排除，获得使双方成功所需的信息。

员工绩效的进程管理包括两方面的内容：一是持续的绩效沟通。旅游企业管理实践中较为有效的绩效沟通方式是定期的上下级双边述职、晨会、班前例会、咨询、走动式管理、非正式沟通等。二是员工绩效信息的收集与分析。员工绩效信息包括目标和标准达到（或未达到）的情况、员工因工作或其他行为受到的表扬和批评、证明工作绩效突出或低下所需要的具体证据、对找出问题（或成绩）原因有帮助的其他数据、管理者同下属就绩效问题进行谈话的记录等。

（三）员工绩效考核

所谓绩效考核，是指运用数理统计、运筹学原理和特定指标体系，对照绩效目标及其衡量标准，按照一定的程序，通过定量定性对比分析，对员工在一定经营期间所创造的经营效益和业绩做出客观、公正和准确的综合评判。实施绩效考核的目的是考察绩效计划完成情况，为今后的员工培训、晋升和加薪以及下一步制订新的绩效计划等提供依据。

（四）绩效反馈面谈

绩效反馈面谈是在绩效考核之后，根据员工的绩效表现和员工进行面谈，给员工以反馈。目的是借助沟通，让员工了解自己在本绩效周期内的业绩是否达到所定目标、当前的行为态度是否合格、有哪些优缺点、如何持续改进等；同时，要给员工申诉和请求指导的机会，以便最终达成共识，保证绩效考核的准确、客观、公平和公正。

（五）绩效改进和导入

员工绩效改进的过程可以分为两步：一是管理者与下属商讨绩效所存在的问题，达成共识，制订合理的绩效改进方案，并确保能够有效地实施；二是双方对下一个绩效周期的目标进行沟通，依据旅游企业的经营目标、市场竞争环境和本轮考核结果等适当调整指标体系，形成一个新的绩效合约。绩效改进计划要包括多个备选方案，重点放在一两项最重要的行动计划上，而且由谁干、干什么、何时干，都要逐一落实。

绩效导入就是根据绩效考核结果，发现员工缺乏的技能和知识，使旅游企业有针对性地安排一些培训项目，及时弥补员工能力的短板。

（六）员工绩效考核结果的应用

绩效管理是否达到预期效果，考核结果的应用是关键。因此，绩效考核完成以后，应该将考核结果与其他人力资源开发与管理环节相衔接。随着旅游企业员工需求的多元化，旅游企业绩效结果的应用也应该多元化，比如应用于人力资源规划、员工招聘与选择、员工培训、薪酬及奖金的分配以及职位调整等方面。

四、旅游企业绩效管理的原则

（一）真实性原则

在员工工作绩效管理过程中，管理者要把真实的绩效信息反馈给下属，如绩效标准是什么，对下属的工作绩效表现哪些方面满意或不满意，值得欣赏的方面有哪些，对于下属未来发展的看法，阻碍下属成功的障碍，合理的建议等。

（二）服务性原则

员工既是工作绩效的创造者，也是工作风险的承担者，在绩效管理过程中，要使绩效提高计划、评估、反馈等活动密切服务于员工，上级应该及时给予必要的指导，帮助员工取得良好的绩效和符合期望的回报。

（三）责任性原则

管理者要把帮助、保证下属取得发展、获得成功作为自己的责任，要善于鼓励员工通过不断提高自己的行为能力来取得理想的工作绩效。同时，鼓励员工作为团队的一员努力发挥自己的作用，在建设性的互动行为中，相互学习、共同提高和发展，获得满足感。

（四）简单化原则

从理论上讲，绩效管理手段越科学，考核因素越多，定量技术运用越广，则绩效管理的效度越明显。但是，实际情况往往不允许那样做。因为绩效管理的结构简单，要素减少可以缩短绩效测量、处理和评价的过程，有利于绩效管理工作的进行，也便于管理者掌握和普通员工接受。因此，绩效管理要素要少而精，方法要简便易行，以保证绩效管理结果的及时、有效。

五、员工绩效管理在旅游企业人力资源开发与管理中的作用

绩效管理可以使管理者及时了解和掌握员工的工作情况，有助于对旅游企业人力资源进行有效的控制和使用。

（一）有助于更好地进行员工管理

客观地评价员工绩效和帮助员工发展，是旅游企业人力资源开发与管理工作的两个重要方面。由于绩效管理给员工强化了明确的工作要求，使员工责任心增强，清楚自己应该怎样做才能取得业绩，从而进一步发掘员工的潜能。绩效管理还有助于实现上下级之间、员工之间更好的沟通。通过沟通，可以促进旅游企业员工之间的相互了解和协作，使员工的个人目标与企业目标达成一致，增强旅游企业的凝聚力和竞争力。

（二）为员工培训提供依据

一方面，通过绩效管理可以发现员工当前工作绩效的优势与不足，而帮助其改进和提高绩效的有效途径之一就是开展培训。另一方面，有效的员工培训，必须针对员工的绩效表现与职位规范、组织发展要求等方面的差距，来研究确定下一步的培训目标、内容及方式。

（三）有助于建立公平的薪酬体系

薪酬分配必须遵循公平与效率两大原则，因此，旅游企业必须对每一位员工的劳动成果进行评定和计量，按劳付酬。只有薪酬与贡献匹配，才能使员工感到公平合理，从而激励员工多做贡献。目前，对企业制定薪酬体系影响比较大的是3P模型，即以职位价值决定薪酬（pay for position）、以绩效决定薪酬（pay for performance）和以任职者胜任力决定薪酬（pay for person）的有机结合。清晰的绩效标准，对员工进行定期的绩效测量和考核，可以保证旅游企业薪酬体系的公正性和合理性。

（四）为制定员工晋升、调迁、辞退决策提供依据

每位员工都希望企业能公正地评价自己的工作表现和工作能力，以满足其物质和精神的需要。科学的绩效管理会使旅游企业掌握每位员工的工作表现，进而采用严格的奖励和惩罚手段，鼓励先进，鞭策后进，淘汰不合格员工，给每位员工以公正的待遇。此外，通常符合晋升条件的员工人数多于有晋升机会的人数，在这种情况下，公平公正的做法就是依据绩效考核结果择优晋升。

第二节 员工绩效目标管理

对员工的绩效实施目标管理，可以使每位管理人员和员工都能积极自主地控制自己的工作成就。一个管理人员或普通员工为了能够控制自己的成就，除了理解自己的个人或局部目标之外，还必须能够直接、及时地得到衡量自己成就所必需的信息，以便能自我控制、做出必要的修正以获得所期望的工作成果。

一、规划员工绩效目标

规划员工绩效目标是员工绩效管理过程的开始，这一阶段主要是通过上下级的共同讨论，确定出员工的绩效考核目标。

（一）员工绩效目标的构成

从人力资源管理的角度讲，员工的绩效目标是由绩效内容和绩效标准构成的。

1. 绩效内容

在旅游企业，对于每项工作的绩效目标，都要综合考虑以下主要因素：

(1) 知识，指完成某项工作所必需的知识。旅游企业有些工作仅要求很简单的知识，员工在短期内就可掌握，如旅游景区卫生清洁工作；而有的工作如饭店总台服务、旅行社导游服务、企业财务工作等，则需要员工具有丰富的业务知识，因而要求具有较高的学历和较宽的知识面。

(2) 技能，是指旅游企业员工在完成本职工作时所需要的操作技术和能力。旅游企业很多服务工作都要求员工具备熟练的操作技能，如酒吧调酒、高级宴会分菜等。

(3) 责任，是指每位员工在本职工作中应该担负的责任。不同工作职位有不同的责任，责任的完成情况是考核一项工作的主要内容。

(4) 体力消耗，是指工作中员工所耗体力的程度。旅游企业不同工作所耗

的体力是有区别的，如同属于饭店餐饮部的自助餐厅服务员和宴会厅服务员在正常营业时间内所付出的体力是不同的。

（5）脑力消耗。任何工种都要有一定程度的脑力消耗，包括集中精力和创造性处理问题。例如，饭店前台接待员工作的脑力消耗远远高于同属于前厅部门的门童。

（6）社交技巧。旅游企业不同的职位对社交技巧有不同的要求。例如，饭店餐饮部经理要擅长交际应酬，才能自如地接待各种类型的顾客，而同属一个部门的行政总厨则不需要这种社交技巧。

（7）工作条件，主要是指完成工作的物理条件和温度、湿度、噪音、异味以及工作危险等。旅游企业各种工作岗位的工作条件有时候存在很大差异，例如，饭店洗衣房的工作环境比较潮湿，且噪音较大，要比前厅接待和客房服务等岗位的工作环境差许多。

以上七个方面只是列举旅游企业绩效内容应包括的主要因素，在旅游企业员工实际绩效管理中，还要针对某项具体工作，进一步确定绩效内容。例如，旅游企业负责接待工作的一线员工，绩效内容通常包括工作数量与质量、出勤情况、仪表仪态、工作习惯（整洁、卫生、安全）、顾客关系、人格、态度、合作、忠诚以及创造性等方面。

2. 绩效标准

绩效管理要发挥作用，一定要有合理的绩效标准。绩效标准的内容必须准确化、具体化。为此，制定绩效标准时应该重点注意两方面问题：一是要根据旅游企业的职位说明书和工作任务确定考核项目，不能随意制定；二是考核者要与被考核者沟通，以使绩效标准能够被共同认可。

（二）规划绩效目标的“平衡计分卡”模型

1992 年哈佛商学院教授 Robert S. Kaplan 和复兴方案公司总裁 David P. Norton 在《哈佛商业评论》上发表《平衡计分卡——评价指标驱动业绩表现》，正式提出关于“平衡计分卡”的理论和方法。其核心思想是：传统绩效评估体系只侧重于对企业内部短期财务绩效做事后评估，这种方法在工业化时代背景下可能是较为有效的，但是，在后工业社会中越来越不适应组织学习和发展的新情况。为此，就需要从动态战略管理的高度，将企业内部流程与外部市场环境以及组织创新发展等统一纳入和整合起来，建立一种能够保证组织在战略层面可持续发展的新型绩效评估系统（见图 5-3）。

平衡计分卡打破了传统的单一使用财务指标衡量绩效的方法，在财务指标的基础上，加入了未来驱动因素，即顾客因素、内部经营管理过程和员工的学习

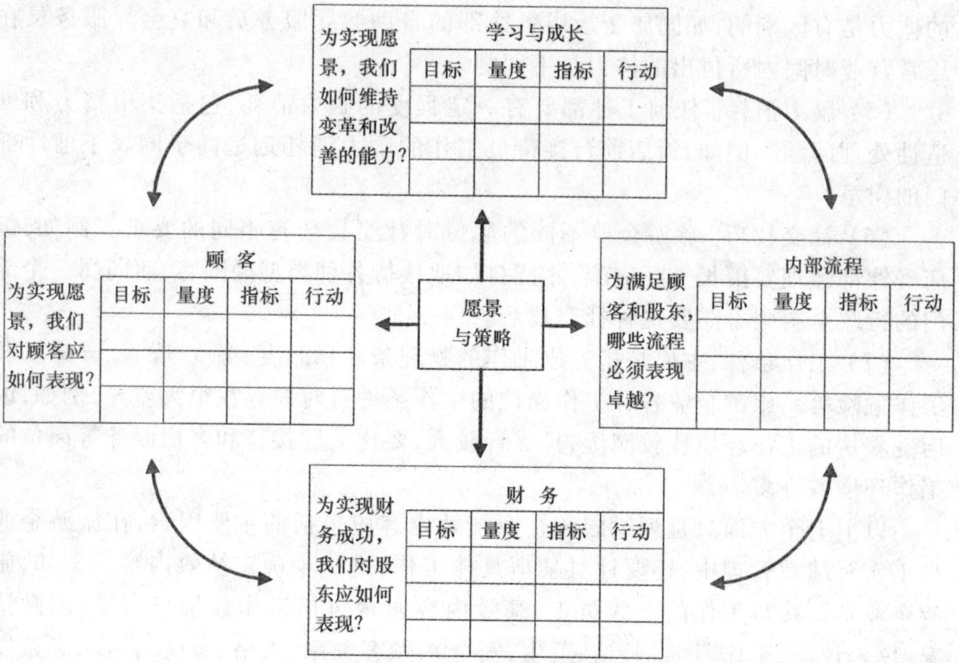

图 5-3　平衡计分卡模型

资料来源：R. S. Kaplan, D. P. Norton. Using the balanced scorecard as a strategic management system. Harvard Business Review. 1996(1—2):76.

成长。这一模型的特点和优势主要体现在三个方面：

一是战略性。作为战略性评价管理体系，平衡计分卡是在企业战略目标的指引下，将战略目标、资源和行动有机地结合起来，构成一个完整而闭合的评价和管理循环。

二是综合性。在对一个组织或个人进行评价时，平衡计分卡以一个宽泛的视角来考虑，它将不同的评价指标和模型进行了集成，定性指标和定量指标都被融入到平衡计分卡模型的框架中，以此对组织或个人做出全面的综合性评价。

三是动态平衡性。平衡计分卡的四个维度（财务、顾客、内部流程、学习与成长）不是孤立的，它们之间存在着一系列的既定假设，例如，增加饭店员工培训学习是为了提高其服务的质量，服务质量的提高可以反映为该员工提高了其服务（如宴会预定、客房清洁等）的准确性和及时性，提高服务质量意在提高顾客的满意度，进而可能增加顾客的忠诚度和消费量，顾客满意度提高的最终结果就是为企业带来更多的利润和资金。对于旅游企业而言，如果一个方面的指标有所提高，却没有引起相关方面指标的改善，那么就应该对平衡计分卡的指标体系进行重估，修改假设关系，这种对企业战略的动态评估和修订能力，是平衡计分卡模型的一个重要和突出的特点。

（三）员工绩效目标的确立

绩效目标管理以结果为导向，以执行人的自我控制为基础，重视自主、自治和自觉。因此，在设置绩效目标时，要特别强调执行人的群体互动性、民主协商性和平等契约性，那种单向命令性、自上而下分解性和被动执行性的绩效目标设置程序，会为以后的绩效评价埋下隐患。确立员工绩效目标的基本运作模式有三种，见表5-2。

表 5-2　确立员工绩效目标的模式

模　式	特　点	过　程
自上而下	高层制定总目标，执行层分解目标。	在目标制定过程中，运用"向下沟通"的方式，先由高层管理者公布企业总的经营目标草案，然后逐级分解、分派目标草案，一直落实到全体员工，若各部门和员工无疑义即告定案，若有疑义再协商讨论，直到达成共识为止。
自下而上	执行层自拟目标，高层审定批准——"先民主后集中"。	在目标制定过程中，重视、信任执行层的自主性和能动性，运用"向上沟通"的方式，先由基层主管充分考虑实际情况，将基层员工自认的绩效目标草案收集修改，然后上报给部门经理进一步修订，同意后报高层审定，如果无疑义即告定案，若有疑义再进一步协商，直到形成一致意见，最后定案。
上下结合	"自上而下，自下而上，上下结合"——双向交流，反复沟通。	在目标确定过程中，高层先公布企业总的经营目标草案，经与各部门经理磋商同意后定案；然后由部门经理依据总目标方案，设定本部门目标草案，并经过与下属磋商后定案；最后，每位员工根据部门目标方案和自己的实际情况拟订个人绩效目标草案，与经理协商一致后定案。

总之，在绩效目标设置过程中，要让全体员工积极参与进来，进行规范深入的沟通和讨论，并在此基础上调整自我角色和职能定位，争取能使各方就关键绩效问题达成共识，最后完成绩效目标设置任务，签订绩效目标协议。

（四）绩效目标规划的难点

1. 绩效目标难以确定

绩效目标在绩效管理中是作为一个"鉴定"工具出现的，所以目标必须具体，并尽量用数字表示，如"增加餐饮营业收入5%"、"降低办公用品开支10%"

等，切忌用“我们将尽最大努力让顾客满意”这类口号式的话，因为这种形式很抽象，很难进行比较，因此考核结果就很难精确。

2. 绩效目标规划很费时间

确定绩效目标需要大量时间，因为它要经过几上几下的协商才能达成共识。

3. 同下属一起确定绩效目标有时会变成一场“激战”

当上级推行比较高的绩效目标时，下属则可能主张比较低的绩效目标。为了激励下属的工作行为，绩效目标的确立必须公正并且具有实现的可能，既现实而又具有挑战性，因此对工作和下属的了解越多，确立的绩效目标就可能越科学，下属的积极性就可能越高。

二、旅游企业绩效考核周期

绩效考核周期也叫绩效考核期限，是指多长时间对员工进行一次绩效考核。在实施绩效管理之初，要从以下三个方面考虑绩效考核的周期：

第一，职位的性质。一般来说，职位的工作绩效比较容易考核的，考核周期相对要短一些，如旅游企业普通服务员的考核周期就应当比管理人员的短。职位的工作绩效对旅游企业整体绩效的影响比较大的，考核周期相对要短一些，这样有助于及时发现问题并进行改进，例如一家会展管理公司“招组展部”经理的绩效考核周期就应该比“设备设施管理部”经理的短。

第二，绩效目标的性质。不同的绩效目标，其性质是不同的，考核的周期也应当不同。一般来说，性质稳定的绩效目标，考核周期相对要长一些；相反，考核周期相对就要短一些。例如，员工的工作能力比工作态度相对稳定一些，因此有关“能力”的考核周期就比“态度”的考核周期要长一些。

第三，绩效标准的性质。在确定考核周期时，还应当考虑到绩效标准的性质，即考核周期的时间应当保证员工经过努力能够实现绩效标准。例如，饭店“餐饮部销售额为60万元”这一标准，按照经验需要两周左右的时间才能完成，如果将考核周期定为10天，员工根本就无法完成；如果定为1个月，又非常容易实现；在后两种情况下，对员工的绩效进行考核是没有意义的。

三、绩效目标协议书

（一）绩效目标协议书的含义

在市场经济条件下，管理执行力获取的有效途径就是建立具有法律依据的契约关系，而绩效目标协议书是树立绩效目标的“权威性”的有力保证。绩效目标协议书是指，在实施绩效目标管理的初期，上下级通过平等协商的方式签订的、以全面量化的形式明确在绩效目标达成过程中各方所享有权利和义务的契约文件。

绩效目标协议书不仅将员工绩效目标的标准和时限以书面契约的形式全面量化确定,也将影响绩效目标执行的各种关键要素一并以书面契约的形式量化确定——这就大大减少了未来绩效评价中的模糊性和主观性成分,降低了绩效考核争议的发生概率,使员工及其直接上级在绩效管理中的各种失职行为"无处藏身"。

(二) 绩效目标协议书的核心——关键绩效指标(KPI)

绩效目标协议书的核心是 KPI(key performance indication),即关键绩效指标。KPI 的含义是通过对组织内部某一流程的输入端、输出端的关键参数进行设置、取样、计算、分析,来衡量流程绩效的一种目标式量化管理指标,是把企业的战略目标分解为可运作的远景目标的工具,是企业绩效管理系统的基础。旅游企业围绕 KPI 进行管理通常需要通过以下几个过程来实现,如图 5-4 所示。

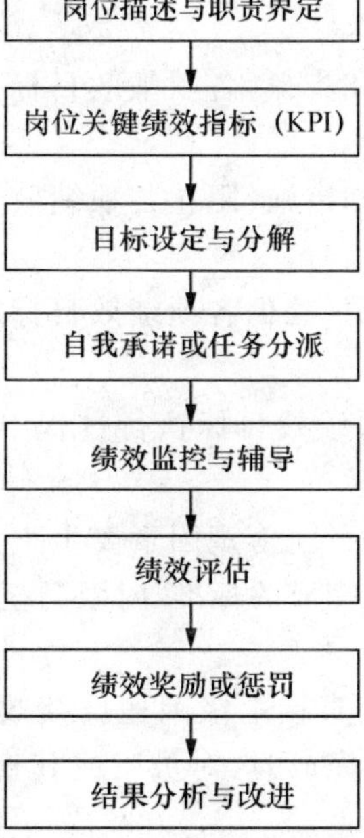

图 5-4 KPI 管理流程图

在设计关键绩效指标(KPI)时,必须符合 SMART 原则:

- 关键绩效指标必须是具体的(specific),要有关于工作主体、客体、范围和职责等方面的具体要求，以保证其明确的指导性；

• 关键绩效指标必须是可衡量的(measurable)，必须有明确的衡量指标，包括定性标准或定量额度(如工作量、费用和利润率等)；

• 关键绩效指标必须是可以达到的(achievable)，是实事求是的，不能因为指标脱离现实水平而使员工产生挫败感，但是指标还必须具有一定的挑战性，员工只有通过积极努力才可以达成；

• 关键绩效指标必须是相关的(relevant)，它必须与企业的战略目标、部门的任务及职位职责相联系；

• 关键绩效指标必须是以时间为基础的(time-based)，即必须有明确的时间限制或要求。

(三) 绩效目标协议书的主要内容

完整的绩效目标协议书主要包括以下九个部分：

• 绩效目标的内容和含义(员工绩效目标的项目以及项目本身的内涵)；

• 绩效目标完成的标准(各项绩效目标完成的数量、质量、成本和安全度)；

• 绩效目标完成的时限(各项绩效目标完成的最后期限，应精确到日或小时)；

• 绩效目标执行的方法和步骤(各项绩效目标执行的范围、对象、工具和流程)；

• 绩效目标执行的难点和措施(阻止各项绩效目标顺利实现的关键障碍以及针对性的清除手段)；

• 绩效目标执行所需资源(确保各项绩效目标顺利实现的人力、物力、财力以及信息资源等支持)；

• 直接上级责任(在各项绩效目标执行过程中上级的控制、培训和辅导责任)；

• 目标变更(由于企业内外主客观因素发生重大变化导致绩效目标无法按原定计划实现时，对绩效目标完成的标准、时限乃至绩效目标本身进行调整的条款)；

• 违约处理(当员工或其直接上级因违反绩效目标协议书的有关条款，导致绩效目标未能按时、按标准完成时，对员工或其直接上级在任用、职级和薪酬等方面的处罚)。

(四) 绩效目标协议书的使用

在使用绩效目标协议书时，必须要对绩效目标的具体含义进行清晰的界定，才不至于造成歧义并妨碍未来的绩效考核工作。

例如，在旅游企业部门经理的目标协议书中，“员工满意度”就是一个重要指标。“员工满意度”可以被理解成“员工对上级管理的满意度”、“员工对本职工作的满意度”、“员工对个人薪酬的满意度”、“员工对内部培训的满意度”等多种内涵；“员工满意度”的统计工作可以被理解成“满意员工数量占所在部门员工总数的百分比（员工满意度分满意、不满意两个等级）”，“满意度为满意和较满意的员工数量占被调查员工总数的百分比（员工满意度分满意、较满意、不太满意、不满意四个等级）”等多种内涵。可见，不进行明确的阐释，具体的绩效考核管理就会很困难。

在绩效目标完成的标准方面同样需要进行明确的界定。绩效目标完成的标准可分为数量标准（如营业额 48 000 万元）、频率标准（如投诉发生率每季度 3 次）、类别标准（如服务质量等级 A 级）、次序标准（如合理化建议排行榜第一名）、差距标准（如资产负债率标杆差 5%）、比率标准（如顾客满意率 95%）等六种形式。

四、绩效监控

为了帮助下属实现绩效目标，在确定绩效目标后，管理者还应该通过辅导、咨询、与员工不间断沟通、收集绩效信息等环节，进行绩效监控。

（一）工作辅导

在绩效管理中，管理者对下属进行工作辅导，一方面是为了及时帮助员工了解自己的工作进展情况，确定哪些工作需要改善，需要学习哪些知识和掌握哪些技能；另一方面是在必要时指导员工完成特定的工作任务；此外，有效的工作辅导还能够使员工的工作过程变成一个学习过程。

工作辅导的具体过程可以通过以下七个方面来完成：

- 确定员工胜任工作所需要学习的知识、技能，提供持续发展的机会；
- 确保员工理解和接受工作辅导；
- 与员工讨论应该学习的内容和最好的学习方法；
- 让员工知道如何管理自己的学习，并确定在哪个环节上需要帮助；
- 鼓励员工完成自我提高计划；
- 在员工需要时，提供具体指导；
- 就如何监控和反馈员工的进步达成一致。

（二）工作咨询

在旅游企业绩效管理实践中，当下属没能达到预期的绩效标准时，管理者可以通过咨询来帮助其克服工作过程中遇到的障碍，例如，饭店餐饮部餐具破损率高于绩效标准时,管理者可以通过对餐具使用、清洁和保管等环节进行综合诊断,为餐厅服务员、厨师和洗碗工等不同岗位提供咨询。

工作咨询的具体过程主要包括三个步骤:第一步,确定和理解,即确定和理解工作中存在的问题;第二步,授权,即帮助下属认清自己的问题,鼓励他们正视这些问题、思考解决问题的方法并采取行动;第三步,支持,即以员工自己解决问题为主,为其提供必要的资源。

(三) 与员工不间断沟通

在旅游企业绩效管理实践中,管理者需要及时掌握:工作的进展情况如何,顾客是否满意;当前工作所面临的困难与障碍;需要对工作进行哪些调整;进一步提高服务质量还需要哪些资源与支持等信息。员工则更关心:工作质量是否达到了上级的要求;努力的方向是否与上级的期望一致;是否要对自己的绩效计划进行调整;自己还能够获得哪些资源与支持等信息。

解决上述问题的关键,就是管理者要与下属保持不间断的沟通,从而实现:通过沟通掌握绩效计划的进展情况;通过沟通向下属提供管理信息,为员工绩效计划的完成奠定基础;通过沟通使管理者了解顾客的需求,以便日后进行的绩效评估能够有助于旅游企业提高服务水平。

(四) 收集绩效信息

旅游企业经营管理活动的特点决定了绩效管理实践必须不断收集绩效信息,并及时做出反应。旅游企业管理者可以通过现场观察、统计经营和服务数据、调查顾客满意度等方法收集绩效信息,以便为及时的服务补救提供目标支持,为绩效决策提供具体依据,为日后的绩效考核提供事实根据。

第三节　员工绩效考核

一、绩效考核的主体

在旅游企业绩效考核工作中,被考核者是客体,考核者是主体,一般包括直接主管、部门内同级员工、下级、员工本人和顾客。

(一) 直接主管

由直接主管进行考核,也称为“自上而下考核”。旅游企业通常会在制度上规定,直接主管对于下属拥有绩效考核的责任和权力。直接主管对下属的工作最熟悉,甚至有的主管以前就是从事其下属目前的工作,因此,可以把握绩效考核的关键点,并在很大程度上保证绩效考核工作的公平性。当管理的下属比较多时,直接主管有时难以全面掌握员工的工作表现,因此会表现出一定的局限性。

(二) 同级员工

让同级员工相互进行工作绩效考核,是因为同级之间的工作相似性强,大家在一起共事,接触和沟通的机会比较多,彼此的工作表现了解得也更多一些。但是,同级员工之间进行绩效考核,有时会引起相互猜疑,以及出现通过"轮流坐庄"获得奖励或避免惩罚的不负责任的行为。

(三) 下级

由低级别的员工对其上司进行绩效考核也具有重要意义,特别是对于上司的领导能力、沟通能力等方面的评价,往往具有很强的针对性,对促进管理者的发展和改进工作更有价值。

需要注意的是,员工由于顾虑上司的态度及反应,也可能不会反映真实情况。为了解决这一问题,应当由专门的部门,如人力资源部组织进行,并采取必要的保密措施,避免员工在考核上司时因暴露问题而受到打击报复。此外,下级评价上级的工作绩效,有时会对管理者造成压力,影响其管理员工的力度。

(四) 员工本人

旅游企业开展员工自我评价,有利于提高员工对绩效考核工作的认同感,减少他们的逆反心理,增强员工参与绩效考核的意识,促使员工总结经验教训,改进工作方法,加强自我管理。但是,值得注意的是,员工自我评价一般比其他考核主体的评价要高,很少有人会自我贬低。

(五) 顾客

这里所指的"顾客",既包括旅游企业的外部顾客,也包括企业内部有协作、支持和配合关系的内部顾客。来自顾客的评价和考核,主要反映的是被考核者的服务质量和工作结果,对绩效达成中被考核者的表现涉及的比较少。

二、人力资源部在旅游企业绩效考核中的作用

旅游企业人力资源部门在绩效考核过程中扮演的是考核方针制定者和考核顾问的角色。旅游企业人力资源部门一方面为绩效考核提供适当的方法、建议并为考核工作准备所需要的文件,另一方面要对考核者进行培训,以提高他们的考核技能。此外,旅游企业人力资源部门有时还负责检查绩效考核系统的运行情况,以确保绩效考核结果的权威性和有效性。

为了确保绩效考核工作的真实、公平、高效,近年来一些大型旅游企业开始采用绩效考核委员会的形式统筹绩效考核工作。绩效考核委员会通常是由人力

资源部门负责组建的非常设机构，一般由人力资源部门的最高管理者，和比较固定的3—4位熟悉企业各项工作的资深管理者，再加上一名被考核者的直接主管组成，这样可以从多个角度和多个层面来评定被考核者的工作业绩和表现，客观性比较强。

三、360°绩效考核

在实践中，由于工作绩效具有多维性，上级、下属、同级员工及其他考核者从各自角度所观察到的绩效情况是不一样的，为了更全面、更客观、更公正地对员工进行绩效考核，近年来很多旅游企业开始采用360°绩效考核法。

360°绩效考核，又称"全方位评价"(full-circle appraisal)和"多元复合评估"(multi-rater assessment)，其基本思路是：先选择对旅游企业经营管理至关重要且容易观察到的绩效维度，然后由被考核者周围的相关人员，通常包括直接主管、同级人员、下级和顾客等，也可以不限于此，涉及间接上级、股东、企业外部公众和绩效管理专家等多方面相关人员(见图5-5)，按照事先设置的考核等级量表，以匿名方式就这些维度的绩效水平进行全方位评估，最后由旅游企业人力资源部门将考核结果以适当形式反馈给被考核者，以帮助其进一步提高绩效水平。

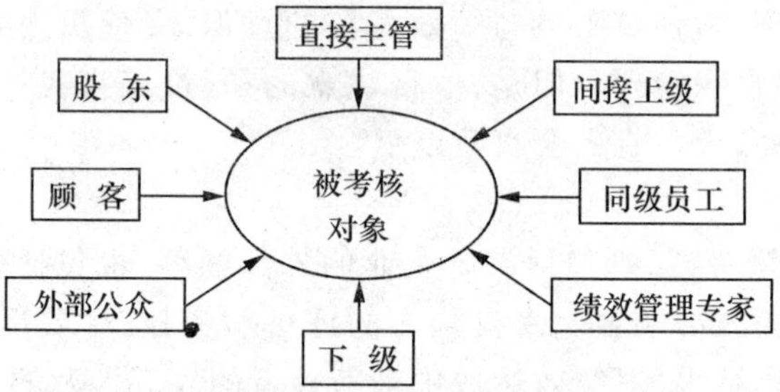

图5-5　360°绩效考核示意图

以人力资源开发为目的，采用360°绩效考核效果是最好的，特别适用于考核那些在组织中承担监督管理职能的员工，以及那些对旅游企业经营管理至关重要的、具有战略性的、或比较难以量化的行为表现，例如：服务态度、员工主人翁精神、团队合作精神、领导能力和风格、人际沟通能力和职业技能开发情况等。

四、定性考核与定量考核

（一）定性考核

定性考核是指用划分等级或使用精炼的短语来评价员工工作表现和能力的方法，又称为评语考绩。定性评语有两类：一类是简单分等法，就是列述考核的基本内容，对每一考核指标都用优、良、中、差这类等级标准进行评定，最后综合，得到一个总的考核结果。这种方法的优点是简便易用，适用于考核那些难以量化的指标。其缺点是被考核的人数不能太多，应控制在 10 人左右，最多不能超过 30 人，否则，结果的准确性会下降。另一类是把评定指标转化为具体的工作描述，从频次、程度和效果等方面进行评价考核，这种方法虽然比简单分等法进了一步，但是难以用文字来描述工作指标中的各种情况。以下是旅游企业员工定性考核中通常会涉及的内容：

- 准时上班；
- 立即开始工作；
- 完成规定工作量；
- 超额完成规定工作量；
- 工作熟练；
- 工作安排有序；
- 工作繁忙时保持冷静、沉着；
- 对执行制度能做出良好判断；
- 能独立完成工作；
- 能担负较高职务工作；
- 发生差错时能承担个人责任；
- 注意改进工作方法；
- 能保持个人整洁；
- 工作时能保持整洁；
- 礼貌；
- 有自信心；
- 不浪费物料；
- 认真、正确地执行上级指示；
- 不感情用事；
- 能同他人友好合作；
- 使设备处于良好工作状态；
- 上级不在时能担任较重要的工作；
- 能肯定他人的工作成绩；
- 有高度忍耐心；
- 态度和蔼可亲；
- 能迅速学会新工作；
- 能主动完成工作；
- 忠诚可靠。

（二）定量考核

定量考核是指将评语转化为分数的考核方法。这种考核需要在确定考核指标的评定项目之后，对每一项目规定不同的得分，如正分、负分等，最后，通过积累各项目得分求得总分。这类考核简单易用，便于比较，但是定量的客观性很难掌握。

五、旅游企业绩效考核的方法

（一）绩效目标考核法

绩效目标考核法是实施绩效目标管理的企业在考核周期结束时，将部门或员工所取得的工作成果与绩效目标协议书中的各项指标进行比对，以确定绩效考核成绩的方法。

旅游企业在应用绩效目标考核法时，部门或员工各项工作业绩与目标值的差距，决定着绩效考核的最终结果，但是这种差距所代表的意义却是不一样的。

有些绩效目标完成的数值越高，绩效考核成绩越好，如销售额、利润率和劳动生产率等；对于这类数值越高绩效考核成绩越好的指标来讲，需设定最低线，低于此线者即为绩效考核成绩不合格。

有些绩效目标完成的数值越低，绩效考核成绩越好，如投诉发生量、设备故障记录和工伤事故记录等；对于这类数值越低绩效考核成绩越好的指标来讲，需设定最高线，高于此线者即为绩效考核成绩不合格。

还有一些绩效目标是应该在一定的范围内，即数值过高或过低都对企业经营有负面影响，如资产负债率；对于这类指标，需要分别设定最高线和最低线，高于最高线或低于最低线者均为绩效考核成绩不合格。

（二）图表考核等级法

图表考核等级法是一种类似评分法的考核方法，它是目前旅游企业绩效考核工作中运用最普遍、最简单的绩效考核方法。在绩效考核过程中，单独使用定性考核或者使用定量考核方法往往难以客观地考核员工的工作表现，而图表考核等级法是将定性与定量方法进行有机的结合，从而能得到相对公正的结果（如表 5-3 所示）。图表考核等级法的运用基于以下几项工作：

1. 确定考核的项目

旅游企业不同内容的绩效考核工作，既可以在同一时间内开展，也可以分阶段进行，但是考核的项目必须明确而具体，比如关于服务技能的比赛、工作表现评估，评选“服务标兵”、“微笑大使”以及年终总评等，都是旅游企业经营中比较常见的绩效考核活动。绩效考核项目明确与否也关系到考核结果的客观性。

2. 确定基本指标

在确定绩效考核项目之后，应该进一步确定决定该项目的主要因素即指标。例如，对服务员工作表现的绩效考核通常要考虑以下因素：服务质量、工作量、出勤情况、仪表仪态、工作方式、人际关系、可靠性、适应性、创造性等。在确定基本指标时要做到考虑周全、指标具体，否则考核结果的客观性难以把握。

3. 确定指标含义

由于每项考核指标包括的含义都是比较丰富的，不同的员工对同一指标会有不同的理解，即使是同一员工，受时间、职位和情绪等因素的影响，对绩效指标的理解有时也会发生改变，这常常是员工对绩效考核产生争议的根源。因此，各项指标在绩效考核工作中的具体含义必须加以统一、明确，而且解释权通常应该保留在主管绩效考核工作的人力资源部门。

4. 确定绩效指标权重

绩效指标权重即该项指标对整个绩效考核项目的影响程度。尽管影响考核项目的因素很多，但是每项指标的作用不可能是相同的。例如，在服务员工作表现的考核中，服务质量、出勤情况与人际关系和可靠性等因素的作用必然不相同，如果均等对待，那么考核结果就难以服人。绩效指标权重通常以数字表现出来，这也是图表考核等级方法的优势所在。例如，服务工作表现总分为 100 分，服务质量可能要占 15%，而人际关系占 5% 左右等。权重确定的合理与否直接关系到绩效考核结果的公平性。

5. 设计评估表格

为了便于准确计算每位员工的绩效考核结果，旅游企业通常要设计出并印刷好评估表格，让员工一目了然，心中有数。表格应该力求简单、明了，并能将各项考核内容纳入表格之中。

6. 计算考核结果

根据每位员工在各项的得分，利用评估表格加以汇总、累计，就能得到该员工的最后得分。

表 5-3 和表 5-4 是图表考核等级方法所采用的两种表单示例。

（三）排序考核法

排序考核法是最简单的绩效比较方法，主要可以分为简单排序法和交替排序法两种。

1. 简单排序法

这种方法是由考核者依据自己对某一组织（部门、班组或团队）中被考核者绩效状态的理解，通过主观判断，将被考核者的绩效水平从最优到最差进行简单排列。

表 5-3　某饭店管理公司对下属饭店餐饮总监绩效考核表

考核对象		直接上司		考核时间	
绩效目标	分　值	绩效达成	评分标准	得　分	评　估
营业指标 (50 分)	25	餐饮总收入: __________.	实际完成百分比。 105% 以上:25 99.9%—104.9%:20 96.0%—99.9%:15 90.0%—95.9%:10 90.0% 以下:5		
	25	餐饮利润: __________.			
客　户 (10 分)	5	顾客满意度: __________.	管理公司进行问卷调查,每年 1 次。 90.1 分以上:5 85.1—90 分:4 80.1—85 分:3 75.1—80 分:2 75 分以下:1		
	5	神秘客户暗访: __________.	管理公司邀请专业人士进行暗访,一般为每年 1—2 次。 85.1 分以上:5 80.1—85 分:4 75.1—80 分:3 70.1—75 分:2 70 分以下:1		
员　工 (10 分)	5	部门员工满意度: __________.	员工意见调查结果,以历史与客观的水平基点为基础。 85.1 分以上:5 80.1—85 分:4 75.1—80 分:3 70.1—75 分:2 70 分以下:1		
	5	关键员工流失率: __________.	重要职位员工流失的有效控制。 0—5%:5 5.1%—10%:4 10.1%—15%:3 15.1%—20%:2 20% 以上:1		

（续　表）

考核对象		直接上司		考核时间	
绩效目标	分　值	绩效达成	评分标准	得　分	评　估
营运/执行 （20 分）	5	餐饮毛利率控制： ________.	按饭店核定的标准毛利率（GPR）检查。 标准 GPR 偏差≤1.0%：5 1.0%＜标准 GPR 偏差≤1.5%：4 1.5%＜标准 GPR 偏差≤2.0%：3 2.0%＜标准 GPR 偏差≤2.5%：2 2.5%＜标准 GPR 偏差≤3.0%：1 3.0%＜标准 GPR 偏差：0		
	15	消防检查： ________.	管理公司职能部门总监按公司制定的标准检查。 90.1 分以上：5 85.1—90 分：4 80.1—85 分：3 75.1—80 分：2 70.1—75 分：1 70 以下：0		
		安全检查： ________.			
		卫生检查： ________.			
民意测评 （10 分）	10	测评成绩： ________.	部门总监/经理的民意测评由饭店人力资源部组织，测评表由管理公司统一做出规定。 95.1 分以上：10 90.1—95 分：8 85.1—90 分：6 80.1—85 分：4 80 分以下：2		

表 5-4　旅游企业管理层员工领导能力考核表

（供上司、同行和下属使用）

部门：__________　职位：__________　姓名：__________

评价因素	对评价期间工作成绩的评价要点	评价尺度				
		优	良	中	可	差
勤勉态度	把工作放在第一位，努力工作。	5	4	3	2	0
	对新工作表现出积极态度，勇于创新。	5	4	3	2	0
	忠于职守，严守岗位。	5	4	3	2	0
	对下属的工作过失敢于承担责任。	5	4	3	2	0
业务工作	正确理解上级的工作指示，制订适当的实施计划。	5	4	3	2	0
	按照下属的能力和性格合理分配工作。	5	4	3	2	0
	及时与有关部门进行必要的工作沟通与协调。	5	4	3	2	0
	在工作中始终保持协作态度，顺利推动工作。	5	4	3	2	0
管理监督	在人际关系方面下属没有不满或怨言。	5	4	3	2	0
	善于向下属授权，鼓励他们乐于协作的精神。	5	4	3	2	0
	十分注意工作现场的安全卫生和清理整理工作。	5	4	3	2	0
	妥善处理工作中的失误和临时追加的工作任务。	5	4	3	2	0
指导协调	经常注意保持和提高下属的劳动积极性。	5	4	3	2	0
	主动努力改进工作方法，提高所辖工作的效率。	5	4	3	2	0
	积极训练、教育下属，提高他们的技能和素质。	5	4	3	2	0
	注意进行目标管理，使工作协调进行。	5	4	3	2	0
工作效果	正确认识本职工作意义，努力取得最好业绩。	5	4	3	2	0
	工作方法正确，时间和费用控制合理有效。	5	4	3	2	0
	工作业绩达到预期目标或计划要求。	5	4	3	2	0
	工作总结汇报准确真实。	5	4	3	2	0
考核结果	1. 通过以上各项的评分，该员工的综合得分是：________分 2. 你认为该员工应处于的等级是：□A　□B　□C　□D A：85 分以上　B：85—70 分　C：70—60 分　D：60 分以下 3. 考核者意见： 考核者签字：　日期：　年　月　日					
以下部分为人力资源部门及总经理填写						
人力资源部门评定						
评　语						

（续 表）

处理方式	1. □转正：在______任______职；□升职至______任______职 2. □续签劳动合同，自____年____月____日至____年____月____日 3. □降职为________ 4. □提薪/降薪为________ 4. □辞退 5. □其他________ 经理（签字） 日期： 年 月 日
总经理核准	
经理（签字） 日期： 年 月 日	

在利用简单排序法进行考核时，如果是多指标考核，则要将各个绩效指标分别进行排序，然后统计被考核者的各项指标排序号，再将序号加总，最后按照从小到大的顺序排列，就可以得到被考核者绩效总排序情况。

例如，某旅行社一条旅游线路有 4 位导游，现在要考核的指标有 3 个，其排序情况如表 5-5 所示。

表 5-5 简单排序法示例

"月度带团量"排序		"业务能力"排序		"工作勤勉"排序	
1	王 芳	1	田 娜	1	王 芳
2	田 娜	2	王 芳	2	孙 爽
3	李 燕	3	孙 爽	3	李 燕
4	孙 爽	4	李 燕	4	田 娜

根据表 5-5 统计李燕、孙爽、田娜和王芳 4 位导游在"月度带团量"、"业务能力"和"工作勤勉"三项考核指标排名：

李燕绩效排名序号数：3 + 4 + 3 = 10

孙爽绩效排名序号数：4 + 3 + 2 = 9

田娜绩效排名序号数：2 + 1 + 4 = 7

王芳绩效排名序号数：1 + 2 + 1 = 4

因此，该旅行社导游绩效考核的总排序为：王芳、田娜、孙爽、李燕。

2. 交替排序法

这种绩效考核方法类似于学校里的"学生成绩榜"，它是根据全体员工的工作业绩的大小，从最好到最差的次序进行排列。其步骤是：首先，列出所有需要进行评价的员工名单；然后，对有关主要评价要素逐一在表上显示，挑出最好的（第一名）和最差的（末尾一名）两位；接下来，在剩余员工中再挑出最好的（第二名）和最差的（倒数第二名）两位；依此类推，直到全部员工被排列完。

排序考核法简单、直接，但是不能区分不同性质的工作，因此不适合对整个旅游企业的员工的总体评价，只限于同一工种的员工之间的比较。

（四）一一对比法

一一对比法的做法是：先列出评价要素对比表（如表5-6）；然后，把每位员工按照所有的评价要素（如工作量、工作质量等），分别与所有其他员工进行比较；通过双方比较，用符号“+”表示好、“-”表示差（注意选择比较方向：纵向、横向）；把每个员工所得单项“+”符号相加，获得“+”最多的，即为单项最好者；最后把各单项成绩相加，即为总成绩，评出全面最优秀者。

表5-6 员工绩效一一对比表示例

评价要素	员工配对比较						横向对比	
	员工姓名	苏丽	马欣	于亮	梅玫	刘茜	“+”加总	最优秀
工作质量	苏丽	/	+	+	-	+	3	苏丽
	马欣	-	/	+	+	-	2	
	于亮	-	-	/	+	-	1	
	梅玫	+	-	-	/	+	2	
	刘茜	-	+	+	-	/	2	
工作数量	苏丽	/						
	马欣		/					
	于亮			/				
	梅玫				/			
	刘茜					/		

（五）强制配给考核法

强制配给考核法是把考核结果按预先设定的比例分配到参加绩效考核的各部门，然后各部门根据本部门员工数量和比例要求来确定每个考核等级人数的一种方法。例如，预先设定在考核结果中有15%的优秀，20%的良好，30%的一般，20%的较差，15%的差。就像在学校中不是任何一个学生都能够得到“优”一样，一个人的工作业绩也总是与其同事相比较后得出的，因此这种方法比较简单，也相对公平，它适用于规模比较大、工种繁多的部门，不适用于只有三五个人的小团体。

强制配给考核法可以广泛地用于大型旅游企业的年终绩效考核，例如先进员工的评选、工资的晋级等。但是，强制配给考核法还存在着一系列问题，其中最大的问题是如果一家旅游企业的整体绩效水平很高，排在末位的员工就很受打击。如果实行末位淘汰制度，末位最差员工的比例要适当，一般不宜过大。

（六）重要事件法

重要事件法是主管对下属与工作相关的优秀事迹或不良行为进行记录，并且在预定的时期内进行回顾考核的一种方法。在运用重要事件法进行考核时，一般是主管与下属一起以会议的形式讨论事件的过程和可以吸取的经验、教训，并把它们作为今后工作行为的正反榜样。

重要事件法通常是与其他绩效考核方法联合使用的，是作为其他绩效考核方法的一种补充方法。这种方法的优点是可以为绩效考核结果提供重要的事实根据，并且还可以帮助绩效考核者在进行鉴定时，根据记录全面考虑被考核者在一段时期内的工作表现，而不仅仅是最近的工作情况；同时对员工的重要事迹进行记录，还可以为下属克服工作中的不足提供具体的榜样。重要事件法不适用于对员工之间的比较，也不宜作为工资调整的主要依据。

（七）行为锚定等级考核法

行为锚定等级考核法是将一系列可能发生的典型行为表现案例——“锚定”在行为标尺量表上，以作为考核者进行打分时的经验参照，其形式如表5-7所示。实质上，行为锚定等级考核法是关键事件法与图表考核等级法的有机结合。

在设计行为锚定量表时，首先，要确定具体的考核指标，建立绩效考核等级，选择和获取关键事件，并按照绩效指标要求和内容进行筛选和归类；然后，挑选一些对被考核工作比较了解的人，如工作承担者、员工代表、业务骨干或部门主管，分别为代表不同绩效水平的度量标尺撰写关键事件，要求他们按其认为最适当的顺序把关键事件“锚定”在量表刻度上；最后，由人力资源管理部门对初步形成的行为锚定量表进行测定、修改和宏观审定，并建立配套考核细则。

考核者利用行为锚定量表进行绩效考核时，可以有“实感”地参照锚定量表上的关键事件，对被考核者的绩效行为表现给出适当分值。这样，绩效考核标准比较具体明确，考核者对员工的绩效计分可以减少主观随意性，考核结果更为准确，也有利于对工作行为形成明确而具体的导向，具有较好的绩效反馈功能和连贯性。但是，开发和设计一个有效的行为锚定考核表，往往需要较大工作量，其实施成本通常也比较高。

表 5-7　行为锚考核表示例

被考核者:旅行社导游

考核指标:导游服务质量,包括文明接待、导游流程、尽职服务、意外情况处理技巧和效果。

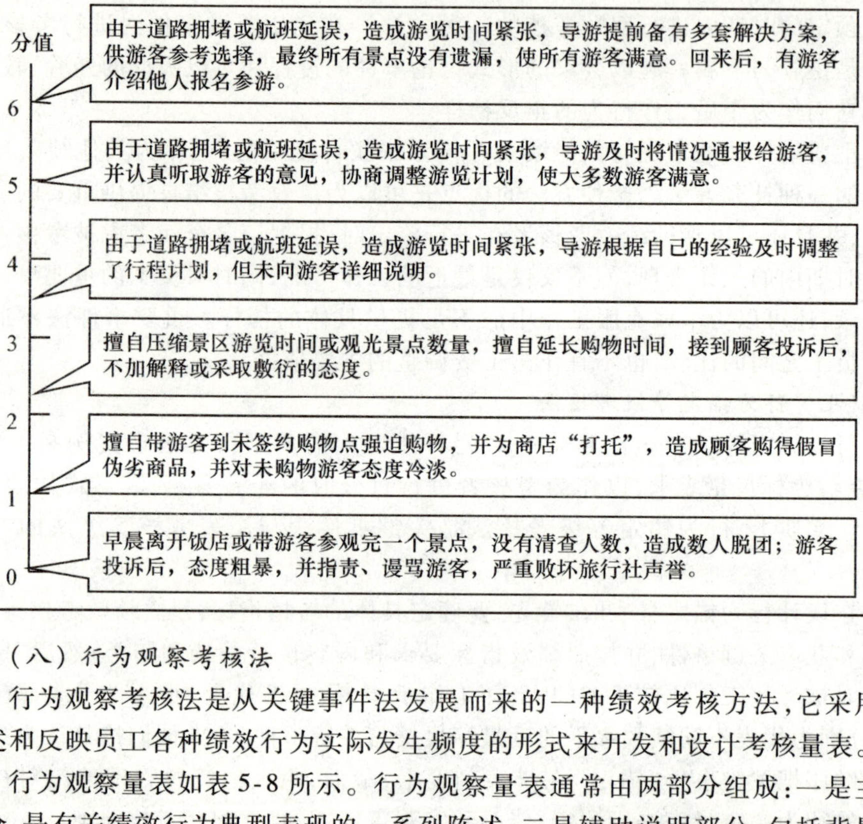

（八）行为观察考核法

行为观察考核法是从关键事件法发展而来的一种绩效考核方法,它采用以描述和反映员工各种绩效行为实际发生频度的形式来开发和设计考核量表。

行为观察量表如表 5-8 所示。行为观察量表通常由两部分组成:一是主体部分,是有关绩效行为典型表现的一系列陈述;二是辅助说明部分,包括背景信息、指导语和评分等级标准,评分等级标准一般采用从“从不”或“几乎没有”(1) 到“经常”或“几乎总是”(5) 的五级量标,来刻度被考评者的行为频度。行为观察量表的设计方法与“行为锚定量表”类似。

在实际中,行为观察考核法可以分不同的绩效指标进行考核,最后加总得分,高分表示该员工经常表现出组织所期望的行为。行为观察量表开发设计比较麻烦,但实施成本较低,便于考核者日常监控和具体指导被考核者的工作行为。

表 5-8　行为观察量表示例

被考核者		部　门		考核指标	饭店服务员工作质量
指导语：依据下列行为频度评价员工工作绩效，并以所列总分标准给出总体评价。					
行为频度标尺	极少，从不 / 偶尔 / 有时 / 经常 / 总是 分值　0　1　2　3　4　5				
总分评价标准	15 分以下——很差；15—18 分——较差；19—22 分——中等；23—26 分——较好；27 分以上——很好				
行为观察评分	1. 对工作有激情，执行力强。□ 2. 细致、周到地为每位顾客提供规范化的服务。□ 3. 能很快发现和了解顾客的需求，并采取恰当的服务行动。□ 4. 具有良好的团队合作精神，对本部门所有工作都能积极配合行动。□ 5. 与饭店其他部门保持良好的沟通关系。□ 6. 及时完成和超额完成本职工作。□				
总　分		考核评价		考核人（签字）	

六、员工绩效考核面谈

绩效考核面谈是上级就绩效考核的结果与被考核者进行的沟通与交流，对员工的优良绩效进行肯定并鼓励其继续保持，对存在的问题共同制订计划加以改进。

（一）绩效考核面谈的分类

正常情况下，根据面谈的目的和重点，可以将绩效考核面谈分为三种情况（见表 5-9）。如果被考核者的工作绩效和工作态度都很差，且没有转变的可能，那么就无需进行绩效面谈，可以考虑直接淘汰。

表 5-9　员工绩效考核面谈分类

考核结果	考核面谈的目的和重点
工作业绩和表现令人满意——被考核者是可以立即提拔重用的	讨论员工的职业发展计划，制订一个特定的行动计划，包括培训辅导措施、专业知识的学习等，为其今后新的工作提供必要的知识和技能支持。
工作业绩和表现令人满意——但目前没有提升的机会	鼓励员工继续保持优良的绩效水平。没有提拔机会的原因可能是没有更多职位空缺，也可能是该员工管理能力方面欠缺等。
工作业绩和表现不理想——可以调教（通过培训，教育，有改正的可能）	明确指出员工的不足，并与之共同探讨，列出一个行之有效的个人工作改进计划，以帮助其提高工作绩效。

(二) 绩效考核面谈的准备

绩效考核面谈要有周密的准备,通常应注意以下几个方面:

1. 面谈地点

绩效考核面谈应该安排在一个安静、雅致的环境中进行,确保在面谈时不被电话或来访者干扰。

2. 面谈时间

面谈要寻找对考核者和被考核者双方都合适的时间,能够让双方充分体会到这段时间是属于他们两人的,时间宽裕而不紧张。一般来讲,与普通员工的面谈时间应该控制在30分钟左右,而与管理人员的面谈时间应该在45分钟左右。

3. 全面掌握考核结果

主管人员要详细审阅面谈对象的绩效考核结果,并掌握该员工考核结果的基本要点,以利于双方沟通和面谈的顺利进行。

4. 争取创造有利的面谈气氛

为了使绩效考核工作收到理想的效果,与员工面谈前需要对沟通语言、方法和技巧等加以设计,应该以书面形式在"绩效考核面谈记录表"中列述出来,以备面谈中参考。

(三) 绩效考核面谈的实施

1. 缓和面谈气氛

亲切而熟悉的称呼、随便的闲聊、幽默或玩笑等都有利于缓和面谈的气氛。上级主管要避免过于严肃、紧张、像法官判案一样宣布考核结果,以免造成员工的敌对情绪。

2. 帮助员工改进工作是面谈的主旨

"我能为你下一步改进工作做点什么?"应该贯穿绩效考核面谈的始终。上级主管应该让员工意识到其职责是帮助员工做好本职工作,或解决生活及工作中的问题,而非只为批评而面谈。

3. 鼓励员工自我评价

面谈开始时,上级主管通常可以让员工对自己的工作进行一次自我评价。然后,主管人员将绩效考核结果与员工的自我评估做一对比,共同探讨不一致的方面。

4. 积极交换对绩效考核结果的意见

主管人员要鼓励员工发表对绩效考核结果的看法。特别是当员工感到考核对其某一方面评价不公正时,一定要让员工谈谈自己的意见。员工的完整叙述或许能让主管人员详细了解事情的真相,更正不正确的看法。当然,如果员工强词夺理、胡搅蛮缠，则应明确原则。

5．掌握沟通技巧，强化面谈效果

主管人员应该做一个良好的听众，并通过提问让员工对工作中的问题及改进措施畅所欲言。如果主管人员对员工的陈述表现出心不在焉，必然会使员工感到失望，那将失去双方合作的基础。

6．鼓励员工制定自己的改进工作目标

主管人员应该在面谈中表明，只要员工今后的绩效目标合理，对企业的经营管理和员工个人发展有益处，组织会全力支持他们，帮助其完成业绩。

7．提出希望，达成共识

在面谈结束之前，主管人员要总结面谈的中心议题或让员工总结面谈要点，目的是保证双方对面谈内容有共同的认识，必要时可以让员工阅读“绩效考核面谈记录表”并签字。

七、绩效考核中常见的误差

（一）晕轮效应

晕轮效应是指在工作考核过程中，考核者往往会因为对被考核者在某一方面特征的印象非常深刻，而导致对其他方面的特征失去客观判断能力。例如，一位员工具有娴熟的服务技能和很强的服务意识，人们就容易认为他在管理工作方面也会很有能力。这种现象表现在绩效考核中，就是考核者不自觉地将某一绩效指标的评价印象迁移到其他绩效指标的评价上，让被考核者某一方面的绩效表现“折射”到其他方面，从而导致考核结果偏高或偏低。

对于一些缺乏量化标准的绩效指标（如工作主动性、服务态度、人际关系、工作质量），采用图表考核等级法和简单排序法进行考核时，晕轮效应会表现得比较明显；而采用关键事件法和行为锚定等级考核法，发生晕轮效应的可能性比较小，这是因为这两种方法必须基于事实做出评价，且对应的绩效指标单一。

（二）中心化倾向

中心化倾向又称“平均化倾向”，是指用同一方法评定所有被考核者时，考核等级或成绩被压缩在中间区段，使考核结果没有拉开档次的一种倾向。中心化倾向在绩效考核工作中非常普遍，一方面考核者认为大家都是“同事”，不想对工作表现进行细致的区分，另一方面有时绩效考核指标及其评价标准“模糊”，也会导致考核者细分评价困难。

中心化倾向会导致绩效考核结果的扭曲，从而影响绩效考核目标的实现，因此可以考虑使用强制配给考核法来加以规避。

(三) 过分宽大或过分严格

在绩效考核过程中,有些考核者个性随和、态度宽容,而有些则个性严谨、态度强硬,前者对所有被考核者的评价都很高,后者给出的成绩则普遍很低。这种过分宽大和过分严格的现象在使用图表等级考核法和行为观察考核法时比较严重,可以考虑采用排序考核法和强制配给考核法来避免。

(四) 对比效应

对比效应可以分为两种。一是历史对比,随着时间的推移,考核者对同一个考核对象的评分可能产生逐年升高的趋势,这种趋势可能迫使绩效考核的标准降低。二是横向对比,即考核者将被考核者与其周围的人进行比较后,根据比较结果给予考核分数,而不是根据考核标准和实际业绩作出判断。采用排序考核法和一一对比法容易发生对比效应。

(五) 观察性误差

对被考核者的工作成绩和表现进行考核,除了一些具体的项目(可以量化的)必须严格按标准进行以外,其他很多方面,如解决顾客投诉的方式、方法,是根据考核者对被考核者的主观观察来判断的。由于不同的考核者对同一被考核者的观察角度和方法有别,得出的结论就可能不同,这样也会影响考核的结果。这种误差容易出现在运用重要事件法、行为锚定等级考核法和行为观察考核法进行的绩效考核中。

(六) 偏爱

考核者对被考核者的偏爱,也是导致考核结果失真的重要原因,这种偏爱包括人际关系、民族、年龄、性别、性格等。例如,考核者对与自己关系不错、性格相投的人会给予较高的评价;而有的考核者对女性、低学历者等持有偏见,往往会过低地评估他们的工作行为。

(七) 压力影响

考核者在绩效考核过程中的压力可能来自两个方面:上级和下级。很多考核结果与被考核者的晋升、工资调整等有着密切的关系,所以考核成绩对被考核者的作用非常重要。在这种情况下,上级为了提拔某位员工,或涉及员工的裁留问题,就可能给考核者施加一定的压力;而就被考核者而言,因为考核意义重大,有时会找考核者对质考核结果,这也给考核者造成压力。这些压力都会在一定程度上造成绩效考核结果的失真。

(八) 首因或近因效应

首因或近因效应产生的原因在于,考核者仅根据员工最初或最近的工作表现就对其整个绩效考核周期的工作做出评价。例如,员工在考核周期开始时非常努力,绩效也非常好,即使其后来的绩效并不理想,考核者仍然按照开始的表现,对其整个考核周期的绩效做出比较高的评价。此外,一些员工很懂得"时间因素的重要性",往往在临近考核时在工作中努力积极表现,争取得到好的绩效成绩。为此,旅游企业可以考虑采取不定期考核或缩短考核周期,以及绩效目标考核法,来矫正首因或近因效应带来的误差。

八、解决绩效考核误差的措施

(一) 考核标准客观化

绩效考核标准应该尽可能准确、明了,尽量使用量化等客观标准。例如,考核饭店餐饮部经理的经营业绩时,可以规定餐饮部的综合毛利率水平不能低于45%,而不是提出"为饭店创造显著的经济效益",以减少考核者主观的干扰。

(二) 交替使用多种考核方法

每一种考核方法都有其自身的优点和缺点,例如强制配给考核法可避免中心化倾向及过分宽大(或严格)现象的出现,但在被考核者工作成绩和表现普遍比较优秀的情况下,容易使被考核者产生不平衡的心理。因此,一定要根据考核目的、对象、时间和考核者的水平等具体情况,考虑选择两种或两种以上的绩效考核方法。

(三) 严格、认真地挑选考核者,并安排相关的培训

对考核者进行有关克服晕轮效应、中心化倾向、过分宽大和偏爱等方面的训诫,有助于避免问题的发生。在实际培训过程中,可以向考核者提供一些有关绩效考核的模拟案例,并要求他们对案例中的人进行考核,然后把每位参与者的考核结果以图解的形式表示出来,并解释各种误差出现的原因。

关键术语

绩效管理(performance management)
绩效考核(performance appraisal)
绩效考核周期(performance appraisal cycle)
绩效指标(performance index)
目标管理(management by objective)
绩效目标协议书(performance contract)
关键绩效指标(key performance indication)
平衡计分卡(balanced scorecard)
图表考核等级法(graphic rating scale)

排序考核法(ranking)
一一对比法(paired comparison)
强制配给考核法(forced distribution)
重要事件法(critical incident)
行为锚定等级考核法(behaviorally anchored rating scale)
行为观察考核法(behavioral observation scale)
绩效考核面谈(performance appraisal interviews)

复习思考题

1. 什么是员工绩效管理？它的一般过程是怎样的？
2. 旅游企业员工绩效管理应遵循什么原则？
3. 旅游企业的绩效目标是如何构成的？
4. “平衡计分卡”规划绩效目标的原理是什么？
5. 设计关键绩效指标(KPI)应该遵循什么原则？
6. 旅游企业常见的绩效考核方法有哪些？各有什么优缺点？
7. 员工绩效考核面谈的目的是什么？重点是什么？
8. 绩效考核的误差有哪些？如何避免？

课　业

根据员工绩效考核面谈的目的、准备和实施过程，设计一份包含面谈提纲的“员工绩效考核面谈记录表”，要求面谈提纲涉及的沟通内容不少于八个方面。

案例学习

乔凯在汉华盛世酒店管理公司的绩效管理

乔凯在汉华盛世酒店管理公司担任餐饮总监快一年了。此前，他在一所名牌大学取得MBA学位，又在公司总部企划部做过四年多职能性管理工作。现在，他分管公司旗下16家酒店的餐饮运营督导工作。

乔凯上任的第一年，主要是巡视各酒店的餐饮部，了解业务情况，熟悉各酒店餐饮部的所有工作人员。通过巡视，他收获不小，也增加了自信。

孙新是松溪汉华盛世酒店的厨师长，也是16家连锁酒店中资历最老的。孙新只在当地的中专念过两年书，后来进了汉华盛世酒店，从厨房学徒干起，直到三年前当上了厨师长。孙新很善于和他重视的人,包括他的部下搞好关系。孙新的出色厨艺使松溪汉华盛世酒店拥有一批忠实的食客,他们会冲着孙新在那里主理厨政而经常光顾。孙新有时为了让部下掌握某一新菜品的烹调方法,会卷起袖子亲自下厨,示范手艺,经过他的指点培养,有好几位部下已经成为骨干,并被派到新的连锁店担当主厨。

不过,孙新的不良饮食习惯给他带来了严重的健康问题,身体过胖,心血管疾病加胆结石,使他今年请了两个月的病假。其实,医生早向他提过警告,他却置若罔闻。再则,他太爱表现自己了,做了一点小事,也要来电话向乔凯表功。

跟乔凯谈过几次后,孙新就知道乔凯讨厌他事无巨细地打电话汇报,不过,他还是想让乔凯知道自己都干了什么工作。他也知道乔凯对他不听医生劝告、饮食无节制有看法。孙新认为乔凯实际经验不多,只是多学点理论,如果真到基层来干,未必能干好;他为自己学历不高,但成绩斐然而自豪。

明年,公司准备为乔凯配一个帮助他专门管理厨房事务的行政总厨。孙新已公开说过,公司厨师长中他资格最老,他觉得行政总厨非他莫属。但是,乔凯觉得孙新若来和自己直接共事,实在受不了,两人的管理风格太悬殊。

公司年终的绩效考核开始了。公正地讲,孙新这一年的工作,总的来说还算不错。汉华盛世酒店管理公司的年度绩效考核总体是10级制,9—10级为优秀,7—8级属良好,5—6级属于合格,3—4级是较差,1—2级是最差。

考虑再三,乔凯给孙新的综合绩效评了6级。他觉得这是有充分理由的:因为孙新今年有两个月的非因公病假。乔凯知道这个分数远低于孙新的期望,也会使他当行政总厨的希望破灭。现在,乔凯需要用充分的理由来支持自己的评分,并准备跟孙新进行绩效面谈。

案例思考

1. 你认为乔凯对孙新的绩效考核是否合理?汉华盛世酒店管理公司的绩效管理工作有什么需要改进的吗?

2. 乔凯和孙新进行绩效面谈将面临怎样的挑战?今后他们应该怎样合作?

第六章

旅游企业薪酬管理

知识要求

通过本章学习,学生应该掌握七项基本知识:

- 薪酬的含义
- 薪酬管理中可选择的政策取向
- 影响旅游企业员工薪酬水平的因素
- 旅游企业工资等级制度的主要类型
- 旅游企业发放员工奖金应遵循的原则
- 福利待遇的含义
- 我国社会保障制度的构成

技能要求

通过本章学习,学生应该掌握四项管理技能:

- 薪酬设计的步骤
- 结构工资制、岗位技能工资制、宽带工资制和年薪制的构建
- 旅游企业员工奖励方案的设计
- 自助餐式福利计划的选择与实施

引　例

"广州199元泰国五日游,要知道,199元人民币,连起码的泰国签证费(泰币1000铢,相当于港币200元)都不够,更不用说一路上吃喝住行了,谈何利润?任何一个有理性的人都会明白,这是一个陷阱。"大连带团做全陪的导游小曲正在接受一家媒体的电话采访。

据小曲介绍,上海2380元新马泰十日游、北京1880元香港四日游、重庆800元张家界双飞四日游、江苏660元海南岛六日游、四川500元泰国六日游。"这些报价能有利润吗?扪心自问,机票任你打折,车还得坐吧?饭还得吃吧?觉还得睡吧?可是很多游客对旅游市场所提供的产品的价值失去了理性的判断,这是一种悲哀……"

在交谈中,小曲透露了"零团费",甚至"负团费"的内幕:"这么便宜的团费,肯定连成本都抵不上,奥秘就在购物这一环节上。旅行社以超低的团费做诱饵,然后和购物商店串通好,在游客购物活动中赚取利润。不管是全陪还是地接,不管是专职还是兼职,导游人员的主要收入,均来自游客购物的'回佣',也就是提成。"

"我们也不想带游客购物,但问题是我们导游连自身的基本生存都无法保障,哪还管得了那么多!无基本工资、无三险福利、无最低保障,导游还要另交管理费、社保费、入会费等零零散散的费用。那么导游靠什么去赚钱?"谈到自己的生活,小曲显得很无奈。

"2005年以前,我们专职导游的底薪是500—700元,2006年,底薪降到了300元,而一些兼职导游从来就没有底薪。"

小曲算了这样一笔账:他所在的旅行社的固定底薪是300元(有的小旅行社导游没有底薪);带普通团游览景点的津贴通常在50—100元左右,如果是商务团、会议型团队或是会展团还会略有上浮;随着市民出游越来越频繁,原来"难得出门、大带特产"的日子已经一去不复返,购物点的"回扣"收入也不稳定。

据调查,不少小型旅行社不给导游工资、不付带团津贴,导游的收入完全来自小费和回扣,有的还要与司机、全陪、旅行社领队平分甚至还要上缴旅行社一部分。有业内人士为旅行社辩护:"养"一个签合同的在职导游每年要多支付2万元左右,如果人力成本提高,就很难在低报价的旅行社竞争中抢到客源。

资料来源:崔晓林. 失控的导游. 中国经济周刊,2007-05-07

一些旅行社一方面以“零团费”甚至“负团费”招揽顾客，另一方面让“小费”和“回扣”作为导游的全部收入来源，这种做法实质上否定了导游的劳动力价值，最终会让旅行社的经营陷入困境。当旅游企业以价格策略作为最有效的竞争手段时，控制成本，特别是控制人力资源成本常常会被摆在首位，而员工的薪酬又是人力资源成本中占比最大的，因此“薪酬管理”在一些旅游企业中被视为“经营战略的重要组成部分”，事实上，薪酬还影响着员工的工作表现和服务态度，甚至员工的流动。

第一节 薪酬概述

对于绝大多数旅游企业员工来讲，每当提及“薪酬”一词时，首先会想到的是自己的工资收入，其次就是奖金；事实上旅游企业为员工的劳动所付出的回报远不止这些。薪酬直接影响到员工工作的积极性，而且还和企业的人力资源成本控制有着密切的关系。因此，薪酬管理是旅游企业人力资源开发与管理必须要研究的内容。

一、薪酬的含义

从经济学角度来看，在市场经济条件下，薪酬是劳动力价值或价格的转化形式，它是劳动力这一特殊商品的价值的货币表现。劳动力作为一种特殊商品，决定其价值的，不仅有纯生理的因素，而且还有历史的或社会的因素。劳动力的价格即薪酬水平还受到劳动力市场供求关系的影响。如图 6-1 所示，D 和 S 分别为市场劳动力需求曲线和市场劳动力供给曲线，D 和 S 相交所决定的薪酬 W_0 和就业量 E_0 分别为均衡工资率和均衡就业量。

在任何高于 W_0 的薪酬额条件下（如 W_2 时）都会存在过度的劳动力供给，因为较高的薪酬既会减少企业的劳动力需求数量，也会增加愿意供给的劳动力数量。在自由竞争的劳动力市场上，这种薪酬水平不会持久，因为失业员工的存在将会对薪酬水平产生一种向下挤压的力量。当然，薪酬水平也不会长久地低于 W_0，如处于 W_1 状态；因为薪酬为 W_1 时，劳动力需求超过劳动力供给，存在劳动力短缺的问题，企业为得到足够的劳动力，将不得不提高薪酬水平，直到 W_0。因此，制定合理的薪酬政策，供求关系是一个不容忽视的基础因素，了解供求关系理论是极为重要的。

从人力资源开发与管理的角度讲，旅游企业的薪酬，是指当员工为履行其职责、完成工作任务或实现绩效而付出劳动、时间、学识、技能和经验时，企业所支

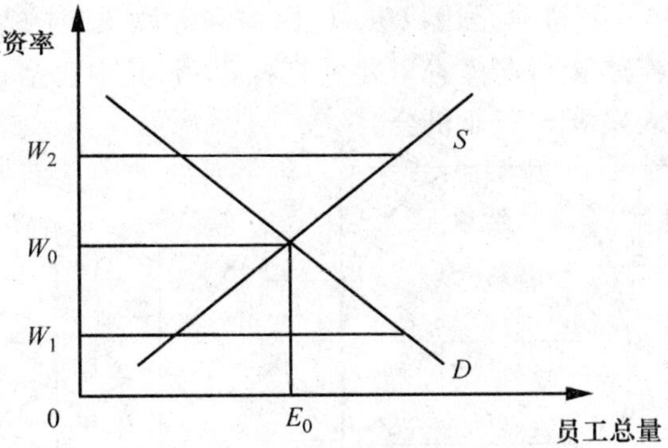

图 6-1　劳动力供求曲线图

付的以物质形式为主的各种回报。

二、薪酬的构成

从薪酬的货币支付形式区分,薪酬可以分成直接货币薪酬和间接货币薪酬。直接货币薪酬又称直接经济薪酬,是指旅游企业以工资、奖金、佣金和股票分红等名义,采用现金形式支付给员工的薪酬部分;间接货币薪酬又称间接经济薪酬,是指以各种以非现金形式支付给员工的劳动补偿及回报,如各类保险、住房公积金和带薪休假,以及其他可以使员工节省开支的措施等。

从绩效管理的角度来考察,员工的薪酬可以包括固定薪酬和浮动薪酬,其中固定薪酬是指在法律的保障范围内,依靠劳资双方达成的契约,劳动者明确可知的、固定获得的劳动回报;固定薪酬通常是按月发放,并根据员工的职级与职位类别确定具体的发放标准,具体包括基本工资、岗位津贴和福利待遇等。浮动薪酬则指相对固定薪酬来讲具有风险性的劳动回报。浮动薪酬的获得通常是非固定的和不可预知的,它与员工的具体工作表现和所取得的绩效正相关,主要包括员工可能获得的奖金、佣金和分红等形式的即期货币回报,以及年金、股票期权等延期回报。

20 世纪 90 年代,约翰 · E. 特鲁普曼(John E. Tropman)提出了定制性和多样性相结合的整体薪酬计划,认为应该把基本工资、附加工资、工作用品补贴、额外津贴、福利待遇、晋升机会、发展机会、心理收入、生活质量和个人因素等统一起来,作为一个整体来考虑,不再局限于以工资和福利为主体的货币薪酬,而是将企业能够提供的所有对员工有价值的东西统一作为组织的激励资源,并以此为基础来设计薪酬计划。美国薪酬协会(WAW)基于这种理念和思维框架,进一步提出了"总薪酬(total rewards)模型"(见图 6-2),在这一模型中,传统的薪资(工资、奖金)和福利待遇是用以吸引、保留和激励员工的基础,而员工置身于组织所获得的工作体验则发挥着重要的杠杆作用,其中包括了工作与生活平衡、绩效与认可和个人发展与职业机会,见表6-1。

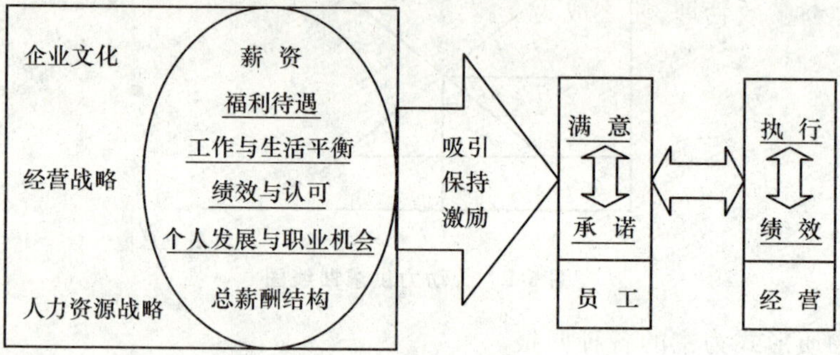

图 6-2　总薪酬模型

资料来源:Worldatwork, 2006

表 6-1　总薪酬体系的构成

项　目	内　涵
薪资(工资、奖金)	固定薪酬和浮动薪酬。
福利待遇	社会保险、企业补充商业保险、有薪假期与无薪休假制度、生活消费品供给和员工信贷支持等。
工作与生活平衡	旨在帮助员工在事业和家庭方面同时获得成功的政策和制度规定,主要包括提供灵活的工作时间,安全、宽松的工作环境,重视员工的身体健康,关心员工的赡养对象,提供信贷支持以改善员工的生活质量,支持员工融入所在的社区生活,鼓励员工参与管理和在组织变革过程中发挥积极的作用等。
绩效与认可	组织绩效、团队绩效和个人绩效三者结合来实现组织的战略和发展目标;对员工的行为、努力及绩效给予特别的认可或关注。
个人发展与职业机会	学习机会(包括学费补助、新技术培训、在职或脱产学习等),专家或导师的指导与培训(领导力培训、非专业领域的学习等),发展机会(实习、职位轮换、海外工作机会、工作晋升等)。

资料来源:Worldatwork,2006

相较于传统的薪酬模式,总薪酬模型的优势在于:

第一,总薪酬模型是真正以员工需求为导向的薪酬系统。它强调将那些对员工最具价值的要素作为企业支付薪酬的基础,能够针对员工需求制定不同的薪酬组合,进而将有限的激励资源最大限度地作用于员工价值,支持企业在劳动力相对短缺的市场竞争中获得人才优势。

第二,总薪酬模型更加强调薪酬策略、人力资源战略和组织战略的一致性。它在系统分析组织内、外部环境的基础上,将多种激励方式有机地整合在一起,强调目标与绩效管理,使之成为支持组织战略实现的有力工具。

第三,总薪酬模型更加强调沟通和员工参与。它强调员工参与、员工选择和充分沟通,能够更容易地促进员工对组织薪酬公平性的认同,进而提升薪酬系统的有效性。

第四,总薪酬模型更加具有弹性。它以员工需求为导向,将多种激励方式有机地整合在一起,一旦组织面临竞争压力或变革的需要,可以及时调整薪酬的构成要素和各要素之间的比例关系,进而调整和引导员工行为以支持组织的变革需要和应对外部环境的变化。

第五,总薪酬模型有助于更好地控制人工成本。它在关注货币薪酬的同时,也强调非货币薪酬(如发展机会、工作环境、企业文化等)为员工带来的价值,企业可以通过选择为哪些要素进行直接投资和设计双赢的薪酬项目来节约成本,比如提供健康的工作环境和健康福利保险,就可以通过企业与员工的共同合作而达到节约成本的目的。

三、薪酬的意义

(一) 薪酬是满足员工生理需求和安全需求的基本条件

从需求层次理论来看,薪酬是满足每位旅游企业员工生理需求和安全需求的基本条件。在市场经济中,劳动力的价值是由生产和再生产劳动力这一商品所必需的生活资料的价值决定的,它包括三个部分:一是为维持员工自身生存所必需的生活资料的价值;二是养活员工家属所必需的生活资料的价值;三是员工必需的教育和培训费用。

(二) 薪酬水平是员工工作与责任的象征

员工在旅游企业工作获得薪酬,当所得收入比较高时,员工通常会认为自己负责比较复杂的工作,承担比较大的责任;当所得收入比较低时,则通常会认为自己负责比较简单的工作。如果员工的收入与所付出的劳动或工作的繁简程度不成正比的话,势必给员工造成一种心理压力。

(三) 薪酬水平是员工职位与资历的象征

员工享有比较高的薪酬水平不仅表示其在旅游企业中的职位比较高,还可能表示其职业资历比较深;而对于薪酬水平比较低的员工,则通常意味着其职位比较低,或职业资历比较浅。基于这种普遍认识,许多旅游企业采取年资加薪

(工龄工资)的做法,即员工每在旅游企业服务一年就相应地有一次加薪机会,任职期限越久,薪酬水平就越高。

(四)薪酬是影响员工积极性的主要根源

每位员工都会自觉或不自觉地将劳动支出与得到的薪酬加以比较,这种比较包括同旅游企业外部的比较和同旅游企业内部的比较两种。人们对物质的满足,不仅包括客观上的满足,而且更注重主观上的满足,即同别人比较而得到的心理上的满足。因此,旅游企业在制定薪酬政策时,必须要注意尽可能地优于同行业的其他企业,至少保证不低于它们,否则就很难留住人才,更谈不上吸引人才。

美国心理学家 J. S. 亚当斯(J. S. Adams)发现,员工的工作积极性不仅受到其所得的绝对薪酬的影响,而且受到相对薪酬的影响。每个人都会不自觉地把自己付出的劳动和所得到的薪酬与他人付出的劳动和得到的薪酬进行比较,也会将自己现在付出的劳动和所得到的薪酬与自己过去的劳动和所得到的薪酬进行历史性的比较。如果通过比较发现自己的薪酬水平与他人的薪酬水平相等或更多,或者现在的薪酬水平与过去的薪酬水平相等或更多时,便认为是应该的,正常的,因而心情舒畅,努力工作。反之,如果发现自己的薪酬水平比他人少,或现在的薪酬水平比过去少,就会产生不公平感,容易满腔怨气。在这种情况下,员工可能会采取下列措施达到自我心理公平:

- 自我解释,自我安慰。员工往往会曲解自己的薪酬水平或曲解别人的薪酬水平,主观上造成一种公平的假象,消除不公平感。
- 采取一定的行为,努力改变别人的薪酬水平。
- 采取一定的行为,努力改变自己的薪酬水平。例如,通过消极怠工减少付出或者要求增加收入等以达到一个新的薪酬水平。
- 选择另一种比较,获得主观上的公平感,例如更换比较对象等。
- 发牢骚、泄怨气,制造人际矛盾,甚至放弃工作。

亚当斯的上述理论又称为"公平理论"。"公平理论"还指出,不公平感的产生绝大多数都是由于经过比较认为自己的薪酬过低而产生的,但在极少数情况下,个别人通过比较发现自己的薪酬过高,也会产生不公平感。

(五)薪酬水平的高低会影响员工的流动

在全球范围内,旅游业都属于员工高流动的行业,特别是对于那些基层员工来讲,低薪酬是造成其流动的主要原因之一。一些旅游企业由于受到董事会的约束或自身收益水平的制约,无法及时调整员工薪酬水平,使得大批有技术专长的员工外流。由此可以看到,薪酬直接关系到人才的流动。

（六）薪酬总额会影响旅游企业的经营和发展

旅游业是劳动密集型行业，人力资源成本占总成本的比重很大，目前许多旅游企业正面临着员工要求增加工资、缩短工时的压力，因此无论是薪酬总额的绝对值，还是占营业收入的百分比都有不断增长的趋势。人力资源成本占企业营业收入的比例过大，会使旅游企业负担过重或直接将负担转嫁到消费者身上，最终影响旅游企业的市场竞争能力；人力资源成本占企业营业收入的比例过低又会影响员工的积极性。因此，如何确定这一比例是旅游企业经营者必须慎重考虑的问题。

四、薪酬管理的政策取向

每一家旅游企业薪酬管理的政策都不尽相同，这些政策一般涉及以下六个方面：

（一）绩效优先与表现优先

绩效优先是指旅游企业主要根据员工绩效的优劣来支付薪酬，通常主要针对的是管理人员；而表现优先是指旅游企业主要根据员工工作能力来支付薪酬，通常主要针对的是大多数普通员工和绩效难以用数字衡量的非一线经营部门管理人员。

（二）工龄优先与能力优先

在旅游企业中，如果工龄在薪酬体系中的权重比工作能力所占权重大，则称之为工龄优先，反之则称为能力优先。相似的还有学历优先与能力优先、性别优先与能力优先等。

（三）工资优先与福利优先

如果一个旅游企业的员工工资非常优厚而福利待遇比较差，则其薪酬管理的政策倾向于工资优先；如果一个旅游企业的员工福利待遇相当好而平均工资水平一般，则其薪酬管理的政策倾向于福利优先。

（四）需要优先与成本优先

旅游企业在建立薪酬体系时，主要考虑人力资源需求能否及时满足而忽视人力资源成本控制，这种政策称之为需要优先；反之，如果主要考虑人力资源成本控制而忽视人力资源需求，则属于成本优先。

（五）物质优先与精神优先

在薪酬体系中，旅游企业强调货币薪酬（包括货币、实物、保险和有薪休假等）而忽视非货币薪酬（主要是员工的工作体验与感受），称之为物质优先；反之，比较重视非货币薪酬，不突出货币薪酬，则称之为精神优先。

（六）公开化与隐蔽化

员工通过旅游企业的正式信息渠道清楚地知晓他人的薪酬水平，称为薪酬公开化；反之，如果旅游企业不提倡员工相互了解彼此的薪酬水平，这属于薪酬隐蔽化政策。后者是旅游企业比较流行的做法。

五、影响薪酬水平的因素

在市场经济条件下，旅游企业员工的薪酬水平应该是动态的，因此根据旅游企业经营所面临的各种复杂因素，及时调整员工的薪酬是十分必要的。

（一）外部因素

1．劳动力市场的供求状况

当某一地区其他行业或本行业其他旅游企业的薪酬水平上升时，往往会导致该地区旅游业整体薪酬水平发生改变。此时，旅游企业为了能够招募到一定数量和质量的员工，只有在原有薪酬水平的基础上进一步提高。因此，劳动力市场的供求状况对旅游企业薪酬水平的影响，可以归结为：如果社会上可供本企业使用的劳动力大于企业需求，则薪酬水平可以降低；反之，则应该提高。

2．政府对全社会薪酬水平的调控

在市场经济条件下，政府对企业薪酬水平的干预，主要表现为培育、发展和完善劳动力市场，用宏观经济政策调节劳动力供求关系，通过引导劳动力市场，间接地影响企业薪酬水平；政府还可以利用调控个人所得税缴纳基点和缴纳比例等手段，间接影响员工的薪酬水平。

此外，政府还可以用法律、法规的形式来规范企业的分配行为，从而直接影响企业的薪酬水平。例如，以法规形式公布最低工资标准，规定企业必须为员工缴纳一定数额的社会保险费。按照我国《最低工资规定》，省、自治区、直辖市范围内的不同行政区域可以有不同的最低工资标准；最低工资标准一般采取月最低工资标准和小时最低工资标准的形式，其中月最低工资标准适用于全日制员工，小时最低工资标准适用于非全日制员工；最低工资标准的组成包括国家统计局规定应列入工资总额的工资、奖金、津贴等项收入，不包括加班工资、特殊工作条件津贴以及国家法律、法规和政策规定的保险、福利待遇。

3．物价对薪酬水平的影响

物价水平对员工薪酬水平具有重大影响。当员工的货币薪酬水平不变，或其上调幅度小于物价上涨幅度时，物价上涨将导致员工实际薪酬水平的下降。为了保证员工实际生活水平不受或少受物价影响，旅游企业应该采取必要措施给予补偿。例如,给予一定的物价补贴、提高工资标准、增发奖金、实行薪酬与当地物价指数挂钩、低价向员工供应生活必需品等。

4. 旅游行业薪酬水平的变化对旅游企业薪酬水平的影响

旅游行业薪酬水平的变化主要取决于旅游市场需求和本行业劳动生产率两大因素。当旅游市场需求比较旺盛时,旅游企业的薪酬水平应该有所提高;当旅游行业劳动生产率上升时,薪酬水平也可以在企业收益上升的幅度内按一定比例提高。如果旅游市场价格稳定,旅游企业处在比较宽松的竞争环境中,某一旅游企业薪酬的调整,则应该以当地旅游业薪酬总体水平为参照系,就本企业的劳动生产率与行业劳动生产率进行比较,决定薪酬调整幅度。

(二) 内部因素

1. 旅游企业的经营战略

薪酬管理应当服从并服务于旅游企业的经营战略。旅游企业选择不同的经营战略,其薪酬管理也会随之发生变化,见表6-2。

表 6-2 不同经营战略下旅游企业的薪酬管理

经营战略	经营重点	薪酬管理
成本领先战略	• 追求成本的有效性 • 简单快捷的服务	• 重视与竞争对手的人工成本比较 • 提高薪酬体系弹性 • 强调制度和服务流程的执行力
顾客中心战略	• 关注顾客满意度和忠诚度 • 为顾客提供无微不至的服务 • 加快营销速度	• 以顾客满意为奖励的基础 • 重视顾客做出的服务技能评价
服务创新战略	• 不断创新服务 • 缩短产品生命周期 • 引导顾客消费	• 以服务创新为奖励的重要依据 • 以市场为基准的工资 • 员工的工作职责宽泛化

2. 旅游企业的发展阶段

旅游企业在不同的发展阶段,其经营的重点和面临的内外部环境是不同的,因此在不同的发展阶段,旅游企业的薪酬结构也会有变化,见表6-3。

表 6-3 不同发展阶段下的薪酬结构

企业发展阶段		开创期	成长期	成熟期	稳定期	衰退期	二次创业
薪酬构成	基本薪酬	低	有竞争力	有竞争力	高	高	有竞争力
	激励薪酬	高	高	有竞争力	低	无	高
	间接薪酬	低	低	有竞争力	高	高	低

资料来源:何娟. 人力资源管理[M]. 天津:天津大学出版社,2000.

3．旅游企业的财务状况

旅游企业的财务状况会对薪酬管理产生重要的影响，它是薪酬管理各项决策得以实现的物质基础。旅游企业的财务状况良好，可以保证薪酬水平具有一定的竞争力，以及薪酬及时支付。

（三）员工个人因素

1．员工的工作表现决定其薪酬水平

就员工个体而言，其薪酬水平要受到他所提供的劳动量和服务质量的影响。此外，员工的能力不同，所表现出的工作质量也不尽相同，这种现实工作表现的差别，是导致员工薪酬水平高低差异的基本原因。

2．员工的服务技能和受训练水平对其薪酬的影响

拥有高质量的服务技能和接受过高水平的职业训练，员工的工作表现一般情况下会比较出色，这样的员工其薪酬水平必然要高，另外，给予这部分员工比较高的薪酬也是为了补偿其在学习专业技术和知识时所耗费的金钱、时间、体能、智力甚至心理上的压力等直接成本，以及因学习而减少收入所造成的机会成本。

3．员工的资历对其薪酬的影响

在旅游企业从业时间比较长的员工，其薪酬水平通常应该高一些，目的主要是为了补偿员工过去的劳动投入，减少员工的流动。这种将资历与薪酬挂钩的做法能够起到稳定员工队伍、降低员工流失率的作用。

此外，员工的工作经验、所从事工作的危险性等因素也会影响到员工的薪酬水平。

第二节　薪酬设计的一般步骤

薪酬设计的要点，在于“对内具有公平性，对外具有竞争力”。设计科学的薪酬体系和薪酬制度，流程如图6-3所示。

一、职位分析

职位分析是旅游企业确定薪酬的基础。结合旅游企业的经营目标，旅游企业管理层要在业务分析和人员分析的基础上，理清各部门的职能和相关职位的关系，明确旅游企业各岗位的职责、组织的架构、所需员工的技能等情况，人力资源部门和各部门主管合作编写出职位说明书，为衡量员工绩效提供依据。

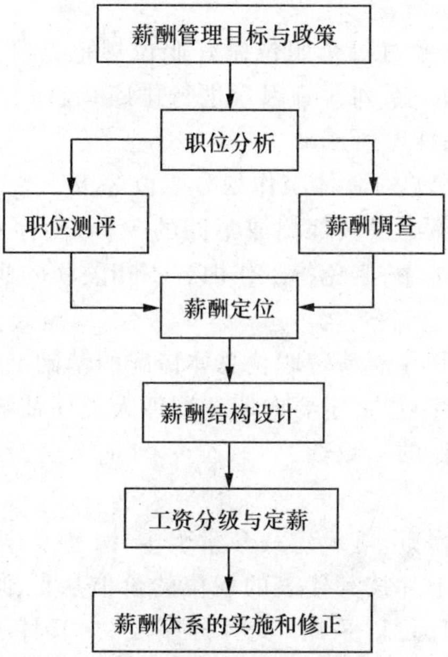

图 6-3 薪酬设计流程图

二、职位测评

职位测评重在解决薪酬的对内公平性问题。它有两个目的:一是比较旅游企业内部各个职位的相对重要性,得出职位等级序列;二是为进行薪酬调查建立统一的职位测评标准,消除不同旅游企业之间由于职位名称不同,或即使职位名称相同但实际工作要求和工作内容不同所导致的职位难度差异,使不同职位之间具有可比性,为确保工资的公平性奠定基础。

职位测评包括在确定各职位工作内容的基础上,进行相互比较,即对决定职位薪酬的工作因素进行比较、分析和衡量。科学的职位测评体系不是简单地与职务挂钩,这有助于解决"当官"与"当专家"的等级差异问题。例如,一位四星级饭店的行政总厨并不一定比餐饮部经理的等级低,前者注重于技术难度与创新能力,后者注重于管理难度与综合能力,二者各有所长。职位测评的方法主要有以下四种。

(一) 排序法

排序法是一种非常简单的工作评估方法,是指依据"工作复杂程度"等总体指标,对每个职位的相对价值予以排序,适用于小型的旅游企业,如旅行社。主要步骤包括:

1. 获取工作信息

先进行职位分析。要对每个职位做好职位规范,说明“职位总体情况”,这种方法不需要对职位的一系列薪酬因素进行排序,因而对于职位说明书并不像在其他的测评方法中那样不可或缺。

2. 选择等级参照物并对具体工作划分职位等级

在实际运作中,常见的是按部门或不同的工种,例如对饭店客房部服务员、领班、经理助理等进行排序,避免将工作内容不相关联的职位进行比较。

3. 选择薪酬因素

在排序法中,通常是在搞清楚职位总体情况的基础上,仅使用一个因素将工作进行排序,同时应该注意,一定要向职位测评人员仔细解释这项薪酬因素的具体含义,以确保评估工作的一致性。

4. 对职位进行排序

最简单的做法是给每个等级建一套索引卡片,每套卡片都对职位有一个简短的说明,然后把这些卡片按其代表的职位的价值从低到高进行排序。有时为了取得更为精确的结果,可以采用“交替排序法”。具体方法是,先取出等级最高的卡片,然后取出等级最低的卡片;再是第二高的卡片,然后是第二低的卡片,以此类推,直至把所有的卡片都排好序号。由于选择极端情况比较容易,这种方法可以简化排序工作。

5. 综合排序结果

对职位排序时,通常可以分别使用几种等级标准。排序工作完成后,人力资源部门需要对某一职位几次排序的结果计算其平均值,作为最终结果。

排序法的优点是简单、省时,缺点是过分依赖“主观估计”的因素,有时人们可以同意哪一职位最有价值,哪一职位价值最小,但是处于中间等级的岗位很难区分。

(二) 职位归类法

这是一种简单易行、广泛使用的方法。它把所有的职位分成若干组,工作内容相似的小组称为“类”,工作内容除了复杂程度接近以外都不一样的,就称为“级”;职位归类法的分组方法有两种,一种是制定“职位类别说明书”(类似于“职位说明书”),并据此把职位分类;另一种是给每一类职位制定一系列分类标准,然后再根据这些标准对职位分类。

职位归类法的应用程序是,首先确定工作类别的数目,一般旅游企业可以设定5—8种工作类别;然后为各种工作类别中的各个级别进行定义;最后将每一个工作职位与设定的级别进行比较,最终定位在合适工作类别的合适级别上。

职位归类法具有简单明了、灵活性高的特点，比较适合在大型旅游企业的管理人员和专业技术人员层面应用；其不足之处在于，工作职位类别和级别的划分主要基于假设工作因素与工作价值之间存在稳定关系，主观色彩比较浓，有时会使员工产生不公平感。

（三）要素计分法

要素计分法又称要素记点法，是一种比较复杂的量化职位评估方法，它是根据各个职位在薪酬要素上的得分来确定职位工作价值的相对大小，实质上是"排序法"的进步。要素积分法的具体操作步骤如下：

1. 确定要评估的岗位组

一般来说一家旅游企业最好只用一套职位测评要素，不要为每个职位都设计不同的测评要素。最多单独为一线操作人员（如饭店餐饮部的厨师和服务员，前厅部、客房部和管家部等部门的服务员等）设计一套职位组测评要素，其他人员则使用另一套职位组测评要素，这样才能在全企业范围内实现内部均衡。因此，需要将旅游企业的所有职位按照"类似工作同组归类"的原则，分配到不同的职位组，对于每个职位组提出一个方案。

2. 收集职位信息

职位分析做得比较规范的旅游企业，此时可以直接利用在职位分析中得出的职位说明书。

3. 界定薪酬要素

旅游企业所涉及的一些典型薪酬要素通常包括：受教育程度、工作经历、体能要求、对于设备的责任、对于原料的责任和对其他人安全的责任、监督的责任、工作环境、沟通水平和工作负荷。事实上，一个企业愿意付给薪酬的职位的任何一个方面都可能是薪酬要素。

4. 确定薪酬要素等级

可以根据工作的复杂程度为每个要素确定若干等级，但要确保能够清楚地区分职位的水平。因此，每一级都应该有详细的文字说明，表 6-4 是一个工作负荷要素分级说明的例子。

5. 确定要素的相对价值

这一步就是确定每个要素的权重。对于不同的职位组，同一种要素的重要性不同，不同的要素在同一种职位组中的重要性也不完全相同。例如，英语口语水平对饭店前台服务员来讲是一个十分重要的要素，而对于餐厅服务人员来讲其重要性就显得弱一些。因此，这种确定要素重要性的工作十分重要，一般由人力资源部的专业人员完成。

表 6-4 薪酬要素:工作负荷(示例)

等级	说明	分值
要素细分 1:工作压力		
定义:指工作的节奏、时限、工作量、注意转移程度和工作所需要的对细节的重视而引起的工作压力。		
等级	说明	分值
1	从事程序性工作,心理压力较小	15
2	程序性工作较多,有时会出现不可控因素,有一定的心理压力	30
3	脑力支出较多,工作中常出现不可控因素,心理压力较大	45
4	需要付出的脑力强度大,不可控因素多,心理压力大	60
要素细分 2:工作时间特征		
定义:指工作要求的特定起止时间。		
等级	说明	分值
1	按正常时间上下班	15
2	工作时间不一定是正常班,但具有一定的规律性,可以自行安排或预先知道	30
3	有些时候工作要求不得不早到迟退或者周末加班	45
4	工作时间根据工作具体情况而定,自己无法控制	60

6. 确定各要素及各要素等级的分值

首先将职位的总分值确定下来,例如可以设定是 1 500 分,再乘以各个要素的权重,就可以得到各个要素的分值;然后对于每个要素,最高水平的就是这个分值,其他层次的可以按照等差的形式加以类推,见表 6-5。

表 6-5 职位要素等级划分与分数配置表示例

职位要素	要素细分	级数	等级				分数	权重
			1	2	3	4		
工作责任	职权	4	25	50	75	100	700	47
	责任轻重	4	25	50	75	100		
	指导监督	4	25	50	75	100		
	工作复杂性	4	25	50	75	100		
	工作方法	4	25	50	75	100		
	协调沟通	4	25	50	75	100		
	计划组织要求	4	25	50	75	100		

（续 表）

<table>
<tr><th rowspan="2">职位要素</th><th rowspan="2">要素细分</th><th rowspan="2">级 数</th><th colspan="4">等 级</th><th rowspan="2">分 数</th><th rowspan="2">权 重</th></tr>
<tr><th>1</th><th>2</th><th>3</th><th>4</th></tr>
<tr><td rowspan="7">任职资格</td><td>最低学历要求</td><td>4</td><td>20</td><td>40</td><td>60</td><td>80</td><td rowspan="7">560</td><td rowspan="7">37</td></tr>
<tr><td>知识范围</td><td>4</td><td>20</td><td>40</td><td>60</td><td>80</td></tr>
<tr><td>工作经验</td><td>4</td><td>20</td><td>40</td><td>60</td><td>80</td></tr>
<tr><td>资格证书</td><td>4</td><td>20</td><td>40</td><td>60</td><td>80</td></tr>
<tr><td>体能要求</td><td>4</td><td>20</td><td>40</td><td>60</td><td>80</td></tr>
<tr><td>语言要求</td><td>4</td><td>20</td><td>40</td><td>60</td><td>80</td></tr>
<tr><td>技能要求</td><td>4</td><td>20</td><td>40</td><td>60</td><td>80</td></tr>
<tr><td rowspan="2">工作负荷</td><td>工作压力</td><td>4</td><td>15</td><td>30</td><td>45</td><td>60</td><td rowspan="2">120</td><td rowspan="2">8</td></tr>
<tr><td>工作时间特征</td><td>4</td><td>15</td><td>30</td><td>45</td><td>60</td></tr>
<tr><td rowspan="3">工作环境</td><td>工作地点</td><td>4</td><td>10</td><td>20</td><td>30</td><td>40</td><td rowspan="3">120</td><td rowspan="3">8</td></tr>
<tr><td>舒适程度</td><td>4</td><td>10</td><td>20</td><td>30</td><td>40</td></tr>
<tr><td>危险性</td><td>4</td><td>10</td><td>20</td><td>30</td><td>40</td></tr>
</table>

7. 编写职位评估手册

完成上述工作步骤后，把所得到的结果汇编成册，便于使用。

8. 将职位列等

一旦编好职位评估手册，就可以据此进行职位列等了。对于每个职位都能够按照要素进行评估以确定其分值，按照结果将其列等，见表6-6。

表6-6 职位等级的要素分布示例

等 级	分 值	等 级	分 值
1	450以下	6	851—950
2	451—550	7	951—1 050
3	551—650	8	1 051—1 150
4	651—750	9	1 151—1 250
5	751—850	10	1 251以上

要素计分法的优点在于易于解释和评估。但是，建立一个分值评估方案是相当困难的。

（四）要素比较法

要素比较法也是一种量化分析技术，它需要分析比其他方法更多的薪酬要素，实质上是对排序法的一种改进。运用要素比较法时，除了需要选择多个薪酬要素以外，还要通过调查，获得在劳务市场上认可的标准职位的小时工资额——小时工资是比较的标准。以饭店餐饮部为例，如果普通厨师、迎宾员和服务员的小时工资分别是 20 元、10 元和 12 元，职位测评小组会以此反推工作中的每个要素的薪酬额，见表 6-7，其中的薪酬要素是身体素质、技能、责任、工作条件和沟通能力；通过对一些关键职位的薪酬按照薪酬要素进行分解后，可以此为参照标准对其他职位的要素进行比较并评定出薪酬额度。表 6-7 的下半部分显示的就是要素比较后的一些职位的薪酬额。

表 6-7　要素比较法职位测评示例

关键职位	薪酬要素					小时工资
	身体素质	技　能	责　任	工作条件	沟通能力	
普通厨师	4.50	5.00	4.50	4.00	2.00	20.00
迎宾员	2.50	1.00	1.50	1.00	4.00	10.00
服务员	2.50	2.00	2.00	1.50	4.00	12.00
测评职位	薪酬要素					小时工资
	身体素质	技　能	责　任	工作条件	沟通能力	
厨　工	4.00	3.00	3.00	3.50	1.50	15.00
洗碗工	2.00	1.00	1.00	3.50	1.00	8.50
实习生	2.00	1.00	1.00	1.50	3.00	8.50

要素比较法通过对职位的相互比较以确定薪酬水平，简便易行，表 6-7 只是列举了五个薪酬要素，实际的要素要更多一些，因此很难完全将薪酬分配到每一个薪酬要素上；此外，关键职位的选择和小时工资标准也是比较难确定的。

三、薪酬调查

旅游企业进行薪酬调查，主要是为了保证薪酬水平具有竞争力。通过薪酬调查，不仅可以真实地反映当地旅游行业现行的薪酬水平，而且调查结果可以清楚地向员工解释旅游企业薪酬政策的合理性，并以此作为调整薪酬的依据。

（一）薪酬调查的对象

旅游企业在确定薪酬水平时，需要参考当地劳动力市场的薪酬水平。薪酬调查的对象，最好是选择与自己有竞争关系的旅游企业或同行业中的类似旅游企业，重点考虑员工的流失去向和招聘来源。

由于旅游行业人员流动比较频繁，可以利用招聘面试、人员跳槽的机会，了解竞争对手的薪酬水平，但要防止以偏概全。

（二）薪酬调查的内容

薪酬调查的数据，要有上年度的薪资增长状况、不同薪酬结构对比、不同职位和不同级别的薪酬数据、奖金和福利状况、长期激励措施以及未来薪酬走势分析等。

有些调查可以采用问卷的形式，这些问卷一般包括三个方面的内容，首先是有关旅游企业的基本资料，包括名称、坐落区域、员工人数、企业规模、营业额、服务档次和资产规模等；其次是有关旅游企业的薪酬资料，包括薪酬结构、奖励激励政策、工作时段、退休保障和有薪休假等涉及员工福利的信息；最后是具体职位的薪酬水平，包括被调查旅游企业的职位分类和分级、各级职位的实际薪酬水平、年度总收入（含奖金）、加薪周期、最近一次的加薪幅度、保险及住房公积金缴纳标准等。

（三）薪酬调查与分析

只有采用相同的标准进行职位评估，并获得真实的薪酬数据，才能保证薪酬调查的准确性。具体地讲，如果调查某饭店每月支付给洗碗工的工资是 2 000 元，面对这种比较高的薪酬待遇，就有必要进一步调查一下该饭店关于洗碗工的职位说明书，看其真正的工作任务包括哪些方面。

薪酬调查的结果，是根据调查数据绘制薪酬曲线，在"职位评估值——薪酬水平坐标图"上，首先标出所有被调查的旅游企业员工薪酬所处的点，然后整理出同类旅游企业的薪酬曲线（见图 6-4）。薪酬曲线一般都采用最小二乘法来进行拟合。如果将评价点数或者序列等级设为 X，市场薪酬水平设为 Y，就可以得出薪酬曲线的方程 $Y = bX + a$。将各个职位的评价点数或者序列等级代入方程，

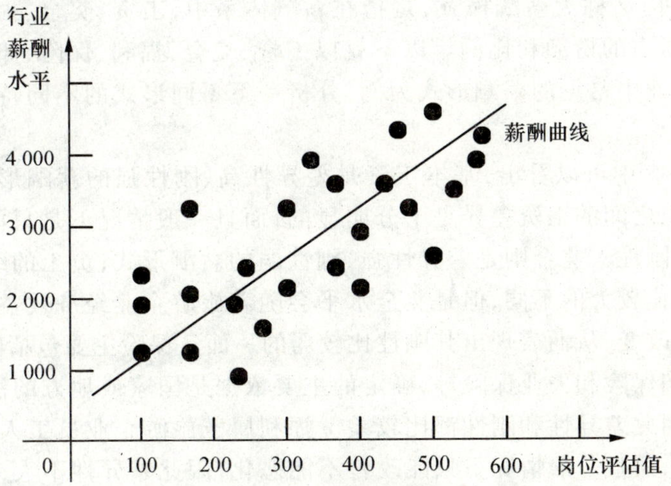

图 6-4 薪酬曲线图

就可以得出它们的市场平均薪酬水平。薪酬曲线图可以直观地反映某一旅游企业的薪酬水平在同行业中处于什么位置。

四、薪酬定位

在分析同行业中其他旅游企业有关薪酬的数据后，需要做的是根据本企业的经营状况和内外部环境确定薪酬标准。

在薪酬设计时有个专用术语叫25P,50P,75P,意思是说，假如有100家企业(或职位)参与薪酬调查，平均薪酬按照由低到高排名，第25位排名以前的代表低位薪酬(25P),第50位排名左右代表中位薪酬(50P),第75位之后的代表高位薪酬(75P)。一个采用75P策略的企业，需要有雄厚的财力、完善的管理、良好的营利能力、一流的硬件和服务做支撑，因为降薪是非常困难的人力资源工作，一旦企业的市场前景不妙，企业的人力资源成本压力就会凸显出来。

五、薪酬结构设计

在国外，许多旅游企业在确定员工的薪酬时，往往要综合考虑三个方面的因素:一是职位等级，二是个人的技能和资历，三是个人绩效。在薪酬结构上与其相对应的，分别是职位薪酬、技能薪酬和绩效薪酬；也有的将前两者合并考虑，作为确定一个人基本薪酬的基础。

(一) 薪酬的构成

薪酬结构又称为薪酬模式，是指在薪酬体系中，工资、奖金、福利、保险、红利、佣金等所占的份额和比例。以下就以工资、奖金、福利、保险、津贴这五种在旅游企业行业中常见的薪酬形式为例，分析一下不同形式的不同特性，如图6-5所示。

从图6-5中可以看出，基本工资是差异性高、刚性强的薪酬形式。在旅游企业中，员工之间的工资差异是十分明显的，而且一般情况下是只能升不能降，有比较强的刚性。奖金则是差异性强、刚性弱的薪酬形式，员工的绩效不同，奖金必然会有比较大的不同，但是奖金水平会随着旅游企业经济效益和战略目标的变化发生改变，从而表现出其刚性比较弱的一面。保险主要包括医疗保险、养老保险、工伤保险和失业保险等，确定的主要依据是国家或地方的法律、法规或相关政策，因此差异性和刚性都比较差。福利属于旅游企业员工人人都可以享受到的利益，而且一般情况下只能改善不能恶化，因此差异性不大，但刚性是比较高的。津贴的种类和发放标准比较复杂，需要区别对待。

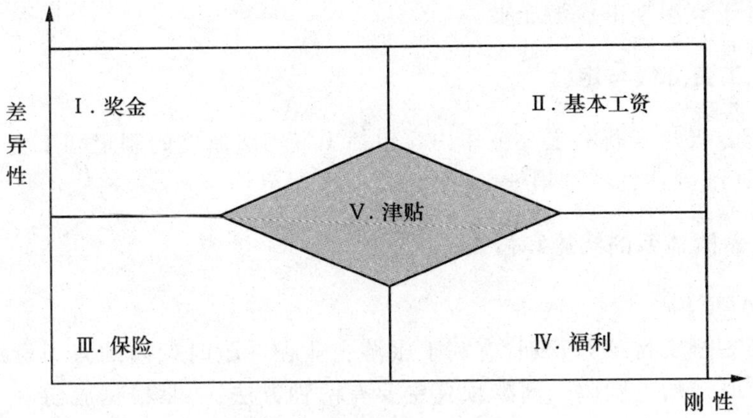

图 6-5 薪酬形式的不同特性

（二）薪酬结构的模式

工资、奖金、福利、保险、津贴这五种薪酬形式的组合就会形成不同的薪酬结构，通常有三种模式，即弹性模式、稳定模式、理性模式。

1. 弹性模式

这种模式的薪酬主要是根据员工在一定时期的工作绩效决定。在弹性模式下，奖金和津贴的比重要大一些，而福利和保险的比重则要小一些，而且在基本工资的部分，有时也实行绩效薪酬或销售提成等形式。这种模式有较强的激励功能，但是员工缺乏安全感，比较适合处于快速发展阶段的旅游企业。

2. 稳定模式

这种模式的薪酬主要取决于员工工龄与旅游企业的经营状况，而与个人的工作绩效联系不多。稳定模式的薪酬，主要部分是基本工资；奖金所占比重较小，而且主要依据旅游企业的经营状况，并结合员工基本工资水平按一定比例发放或是平均发放。这种模式对员工而言有比较强的安全感，但缺乏激励功能。如果旅游企业人力资源成本增长过快，企业的负担会比较大；因此，稳定模式的薪酬结构更适合运营趋于成熟的旅游企业。

3. 理性模式

这种模式需要管理者根据旅游企业的经营目标、工作特点以及收益情况，合理地进行薪酬组合。这种模式不仅要有弹性，保证能够不断地激励员工提高工作绩效，而且还应该具有稳定性，给员工一种安全感，使他们关注旅游企业的长期目标。理性模式的薪酬结构，通过较低的基本工资、与成本控制相结合的奖金以及符合法定标准的福利，实现其控制人力资源成本的目标，比较适合业务没有增长或处于衰退期的旅游企业。

六、工资分级与定薪

工资分级与定薪的主要工作内容包括工资等级制度的制定和工资支付形式的选择,详细阐述见本章第三节。

七、薪酬体系的实施和修正

(一) 预算

对于薪酬实行预算管理,有利于旅游企业在一段时期内的人力资源成本保持在一个既定的范围内。薪酬预算主要有两种方法:一是根据旅游企业每个职位未来一年的薪酬标准,计算出整个部门所需的薪酬支出,然后汇集所有部门的预算数字,编制旅游企业整体的薪酬预算;二是旅游企业的高层管理者首先决定企业整体薪酬预算额和增(减)薪的幅度,然后再将整个预算额分配到每个部门,各部门按照所分配的预算额,结合本部门内部的实际情况,将薪酬预算分配到每个职位上。

(二) 沟通

在制定和实施薪酬体系过程中,及时、有效的沟通是保证薪酬制度顺利执行的因素之一。薪酬制度的合理与否在很大程度上取决于员工是否满意。旅游企业人力资源部门可以利用薪酬制度问答、员工座谈会、员工满意度调查、内部刊物等形式,充分、全面地介绍旅游企业的薪酬政策。

(三) 支付

首先,薪酬支付的标准应该是公开化的。薪酬管理要坚持公平的原则,而员工对于薪酬的公平感来自于管理人员将正确的薪酬标准传达给员工。有的旅游企业要求员工薪酬绝对保密,这样做不利于激励员工。正确的做法应该是,每个职位的薪酬支付标准公开,而每位员工的具体实得薪酬实行保密。

其次,薪酬支付的时机要有所选择。把握住薪酬支付的恰当时机,是保持员工工作积极性的关键。实践证明,调动员工工作积极性的手段之一就是对他们良好的工作绩效给予及时的奖励。

最后,要确定合理的薪酬支付方式。计时制是旅游业最常见的薪酬支付方式,它是将薪酬与工作时间进行直接联系,具体可以分成小时薪酬、周薪酬和月薪酬。这种支付方式最注重的是工作本身的价值,而不是员工在职位上表现出的技能和能力的价值,也不是业绩的质量或数量。

（四）调整

旅游企业的薪酬制度在执行的过程中，由于各种因素的变化，必须不断地加以调整，因为僵化不变的薪酬制度将会使其激励的功能退化。对于薪酬的调整主要包括以下几种情况：

1. 奖励性调整

奖励性调整就是当员工工作绩效突出时，应适当地调整其薪酬水平。

2. 根据生活指数调整

根据生活指数调整员工的薪酬，是为了补偿由于通货膨胀而导致员工的实际收入无形减少的损失。

3. 根据企业经济效益调整

根据企业经济效益调整员工的薪酬，是指当旅游企业效益优良时，应该普遍提高全体员工的薪酬水平；当效益欠佳时，可以考虑调回到比较低的水平。需要注意的是，这种调整应该是针对全体员工的，否则就有失公平。

4. 根据工龄调整

根据工龄调整员工的薪酬，是指在调整员工薪酬时要考虑工龄，工龄的增加通常意味着员工工作经验的积累与丰富，代表着员工工作能力或绩效潜能的提高。

第三节 工资和奖金

一、工资等级制度

工资等级制度是根据工作的复杂程度、精确程度、负责程度、繁重程度和工作条件等因素，将各职位的工资划分等级，按等级确定工资标准的一种人力资源管理制度。工资等级制度主要是由工资等级表、工资标准、技术（业务）等级标准以及职位（工种）统一名称表等内容所组成。

（一）结构工资制

结构工资制是把员工的工资划分成若干组成部分，构成动态性的工资结构模式，用工资分解的方式，确定和发挥各部分工资的不同功能。结构工资制一般由以下三个组成部分：

1. 基础工资

基础工资是员工工资收入中的基本部分，是维持劳动力简单再生产、保障员工基本生活条件的工资收入。基本工资的标准应根据满足员工基本生活需要的消费品价格水平决定。但是,不同素质的劳动力,其再生产的费用不一样,因此,原则上这部分工资额应根据需要有所区别。

为了维护劳动者取得劳动报酬的合法权益,保障劳动者个人及其家庭成员的基本生活,我国2004年颁布施行的《最低工资规定》,将“最低工资标准”定义为,劳动者在法定工作时间或依法签订的劳动合同约定的工作时间内提供了正常劳动的前提下,用人单位依法应支付的最低劳动报酬。最低工资标准一般采取月最低工资标准和小时最低工资标准的形式。月最低工资标准适用于全日制就业劳动者,小时最低工资标准适用于非全日制就业劳动者。最低工资标准的确定和调整方案,由省、自治区、直辖市人民政府劳动保障行政部门会同同级工会、企业联合会/企业家协会研究拟订。最低工资标准一般不包括加班费,中班、夜班、高温等特殊工作环境、条件下的津贴,以及法律、法规和国家规定的劳动者福利待遇等。在员工提供正常劳动的情况下,旅游企业应支付给员工的基本工资不应该低于当地最低工资标准。

2. 职位工资

职位工资是按照职位的工作繁简、劳动量轻重、责任大小和劳动条件等因素决定的工资。它是结构工资制的主要组成部分,是体现劳动差别、贯彻按劳分配主体原则的关键部分,其功能主要是促进员工的工作责任心和上进心,激励员工努力学习和提高业务技术水平。为充分发挥这一功能,应将职位工资部分与绩效考核相结合,根据绩效考核的结果增减职位工资,并相应地建立旅游企业内部员工流动制度。

3. 工龄工资

工龄工资是根据员工工龄的长短和每一年工龄应计的工资额来确定的工资。它是对员工工作经验和劳动贡献的积累所给予的补偿,是随着工龄的增长而逐年增加的。为了使员工安心在本企业工作,旅游企业在计发工龄工资时,可以采取连续服务工龄与一般工龄有别的办法。

实行结构工资制时,要注意合理安排各组成部分的分配比例关系。结构工资的水平要受到工资总额的制约,因此基础工资、工龄工资的比重不宜过大,否则会影响职位工资的水平;如果比重过小,又很难发挥它们应有的功能。一般地说,应先在薪酬调查的基础上确定基础工资水平,然后再决定职位工资水平,工龄工资则次之。

结构工资制操作简单,具有直观、简明的特点,比较适合管理层次简洁、职位比较少的中小型旅游企业,如旅行社、餐饮店等。

(二) 职位技能工资制

职位技能工资制是建立在职位评价的基础之上,并且充分突出了工资中职位与技能这两个结构单元的特点,更有利于贯彻按劳分配的主体原则和调动员工提高技术业务水平的积极性。

1. 职位技能工资制的构成

职位技能工资制由职位工资与技能工资两大单元组成。职位工资是根据员工所担任的职务、所在职位的责任轻重、工作强度大小和工作条件优劣而确定的工资。技能工资是根据不同职位对工作技能的要求和员工所具备的技能水平而确定的工资。随着知识经济时代的到来,近年来出现了"知识工资"一词,实质上这是"技能工资"的一个变种,即员工的工资不仅与其掌握的技能相关,还和其掌握的专业知识结构有关。

2. 职位技能工资制的特点

(1) 全面反映员工的劳动差别

职位技能工资制比较全面地反映了员工潜在、流动、凝结三种形态劳动差别的统一。特别是技能工资部分,它能够鼓励员工钻研技术、提高技能,也是对员工智力投资的补偿。旅游企业经济效益的提高,不仅取决于管理水平,而且取决于员工基本素质和综合能力。例如,一些饭店针对烹调、调酒、美容美发等工作对技术要求水平比较高的特点,将技能工资与员工的技术等级挂钩,以促使员工重视学习技术,积极考取技术等级证书。

(2) 从动态上反映劳动差别和报酬差别

员工的工作量不是固定不变的,它受主客观因素的影响,处在动态之中。职位技能工资制的特点是随职位、技能变化而变化,实行"易岗易薪,技变薪变"的原则。这种对应关系,使旅游企业的薪酬体系始终处于动态均衡之中。

(3) 鼓励员工学习与工作有关的技能

实行职位技能工资制,员工的工资不完全是由工作职位决定的,还要根据员工的知识技能水平来评定,因此会鼓励员工学习与工作有关的知识与技能,这样员工就能在企业出现人手短缺的时候及时补充到其他职位上去,有助于在企业里形成学习的氛围。例如,有的饭店规定员工通过自学掌握第二门外语,并通过饭店内部组织的考核,可以上调一级工资。

(4) 有助于员工建立职业阶梯

在引入职位技能工资制之前,旅游企业中许多从事基层服务工作的员工,在考虑自己的职业发展时只有两个选择——设法进入管理层或一直从事低收入的工作。职位技能工资制使这部分员工发现,他们可以通过提高自己的知识技能水平获得企业认可并提升工资。例如,较早实行岗位技能工资制的美国星期五餐厅(T. G. I. Friday's)规定,如果员工掌握了新的技能,会在员工工作服的标志上显示出来,并同时获得加薪,而且掌握的技能越多升职的可能性也就越大。

在实行岗位技能工资制时,要科学地确定职位工资单元与技能工资单元的比例。一般来说,技术要求高的职位,如外语导游、西餐厨师和歌舞厅音响师等,其技能工资单元的比重可以大些。而劳动强度大、工作条件差的职位,如饭店洗碗工、旅游景区清洁工等,其职位工资单元比重应该比较大。此外,需要注意的是,实行职位技能工资制,随着员工掌握技能数量的增加,旅游企业的人力资源成本也会越来越高,而且当有的员工掌握了旅游企业所需的所有技能后,其职业发展空间会受到企业组织结构的限制。

(三) 宽带工资制

宽带工资制是指对多个工资等级以及工资变动范围进行重新组合,从而变成只有相对较少的工资等级以及相应的较宽的工资变动范围。在宽带工资制中,每一等级工资的最高值和最低值之间的差率要达到一倍或一倍以上(见图6-6)。宽带工资制实质上是对传统的多等级工资体系的一种改进,其特点在于:

第一,宽带工资制打破了传统的薪酬等级制,支持了组织扁平化发展。随着旅游企业组织结构的扁平化发展,职位层级减少的趋势越来越明显,但是职位层级的减少必将导致员工晋升机会的减少,在多等级工资体系中员工的收入增长

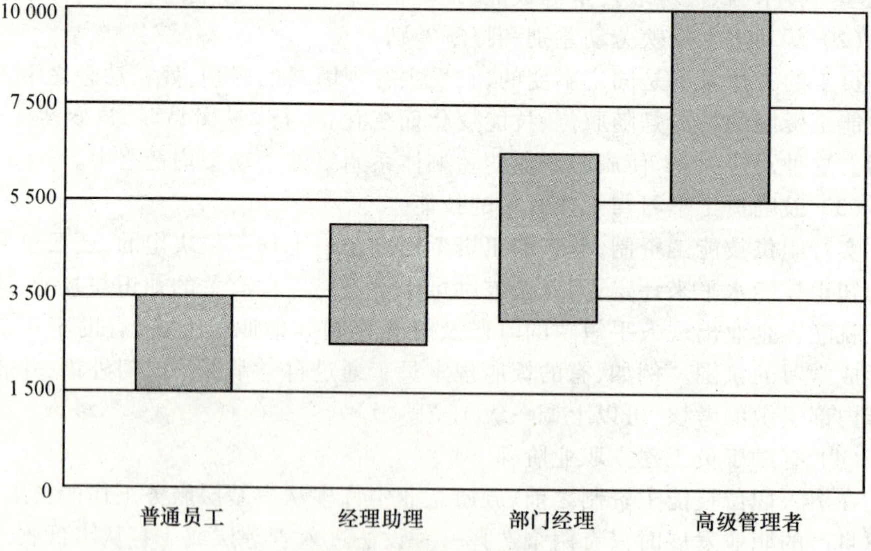

图 6-6　宽带工资示意图

会受到限制。宽带工资制则可以化解这种矛盾,它打破了以职位层级细分的工资等级体系,使得优秀员工在岗位不变的情况下,也会由于出色的工作表现而得到相当于较高职位的工资。这对提高企业效率、保持旅游企业自身灵活性和迎接外部挑战都有积极意义。

第二,宽带工资制有助于体现内部公平。采用宽带工资制,用人部门的管理者拥有更多的权力和责任,对下属的工资界定给予更多的意见,充分地体现内部公平性。宽带工资设计将员工工资与员工的知识、能力、工作业绩及旅游企业整体效益挂钩,拉开了员工的收入差距,使不同能力、不同岗位、不同业绩分别对应不同薪酬。

第三,宽带工资制有助于职位轮换。在宽带工资制中,工资等级数目相对较少,扩大了工资等级范围,工资的高低是由员工的工作能力来决定的,而不是职位层级决定。员工可以通过"横向"的职位轮换,发展自己的职业能力,以求获得更高的工资,从而减少员工流动的阻力,提高旅游企业进行员工职位轮换的弹性。

二、工资支付形式

旅游企业必须在与员工约定的日期支付工资,如遇节假日或休息日,则应提前在最近的工作日支付,并且至少每月支付一次工资。当旅游企业依法与员工解除或终止劳动合同时,应一次付清员工的工资。

按照《劳动法》第五十一条的规定,法定节假日企业应当依法支付工资,即折算日工资、小时工资时不剔除国家规定的法定节假日。据此,日工资、小时工资的折算为:

日工资 = 月工资收入 ÷ 月计薪天数

小时工资 = 月工资收入 ÷(月计薪天数 × 8 小时)

月计薪天数 =(365 天 − 104 天)÷ 12 月 = 21.75(天)

(一)计时工资

计时工资是旅游行业至今采用最为普遍的工资支付形式,所有按照员工工作时间长短来支付员工工资报酬的制度都属于这一基本类型。计时工资支付形式最通常的是以小时为单位来计算员工工资。按照这种工资支付形式,员工工资收入是用员工实际工作时间乘以其小时工资额。

计算公式:

$$W = R \times H$$

其中,W——工资额;

R——小时工资额；

H——工作小时数。

例如，某旅游企业一员工的周工作时间为40小时，其小时工资为10元，那么其实际收入按公式计算则为：

$$40 \times 10 = 400(\text{元})$$

这种工资支付形式简单明了，计算简便；奖罚不十分严格，比较注意工作质量而不十分注重数量。

计时工资支付形式在旅游行业广泛使用，主要是由旅游行业的特点所决定。服务是一个比较模糊的概念，很难完全用数值表示清楚。有时一项工作要求多位员工的相互配合才能顺利完成，如饭店的总台接待服务、餐饮服务等。此外，为了适应市场竞争的需要，更多的旅游企业认为“服务质量比服务数量更重要”。正是由于这些特点的制约，计时工资支付形式才得以在旅游行业推广。

（二）计件工资

计件工资，顾名思义，按照这种工资支付形式，员工的收入是根据他所完成的合格产品或服务工作数量来决定的，而不是以工作时间为单位来计算的。每件工作或服务项目都预先确定了单价，称为计件单价。通常情况下，计件单价是根据工时分析制定的，有时也是根据估算结果制定的。其计算公式如下：

$$W = N \times U$$

其中，W——工资额；

N——每件工作的单价；

U——工作的件数。

计件工资支付形式在一些旅游企业的个别部门还是适用的。例如，针对饭店专门负责客房清洁整理工作的职位，就可以参考这一形式支付工资，因为客房清洁工作通常要求服务员按照固定程序独立完成，规定每完成一间客房清洁工作的工资额，往往能刺激员工工作积极性。此外，饭店洗衣房的工作也具有同样的特点。采用这种工资支付形式，企业对员工的工作质量需要认真检查——计件的工作必须是合格的工作，被查出的不合格产品或工作不但不能计算在内，而且还要有一定的惩罚措施。

计件工资支付形式鼓励员工高效率地工作，工资计算方便，简单易懂；预算人工成本比较直接、简便。但是，采用计件工资支付形式也面临一系列的管理问题。一些员工团队已形成了工作常规，这一常规通常会成为提高产出的障碍。如果某些员工的工作量超过了这一常规，往往会受到巨大的团队压力，只好因此而减少产出。这是因为希望被团队接纳及被同事尊重的欲望似乎超过了增加收

入的欲望。具体讲,抵制计件工资支付形式的动机主要有以下五个方面:

- 计件论酬,若产出量太高,工作定额有被提高的可能,造成短期内收入较多,一旦工作定额被提高了,员工则必须付出更大的劳动才能得到与从前相等的工资。
- 员工们常假定,若能力高者产量大,收入也高,则大多数能力差者就会失业,因而会有意限制产出量,保障团队中效率较低者的工作。
- 如果大家都争着赚钱,团队中的社会结构就会扰乱,且竞争加强导致彼此间的不信任及个人孤立,因此个体只好限制自己的产出量。
- 员工有一种控制个人行为,摆脱被管理者操纵的意识。
- 员工为了长久的利益,会尽力压低工作标准。

因此,使用计件工资支付形式需小心从事。否则,员工对工资不满,降低工作质量,与管理者的争执和抱怨也会层出不穷。

(三)计点奖励工资

这是一种有刺激性的工资支付形式。按照这种工资支付形式,员工个人或团队完成一项工作所节约的时间部分,按一定百分比提取作为奖励性工资。其计算公式为:

$$W = (H \times R) + [(S - H)R]P$$

其中,H——实际工作时间;

S——标准工作时间;

P——奖励性工资提取率;

R——每小时工资额。

例如,某饭店客房部服务员每小时工资额为10元,清理一间客房所用标准时间为25分钟,奖励性工资提取率为节约时间的75%,该服务员仅用20分钟完成了清理工作,那么其清理一间客房的工资额应为:

$$W = (20/60 \times 10) + [(25 - 20)/60 \times 10] \times 75\%$$
$$= 3.96(\text{元})$$

从上例可以看出,如果简单地按照计时工资支付,该饭店客房部服务员每小时挣10元,而实行计点奖励工资支付,则员工每小时挣可得11.88元。计点奖励工资支付形式的优点是:其一,因为员工工资的奖励性部分按具体工作时间来决定,如工资需要调整,只改变奖励性工资提取率就可以了;其二,由于奖励性工资部分是根据某项工作标准时间的节约而确定的,因此可以直接影响员工的工作积极性,它对员工心理上的影响比计件工资制的影响还要大,从而有利于鼓励员工改进工作,提高效率。

（四）年薪制

以企业一个经营周期——年度为单位发放经营者的报酬，被称为年薪制。年薪制是一种具有风险性的工资支付形式，依靠激励和约束相互制衡的机制，把经营者的责任和利益、绩效和所得紧密结合起来，以保护企业所有者的利益，促进企业的发展。年薪制只适用于那些在旅游企业中有实际经营权，并对旅游企业经济效益负有主要责任的人员，如董事长、总经理等高级雇员。

以下是结合旅游企业具体情况，简单说明年薪制操作过程：

（1）旅游企业所有者与负责旅游企业经营的总经理协商，确定其年薪总额为30万元，年薪的构成包括基薪和效益薪资两部分，其中基薪的构成主要是基本工资、职务工资和工龄工资和津贴（学历、职称等），每月按全部年薪的30%平均分摊到各月发放，合计9万元。

（2）确定经营、利润两项目标效益薪资：如果完成营业额基本目标8 500万元，则领取经营目标效益薪资3万元；如果实现利润基本目标400万元，则领取利润目标效益薪资18万元。

（3）为了体现效益薪资的公平性，可以为效益薪资设定目标达成系数，即把各项基本目标达成时的效益薪资系数设定为1，没有达成基本目标时系数为0，基本目标超额达成时系数按预先约定上调，可以上不封顶。

三、奖金的意义及发挥作用的条件

（一）奖金的意义

奖金对于旅游企业经营而言是一项支出的费用，属于人力资源成本的货币表现形式。从人力资源管理的角度讲，奖金对员工的影响主要包括两个方面：一是可以使员工感到心态的满足，即补偿了其额外的劳动付出；二是员工由此能够得到激励，从而更加努力工作，创造更佳绩效。

（二）奖金发挥作用的条件

奖金作用的发挥往往需要具备以下三个条件：

首先，员工获得奖金的条件应该是员工经过努力才能达到的，这是指条件不能定得太高，否则员工会放弃努力；若定得太低，员工不需努力即可实现，也起不到激励的作用。

其次，主管人员要真正了解员工的愿望，采取有针对性的奖金发放方式，使其与员工的愿望直接挂钩，才能起到激励作用。

最后，奖金的量或值要足以产生刺激作用。奖金的货币价值和精神价值要能与员工的努力成正比，而且要足以使员工感到满意或者被振奋。

四、发放奖金的基本原则

（一）及时性原则

及时性原则是指在员工优良的工作绩效出现后，要及时加以肯定并发放奖金，这样不仅能够发挥奖金的功效，而且还增强了员工对奖金的重视。逾期发放的奖金，不仅会失去激励意义，甚至会使员工对奖金产生漠视心理。例如，目前一些旅游企业重视绩效考核工作而忽视与之密切相关的奖优工作，绩效考核制度日益完善而且执行得轰轰烈烈，但是奖励工作却严重滞后，造成月奖季度发，季奖年终发，而年终奖要等到下一年度再发，从而使员工难以体会到企业发放奖金的真正意义。

（二）合理分配奖金额度的原则

当前，我国许多旅游企业在奖金发放方面，存在着"工作成绩基本上差别不大，奖金人人有份，个个差不多，即使采用一、二、三等奖的形式，实质上额度差别很小，而且人人轮流坐庄"。这种状况在某种程度上使得奖金成了变相的附加工资，旅游企业奖金支出再大也难以发挥应有的作用，只能是防止员工不满意，而难以激发起员工的积极性和工作热情。

要想使奖金起到激励作用，在发放过程中必须做到两结合，一是要把奖金的发放额度与旅游企业的经营成果相结合，二是要把奖金的分配同员工的劳动贡献相结合，以超额劳动作为评奖、发奖的唯一尺度。

（三）最大限度地发挥奖金效价的原则

为了提高奖金的效价，使它对每个人都具有强大的吸引力，发放奖金的形式要多样化，要因地制宜、因人而异。对不同的人采取不同的奖金发放形式，有利于提高奖励效价。当奖金的货币价值较低时，最好发放实物奖品来突出其精神奖励的意义。此外，在发放奖品时，如果做到不同年龄奖品有区别、不同性别奖品有区别、奖励的形式经常变化等，则有助于充分发挥奖金的效价。

此外，旅游企业还应该注意将发放奖金和精神奖励有机结合起来，使一项奖励措施既能满足员工的基本生活需求，又能满足尊重、成就、自我实现等高层次的需求，从而提高奖励的效价。

五、旅游企业员工奖励方案例举

良好的奖励方法不仅能够有效激发员工的工作热情，减少人际矛盾，而且能节约奖金的支出。以下是一些旅游企业常用的奖励方法：

（一）饭店行政总厨个人奖励方案

奖金按每周计算，以毛利 200 000 元为基数，在完成下述成本指标的前提下，提取超出基数部分的总毛利的 1%。这里毛利是指营业收入减去物料费用和劳力成本。

成本指标：物料费用不超过营业收入的 45%，厨师人工成本不超过营业收入的 10%。

如果在一周内，餐饮部营业收入达 800 000 元，食品成本 350 000 元（占 43.75%），劳动力费用 60 000 元（占 7.5%），那么行政总厨的奖金应为：

$$[(800\,000-350\,000-60\,000)-200\,000]\times 0.01=1\,900(\text{元})$$

即该行政总厨本周应得奖金为 1 900 元。

（二）部门管理者奖励方案

在旅游企业，营业部门的经理奖励方案通常是根据所辖部门取得的经济效益或完成的工作量来确定奖金的。这种方案是分析影响经济效益或工作量的各种因素，制定衡量绩效的指标，从而规定奖金率的变动尺度。

以作为饭店主要利润中心之一的餐饮部为例，年度部门绩效指标为赢利 300 000 元，达到该指标，餐饮部经理的奖金按赢利部分的 5% 提取；完成指标 101%—130%，再提取超出部分的 10%；完成指标 130% 以上，再提取超出部分的 20%。

此外，对于主要为客人提供便捷服务的饭店商务中心，则应该以营业额作为发放经理奖金的绩效指标：假设每月标准营业收入为 50 000 元，当实际营业收入为 50 000—55 000 元，增加部分提取 2% 作为经理的奖金；当实际营业收入为 55 000—60 000 元，增加部分提取 2.3% 作为经理的奖金；当实际营业收入为 60 000—65 000 元，增加部分提取 2.5% 作为经理的奖金。

（三）小组奖励方案

以饭店的总服务台为例，由于总服务台工作并非由某一位员工独立完成，任何一位客人的接待都需要其他员工的协调与合作，因此，发放奖金时很难按个人计算，应该按一个小组整体考虑。

例如，饭店可以按每超过“基本客房出租率”1%，则提取奖金 800 元，然后再根据总服务台全体人员各自的工资按比例分配。

假设当月客房平均出租率为 83.6%，而“基本客房出租率”为 80%，则奖金总额为：

$$(83.6\%-80\%)\times 100\%\times 800=2\,880(\text{元})$$

工资水平：领班 1 名，工资为 1 800 元/月，资深接待员 2 名，工资为 1 400 元/

月·人,接待员2名,工资为1 100元/月·人。每月工资总额为6 800元,2 880元奖金按总工资合得:每1元工资可得0.423元奖金。

当月总服务台各员工所得奖金为:

领班:1 800 × 0.423 = 761.4(元)

资深接待员:1 400 × 0.423 = 592.2(元)

接待员:1 100 × 0.423 = 465.3(元)

(四) 斯坎伦计划

斯坎伦计划(Scanlon Plan)又称利润共享计划,是由美国人约瑟夫·斯坎伦(Joseph Scanlon)创立的一种用于集体奖励的方案。斯坎伦计划包括下列五个基本要素:合作理念、认知、技能、融合系统和分享利润构成等,其核心是设计一个促进合作、参与和利润分享的新型劳资关系和企业管理系统;具体地讲,如果员工提出的有关节约劳动成本或经营费用的合理化建议被采纳,并且通过实践确实提高了旅游企业的经济效益,那么员工可以根据节约金额的多少得到一定比例的奖金。由于员工可以分享节约所得,斯坎伦计划对于旅游企业中物料消耗比较大的部门,如饭店餐饮部、洗衣房等部门,是一种收效比较明显的奖励方案。

(五) 延期奖励计划

为了调动员工的工作积极性、促进劳资关系的协调并提高员工的忠诚度,一些旅游企业除了及时对员工的出色表现进行货币奖励外,还采取一种延期奖励的做法,即将应发放给员工的奖金中的一部分暂时缓发,而由旅游企业按实名为其存入一家信誉可靠的信托投资公司,委托其为参与此计划的员工进行理财,同时旅游企业可以承诺如果员工能够在本企业工作达到5年或更长时间,员工可以获得更为可观的奖金。显然,延期奖励计划的目的是稳定员工队伍,争取员工长期地为旅游企业服务。

(六) 员工持股计划

员工持股计划是指由旅游企业内部员工出资认购本企业的部分股权,并委托员工持股会管理运作,员工持股会代表持股员工进入董事会参与表决和分红的一种股权奖励方案。旅游企业还可以通过赠予股份给员工(可以是现有股票也可以是新增股票),从而使得员工持有旅游企业的股份,享受除工资体现出的劳动收益外的资本所有权收益,并且可以通过持股会行使所有者的管理权。2006年星巴克开始在中国实施的名为"咖啡豆股票计划"的激励计划,无论是公司高层还是普通员工,或者是兼职员工,只要在2006年4月1日前加盟星巴克在中国的直营店、每周工作时间超过20小时的全职或兼职员工,都有权获得星巴克的股票期权。

员工持股计划的对象是本企业的在职员工，员工所认购的企业股份在未得到企业董事会批准的情况下，不能转让、交易或继承。员工持股计划参与人以二次利润分配的形式参与企业利润分享，即员工持股会参加企业利润分配，再按员工个人持股数额进行二次利润分配。

（七）股票期权奖励

股票期权一般只针对旅游企业中的少数高层管理人员，因此常被称做“高级管理人员股票期权”。它赋予高级管理人员一种选择权利，持有者可以在特定时期内行权，即在特定时期以事先确定的行权价（授予期权时股票的公平市值）购买本企业的股票。在行权以前，股票期权持有者没有收益；在行权时，如果股票价格已上升，股票期权持有者将获得市场价和行权价价差带来的可观收益；在行权时，如果股票价格已下跌，股票期权将失去价值，持有者将放弃行权。

股票期权是分配制度的一种创新，高级管理人员只有在增加股东财富的前提下才能同时获得收益，从而与股东形成利益共同体。这种“资本剩余索取权”驱动高级管理人员和业务骨干不断努力提高旅游企业的经营业绩，最终达到股东和高级管理人员双赢的局面。一般来讲，作为上市公司的旅游企业最适合实行股票期权奖励。股票期权的奖励作用在于：

1. 降低代理成本

旅游企业经营者和股东之间存在“委托—代理”关系，经营者作为自利的经济人有时会损害股东利益，因此，必须要有一种激励机制和约束机制，将经营者的利益（主要体现为报酬）和股东利益（主要表现为企业业绩）有机联系起来，形成共同的利益取向和行为导向，以此减少代理成本。股票期权奖励使经营者和股东形成利益共同体，减少监控费用；同时，股票期权也减少了工资、奖金等现金支出。

2. 提高企业经营业绩

股票期权可以减少经营者的短期行为，使决策的利益取向和风险取向符合企业价值目标；同时，也有利于提高管理效率和经营者的积极性、竞争性、责任心和创造性；这些将有效提高企业的运营质量和业绩。

3. 整合人力资源

股票期权奖励有利于职业经理人的选择，企业有条件通过优胜劣汰选择有能力的经营者；股票期权奖励还有利于职业经理人的激励，可以稳定工作出色的管理人员；股票期权也有利于吸引职业经理人，这种开放式的股权结构对人才很具吸引力。

第四节 福利待遇

福利待遇是指企业为了使员工保持稳定、积极的工作状态,根据国家或地方有关的法律、法规或政策,结合企业经营管理的特点和经济承受能力,向员工所提供的各种非工资和奖金形式的利益和优惠措施。福利待遇是一种针对全体员工的共同保障形式,它对所有具备一定资格的员工都是大致平均有效的。

一、法定福利待遇

法定福利待遇是国家或地方政府通过法律、法规和有关政策的形式,要求企业为员工提供的最基本的福利。在我国,企业应该为员工提供的法定福利待遇有以下内容:

(一) 休假制度

1. 工作内的休息时间,包括工作期间定时短暂休息、固定的饮水时间、员工解决个人生理要求的时间。

2. 每周休假。我国实行劳动者每日工作时间不超过 8 小时,每周休息 2 天的工时制度。因工作性质或者生产特点的限制,不能实行每日工作 8 小时、每周工作 40 小时标准工时制度的,可以实行不定时工作制、综合计算工时制等办法,采取轮班制,灵活安排周休息日。

3. 法定节日。员工在法定节日享受有薪休假,包括元旦(1 天)、春节(3 天)、清明节(1 天)、“五一”国际劳动节(1 天)、端午节(1 天)、国庆节(3 天)和中秋节(1 天)等。对部分员工适用放假的节日及纪念日有:妇女节(3 月 8 日),女性员工放假半天;青年节(5 月 4 日),14 周岁以上的青年员工放假半天。

4. 年休假。在企业连续工作 1 年以上的员工,享受带薪年休假。员工累计工作已满 1 年不满 10 年的,年休假 5 天;已满 10 年不满 20 年的,年休假 10 天;已满 20 年的,年休假 15 天,且国家法定休假日、休息日不计入年休假的假期。对于企业因工作需要不能安排员工休年休假的,经员工本人同意,可以不安排年休假。对职工应休未休的年休假天数,企业应当按照该职工日工资收入的 300% 支付年休假工资报酬。

5. 有薪探亲假。凡在企业工作满 1 年的员工,如果与父母或配偶不居住在同一地区,未婚员工享有每年探望父母一次 20 天的假期;已婚员工享有每年探望配偶一次 30 天的假期;如因工作需要两年探望一次,可合并使用,延长至 45 天;此外,已婚员工还有每 4 年探望父母一次的假期,假期为 20 天。上述假期均包括公休假日和法定节日在内。

6. 婚假。员工结婚享有3天有薪假期,一般包括公休假日和法定节日在内。对于男性年满25周岁、女性年满23周岁的晚婚员工,应酌情给予额外的奖励性假期。

7. 女员工产假。女员工产假为90天,其中产前休假15天。难产的,增加产假15天。多胞胎生育的,每多生育一个婴儿,增加产假15天。产假包括公休假日和法定节日在内,其间工资照发。

8. 丧假。员工直系亲属(父母、配偶父母、配偶和子女)死亡时,享有3天有薪假期,一般包括公休假日和法定节日在内。

(二) 社会保障制度

为了保护劳动者的权益,国家建立社会保障制度,设立社会保障基金,使劳动者在年老、患病、工伤、失业、生育等情况下获得帮助和补偿。企业必须参加社会保障,定期为员工缴纳保险费。目前我国的社会保障项目主要有基本养老保险、基本医疗保险、生育保险、工伤保险、失业保险和住房公积金。关于这些社会保险的具体缴纳标准和实施细则,各地有非常详尽的规定。

1. 基本养老保险

基本养老保险是国家根据一定的法律和法规,为解决劳动者在达到国家规定的解除劳动义务的劳动年龄界限,或因年老丧失劳动能力退出劳动岗位后的基本生活而建立的一种社会保险制度,主要是由社会保险机构按照一定的计算基数与提取比例向企业和员工统一征收养老费用,形成由社会统一管理的养老基金,当员工缴费年限累计满15年,退休后社会保险经办机构依法按月或一次性以货币形式向其支付养老金等待遇,从而保障其基本生活。

2. 基本医疗保险

基本医疗保险是由用人单位和个人共同缴纳,体现国家法定福利的强制特征和权利与义务的统一。在我国,企业承担员工基本医疗保险的缴费率控制在员工工资总额的6%左右,具体比例由各地确定,员工个人缴费率一般为本人工资收入的2%;基本医疗保险基金由社会统筹使用的统筹基金和个人专项使用的个人账户基金组成,个人缴费全部划入个人账户,企业缴费按30%左右划入个人账户,其余部分建立统筹基金;统筹基金主要支付大额和住院医疗费用,个人账户主要支付小额和门诊医疗费用。

3. 生育保险

生育保险是在怀孕和分娩的女性员工暂时中断劳动时,由国家和社会提供医疗服务、生育津贴和产假的一种社会保险。我国生育保险待遇主要包括两项。

一是生育津贴,用于保障女性员工产假期间的基本生活需要;二是生育医疗待遇,用于保障女性员工怀孕、分娩期间以及员工实施节育手术时的基本医疗保健需要。企业应按当地政府规定的缴费比例,为所有员工(不分性别)向社会保险经办机构缴纳生育保险费,生育保险费的缴费比例最高不超过员工工资总额的1%,员工个人不缴费。

4. 工伤保险

工伤保险是通过社会统筹的办法,集中企业缴纳的工伤保险费,建立工作保险基金,对员工在生产经营活动中遭受意外伤害或职业病,并由此造成死亡、暂时或永久丧失劳动能力时,员工或其遗属从国家和社会获得物质帮助的一种社会保险。这种补偿既包括医疗、康复所需费用,也包括保障基本生活的费用。国家根据不同行业的工伤风险程度确定行业的差别费率,并根据工伤保险费使用、工伤发生率等情况在每个行业内确定若干费率档次;旅游行业主要属于风险较小行业,基准费率一般为企业员工工资总额的0.5%左右。工伤保险由企业全额负担,且无论工伤事故的责任归于企业还是员工个人或第三者,企业均应承担保险责任。

5. 失业保险

失业保险是国家通过立法强制实施,由社会集中建立失业保险基金,对非因本人意愿中断就业失去工资收入的劳动者提供一定时期的物质帮助及再就业服务的一项社会保险。我国《失业保险条列》规定,企业按照本单位工资总额的2%缴纳失业保险费,员工按照本人工资的1%缴纳失业保险费;企业招用的农民合同制工人本人不缴纳失业保险费;同时各地可以适当调整本行政区域失业保险费的费率。

6. 住房公积金

住房公积金是企业及其在职员工缴存的长期住房储金,是住房分配货币化、社会化和法制化的主要形式。住房公积金的缴存由企业和员工共同承担,缴存比例均不低于员工上一年度月平均工资的5%;有条件的地区,可以适当提高缴存比例。住房公积金实行专户存储,归员工个人所有,专门用于员工购买、建造、翻建、大修自住住房。

二、企业福利待遇

旅游企业结合本行业特点和企业的经济效益为员工提供的、除法定以外的其他福利待遇,属于企业福利待遇。企业福利待遇是多种多样的,既有货币形式,也有实物形式。企业的福利计划受很多因素影响,如行业特点、企业文化等,必须具体情况具体对待。例如，在国外旅游业中，对那些以工资为主要收入来源的管理人员，会给予相对优厚的企业福利待遇，而对有机会获取小费收入的普通服务人员，福利待遇则相对比较低。旅游企业自定的福利待遇一般可以归纳为经济性的福利措施和非经济性的福利措施两种形式。

（一）经济性的福利措施

1. 额外货币或实物收入

通常，旅游企业会在一些重要的节日（如春节、中秋和国庆节等）来临前，对每位员工实行临时性加薪或发放慰劳性实物。

2. 企业年金

我国的养老保险大致分为三个层次：第一层次是社会基本养老保险，是国家法定由企业为在职员工缴纳，并由国家统筹的员工退休养老保险；第二层次是企业年金，就是企业为员工建立的补充养老保险；第三层次是个人储蓄性质的补充养老保险，是由员工个人建立的，通过购买商业保险或其他渠道积累而成。

企业年金是指企业为员工建立的补充养老保险，一般由有实力的企业自愿建立，由企业和个人按照一定的比例缴纳费用，进入员工个人年金账户，由员工在退休后领取。企业年金作为企业对员工的一项福利保障措施，补充了社会基本养老保险保障水平的不足，也成为资本市场的重要参与者。

企业年金不像社会基本养老保险那样由国家强制实行，它的建立是自愿和有条件的。《企业年金试行办法》规定：只有"依法参加基本养老保险并履行缴费义务；具有相应的经济负担能力；已建立集体协商机制"的企业，才可以建立企业年金。企业年金所需费用，由企业和员工个人共同缴纳。企业缴费每年不超过本企业上年度职工工资总额的1/12，企业和员工个人缴费合计一般不超过本企业上年度职工工资总额的1/6。企业年金基金由企业缴费、员工个人缴费、企业年金基金投资运营收益组成。企业年金基金实行完全积累，采用个人账户方式进行管理。企业年金基金可以按照国家规定投资运营。

员工在达到国家规定的退休年龄时，可以从本人所在企业年金个人账户中一次或定期领取企业年金；职工未达到国家规定的退休年龄的，不得从个人账户中提前支取资金；出境定居人员的企业年金个人账户资金，可根据本人要求一次性支付给本人。

员工变动工作单位时，企业年金个人账户资金可以随同转移；员工升学、参军、失业期间或新就业单位没有实行企业年金制度的，其企业年金个人账户可由原管理机构继续管理；员工或退休人员死亡后，其企业年金个人账户余额由其指定的受益人或法定继承人一次性领取。

3. 股票赊购

这是指旅游企业为主要管理人员担保贷款，鼓励其购买本企业的股票，并享受股利分红。此方式有利于调动管理人员努力工作的积极性，争创最佳效益，从而获得更高的股票利润。

4. 住宿福利

住宿福利包括单身宿舍、夜班宿舍、廉价公房出租或出售给本企业员工以及发放购房或租房补贴等。

5. 饮食福利

饮食福利主要包括免费工作餐、工间免费饮料（茶水、咖啡或冷饮）等，对于那些经常出外勤，无法享受免费工作餐的职位，如导游和司机等，旅游企业通常提供一定数额的工作餐补助费。

6. 内部优惠

一些旅游企业为了激励员工，常以优惠价格向有特殊需要的员工出售一定数量的产品，如旅行社对旅行结婚的员工提供优惠，饭店为举办个人婚礼的员工提供免费场地和优惠的餐饮产品等。

7. 交通补贴

交通补贴主要指旅游企业为员工上下班提供交通方便，主要形式包括：派专车接送上下班，按规定为员工报销交通费，每月发放一定数额的交通补助费等。

8. 教育培训福利

教育培训福利包括在职或短期脱产培训、公费进修（业余、半脱产或脱产）、专业书刊购买报销、为愿意来本企业工作的大学生提供专项奖学金等。

9. 文体娱乐福利

文体旅游福利包括有组织的集体文娱活动（如舞会、旅游、趣味运动会等），旅游企业自建文体设施（如健身房、棋牌室等）。

10. 其他生活性福利

一些旅游企业还会结合本行业的特点为员工提供免费洗澡、理发，发放生日礼物（礼金），以及定期安排员工体检等其他生活性福利。

（二）非经济性的福利措施

1. 咨询性服务

旅游企业为员工提供免费的个人职业生涯发展设计（给予分析、指导和建议、提供参考资料等）、员工心理健康咨询（过分的工作负荷与压力导致的高度焦虑或精神紧张等心理症状的诊疗）等。这种属于福利性质的咨询性服务常见于一些规模比较大的饭店管理公司。

2. 工作环境保障

工作环境保障作为一种福利措施,在旅游企业中可以应用的内容包括将人体工程学原理用于工作环境的设计(如饭店总服务台的装修设计、厨房设备的规划等)、扩大工作反馈渠道、旅游企业内部晋升政策(即有高一级职位出现空缺时,首先考虑从内部下级员工中选拔)、员工参与的民主化管理等。

三、自助餐式福利计划

随着社会经济的发展,旅游企业的福利待遇管理也越来越灵活,出现了自助餐式福利计划,即旅游企业为员工提供可以选择的不同福利项目,在一定的金额限制内,员工按照自己的需求和偏好自由选择和组合。自助餐式福利在实际的操作过程中主要有以下三种类型。

(一)附加型自助福利

附加型自助福利是最普遍的一种类型,就是旅游企业在现有的福利项目之外,再提供其他不同的福利措施或扩大原有福利项目的水准,让员工去选择。例如,某国际旅行社现有的福利计划包括房租补贴、交通补助和人身意外险等,该公司实施附加型自助福利时,将这些福利项目及其给付水准全部保留下来当做核心福利,然后再根据员工的需求,额外提供不同的福利措施,如国外休假补助、考取机动车驾照补助和家属健康保险等,但通常都会标上一个金额作为"售价"。每一个员工则根据自己的工资水准、职位高低或家眷数等因素,领取数目不等的福利限额,然后再用分配到的福利限额去认购所需要的额外福利。有些企业甚至还规定,员工如未用完自己的限额,余额可折发现金,不过现金部分于年终必须缴纳所得税。此外,如果员工购买的额外福利超过了限额,也可以从自己的税前工资中扣抵。

(二)套餐型自助福利

套餐型自助福利是由旅游企业同时推出不同的福利组合,每一种组合所包含的福利项目或优惠水准都不一样,员工只能选择其中一种,且不能要求更换福利套餐中的各项。如果员工选中一个价值较原来享受的福利待遇还高的福利套餐组合,那么他就需要从工资中扣除一定的金额来支付其间的差价;如果他挑选了一个价值较低的福利套餐组合,可以要求企业发给其间的差额。在规划设计套餐型自助福利时,旅游企业可依据企业特点结合人力资源团队的结构、背景和生活需求水平等来设计。

(三)弹性支用账户型自助福利

实行弹性支用账户型自助福利,员工每一年可从其税前总收入中提取一定数额的款项作为自己的支用账户,并以此账户去选择购买旅游企业所提供的各种福利措施。拨入支用账户的金额,企业不再代扣所得税,不过账户中的金额如未能于年度内用完,余额就归企业所有。既不可在下一个年度中并用,也不能以现金的形式发放。弹性支用账户型自助福利的优点是福利账户的钱免缴税,相对地增加净收入,所以对员工极有吸引力,不过财务手续较为繁琐。

自助餐式福利计划可以提高员工的满意度,对于吸引员工有着十分明显的优势。但是,这种方式也有不足之处:首先,实行这种方式,不能达到控制劳动力成本的目的,而且对旅游企业规范化管理是一种挑战;其次,自助餐式福利计划的设计和实施都需要很多时间和精力,并且在组织和员工之间必须进行认真、广泛的讨论和沟通,才有可能制订出比较合理的方案。

关键术语

薪酬(compensation)
薪酬要素(compensable factors)
岗位测评(job evaluation)
排序法(ranking method)
岗位归类法(job classification method)
要素计分法(point method)
要素比较法(factors compensation method)
薪酬调查(compensation surveys)
总薪酬模型(total rewards)
薪酬结构(salary structure)
结构工资制(structural wage system)
岗位技能工资制(pay for skill)
宽带工资制(broadbanding)
年薪制(annual salary system)
奖金(incentive compensation)
斯坎伦计划(Scanlon Plan)
延期奖励计划(deferred incentives plan)
员工持股计划(employee stock ownership plan)
股票期权奖励(stock option incentive)
福利(welfare)
法定福利(legal welfare)

自助餐式福利(self-service welfare)

课　业

选择饭店和旅行社各一家,调研它们各有哪些具体福利待遇和实施方案,然后比较这两类旅游企业福利措施各有什么特点,并分析存在差异的原因。

复习思考题

1. 如何全面理解薪酬?旅游企业薪酬是如何分类的?
2. 旅游企业薪酬管理的政策取向主要有哪些侧重点?
3. 有哪些内外部因素会影响旅游企业的薪酬水平?
4. 旅游企业的薪酬结构的模式有几种?各有什么特点?
5. 工资等级制度主要有几种?各有什么特点?
6. 旅游企业发放奖金应遵循什么原则?
7. 法定福利待遇和企业福利待遇两者之间有哪些区别和联系?
8. 自助餐式福利计划主要有哪些形式?各有什么特点?

案例学习

马里奥特酒店的薪酬政策

早上5:30第一批上早班的员工来到了位于芝加哥市中心的马里奥特酒店(Marriott)。他们住在离大都市中心区最远的城市边缘,他们的工资是每小时7美元。马里奥特酒店集团所雇用的10万余名客房清洁工、洗衣工、洗碗工以及其他小时工的工资也基本上在此水平。马里奥特酒店集团认为这一工资水平是由劳动力市场决定的:“如果我们所支付的工资超过了雇员为我们作出的贡献,那么我们将会使自己失去竞争力。”

低工资雇员的需要是很容易被忽视的。毕竟,如果一位洗碗工辞职,总会有其他的人兴高采烈地跑来接替他的工作。马里奥特酒店集团与其他一些低工资雇主正在把低工资雇员当成是一个富于调整性的、越来越重要的群体看待。他们反对用支付更高工资的做法来吸引质量更高的员工。这些公司还常常为反对行业工会介入而进行激烈的斗争。不过,这些公司却采取了许多正式的和非正式的问题解决方式,其中包括员工股票选择权、社会服务求助网、子女日托以及提供自食其力的工作培训课程,这些做法的目的都在于留住员工,同时使得客户满意。一些批评家们一直认为，马里奥特酒店集团实际上在利用那些求职者的脆弱而占他们的便宜，因为他们在别处很难找到工作。

在前所未有的竞争中，马里奥特酒店集团只有通过不断提高服务效率，保持世界一流的服务才能生存下去。而它的人力资源战略成功地使得雇员表现出对企业的忠诚甚至热情，许多人感到自己在这里有发展的机会。分析家认为，马里奥特酒店集团的员工流动率大大低于其大多数竞争对手。

然而，做到这一步也是需要付出成本的。长期以来都是马里奥特的管理人员和监督人员帮助员工们解决问题，即扮演社会工作者的角色。马里奥特酒店集团的人力资源副总裁这样解释说："许多管理人员把他们 15% 的时间都用在了做'社会工作'上，而不是花在处理与顾客有关的问题上。"他们为面临家庭问题的员工提供咨询，精心地调整工作班次以满足员工照看孩子的需要，或者借钱给员工以使他们能够支付必须支付的账单。

马里奥特酒店集团毫无疑问地已经与许多员工建立起了密切的关系。"每天我穿上制服，觉得自己就像是一位 NBA 球员一样。"李(Lee)这位在西雅图的里奥特酒店工作已经长达 16 年的吧台服务员这样自豪地说。李永远不会忘记他刚刚到这家酒店的洗衣房工作才一天的时候，他的老板就在第二天下令洗衣房关上门，让所有的人都去参加他母亲的葬礼。这一姿态赢得了李对公司一生的忠诚——尽管在那时候公司为所有员工提供的股票期权还没有实行。李所掌握的所有英语知识都是从马里奥特学到的。现在，他利用自己从马里奥特酒店集团得到的股票和工资已经拥有了几处可供出租的房产。

但是，无论企业还是工会，对于低工资的员工和他们的需求了解得都还比较少。马里奥特酒店集团只是从 1993 年才开始着手研究领取小时工资的员工的状况，当时该公司意识到，在三年前实行的儿童看护福利仍然无法解决这部分员工的许多实际问题。研究很快发现，有 1/4 的员工存在某种语言障碍——其中最大的困难是不会说英语。在美国的马里奥特酒店集团中，员工的母语分属于数十种不同的语言。在这样的一种环境中，语言障碍几乎破坏了酒店的正常运转——有时情况会更糟。为此，马里奥特酒店集团开始为员工提供英语学习培训班——这是一种相对便宜但效率很高的措施。此外，马里奥特酒店集团还在美国 15 个城市的酒店中开发出一种培训，这种培训班专门为接受政府福利救助者提供基本的酒店服务技能培训。此外，公司计划在华盛顿特区以及其他两个地方开始一项新的培训，即教员工如何成为更好的父母和家庭伙伴。

根据马里奥特酒店集团的预测，花费 200 万美元在控制人员流动、缺勤以及消极怠工等方面所取得的成功，人力资源成本节约可以达到投资额的 5 倍。

不过,对马里奥特酒店集团持批评意见的人仍然在不停地责问,为什么不能简单地支付更多的工资呢?“他们的伪善做得实在是登峰造极了”,饭店工人工会的财务秘书这样评价说。而马里奥特酒店集团则坚持认为,公司一直都在努力实现对工人的公平对待:“我们雇用了以前从来没有找到工作的人,我们给了他们机会。”这种说法在很大程度上是对的。但是,这并非一个完美的利他主义的故事。

资料来源:Raymond Noe, John Hollenbeck, Barry Gerhart, Patrick Wright. 人力资源管理:获取竞争优势(影印版)[M].北京:清华大学出版社,2000.

案例思考

1. 马里奥特酒店针对普通员工的薪酬政策有什么特点?
2. 马里奥特酒店是如何在低工资水平下招聘和保留员工的?
3. 马里奥特酒店集团在美国取得的成功,是否能够在中国“复制”?为什么?

第七章

旅游企业劳动关系管理

知识要求

通过本章学习，学生应该掌握六项基本知识：

- 劳动关系的含义
- 劳动合同订立的原则
- 劳动合同变更与解除的条件
- 劳动合同终止的法律后果
- 旅游企业劳动争议的主要类型及其特点
- 旅游企业劳动保护的特点

技能要求

通过本章学习，学生应该掌握四项管理技能：

- 企业建立和谐劳动关系的途径
- 劳动争议的处理步骤
- 旅游企业减少和控制事故发生的管理措施
- 建立旅游企业适用的劳动保护制度

引 例

赵峰于2004年8月1日到五洲旅游集团工作,2008年1月1日双方签订了1年期的劳动合同,期限至2008年12月31日止。其中,劳动合同第二条约定赵峰担任旅行社海外旅游二部经理,工资9 800元/月。同时,劳动合同第三十一条、三十二条还约定,因劳动合同订立时所依据的客观情况发生变化,致使本合同无法履行,经当事人协商不能就变更劳动合同达成协议,由五洲旅游集团解除劳动合同的,五洲旅游集团应根据赵峰在本企业的工作年限,每满一年发给相当于本人上年月平均工资一个月的经济补偿金。如果五洲旅游集团未能按规定给予赵峰经济补偿,除按全额发给经济补偿外,还须按该经济补偿金数额的50%支付额外经济补偿金。

进入2008年6月,五洲旅游集团的旅行社业务明显感受到了来自世界金融危机的压力,不仅暑期出国旅游业务急剧萎缩,而且有超过20%的来华旅游合约被要求取消或延期;原计划引入国际风险投资基金,共同开发某旅游景区索道的项目,也只能无限期搁置,而五洲旅游集团已经先期投入了1 500万元。公司不得不决定从10月25日开始对员工工资进行调整,拟将管理层员工的工资平均削减25%,赵峰的月薪由此降至7 400元。接到通知的当天,赵峰表示不能接受,双方解除合同。10月31日五洲旅游集团人力资源部与赵峰签订解除劳动合同《协议书》:"经甲乙双方协商一致,五洲旅游集团决定解除与赵峰签订的合同,五洲旅游集团为赵峰多支付三个月工资29 400元(已领取),赵峰不再向五洲旅游集团提出任何其他经济补偿"。事后,赵峰越想越觉得自己吃亏了,他认为这次降薪是五洲旅游集团在变相裁员,让员工自己提出辞职,从而规避劳动合同规定。2008年11月5日赵峰正式向五洲旅游集团人力资源部提出,要求五洲旅游集团按照双方签订的劳动合同,向其全额支付解除劳动合同的经济补偿金,总计73 500元,其中按"每满一年发给相当于本人上年月平均工资一个月的经济补偿金",要求五洲旅游集团补偿39 200元(截止到2008年10月,赵峰已经在五洲旅游集团工作满4年),此外,由于认为五洲旅游集团未提前30天通知工资调整,赵峰要求再补偿1个月的工资,合计49 000元;另外,赵峰还要求按照劳动合同约定,"按该经济补偿金数额的50%支付额外经济补偿金"24 500元。

五洲旅游集团认为,双方解除劳动合同系赵峰不同意降薪而引起的离职,并非由五洲旅游集团首先提出,且赵峰提出解除合同未提前30日以书面形式通知单位,违反了劳动合同第二十五条的规定,同时已支付赵峰三个月工资29 400

元,因此不同意赵峰的请求,双方引发劳动争议,并提请劳动仲裁。

员工与企业之间存在劳动关系是通过劳动合同做保证的。当员工与企业没有发生矛盾或利益冲突时,劳动合同中的条款对双方的约束力并不明显,但是一旦劳动关系紧张,员工和企业都希望充分利用劳动合同来为各自争取比较多的利益。因此,旅游企业的劳动关系管理一方面是依法行事,另一方面则是以劳动合同为纽带建立责、权、利统一的人力资源管理机制。

第一节 劳动关系

一、劳动关系的含义

劳动关系,又称"劳资关系"、"劳工关系"、"雇佣关系"和"劳使关系"等,人力资源开发与管理所讨论的劳动关系,通常是指劳动力使用者与劳动者及其组织(主要是工会组织)之间,在实现劳动的过程中所结成的一种社会经济利益关系。劳动关系所涉及的主要内容包括:员工同企业在劳动用工、工作时间、休息休假、劳动报酬、劳保福利、劳动培训以及裁员下岗等方面所发生的权利义务关系。

二、劳动关系的主要内容

在现实经济生活中,劳动关系一般是要依照国家有关的法律、法规和政策进行规范的,即双方当事人是被一定的劳动法律规范所规定和确认的权利和义务联系在一起的,其权利和义务的实现是由国家强制力来保障的。

(一)劳动关系的主体

劳动关系的主体即劳动法律关系的参与者,劳动关系的狭义主体是指员工及员工组织(工会等)和用人单位(包括所有者及其管理者组织);广义主体还应包括政府,因为政府通过立法介入和影响劳动关系,在劳动关系发展过程中起着调整、干预和监督作用。劳动者在任何企业生产经营活动中都处于主体地位,他们是企业和社会财富的实际创造者,经营管理者则在企业的生产经营活动中处于主导地位。

1．员工的权利与义务

（1）员工依法享有的主要权利有：劳动权、民主管理权、休息权、劳动报酬权、劳动保护权、职业培训权、社会保险、劳动争议提请处理权等。

（2）员工承担的主要义务有：按质、按量完成生产任务和工作任务；学习政治、文化、科学、技术和业务知识；遵守劳动纪律和规章制度；保守国家和企业的机密。

2．企业的权利与义务

（1）企业依法享有的主要权利有：依法录用、调动和辞退职工；决定企业的机构设置；任免企业的行政干部；制订工资、报酬和福利方案；依法奖惩职工。

（2）企业承担的主要义务有：依法录用、分配、安排员工的工作；保障工会和职工代表大会行使其职权；按员工的劳动质量和数量支付劳动报酬；加强对员工思想、文化和业务的教育、培训；改善劳动条件，搞好劳动保护和环境保护。

（二）劳动关系的客体

劳动关系的客体是指主体的劳动权利和义务共同指向的事物，如劳动时间、劳动报酬、安全卫生、劳动纪律、福利保障、教育培训、劳动环境等。在我国的社会制度和法律制度条件下，员工的人格和人身不能作为劳动法律关系的客体。

（三）劳动关系的阶段性

根据劳动关系中员工与企业结合的不同阶段可以分为：

1．双向选择阶段

在企业与员工进行双向选择的阶段，主要表现为企业主或委托代理人与经营管理人员、普通员工的双向选择的程度、责任和权利，处理这方面的关系涉及合同的签订、解除等问题。

2．双方合作阶段

企业与员工经过双向选择后，达成合作，也就产生了双方的责、权、利关系。如何保障员工的合法权益是这一阶段劳动关系中的主要方面，包括员工的正当收益权、劳动保护权、社会保障权、民主权、参与权、个人尊严权等。

3．双方重新选择阶段

当双方所形成的劳动关系由于时间、企业经营状况、员工个人工作能力和适应性发生改变而需要调整时，员工与企业的责、权、利关系也会随之发生改变。这里主要是指员工被辞退或员工辞职时双方拥有的义务、责任和权利，如事先得到通知权、申诉权、补偿权等。

三、企业建立和谐劳动关系的途径

（一）主体平等，依法调整劳资关系

劳动争议的产生在很大程度上是因为劳动关系的主体之间不平等，因此需要政府通过完善法律、法规，从法律制度层面保证劳资双方的主体平等，而主体平等恰是劳资共享的基本前提。我国的最新宪法修正案将“国家尊重和保障人权”写入宪法，这种以人为本、人权至上的基本价值准则决定了劳资双方是一种平等关系；《劳动法》、《工会法》、《劳动法合同法》和《就业促进法》等相关法律则对劳动者的弱势地位加以调整，为劳资双方的权利平衡提供了相应的制度保障。

（二）发挥工会及职工代表大会的作用，完善利益诉求机制

通过设立工会与定期召开职工代表大会，开拓员工与企业协调劳动关系的渠道，能够起到兼顾员工与企业的利益，避免矛盾激化的作用；此外，企业建立工会及职工代表大会也是完善员工利益诉求的一种机制保障，可以使员工有机会参与企业的重大决策，特别是涉及广大员工切身利益的决定，这样可以更好地使企业的管理者在做出重大决策时充分考虑员工的利益。

（三）培训主管人员，化解劳动关系矛盾

相对于低级别的员工而言，高一级的主管往往更多地代表着企业的利益，双方工作中产生的矛盾，比较容易演变为劳资矛盾。事实上，许多劳动争议的产生和劳动关系的紧张，常常与企业主管人员的工作作风、业务知识、法律意识有关。对企业主管人员进行有关劳动关系方面的法律、法规和政府政策等知识培训，能够增强他们的劳动关系意识，掌握处理劳动关系问题的原则及技巧。

（四）改善和提高员工工作和生活的质量，是改善劳动关系的根本途径

员工同企业的利益基本是一致的，劳资之间存在冲突的原因，是员工认为自己始终处于被管理的从属地位，管理与服从的关系是员工产生不满的根源。如果企业能够在高绩效模式下改善和提高员工工作和生活的质量，冲突就可以避免，并且会使双方保持和谐的关系，具体内容包括：有竞争力的工资和福利、保证员工得到公平合理的待遇、各种岗位轮换制度和工作设计等。

（五）依靠调解和仲裁机构解决劳动争议

调解和仲裁机构的调解人员一般由行业专门人才、工会和政府代表组成，必要时也可委托社会知名人士参加调解，保证行政调解的公信力。行政调解有助于缓解劳资之间的矛盾，既可避免劳资双方陷入撕破面皮的困境，又有利于企业及时调整自己的行为。一般而言，行政调解应遵循自愿、调解免费的原则，以利于对弱势劳动者的保护。劳动者必要时可以申请司法救济。

第二节 劳动合同

一、劳动合同的含义

劳动合同又称劳动协议，是劳动者和劳动力使用者（用人单位）之间确立、变更和终止劳动权利和义务关系的协议。“建立劳动关系应当订立劳动合同”（《劳动法》第十六条规定）。劳动合同是建立劳动关系的法律形式，是确立和确认劳动者与用人单位劳动关系的凭证，是维护双方合法权益的法律保障。

根据劳动合同，劳动者加入旅游企业，从事某种工作，要承担一定的义务，并遵守旅游企业内部的劳动规章制度。根据劳动合同，旅游企业规定员工的工作内容、职位和职责，依法支付劳动报酬、提供劳动条件、保障劳动者依法享有劳动保护、社会保险等合法权利。有关劳动法律、法规只是对劳动关系双方的权利和义务做了原则性、纲领性的规范，所以还需要用劳动合同对法律法规未尽事宜做出详细、具体的约定，明确彼此的具体权利和义务，缔结双方“合意”的劳动关系，维护双方合法权益，促进双方全面履行合同。当遇有劳动纠纷时，劳动合同也是解决纠纷的重要依据和证据，可以降低劳动争议解决的成本。

二、劳动合同的订立

劳动合同的订立，是指劳动者与企业之间就劳动合同内容协商一致的意思表示。

（一）劳动合同订立的原则

我国的《劳动合同法》第三条规定：“订立劳动合同，应当遵循合法、公平、平等自愿、协商一致、诚实信用的原则。”

1. 合法原则

合法原则是指在劳动合同法律关系中，合同的主体、订立形式、订立程序、合同内容、履行方式、对变更或解除合同权利的行使等，都必须符合我国的法律、行政法规。“法律、行政法规”既包括现行的法律、行政法规，也包括以后颁布施行的法律、行政法规；既包括劳动法律、法规，也包括民事、经济方面的法律、法规。

2. 公平原则

公平原则又叫公平正义原则。指当事人在设立权利、履行义务、承担责任等方面，要公正、合情、合理。劳动合同公平追求的目的是劳动者与企业在订立劳动合同的过程中，双方权利、义务、责任的分配应当合理，劳动合同的内容应当体

现公平、公正的要求。公平原则具体体现在以下五个方面:

(1) 劳动者和企业在订立劳动合同时,双方应履行如实告知义务。企业招聘员工时,应当如实告知应聘者工作内容、工作条件、工作地点、职业危害、安全生产状况、劳动报酬以及应聘者要求了解的其他情况;企业有权了解应聘者与劳动合同直接相关的基本情况,应聘者应当如实说明。

(2) 企业不得强制员工做法律禁止的行为。例如,《劳动合同法》第九条规定,用人单位招用劳动者,不得要求劳动者提供担保或者以其他名义向劳动者收取财物,不得扣押劳动者的居民身份证或者其他证件。

(3) 对员工基本生活提供保证。例如,《劳动合同法》第十一条规定,用人单位未在用工的同时订立书面劳动合同,与劳动者约定的劳动报酬不明确的,新招用的劳动者的劳动报酬应当按照企业的或者行业的集体合同规定的标准执行;没有集体合同的,用人单位应当对劳动者实行同工同酬。同时,第二十一条规定,劳动者在试用期的工资不得低于本单位同岗位最低档工资或者劳动合同约定工资的80%,并不得低于用人单位所在地的最低工资标准。

(4) 员工违反服务期应承担的法律责任。《劳动合同法》第二十二条第一款、第二款规定,用人单位在国家规定提取的职工培训费用以外提供专项培训费用,对劳动者进行专业技术培训的,可以与该劳动者订立协议,约定服务期。劳动者违反服务期约定的,应当按照约定向用人单位支付违约金。约定违反服务期违约金的数额不得超过用人单位提供的培训费用。违约时,劳动者所支付的违约金不得超过服务期尚未履行部分所应分摊的培训费用。

(5) 劳动合同无效情况下对劳动者的保护。例如,《劳动合同法》第二十八条规定,劳动合同被确认无效,劳动者已付出劳动的,用人单位应当向劳动者支付劳动报酬。劳动报酬的数额,参考用人单位同类岗位劳动者的劳动报酬确定;用人单位无同类岗位的,按照本单位职工平均工资确定。

3. 平等自愿原则

平等原则的核心内容是:劳动合同当事人无论是法人、其他经济组织或者是自然人,尽管它们的经济实力不同,但是只要以劳动合同主体身份参加到劳动合同法律关系中,那么,它们之间就处于平等法律地位,受法律平等保护。自愿原则,是员工与企业订立劳动合同时,在法律许可的范围内完全出于自己的意愿,任何一方当事人都不得将自己的意志强加给对方,也不允许第三方非法干涉。总之,平等是自愿的前提,自愿是平等的体现。

4. 协商一致原则

协商一致原则是指员工与企业在订立劳动合同时,就劳动合同条款约定的内容，经当事人双方在充分表达自己意见的基础上，经过协商，并取得意见一致后，订立劳动合同。《劳动合同法》第十六条规定："劳动合同由用人单位与劳动者协商一致，并经用人单位与劳动者在劳动合同文本上签字或者盖章生效。"协商是企业与员工以意思表示方式就劳动合同内容进行商量；一致是企业与员工经过协商取得了一致意见，使劳动关系建立，并进而订立劳动合同的过程。

5. 诚实信用原则

诚实信用原则是指劳动关系主体进行劳动活动必须诚实、守信、善意，享有权利不得损害他人的合法权益，履行义务信守承诺和法律规定。诚实信用原则在劳动合同的订立、履行、变更、解除的各个阶段，甚至在劳动合同关系终止以后，当事人都应当严格依据诚实信用原则享有权利、履行义务和承担责任。例如，《劳动合同法》第二十六条第一款规定，下列劳动合同无效或者部分无效：(1) 以欺诈、胁迫的手段或者乘人之危，使对方在违背其真实意思的情况下订立劳动合同的；(2) 用人单位免除自己的法定责任、排除劳动者权利的；(3) 违反法律、行政法规强制性规定的。

（二）劳动合同的形式

劳动合同形式可以分为口头形式和书面形式两种，其中书面形式的劳动合同是最正规的形式，而且也便于管理和解决日后发生的劳动争议。书面形式的劳动合同通常又有主件和附件之分。主件一般是指在确立劳动关系时所订立的书面劳动合同，附件一般是指法定或约定作为劳动合同主件的补充、进一步明确当事人双方相互权利义务的书面文件。

（三）劳动合同的内容

劳动合同的内容即劳动合同条款，分为一般法定必备条款、特殊法定必备条款、约定必备条款。

1. 一般法定必备条款

一般法定必备条款是法律要求各种劳动合同都必须具备的条款，即必须包括：

(1) 合同期限。除依法订立无固定期限劳动合同的情况以外，都应当规定合同有效期限，其中应包括合同的生效日期和终止日期，或者决定合同有效期限的工作项目。

(2) 工作内容。即关于员工的劳动岗位、劳动任务条款。

(3) 劳动保护和劳动条件。即关于企业应当为员工提供劳动安全卫生条件和生产资料条件的条款。

(4) 劳动报酬。即关于劳动报酬的形式、构成、标准等条款。

(5) 劳动纪律。即关于员工应当遵守劳动纪律的条款,它一般不尽列劳动纪律的内容,只是表明员工同意接受企业依法制定的劳动纪律。

(6) 合同终止条件。即关于劳动合同在法定终止条件之外的哪些情况下可以或应当终止的条款。

(7) 违约责任。即关于违反劳动合同的员工和企业各应如何承担责任的条款,不仅包括关于依法承担违约责任的抽象规定,而且含有关于在合法范围内承担或免除违约责任的具体约定。

2. 特殊法定必备条款

特殊法定必备条款是法律要求某种或某几种劳动合同必须具备的条款。有的劳动合同由于自身的特殊性,立法特别要求其除一般法定必备条款外,还必须规定一定的特有条款。例如,外商投资企业劳动合同和私营企业劳动合同中应包括工时和休假条款;实习员工的劳动合同中应当有培训目标、实习期限、生活待遇等条款。

3. 约定必备条款

约定必备条款是劳动关系当事人或其代表约定劳动合同必须具备的条款。它是法定必备条款的必要补充,其具备与否,对劳动合同可否依法成立,在一定程度上具有决定性意义。此类条款通常有试用期条款、保密条款和禁止同业竞争条款等。

(四) 劳动合同的订立程序

1. 提出劳动合同草案

企业向员工提出拟订的劳动合同草案,并说明各条款的具体内容和依据。

2. 介绍内部劳动规则

在提出合同草案的同时,企业还必须向员工详细介绍本单位内部劳动规则。

3. 商定劳动合同内容

企业与员工在劳动合同草案和内部劳动规则了解的基础上,对合同条款逐条协商一致后,以书面形式确定其具体内容。对劳动合同草案,员工可提出修改和补充意见,并就此与企业协商确定。对内部劳动规则,员工一般只需表示接受与否即可,而不能与企业协商修改或补充其内容。但是,双方可以在劳动合同中做出不同于内部劳动规则某项内容,或者指明不受内部劳动规则某项内容约束而对员工更有利的约定。

4. 签名盖章

员工和企业应当在经协商一致所形成的劳动合同文本中签名盖章,以此标志双方意思表示一致的完成。凡属不需要鉴证的劳动合同,在双方当事人签名盖章后即告成立。

5. 鉴证

按照国家规定或当事人要求而需要鉴证的劳动合同,应当将其文本送交合同签订地或履行地的合同鉴证机构进行鉴证。凡需要鉴证的劳动合同,经鉴证后方可生效。

上述各阶段是紧密相连、不可分割的连续过程,企业招聘合同制员工,必须依次确定合同当事人、确定合同内容,才能在当事人之间确立劳动法律关系。

(五) 劳动合同的法律效力

1. 劳动合同的有效性

劳动合同依法成立,从合同成立之日或者合同约定生效之日起就具有法律效力。其具体表现主要是:

(1) 当事人双方必须亲自全面履行合同所规定的义务;

(2) 合同的变更和解除都必须遵循法定的条件和程序,任何一方当事人都不得擅自变更和解除合同;

(3) 当事人违反合同必须依法承担违约责任;

(4) 当事人双方在合同履行过程中发生争议,必须以法定方式处理。

2. 劳动合同的法律效力

劳动合同具有法律效力,必须以完全具备法定有效要件为前提。劳动合同有效要件一般包括:

(1) 合同主体必须合格。双方当事人都必须具备法定的主体资格,即一方必须是具有劳动权利能力和劳动行为能力的公民,另一方必须是具有用人权利能力和用人行为能力的企业。

(2) 合同内容必须合法。劳动合同必须完全具备法定必备条款,并且所载各项条款的内容都必须符合合同履行地的劳动法规、劳动政策和集体合同的要求。

(3) 意思表示必须真实。签订劳动合同的双方当事人的意思表示都出于本身自愿,并且与自己内在意志相符。

(4) 合同形式必须合法。要约式劳动合同必须采用法定的书面合同或标准合同形式;非要约式劳动合同应当采用当事人所要求的书面或口头合同形式。

(5) 订立程序必须合法。劳动合同的订立必须完成各项法定必要程序,并且在订立程序中必须严格遵循法定规则,尤其应当遵循平等自愿和协商一致的原则。

3. 劳动合同的无效

劳动合同无效是指劳动合同由于缺少有效要件而全部或部分不具有法律效

力。其中,全部无效的劳动合同,它所确立的劳动关系应予以消灭;部分无效的劳动合同,它所确立的劳动关系可依法存续,只是部分合同条款无效,如果不影响其余部分的效力,其余部分仍然有效。

"违反法律、行政法规的劳动合同"、"采取欺诈、威胁等手段订立的劳动合同"一般确定为无效合同。无效的劳动合同从订立的时候起就没有法律约束力。此外,"员工被迫签订的劳动合同或未经协商一致签订的劳动合同为无效劳动合同"。所谓"员工被迫签订的劳动合同",是指有证据表明员工在受到胁迫或对方乘己之危的情况下,违背自己真实意愿而签订的劳动合同;所谓"未经协商一致签订的劳动合同",是指有证据表明企业和员工不是在双方充分表达自己意思的基础上,经平等协商、取得一致意见的情况下签订的劳动合同。劳动合同的无效由劳动争议仲裁委员会或者法院确认。

4. 劳动合同无效的处理

对无效劳动合同的法律处理有以下五种后果:

(1) 自合同订立时起至合同被确认无效时止,合同全部无效的,当事人之间仅存在事实劳动关系;合同部分无效的,当事人之间并存着部分劳动法律关系和部分事实劳动关系。事实劳动关系中当事人的权利和义务应当以劳动法规、劳动政策、集体合同和内部劳动规则的有关规定为依据重新确定。其中,员工如果未得到或者未全部得到劳动法规、劳动政策、集体合同、内部劳动规则所规定标准的物质待遇,企业应当按照该标准予以补偿。

(2) 自合同被确认无效时起,全部无效的合同所引起的事实劳动关系应予终止;部分无效的合同中,无效条款应当由劳动法规、劳动政策、集体合同和内部劳动规则中的有关规定所取代,或者由当事人依法重新商定的合同条款所取代。

(3) 企业对员工收取保证金或扣押证件等物品的,应当返还给员工。

(4) 劳动合同全部无效而企业对此有过错的,如果当事人双方都具备主体资格而员工要求订立劳动合同的,在终止事实劳动关系的同时,企业应当与员工依法订立劳动合同。因为在这种情况下确认劳动合同无效,并未否定劳动合同订立程序的第一阶段(即确定合同当事人阶段)双方所做出的同意与对方订立劳动合同的意思表示,所以可重新开始劳动合同订立程序的第二阶段(即确定合同内容阶段),并且这样做可避免员工因劳动合同无效而失业。

(5) 企业对劳动合同无效有过错,如果给员工造成损害,应当承担赔偿责任。

三、劳动合同的履行

劳动合同的履行是指合同当事人双方履行劳动合同所规定义务的法律行为,亦即员工和企业按照劳动合同的要求,共同实现劳动过程和各自的合法权益。劳动合同依法订立就必须履行。

(一)劳动合同的履行原则

1. 亲自履行原则

劳动合同的履行只能在签订合同的特定主体之间进行。员工一方的主体变更一般视为合同解除,企业一方对员工提供劳动义务的请求权不应转让给第三人。劳动法律关系确立后,员工不允许请他人代为劳动,企业未经员工同意也不能擅自将员工调动转移到其他单位。

2. 全面履行原则

劳动合同当事人双方都必须履行合同的全部条款和各自承担的全部义务,既要按照合同约定的标准及其种类、数量和质量履行,又要按照合同约定的时间、地点和方式履行。

3. 协作履行原则

(1)当事人双方首先应按照劳动合同和劳动纪律的规定履行自己应尽的义务,并为对方履行义务创造条件。

(2)当事人双方应互相关心,通过生产经营管理和民主管理,互相督促,发现问题及时协商解决。

(3)无论是企业还是员工遇到困难时,双方都应在法律允许的范围内尽力给予帮助。

(4)员工违纪,企业应依法进行教育,帮助员工改正;企业违约,员工也要及时反映问题,尽快协助企业纠正,并设法防止和减少损失。

(5)在合同履行过程中发生了劳动争议,当事人双方都应从大局出发,根据劳动法和劳动合同的有关规定,结合实际情况,及时协商解决,从而建立起和谐的劳动关系。

(二)劳动合同的特殊规则

1. 履行不明确条款的规则

对于劳动合同中内容不明确的条款,应当先依法确定其具体内容,然后予以履行。一般认为,企业内部劳动规则有明确规定的,按照该规定履行;企业内部劳动规则未做明确规定的,按照集体合同的规定履行;集体合同未做明确规定的,按照有关劳动法律、法规和政策的规定履行;劳动法律、法规和政策未做明确规定的,按照通行的惯例履行;没有可供遵循的惯例的,由当事人双方协商确定如何履行,其中,劳动给付义务也可按照企业的指示履行。

2. 向第三人履行的规则

劳动合同的任何一方当事人,一般都只向对方当事人履行义务,并且要求对方当事人履行义务的请求权一般不得转让给第三人。换言之,只有在法律允许的特殊情况下,员工或企业才应当向第三人履行义务。

3. 履行约定之外劳动给付的规则

员工履行劳动给付义务,原则上以劳动合同约定的范围为限,在劳动合同未变更时,企业一般不得指示员工从事劳动合同约定之外的劳动。但是,遇有紧急情况时,如为了避免发生危险事故或者进行事故抢救和善后工作,企业可指示员工临时从事劳动合同约定之外的劳动,员工应当服从这种指示。员工于其约定的劳动给付外,无给付其他附带劳动的义务,但有紧急情形或其职业上有特别习惯时,不得拒绝其所能给付的劳动。

四、劳动合同的变更

劳动合同的变更是指合同当事人双方或单方依法修改或补充劳动合同内容的法律行为。它发生于劳动合同生效后尚未履行或尚未完全履行期间,是对劳动合同所约定的权利和义务的完善和发展,是确保劳动合同全面履行和劳动过程顺利实现的重要手段。劳动合同变更一般为协议变更。

(一) 变更原因

实践中,引起劳动合同变更的原因按照其来源不同可大致归纳为三个方面:

1. 企业方面的原因

企业调整主营业务或经营项目、重新进行劳动组合、修订劳动定额、调整劳动报酬或员工福利分配方案、发生严重亏损、防止泄露商业秘密等。

2. 员工方面的原因

员工身体健康状况发生变化、劳动能力部分丧失、所在岗位与其职业技能不相适应、职业技能提高到一定等级等。

3. 客观方面的原因

国家的法律、法规和政策发生变化、物价水平大幅度变化、国民经济调整、社会动乱、自然灾害等。

(二) 变更条件

根据规定,劳动合同的变更应具备三个条件:

1. 双方当事人原来已经存在着劳动合同关系

所谓“变更”,是对原订合同的修改和增删,没有一个已经生效的劳动合同,就谈不上合同的变更。这是劳动合同变更的前提条件。

2. 订立合同时所依据的情况发生变化

劳动合同依法订立后就具有法律的约束力,当事人双方都必须严格按照劳动合同规定的条款履行自己应尽的义务。只有出现情况变化时,才允许变更劳动合同。这是劳动合同变更的客观条件。

3. 劳动合同变更必须经双方当事人同意

劳动合同在签订时要贯彻平等自愿、协商一致的原则。这种当事人之间通过协商一致形成的法律关系,一般也应通过协商一致才可予以变更。这是变更的主观条件。

(三) 变更程序

变更的法定程序包括下述主要环节:

1. 预告变更要求

需要变更合同的一方当事人应当按照规定时间提前向对方当事人提出变更合同的要求,说明变更理由、条款、条件以及请求对方当事人答复的期限。

2. 按期做出答复

得知对方当事人提出的变更合同的要求后,通常应当在对方当事人要求的期限内做出答复,可以表示同意,也可以提出不同意见而要求另行协商,如果不属于法定应当变更合同的情况,还可以表示不同意。

3. 签订书面协议

当事人双方均同意变更合同的,应当就合同变更达成书面协议,并签名盖章。协议书中应当指明变更的条款,并约定所变更条款的生效日期。

4. 鉴证或备案

凡在订立时经过鉴证或备案的合同,变更合同的协议签订后也要办理鉴证或备案手续。

五、劳动合同的解除

(一) 劳动合同解除的含义和种类

劳动合同解除是指劳动合同生效以后尚未全部履行以前,当事人一方或双方依法提前消灭劳动关系的法律行为。

劳动合同的解除主要包括以下几种:

1．以解除方式为标准分类

（1）协议解除，即劳动合同经当事人双方协商一致而解除。

（2）单方解除，即享有单方解除权的当事人以单方意思表示解除劳动合同。员工可以无条件地预告辞职，但即时辞职则要受一定条件的限制。就辞退而言，企业在符合法定或约定条件的情况下方可辞退员工。

2．以解除条件的依据为标准分类

（1）法定解除，即员工或企业在符合劳动法规定的合同解除条件的情况下，单方解除劳动合同。

（2）约定解除，即员工或企业在符合集体合同或劳动合同依法约定的合同解除条件的情况下，单方解除劳动合同。

3．以解除原因中有无过错为标准分类

（1）有过错解除。由于对方当事人的过错行为而导致的劳动合同解除，属于有过错解除。它包括员工因企业有过错而辞职和企业因员工有过错而辞退。解除合同的主动权在无过错方，由其提出的解除要求对有过错方具有强制性，并可不经预告就行使单方解除权；企业如果是有过错方，就应当赔偿员工因辞职所受的损失；员工如果是有过错方，就无权要求企业因辞退而给予经济补偿，或应赔偿企业所受的损失。

（2）无过错解除。在对方当事人无过错行为或者其过错行为轻微的情况下单方解除劳动合同，属于无过错解除。为了避免或减少合同解除可能给对方当事人造成的损失，员工或企业在解除合同前均应向对方当事人预告。尤其是企业辞退员工要严格按照规定的条件执行，并且还应对辞退或辞职的员工给予一定的经济补偿。

（二）劳动合同的解除条件

劳动合同的解除分为双方协商解除和单方依法解除两大类。

1．双方协商解除

双方协商解除是指劳动合同的双方当事人经协商达成一致解除劳动合同。作为一种双方行为，无论是员工首先提出解除还是企业首先提出解除，只有对方同意，双方达成一致意见，方可解除劳动合同。

2．单方依法解除

单方依法解除是指劳动合同的一方当事人不需对方同意即可单方面行使劳动合同解除权。按权利主体分类，可以分为企业解除劳动合同和员工解除劳动合同。

(1) 企业解除劳动合同

企业单方行使劳动合同解除权,又可分为因员工的原因行使解除权以及因企业的原因行使解除权。

因员工的原因解除劳动合同时,企业还必须根据员工的情况区别为主观过错和客观原因,相应地分为解除合同前不需提前预告和需提前预告两种情况。

员工主观过错包括:

• 在试用期间被证明不符合录用条件(简称试用不合格);

• 严重违反劳动纪律或者企业规章制度(简称严重违纪);

• 严重失职,营私舞弊,对企业利益造成重大损害;

• 被依法追究刑事责任,即员工在劳动合同存续期间,因严重违法构成犯罪,被法院依法判处刑罚或者裁定免予刑事处分;

• 被劳动教养,即员工在劳动合同存续期间,因违法而被公安机关依法处以劳动教养。

从解除合同的程序看,符合以上五类情况之一的,企业一经证实就可以解除劳动合同,无须提前通知,也不必给予经济补偿。

员工客观原因包括:

• 员工患病或非因工负伤,医疗期满后,不能从事原工作也不能从事由企业另行安排的工作。这里的医疗期,是指员工根据其工龄等条件,依法可以享受的停工医疗并发给病假工资的期间,而不是员工病伤治愈所实际需要的医疗期。员工在规定的医疗期届满后,其病伤尚未医疗终结或者医疗终结但其劳动能力受损,经劳动鉴定机构证明,缺乏或丧失从事原工作或者企业在现有条件下为其所安排新工作的劳动能力,因而无法继续履行劳动合同。

• 员工不能胜任工作,经过培训或者调整工作岗位,仍不能胜任工作。

• 劳动合同订立时所依据的客观情况发生重大变化,致使原劳动合同无法履行,经当事人协商不能就变更劳动合同达成协议。这里的客观情况,是指履行原劳动合同所必要的客观条件,如自然条件、原材料或能源供给条件、生产设备条件、产品销售条件、劳动安全卫生条件等。

从解除合同的程序上看,符合以上三类情况之一的,企业必须履行预告义务,即应当提前30天以书面形式通知员工本人方可解除劳动合同,同时还应依法给予经济补偿。

(2) 员工解除劳动合同

员工单方行使劳动合同解除权,主要是以企业是否有过错为依据,分为需提前预告和不需提前预告两种情况。

（三）关于辞退员工的禁止性条件

我国的劳动法关于辞退的禁止性条件规定，以下情形之一不得解除劳动合同：

（1）患职业病或者因工负伤并被确认为丧失或者部分丧失劳动能力。劳动能力丧失的程度，须由法定机构（劳动鉴定委员会）鉴定和证明。

（2）患病或负伤并在规定的医疗期内。员工患普通疾病或者非因工负伤，企业应依法给予一定的医疗期，并在此期限内负有保障其医疗和生活的义务。

（3）在孕期、产期、哺乳期内的女员工。以此作为禁止性条件，旨在保护妇女和儿童的特殊权益。孕期与产期和哺乳期为一个连续的过程，其中产期长度应当以生育顺产、难产或流产的法定产假期为准；哺乳期长度也应当与法定界限相符，一般限于婴儿周岁。处在孕期、产期和哺乳期的女员工，企业不得将其辞退，除非提供证据证明引起辞退的事由在法定禁止性条件的适用范围之外，并且与怀孕、分娩或哺乳毫无关系。

（4）法律、行政法规规定的其他情形，企业均不得解除劳动合同。例如，在法定年休假、法定节假日和其他合法假期间，在劳动争议处理期间，员工不得被辞退。员工因实施工会行为或员工代表行为而受特别保护，不得被辞退。

（四）劳动合同解除的程序

劳动合同解除的程序，因解除的方式、条件等差异而有所不同，一般包括以下环节：

1．辞退通知前的环节

企业在发出辞退通知以前，必须经过对员工批评教育、纪律处分或辞退警告无效。

2．解约的协议或通知

（1）劳动合同的协议解除应当由合同当事人双方就合同解除的日期和法律后果依法签订书面协议。

（2）劳动合同的单方解除，应当由企业或员工提前或即时以书面形式将解除劳动合同的决定通知对方。在实践中允许企业以向被辞退者支付与预告期间劳动报酬额相等的补偿的方式取代预告期，即企业在支付此项补偿费的前提下即可辞退员工。

3．解约协议或通知后的环节

在劳动合同当事人就劳动合同解除签订协议或发出通知以后，依法还必须或可能经过一些特定环节。其中主要是：

（1）工会干预。工会认为辞退不适当的，有权提出意见，企业对工会意见应当认真研究;如果辞退违法或违约,工会有权要求企业重新处理。

(2) 争议处理。因劳动合同解除发生争议的,应当依法遵循调解、仲裁、诉讼的程序处理。

(3) 备案。

六、劳动合同的终止

(一) 劳动合同终止的含义

劳动合同终止是指劳动合同的法律效力依法被消灭,劳动合同所确立的劳动关系由于一定法律事实的出现而终结,员工与企业之间原有的权利和义务不复存在。

(二) 劳动合同终止的原因

引起劳动合同终止的原因主要有以下几种:

(1) 合同期限届满;

(2) 约定终止条件成立;

(3) 合同目的实现;

(4) 员工死亡;

(5) 员工退休;

(6) 企业消失,企业依法被宣告破产、解散、关闭或撤销,其劳动合同随之终止;

(7) 合同解除。

(三) 劳动合同终止的法律后果

劳动合同终止的法律后果是指在终止劳动关系并消灭当事人双方权利义务的同时,对当事人双方随之产生新的权利义务。

1. 企业的义务

(1) 支付经济补偿金。劳动合同经协议解除,或者由企业解除(因试用不合格或员工有过错行为而解除者除外)的,按员工在本单位工龄,每满 1 年给相当于一个月工资的经济补偿金。但是,经协议解除或者因员工不胜任工作被企业解除的,最多给予不超过 12 个月工资的金额。

(2) 支付失业补偿费。企业因破产或歇业而解除劳动合同的,合同未满的时间每一年发给员工相当于一个月工资的失业补偿费,但最高不超过 12 个月工资。

(3) 支付禁止同业竞争补偿费。约定员工为保守企业商业秘密而在劳动合同终止后一定期间不与该企业进行同业竞争的,企业应当给予该员工一定数额的经济补偿。

(4) 支付医疗补助费。劳动合同因员工患病或非因工负伤而由企业解除的,在发给经济补偿金的同时,还应发给不低于6个月工资的医疗补助费。对患重病或绝症者要增加医疗补助费,其中,患重病的增加部分不低于医疗补助费的50%,患绝症的增加部分不低于医疗补助费的100%。

(5) 向社会保险经办机构缴纳有关费用。凡是依法应当由企业为员工缴纳的社会保险费用,在劳动合同终止时企业应当负责全部缴足。

(6) 出具劳动关系终止证明书。企业应当在劳动合同终止的当时或者应员工事后请求,免费向员工出具终止劳动合同的证明书,以证实原劳动关系已经消灭。证明书的内容应当包括法定必备事项,并应客观公正。

(7) 为被裁减人员提供一定就业保障。企业有条件的,应当为被裁减人员提供培训或就业帮助。

(8) 返还员工寄存财产。在劳动关系存续期间员工寄存于企业的各项财产,当劳动合同终止时,企业应当返还给员工。

(9) 继续提供住房。劳动关系存续期间由企业提供住房的员工,在劳动合同终止后一定时间内,企业应当让其继续居住该住房。

在上述各项经济补偿中,以月工资作为计算基准的企业来说,月工资是指在正常生产经营情况下劳动合同解除前12个月员工本人的月平均工资。另外,经济补偿金在企业成本中列支,不得占用企业按规定比例应提取的福利费用。

2. 员工的义务

(1) 赔偿损失。员工对劳动合同解除有过错的,应当按照法定或约定的要求,向企业赔偿因此所受的损失。

(2) 结束并移交事务。劳动合同终止后,员工应当依企业对其忠实义务的要求,结束其正在进行中的事务,对紧急事务做应急处理;同时,向企业办理事务移交手续,对原归其保管的物品,在交接前负责继续保管。

(3) 继续保守商业秘密。员工对其在劳动关系存续期间得知的商业秘密,在劳动合同终止后一定期限内应当继续保密。

第三节 劳动争议的处理

一、劳动争议的概念和主要内容

(一) 劳动争议的概念

企业劳动争议,又称企业劳动纠纷,是指企业劳动关系的双方主体及其代表之间在实现劳动权利和履行劳动义务等方面产生的争议或纠纷。企业劳动争议就其本质来说，主要是双方主体围绕经济利益产生的权利和义务的矛盾和争议。

（二）劳动争议的主要内容

劳动争议的基本内容有以下几个方面：

（1）劳动合同的执行、解除、变更和终止等问题引发的争议。

（2）员工的录用、辞退、辞职和工作变动等问题引发的争议。

（3）工资、津贴和奖金等问题引发的争议。

（4）就业培训和职业训练等方面问题引发的争议。

（5）劳动保险、劳动福利以及女员工、未成年员工特殊保护等方面问题引发的争议。

（6）社会宏观因素和企业外部环境如通货膨胀、失业、社会保障、外国投资、政治因素和税率等问题引发的争议。

（7）有关工会的成立、运作、管理和代表权等问题引发的争议。

（8）有关工作安全和劳动卫生等问题引发的争议。

（9）有关工作时间和休息、休假等问题引发的争议。

二、劳动争议的处理原则

（一）合法原则

合法原则是指企业劳动争议的处理机构在处理争议案件时要以法律为准绳，并遵循有关法定程序；同时，对双方当事人应该享受的请求解决争议、举证、辩解、陈述和要求回避等有关程序法的权利要给予平等的保护。

（二）公正和平等原则

公正和平等原则是指在企业劳动争议案件的处理过程中，应当公正、平等地对待双方当事人，处理程序和处理结果不得偏向任何一方。公正和平等原则要求企业劳动争议的任何一方当事人都不得有超过法律和有关规定以上的特权。

（三）调解原则

调解原则是指调解这种手段贯穿于企业劳动争议第三方参与处理的全过程。不仅企业调解委员会在处理企业劳动争议中的全部工作是调解，而且仲裁委员会和法院在处理企业劳动争议中也要先行调解，调解不成时才会行使裁决或判决。同时，即使是仲裁委员会的裁决和法院的判决也要以调解的态度强制执行，否则其法律效力的发挥也会大打折扣。

（四）及时处理原则

及时处理原则是指企业劳动争议的处理机构在处理劳动争议案件时，要在法律和有关规定要求的时间范围内对案件进行受理、审理和结案，无论是调解、仲裁还是诉讼，都不得违背在时限方面的要求。及时处理原则就是要使双方当事人的合法权益得到及时的保护。

三、劳动争议处理的一般方法

（一）劳资双方协商解决

协商解决的办法，主要是指劳资双方当事人在平等的地位上就彼此争议的问题和焦点进行协商，以求得问题的解决。此外，与劳资协商制度一样，集体谈判制度也是一种重要的企业劳动争议的处理制度。

（二）第三方参与解决

一般来说，企业劳动争议处理中的第三方参与主要有三种情况：调解、仲裁和诉讼。

在选择解决劳动争议的方法时，通常按照图 7-1 的模式。

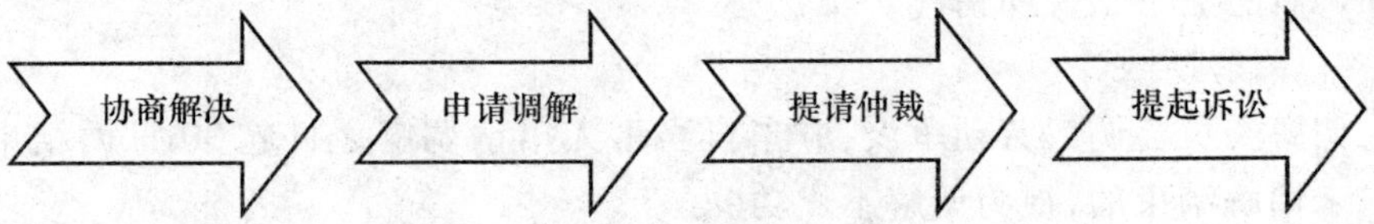

图 7-1　解决劳动争议的可选模式

四、劳动争议调解

劳动争议的调解是指调解委员会在查明事实、分清责任，促使争议当事人双方在法律法规的基础上和在相互谅解的基础上达成协议的处理方法。

（一）劳动争议调解的特点

对劳动争议的调解必须以双方当事人自愿为前提，不得强行调解。调解机构是企业内部的群众性组织，既非司法部门，也非行政机关。

（二）劳动争议调解机构

企业可以设立劳动争议调解委员会，由下列人员组成：

（1）员工代表，由员工代表大会推举产生。

（2）企业代表，由企业法人代表指定。

（3）企业工会代表，由企业工会委员会指定。

企业代表的人数不得超过调解委员会成员的三分之一。调解委员会主任由企业工会代表担任，调解委员会的办事机构设在企业工会委员会。

（三）劳动争议调解的程序

1．申请和受理

当事人在其权利受到侵害之日起30天内向调解委员会提出申请，并填写《劳动争议调解申请书》，发生争议的员工一方在3人以上，可视为集体劳动争议。调解委员会接到争议申请后，应征求当事人的意见，对方当事人不愿调解的，应做好记录，在3日内以书面形式通知申请人。调解委员会应在4日内作出受理或不受理申请的决定，对不受理的，应向申请人说明理由。

2．调查与调解

调解委员会对争议事项进行调查核实，调解委员会主任主持双方当事人参加调解会议；调解员听取双方陈述，并依法进行调解。

3．制作调解协议或调解意见书

经调解达成协议的，制作调解协议书，双方当事人应自觉履行。调解协议书不具有强制约束力，若任何一方不履行，即为调解不成。调解不成的，应做记录，并在调解意见书上说明情况。

4．调解期限

调解委员会调解劳动争议，应当自当事人申请调解之日起30日内结束，到期限未调解结束的，视为调解不成功。

五、劳动争议仲裁

劳动争议仲裁是指由劳动争议仲裁委员会在查明事实、分清责任的基础上根据国家法律、法规和政策对纠纷事实和当事人责任的认定和裁决。

（一）劳动争议仲裁的特点

1．强制性原则

强制性原则是指只要劳动争议一方当事人提出仲裁申请就能引起劳动争议仲裁程序的开始。

2．先调解后裁决原则

先调解后裁决原则是指劳动仲裁机构处理劳动争议应先行调解，在查明事实的基础上促使当事人双方自愿达成协议，调解不成才进行裁决。

3．裁审衔接制

裁审衔接制是指劳动争议当事人对劳动仲裁机构的裁决不服时，可依法向法院提起诉讼。

(二) 劳动争议仲裁组织机构的构成

1. 劳动争议仲裁委员会

我国法律规定,县、市、市辖区应设立劳动争议仲裁委员会,由下列人员组成:劳动行政主管部门的代表、工会代表、政府指定的经济综合管理部门的代表。主任由劳动行政主管部门的负责人担任,加设副主任1—2人,委员若干。

2. 劳动争议仲裁委员会办事机构

各地劳动行政主管部门的劳动争议处理机构为仲裁委员会的办事机构,负责办理仲裁委员会的日常事务。

3. 劳动争议仲裁员

劳动争议仲裁员包括专职和兼职两种,仲裁业务资格经省级以上劳动行政主管部门考核决定,取得仲裁员资格者方可被一个仲裁委员会聘为专职或兼职的劳动争议仲裁员。专职仲裁员由仲裁委员会从劳动行政主管部门从事劳动争议处理工作的人员中聘任;兼职仲裁员由仲裁委员会从劳动行政主管部门或其他行政部门的人员、工会工作者、专家学者和律师中聘任。劳动争议仲裁委员会成员均需具有劳动争议仲裁员资格。

4. 劳动争议仲裁庭

劳动争议仲裁庭是在仲裁委员会领导下处理劳动争议案件,实行一案一庭制。劳动争议仲裁庭由1名首席仲裁员、2名仲裁员组成。简单案件,劳动争议仲裁委员会可以指定一名仲裁员独任处理。处理员工一方在30人以上的集体劳动争议的特别仲裁庭由3名以上劳动争议仲裁员单数组成。劳动争议仲裁庭是根据具体劳动争议案件成立的,随案件的结束而自行解散。

(三) 劳动争议仲裁组织机构的职责

1. 劳动争议仲裁委员会的职责

(1) 负责处理本委员会管辖范围内的劳动争议案件。

(2) 聘任专职和兼职劳动争议仲裁员,并对其进行管理。

(3) 领导和监督劳动争议仲裁委员会办事机构和劳动争议仲裁庭开展工作。

(4) 总结并组织交流办案经验。

2. 劳动争议仲裁委员会办事机构的主要职责

(1) 承办处理劳动争议案件的日常工作。

(2) 根据劳动争议仲裁委员会的授权,负责管理仲裁员,组织仲裁庭。

(3) 管理劳动争议仲裁委员会的文书、档案、印鉴。

(4) 负责劳动争议及其处理的法律、法规及政策咨询。

（5）向劳动争议仲裁委员会汇报、请示工作。

（6）办理劳动争议仲裁委员会授权或交办的其他事项。

（四）劳动争议仲裁的参加人

1. 劳动争议仲裁当事人

劳动争议仲裁当事人是指基于劳动权利与义务发生争议，以自己的名义参加仲裁活动并受仲裁裁决的约束利害关系人。通常，企业与员工为劳动争议的当事人。

2. 劳动争议仲裁第三人

与劳动争议处理有利害关系的第三人，可以申请参加仲裁活动，或者由劳动争议仲裁委员会通知其参加。

3. 劳动争议仲裁代理人

劳动争议仲裁代理人是指代理当事人一方，用被代理当事人的名义，在法律规定或当事人授权范围内，为被代理人行使劳动争议仲裁权利和承担仲裁义务的行为。仲裁代理人有三种情况：

（1）法定代理人，指根据法律规定行使代理权的人，故无须办理委托代理书（如企业的法定代表人是企业的法定代理人）。

（2）指定代理人，指基于劳动争议仲裁委员会的指定而行使代理权的人。

（3）委托代理人，指受仲裁当事人、法定代理人的委托而代理劳动争议仲裁的人。当事人可以委托1—2名律师或其他代理人参加仲裁活动。委托他人参加劳动争议仲裁活动，必须向劳动争议仲裁委员会提交委托人签名盖章的授权委托书，委托书应明确委托事项和权限。

（五）劳动争议仲裁的程序

1. 申请与受理

当事人应当从知道或应当知道其权利被侵害之日起6个月内以书面形式向劳动争议仲裁委员会申诉。劳动争议仲裁委员会应当自收到申诉书之日起7日内作出受理或不受理的决定。对于员工一方30人以上集体劳动争议，劳动争议仲裁委员会应于收到仲裁申请书之日起3日内作出受理与否的决定。劳动争议仲裁委员会作出受理决定后，应在作出决定之日起7日内向申诉人和被诉人发出书面通知，并要求被诉人在15日内提交答辩书和证据。

2. 仲裁准备

组成劳动争议仲裁庭、审阅案卷材料、进行庭审前的调解。

3．开庭审理与裁决

4．仲裁文书的送达

主要包括直接送达、留置送达、委托送达；邮寄送达、公告送达、“布告”送达。

（六）劳动争议仲裁的监督程序

劳动争议仲裁的监督程序又叫再仲裁程序，指劳动争议仲裁委员会对本委员会已发生法律效力的裁决书，发现确有错误，决定对原案进行重新处理予以纠正的程序。

（七）劳动争议仲裁的时效

当事人申请仲裁，因履行劳动合同而发生的争议，应自争议发生之日起60日内或从劳动争议调解委员会调解不成之日起30日内，向劳动争议仲裁委员会提出；因开除、除名、辞退违纪员工而发生的争议，当事人应于企业公布处理决定之日起15日内申请仲裁。超过规定期限，仲裁机构不再受理。

仲裁裁决一般应在收到仲裁申请的60日内作出。对案情复杂而需要延期的，经报劳动争议仲裁委员会批准，可适当延长，但不超过30日。

六、劳动争议的法院审理

（一）劳动争议法院审理的概念

劳动争议法院审理是指人民法院对不服仲裁而提出诉讼的劳动争议依法进行审理并做出判决，即劳动争议发生后，当事人不能直接向法院起诉，必须先申请仲裁，不服仲裁裁决时才可以进入诉讼程序。

（二）人民法院对劳动争议的审理程序

根据《民事诉讼法》规定，劳动争议引起的诉讼实行二审终审制，由各级人民法院的民事法庭受理，包括劳动争议案的起诉、受理、调查取证、审判和执行等一系列诉讼程序。举证责任与劳动争议仲裁的举证责任相同，即在履行劳动合同而发生的争议中，“谁主张谁举证”，而在企业处罚职工的劳动争议中，“谁决定谁举证”。

七、劳动监督检查

劳动监督检查是指依法有监督检查权的机构对企业、事业、机关、团体等企业执行劳动法情况所进行的行政监察、行政监督、群众团体监督等法律制度的总称。劳动监督检查包含了众多的内容，不仅是对企业执行劳动安全卫生法规的监督检查，同时也是对有关劳动就业、劳动报酬、工时休假、劳动合同、职业培训、奖励惩罚、社会保险等所有涉及劳动法内容的监督检查。

第四节　劳动安全与保护

一、劳动安全与劳动保护的概念

劳动安全是工作过程中伤亡事故的防止和消除，员工生命安全的保障，繁重体力劳动的减轻，以及生产设备的保护。

劳动保护就是企业保护员工在劳动过程中的安全和健康所采取的各种技术措施和组织措施的总称，所以劳动保护又称作“员工安全与健康管理”。劳动保护是为了满足员工生存和安全的最基本需要而采取的措施，是保证员工工作、生活质量的基础，是提高员工劳动积极性的先决条件。

认真、有效地开展企业的劳动保护工作，可以有效地降低工作场所事故率，减少企业在员工安全和健康方面的诉讼和赔偿费用，不仅有利于人力资源成本的控制，而且对企业保持良好的公众形象起到积极的促进作用。具体地讲，员工的劳动保护还属于旅游企业安全管理的范畴，它和旅游企业的资产安全、客人的财物和人身安全同等重要，直接关系到旅游企业的经营成败。

二、劳动保护的基本任务

（一）保证安全生产

采取各种有效措施，减少和消除劳动中的不安全、不卫生因素，改善员工的工作条件，满足其安全需要。

（二）实现劳逸结合

采取各种必要措施，使员工有劳有逸，有张有弛，既紧张地工作，又放松地休息和娱乐。这是员工维持再生产的需要，也是提高员工生活质量的需要。

（三）对女员工实行特殊保护

女员工由于其生理特点，特别是在经、孕、产、哺期，应受到特殊的照顾，而且女员工的健康关系到下一代的人口素质，因此，对女员工的保护意义更大。

（四）工作时间限制

规定员工的工作时间和休假制度，限制超时加班，保证员工有适当的休息时间和休假期，使他们能保持旺盛的精力。

（五）组织工伤救护

保证员工一旦发生工伤事故，应立即受到良好的治疗。做好职业中毒和职业病的预防救治工作。

三、旅游企业安全事故发生的主要原因

（一）疲劳过度

旅游企业中的许多服务工作都属于中等体力劳动，加之旅游服务的连续性特点，员工经常处于疲劳作业状态。在旅游行业，员工工作中最经常发生的事故是在快速行走中跌跤、因提举物品不当造成事故损伤，以及从高处跌下等。这些事故在新入职员工身上和营业高峰期最容易发生。

（二）注意力不集中

一些工作心不在焉、责任感差、对本职工作不感兴趣、情绪容易波动以及接受能力差的员工，特别容易出事故。

（三）违反操作规程

据统计，约有60%的事故是由于员工违反安全操作规程造成的，因此，要求员工必须严格按照正确的操作规程使用工具、设备和设施是员工劳动保护的关键。

（四）工作环境存在风险

以饭店为例，不安全的工作环境，如潮湿、油腻、不平的地板、凹陷的路面、照明不足以及缺乏安全装置的设备等，也会对员工安全造成隐患。厨房是饭店中最容易发生事故的场所。油脂和燃气是高度易燃物品，这些容易引起火灾甚至酿成爆炸。此外，在厨房中常见的事故类型还包括：割破和划伤、滑倒或跌倒、烫伤、扭伤、钩伤、夹伤等。因此，饭店应该在营建初期就对可能会引起这些事故的细节加以注意，例如，洗碗机的机座应该稍低于地面，使水不致流入工作区；制冰机的位置应该稍凹进，制冰机前应安置防滑垫，员工取冰时就不会滑跌；从传菜路线通向厨房的门适当加宽，门边镶上厚软胶皮，以防手指轧伤。

四、劳动保护的具体内容

（一）工作时间管理

工作时间管理的主要任务是建立工作班制，组织好工作轮班以及合理安排工时。旅游企业里的工作班制有单班制和多班制两种。单班制是指每天组织一个班工作；多班制是指每天组织两班或两班以上的员工轮流生产。工作轮班是指在实行多班制生产条件下，组织各班员工按规定的时间间隔和班次顺序轮流进行生产活动的一种劳动组织形式，它体现了员工在时间上的分工协作关系。

实行单班制还是多班制，主要取决于旅游企业具体工作岗位的经营和服务特点。服务工作不能间断进行的，或需要连续运营8小时以上的岗位和部门，例

如饭店的前厅部、客房部和餐饮部等,必须实行多班制。工作过程可以间断进行的,例如旅行社的销售部、计调部和采购部,以及旅游企业行政管理部门的工作班制,可以根据具体情况实行单班制。

目前我国法定的制度工时是每周40小时,即每周工作5天,每天8小时;全年11个法定节假日。旅游企业经营活动的特点,决定了旅游企业许多营业部门需要采用"综合计算工时工作制"。所谓"综合计算工时工作制"是针对因工作性质特殊,需连续作业或受季节及自然条件限制的企业部分职工,采用以周、月、季、年等为周期综合计算工作时间的一种工时制度。实行综合计算工时工作制的劳动者,在综合计算周期内的总实际工作时间应该不超过总法定标准的工作时间,超过部分要视为延长工作时间,并按不低于工资150%的标准支付工资报酬。法定节假日安排劳动者工作的,按不低于工资300%的标准支付工资报酬。

旅游企业员工工作时间管理应注意以下五个方面:

1. 工作轮班的组织

应根据工作项目、工作内容、服务对象、顾客消费的时间规律性等具体情况出发,以便充分利用工时和节约人力成本。

2. 要根据预计工作量平衡各个轮班人员的配备

对于顾客服务需求比较集中的时间应该考虑增加员工数量,确保服务质量;而对于顾客服务需求相对较少的时间段应严格控制在岗人数,节约人工成本。例如,饭店餐饮部在午餐时间和晚餐时间安排员工在岗数量,就必须多于早餐和夜宵营业时段的员工数量。此外,在业务素质、技术力量的配备上,也要注意平衡,确保顾客在任何时间来店消费都能够享受到水平如一的服务。

3. 建立健全交接班制度

实行轮班制,员工在交接班前,对于交接工具设备的完好、清洁和安全,机器的使用运转情况,客用品准备的数量和质量,顾客特殊服务需求,以及在本班次未处理完毕的各项事宜,都要按规定的手续以书面文字的形式向下一个班次的同岗员工交接清楚。

4. 适当组织各班员工交叉上班

当员工从事的工作属于前后衔接密切的岗位,例如饭店"前台接待员"岗位,为了便利下一班员工在交接班前做好准备工作,上一班员工做好结束工作,可以把各班员工的上下班起止时间,进行适当的交叉,以便于当面做好交接班工作。

5. 克服工作轮班制对员工生理和心理的影响

工作轮班制对员工的生理、心理都会产生一定的影响,特别是夜班对人的影响最大。为了解决夜班疲劳、员工生理、心理不适应和工作效率下降的问题，一般可采用以下办法：

（1）适当增加员工夜班前后的休息时间。

（2）缩减员工上夜班的次数。

（3）采取循环倒班法，即员工先上白班，接着上中班，然后再上夜班。每班工作时间每天向前推移1—2小时，而且每三个星期才换班一次，在每次大倒班时再多给一天休息时间，这样做可以与人体生物钟自然变化的规律基本吻合，使工作轮班与人体生理机制相适应，从而减少员工因病缺勤，提高劳动效率。

（二）预防事故

旅游企业工作场所发生事故的基本原因主要有三类：员工的不安全行为或失误、危险的环境与工作关联的诱发因素和偶然事件。预防事故发生主要是加强对不安全的环境和行为的预防和处置。

不安全的环境因素是旅游企业中引发事故的主要原因之一，具体包括：工作场所通风不当，照明不当，设备防护不当，工作程序不当，设备本身缺陷或危险，不安全的储存、挤压、超负荷等。

旅游企业中的许多事故是人为因素造成的，特别是旅游企业员工以年轻人居多，在良好的工作习惯培养起来之前，他们是旅游企业事故的高发人群。旅游企业员工常见的不安全行为有：工作中不使用安全防护设备，乱扔工具和材料，以不安全的速度工作，使用工具不当，不正确运载物品，以及工作中走神、开玩笑、吵闹等。

一些专家经研究认为，员工的特定事故行为发生率是与其个人特征、先天行为倾向、特定情况下的行为类型、职业兴趣、年龄和服务期以及知觉与运动技能相关联的。

预防安全事故的发生，首先是在设计所有的工作流程时必须将员工安全放在第一位；其次，员工必须定期接受安全培训；最后，严格按照安全规章制度进行工作检查。以预防为主减少安全事故的基本做法如下：

- 检查并减少不安全环境因素；
- 从性格、行为倾向、年龄、职业兴趣和工龄等方面考虑，选拔和配置“低事故倾向者”；
- 通过宣传和培训，培养员工的安全意识，减少不安全行为；
- 建立安全政策和安全管理制度，强调预防事故的重要性；
- 设置具体的事故率控制目标，编制安全生产计划；
- 建立奖惩制度，鼓励员工的安全工作行为。

（三）劳动疲劳管理

劳动疲劳，是长时间、大强度、快速度持续地干同一种工作而引起劳动效率下降、不愿意继续工作的反应，以及无法工作的状态等症状。

1. 劳动疲劳的外在表现

(1) 生理性疲劳

生理性疲劳是指由于人的生理机制局限性而引起的疲劳，又可分为全身疲劳和身体某一部位的疲劳。一般地说，由于长时间地工作或由于劳动强度过大所发生的肉体的疲劳就属于全身疲劳。而且全身疲劳如果得不到恢复就会变成过劳，再进而变成慢性疲劳。过劳是许多疾病产生的原因，过劳的预兆表现为：有显著的疲劳感，如继续工作的话会感到痛苦；工作欲望减退；事故与错误增多；消极对待工作中的任何事情。

像长时间使用计算机的人，如财务人员、办公室文员等，工作时一直连续使用的是手腕和手指；从事厨房烹饪加工工作的人，主要是站立作业。这些劳动者易患颈肩腕症候群、腱鞘炎以及下肢静脉曲张等疾病。这属于身体某一部位的疲劳。

(2) 心理性疲劳

心理性疲劳是指由于心理机能的变化而引起的疲劳。当人们产生心理疲劳时，不仅表现为体力上的不足，还伴随着多种感受的体验，比如无力感、注意力失调、感觉方面的失调、动觉方面的紊乱，记忆和思维的故障、意识的衰退、睡意、对本来不相干的刺激特别敏感等。如再进一步，将导致精神不安、精神疾病。

生理性疲劳和心理性疲劳是相互联系相互影响的。生理性疲劳产生后在一定的情况下可以引起心理性疲劳，而心理性疲劳在一定条件下又会加速生理性疲劳的产生和发展。例如，员工完成服务工作，当体力有所消耗时，最初的疲劳只是表现为某一组肌肉感到疲劳，如果持续下去，疲劳就会蔓延到其他的肌肉或全身，从而使全身感到不适。如果再持续下去，疲劳进一步发展，则可使注意力涣散，心理机能下降，而引起心理性疲劳，此时容易出现怠慢顾客，敷衍顾客，甚至恶意对待顾客的现象，这就是生理性疲劳对心理性疲劳的影响；而当劳动者受到某些挫折，心境不佳，或与上级、同事之间产生矛盾而长期没有得到解决时，他们往往在工作不久就感到四肢无力，动作迟缓，极早出现了生理性疲劳。

2. 劳动疲劳产生的原因

引起劳动疲劳的原因大体上可以分为三类。

(1) 工作环境因素

工作环境引起疲劳的因素包括工作强度、工作速度、工作方式以及工作持续的时间等，它们是引发疲劳最客观、最直接的原因。工作强度不同，引起的疲劳程度也不同。工作强度与生理性疲劳成正比关系。在其他条件相同的情况下，工作强度越大，生理性疲劳的程度就越大。此外，通常员工干重体力劳动，只能持续较短时间，而做轻工作则能持续较长时间。

工作速度对生理性疲劳产生的作用也是很明显的。假如操作动作之间没有间歇（或间歇时间很短），动作的能量消耗相同，操作的速度越快，就越容易发生疲劳。

工作方式与方法，也是产生生理性疲劳的重要原因之一。工作中，人体的姿势和位置、操作动作的幅度与繁简程度等，都能对生理性疲劳产生极大的影响。

此外，工作持续的时间也是产生疲劳的一个原因。不论是什么样的工作强度，不论是哪一种工作方式和方法，只要持续工作的时间较长，人的机体就会产生疲劳。

（2）生理因素

短时间大强度体力劳动所引起的局部肌肉疲劳，是乳酸在肌肉和血液中大量积蓄引起的，称为“疲劳物质累积机理”。

较长时间轻或中等强度劳动引起的疲劳，既有局部肌肉疲劳，又有全身性疲劳。此时，局部肌肉疲劳不是乳酸积蓄所致，而是肌糖原贮备耗竭之故，称为“力源耗竭机理”。

（3）心理因素

个人的情绪、兴趣、态度、动机和意志等都会对疲劳发生作用和影响。

情绪是人们对待客观事物态度的一种反映。情绪可以影响人的认识活动和行为的发生，对心理疲劳也有控制和调节作用。情绪有消极和积极之分。消极的情绪能够引发和增强心理疲劳，而积极的情绪则能减轻和消除心理疲劳。

态度是指对待客观世界中特定事物、观念等的一种心理倾向。态度虽然不是行为本身，但它影响人们行为的方向和强度。积极的劳动态度会激发人产生积极的动机，会使人以更大的热忱去工作，使人在工作过程中正视困难，提高克服困难的信心；消极的态度在行动中的表现则相反。同样，当人们在劳动过程中产生了一定的生理性疲劳时，消极的态度会导致人们更快地产生心理性疲劳和增加生理性疲劳的程度，而积极的态度可以抑制心理性疲劳的产生和降低生理性疲劳的程度。

影响员工疲劳的心理因素还很多。例如，个体的意志、群体的气氛、人际关系的协调、上司的情绪都可能对此产生影响。值得注意的是，所有因素对个体的作用都不是孤立的，而是综合的。因此，在研究这一问题时必须采用系统的方法,全面地考察这些影响。

3. 疲劳的消除

在旅游企业,消除疲劳的具体方法主要有两种:一是改善劳动条件;二是实行科学的休息制度,休息是消除疲劳的重要措施,通过休息可以使疲劳消除。这里需要注意的是:初期疲劳,通过休息,恢复很快;过度疲劳,恢复很慢。因此,对休息应做恰当的安排,一般应该在开始感到疲劳时就安排休息,那种把休息时间集中使用而让员工较长时间连续工作的做法是不科学的,此外,休息不一定是静止不动,动中休息是积极的休息,安排得当,效果是很好的。

五、劳动保护管理制度

(一) 安全生产责任制

安全生产责任制是根据我国的安全生产方针"安全第一,预防为主,综合治理"和安全生产法规建立的各级领导、职能部门、工程技术人员、岗位操作人员在劳动生产过程中对安全生产层层负责的制度。安全生产责任制是企业岗位责任制的一个组成部分,是企业中最基本的一项安全制度,也是企业安全生产、劳动保护管理制度的核心。通过这一制度,把安全生产工作从组织领导上统一起来,把"管生产的必须管安全"的原则从制度上固定下来。

(二) 编制劳动保护措施计划制度

这一制度需要与旅游企业的财务计划联系起来,将改善劳动条件与企业经营活动结合起来,把劳动保护措施所需经费、物资以及设计、施工等落在实处。

(三) 安全生产培训制度

安全生产培训制度旨在帮助员工正确地学习和掌握安全使用工具、设备和设施的技能,提高员工的自我保护和保护他人意识,确保员工认真遵守企业有关安全生产的规章制度,实现安全生产。安全培训的主要内容包括:安全生产的法律法规、基本知识、管理制度、操作规程、操作技能及事故案例分析等。

(四) 安全生产检查制度

在企业中进行安全检查,是宣传安全生产方针、消除事故隐患、交流安全生产经验、推动劳动保护工作的一个重要方法。它包括企业本身对生产中的安全卫生工作进行的经常性检查,也包括由地方行政执法部门,如公安消防局、卫生防疫站和劳动安全监察机构组织的定期或不定期的安全生产大检查。这种检查可以是普遍检查,也可以是专业检查和季节性检查。安全检查的内容可分为查思想、查隐患、查管理、查制度等几方面。

（五）伤亡事故处理报告制度

为了及时了解和研究员工伤亡事故发生的情况、原因和规律，以便采取预防措施，防止事故重复发生，企业必须对员工在工作场所的伤亡事故进行报告、登记、调查、处理和统计分析工作，总结和吸取安全生产的经验教训，为改善劳动条件减少伤亡事故和正确地执行劳动保护政策、法令提供可靠的依据。通过对事故责任的追查和处理，提高广大员工安全生产的责任感。同时，还可以从中发现和解决经营管理上存在的安全问题，进一步加强改进和提高。

（六）劳动防护用品和保健食品管理

劳动防护用品和保健食品是保护员工在生产过程中安全健康的一种辅助措施。它不是一般的生活福利待遇，必须严格按照规定的发放范围、原则和标准执行。在旅游企业中，需要提供劳动防护用品的岗位主要是电工、接触具有腐蚀性清洁用品的各工种、超低温工作的饭店冷库保管员；需要提供保健食品的岗位主要是在夏季高温作业的厨师、旅游车队司机和露天工作的导游、保安和园艺工人等。

关键术语

劳动关系（labor relations）
劳动合同（labor contract）
劳动争议（labor dispute）
调解（mediation）
劳动仲裁（labor arbitration）
劳动安全（labor safety）
劳动保护（labor protection）

复习思考题

1. 企业劳动关系的主体是什么？分别具有哪些权利和义务？
2. 旅游企业和员工签订劳动合同时应遵循什么原则？
3. 旅游企业如何妥善解决劳动争议？
4. 无效劳动合同的含义是什么？怎样处理无效劳动合同？
5. 旅游企业如何建立完善的劳动保护制度？
6. 旅游企业劳动保护的主要任务是什么？

课　业

回忆自己实习或假期打工的经历,也可以走访周围有此类经历的同学,是否与用人单位签订了劳动合同,劳动合同的内容是否合理合法?存在哪些问题?如果没有签订劳动合同,自己或同学会面临哪些风险?据此完成一份大学生实习期劳动关系处理的调查报告。

案例学习

是雇佣还是承包?

南京繁华的中山东路上有一家三星级涉外商务旅游饭店。2002 年 6 月,酒店为了控制用人成本支出,决定将餐饮部外包出去。经过洽谈,厨师徐在森被酒店看中,双方于同年 7 月 22 日签订了包厨协议,期限一年。协议约定,酒店聘请徐在森全权负责厨房的正常运作及日常事务,月薪 3.2 万元,徐在森必须遵守酒店的规章制度等。

协议签订后,又有 6 名厨师也先后被招进酒店工作。但酒店付给厨房厨师的工资总额没变,还是 3.2 万元。其中,徐在森每个月大概能拿到 1.5 万元左右,其他厨师每个月各能拿到 2 000 元左右。

酒店与徐在森签订的包厨协议期满后,双方没再续签,但徐在森仍留下来继续从事主厨工作,实际月薪也未发生变化。其间,徐在森也找到酒店领导,希望能够签订劳动合同,而酒店认为双方是一种承包与被承包关系,没必要签订劳动协议。

2007 年 11 月 9 日,酒店以徐在森任厨师长期间管理不善、在总厨岗位竞聘中落选为由,停止了他的工作。同时被停止工作的还有他手下的 6 名厨师。徐在森代表厨师们当即与酒店交涉,11 日酒店又决定让他们待岗。11 月 15 日酒店通知他们 7 人到酒店上班,并开始签订劳动合同。可是合同中对他们 7 人的工作内容、劳动报酬却没有明确,于是 7 人拒绝在合同上签字,双方不欢而散。

2007 年 12 月 30 日,酒店以双方未能在按新岗位签订劳动合同这一事宜上达成一致意见为由,决定解除双方签订的包厨协议。

徐在森和其他 6 名厨师不服气,向南京市劳动争议仲裁委员会提出仲裁申请，索赔在酒店工作期间的加班费和一些赔偿金、经济补偿金等。

南京市劳动争议仲裁委员会在经过开庭审理后，裁定酒店支付徐在森等7人一年的加班工资。至于徐在森等人提出的经济补偿金等赔偿请求，劳动争议仲裁委员会没有支持。

徐在森等7人对仲裁结果不服，于是又聘请律师，于2008年9月将该酒店告上南京市白下区法院，要求酒店不仅要支付忽然解除劳动合同的代通知金、无故解除劳动合同的经济补偿金、加班工资，并要为他们补办社会保险。7人共计提出50余万元的索赔金额。

法院开庭审理时，酒店认为，原告是在酒店包厨的厨师，与酒店是承包关系，根本不存在劳动关系。现承包到期，双方解除包厨协议，是酒店的正常经营行为。既然双方不存在劳动关系，那么由劳动关系引发的各种赔偿、补偿就无从谈起。

而7名厨师的代理律师认为，虽然名义上是包厨关系，但实际上是劳动关系。包厨协议只是对菜肴质量做了简单约定，酒店后来招聘的6名厨师也不是由徐在森负责选用的，徐在森只领取自己的工资，从未单独领取整个厨房部的工资，厨房部人员的工资都是酒店人力资源部统一发放给每位员工的。

徐在森还拿出打卡记录说，自己和其他厨师都严格遵守酒店制定的各项劳动规章制度，接受酒店的劳动管理，每天上下班都按照酒店要求打卡。若是包厨，有必要天天打卡上下班吗？徐在森另外提出，自己和其他厨师依照酒店要求，每周工作六天，每天早上9点上班，晚上8点半下班，平均每天加班2个小时左右，每周加班时间至少达10个小时，但被告却从未支付过加班工资。

（文中人物均为化名）

资料来源：智敏．七名厨师被“炒鱿鱼”后[N]．杭州：杭州日报，2009-06-10．

案例思考

1．案例中厨师徐在森等人与酒店之间实质是什么关系？为什么？

2．厨师徐在森等人的诉求能够获得法院的支持吗？为什么？

开 发 篇

- 旅游企业员工培训
- 旅游企业员工激励
- 员工职业生涯发展

第八章

旅游企业员工培训

知识要求

通过本章学习,学生应该掌握五项基本知识:

- 员工培训的含义
- 员工培训对旅游企业和员工的意义
- 旅游企业员工培训的特点
- 旅游企业员工入职培训与在职培训的侧重点
- 旅游企业培训讲师应具备的素质

技能要求

通过本章学习,学生应该掌握六项管理技能:

- 员工培训需求分析
- 运用员工培训的基本规律指导培训实践
- 拟订员工培训计划
- 旅游企业员工培训的过程评估和效果评估
- 旅游企业基层员工的培训方法
- 旅游企业管理人员的培训方法

引 例

每年旅游旺季,滨海度假村以其优美的自然环境和完备的康乐设施,吸引大量的客人前来度假。度假村康乐部管理的网球场和游泳池利用率很高,都是24小时服务。康乐部内部设施的日常清洁及保养由部门自行承担,其中游泳池的清洁、保养主要由两名服务生来完成,这样就要求他们至少在给水维护、场地照明管控和游泳池池水净化等方面,都应该有实际的工作经验。

在今年的旅游旺季到来之前,两名服务生中的一名由于个人原因,提出辞职。经过三周的招聘考核,康乐部选择了刘磊补充到空缺的岗位。因为他在所有的应聘者当中是竞争力最强的一位,曾经在一家四星级饭店的工程部工作了6年,除了在游泳池的清洁保养方面稍有欠缺之外,其他方面都非常精通。不过,康乐部经理认为,以其在类似企业6年的工作经验,他很快就能适应工作并进入状态,完全能弥补不足。由于业务繁忙,只经过1天的入职培训和3天的跟班熟悉和适应,刘磊就开始正式上岗了。

三周之后,游泳池出事故了。刘磊在游泳池边做常规检查时,觉得氯气味很重,这时,四名客人从游泳池中爬上来,眼睛红肿,不停地咳嗽,他们生气地质问:游泳池里的水是不是有问题?刘磊马上去取样检验,结果发现池水氯气比例几乎超标5倍!而氯气是一种有毒的化学品,浓度超标时对人危害极大。刘磊对客人解释说是计算机控制系统出了故障。康乐部经理得知后调查此事,事故是由于控制排放阀门未正常关闭,使得清洁池水的氯气发生泄漏,浓度严重超标所致。原来,刘磊只是看同事演示过,并不完全清楚操作的程序和具体要求,而且他也不清楚氯气加过3小时后才能向客人开放。

发生此事后,刘磊非常不安,他一方面同情客人的遭遇,一方面担心自己还能不能继续留在滨海度假村,因为给客人的赔偿确实是一笔不小的数字,同时他对康乐部经理也心存不满,如果之前有人好好教一教自己,那么就不会陷入如此尴尬的境地了。

表面上看,发生在滨海度假村游泳池的事故是由于老员工辞职,而新服务生业务不过硬、技术不达标造成的,但实际上根本原因是企业员工培训工作不到位。外部经营环境和内部管理环境的变化速度越来越快,是今天旅游企业必须正视的趋势,当一些企业显得慌乱失措的时候,那些成功的企业则把员工培训作为一种战略性工具支持企业完成其使命。员工培训规范化、制度化和常态化对旅游企业改善服务质量、提高劳动效率、减少事故、稳定员工队伍有重要的贡献。

第一节　员工培训概述

一、员工培训的含义

员工培训就是有计划、有组织地通过讲授、训练和实习等方法，向员工传授目前及未来工作行为所需要的知识和技术，从而保证员工能够按照预期的标准完成所承担或将要承担的工作与任务的活动。从某种意义上说，员工培训是旅游企业人力资源增值的重要途径，是维持整个旅游企业有效运转的必要手段。

对旅游企业员工培训含义的准确理解，需要把握以下四个要点。

（一）员工培训的目的是改善员工的工作绩效

员工培训从形式上看是向员工传授专业知识和技能，改善其工作态度和行为，同时也会使员工的职业能力增强，但是通过培训提高员工素质的根本目的是改进其工作效果，并由此提高员工个人或所属部门，乃至整个旅游企业的效益。如果一种培训不能对旅游企业的经营目标产生积极的影响，就没有理由开展。但是，必须指出的是，员工培训不可能解决旅游企业经营管理中的所有问题，诸如管理体制和机制、企业战略选择以及市场变化等方面的问题，通过培训很难产生直接的效果。

（二）员工培训的主体是旅游企业

旅游企业员工培训的实施必须依赖于周详的计划和严格的控制，各级部门从中发挥不同的职能作用（见表8-1）。在现实中，一些活动虽然客观上也实现了培训的目的，但是实施的主体不是旅游企业，因此也不属于员工培训的范畴，例如员工业余时间自学英语，虽然有可能改善工作绩效，但是不能算员工培训；而如果这种自学行为是由旅游企业指导进行或得到了企业在时间、机会和环境等方面的支持，就属于员工培训。

表8-1　不同角色在员工培训活动中的职能作用

工作步骤	最高管理层	人力资源部门	员工所属部门	员　工
确定培训目标	决　策	负　责	参　与	—
规划培训项目	审　定	主要负责	参　与	—
确定培训预算	审　批	主要负责	参　与	—
决定培训标准	决　策	参　与	主要负责	参　与
选择培训讲师	—	主要负责	参　与	—
确定培训方式	—	主要负责	参　与	—
实施培训	—	参　与	主要负责	参　与
评估培训效果	审　查	主要负责	参　与	参　与

（三）员工培训的对象是全体员工

我国《劳动法》规定，员工享有“接受职业技能培训的权利”，《中华人民共和国职业教育法》和《国务院关于大力推进职业教育改革与发展的决定》（国发[2002]16号）要求，“一般企业按照职工工资总额的1.5%足额提取教育培训经费”。据此，旅游企业的员工培训应该是面向全体员工的，而不只是某一部分。当然，这并不意味着每次培训的对象都必须是全体员工，而是说应该将全体员工都纳入旅游企业培训体系中，不能有排斥在培训体系之外的现象。

（四）员工培训的内容与工作行为紧密相关

员工培训的内容应当全面，与工作行为有关的各个方面都要包括进来，如专业知识、操作技能、服务态度、企业的各种规章制度以及战略规划等。一些旅游企业在进行培训时往往存在片面性，只重视“硬内容”的培训，比如服务流程、服务技术等，而忽略了“软内容”，比如职业道德、敬业精神和企业文化等。此外，员工培训所涉及的内容不仅要与员工现在从事的工作紧密联系，还应该与未来可能从事的工作相关联。

二、员工培训的意义

（一）员工培训对旅游企业的意义

1. 员工培训是一种特殊的投资方式和重要的竞争策略

与传统的人事管理不同，现代人力资源开发与管理把员工视为一种资源。旅游企业的培训活动，在增加受训者人力价值的同时，也能够使企业所拥有的人力资本得以增加。美国学者彼得·圣吉在《第五项修炼》中指出，“企业未来持久的优势，是有能力比自己的竞争对手学习得更快”。因此，在未来的竞争中，对人力资本的投资包括员工培训投资，是更有潜力、更有收益的投资方式，是旅游企业保持竞争优势和提高竞争地位的重要手段。

2. 培育和传播企业文化

良好的企业文化对员工具有强大的凝聚、规范、导向和激励作用，这些对旅游企业来说有着非常重要的意义，因此很多旅游企业在重视市场经济规律的同时，也越来越重视企业文化的建设。作为企业成员共有的一种价值观念和道德准则的体现，企业文化必须得到全体员工的认可，这就需要不断地向员工进行宣传教育。员工培训能使员工对企业核心文化、企业的经营目标和服务理念有深刻的体会和理解，能培养和增强员工对企业的认同感。

3. 提高员工工作熟练程度

员工培训能使员工了解职位的工作内容，通过提高员工的职业素养和专业技术水平，使其能够达到任职资格的要求。通过培训，新员工可以比较快地适应新环境，掌握操作技能；原有员工能够不断补充新知识、及时学到新的服务技能，从而更加适应工作发展的需要。

4．提高旅游企业的管理效率

员工培训可以帮助员工掌握正确的工作方法，改变错误或不良的工作习惯，提高员工的工作质量，因而可以让管理者从日常琐碎的事务中解脱出来，不再陷入补救缺欠、更正失误的事务中，可以有更充足的时间从事更重要的管理工作。

（二）培训对员工的影响

1．增强员工的就业能力

无论是新员工还是在职员工经过一段时间的培训，会掌握所担任工作的最优方法和技能，这就意味着其就业能力的增强。

2．利于员工的发展

员工培训能够使员工出色地干好本职工作，并可以扩展知识面和工作领域。如果员工确实有能力，且德才兼备则可以晋升到更高一级的职位。

3．使工作更为安全

员工经过严格的培训可以减少事故的发生，使人身安全在工作中得到保证。特别是使用有一定危险性的设备、设施，未受培训的员工除了不知如何操作之外，这种无知造成的心理紧张与不安也是导致事故的一个重要因素。

4．增强员工的工作满足感

所谓工作满足感，是指对一个人的工作或工作经验进行正面评价令其产生的一种愉快的或有益的情绪状态。究其根本，员工的工作满足感取决于员工个体对工作及其回报的期望值和实际值的差异情况。正常情况下，员工普遍希望学习新的知识和技能，希望接受具有挑战性的任务，希望晋升，这些都离不开培训。因此，通过培训可以增强员工的工作满足感。

三、员工培训与其他人力资源工作的关系

员工培训作为旅游企业人力资源开发与管理系统的一个组成部分，它与人力资源规划和职位分析的关系在第二章和第三章已有阐述，除此之外，员工培训还与其他人力资源工作存在着密切的关系。

（一）员工培训与招聘录用的关系

员工培训与招聘录用的关系是相互的，一方面，招聘录用的质量会对员工培训产生影响，如果招聘录用的质量高，新员工与职位的匹配程度高，那么员工培训的任务相对就会比较轻；反之，员工培训的压力就会比较大。另一方面，员工

培训也会影响到招聘工作，如果旅游企业比较重视员工培训，提供的培训机会比较多，那么对应聘者的吸引力就比较大，招聘的效果就比较好；反之，则会给招聘工作带来负面的影响。

（二）员工培训与选拔任用的关系

旅游企业经常通过内部选拔的方式，将优秀员工放到更高一级的工作岗位上，为了使这些人的素质、能力、行为倾向等与新的工作职位达到最大的匹配，满足新的工作要求，必须经过不同方式的培训，这属于对员工任职资格的培训。

（三）员工培训与绩效管理的关系

当员工的工作绩效出现问题的时候，如果原因在于员工的知识、技能不能满足工作要求，通过培训就有可能改变员工的工作表现，使绩效问题得以解决。反过来，通过比较员工培训前后的工作绩效，可以对员工培训效果进行分析和检验，为以后的员工培训提供借鉴和参考。

（四）员工培训与薪酬管理的关系

薪酬调整是工作绩效考评的经济结果，培训与薪酬的关系是明显的。只有通过不断提高员工的职业素质和能力，才会改善其工作绩效，从而使其薪酬水平不断提高。不仅如此，帮助员工树立合理的薪酬观念，使其理解企业的薪酬政策，是旅游企业薪酬管理工作的一项重要内容，而员工培训在这方面可以发挥极为重要的作用。

四、旅游企业员工培训的组织形式

员工培训的组织形式是指企业培训部门向员工提供培训时的组织方式。有时在同一家企业，尤其是那些大型的、分权的、多元化的或连锁经营的旅游企业，可能存在着多种不同的培训组织形式。

1．学院模式

这种模式的培训组织形式就如同一所大学的结构。培训组织由一名主管会同一组对特定课题和在特定的技术领域具有专业知识的专家来共同领导。由这些专家负责开发、管理和修改培训项目，因此培训项目是与培训人员的专业技能相一致的。其优点是培训部门的专业水平较高，培训部门的计划容易制订。不足之处在于培训者对旅游企业经营问题不敏感，培训可能不能完全满足企业经营管理的需要。

2．客户模式

客户模式的培训组织形式，是根据旅游企业的业务职能设置的，培训工作以满足企业内部业务职能部门的需求为目标。以旅行社为例，可能的需求包括市场营销、导游与接待、门市管理、财务、旅游产品采购与开发等。在这种模式下，培训项目与业务部门的特定需要保持一致，而不是与培训人员的专业技能相一致，因此培训能够较好地满足企业经营的要求；但是，培训者需要花费大量时间研究经营部门的业务，投入到自身专业的精力大大减少，同时所设计的培训项目通用性较差。

3. 矩阵模式

这是一种培训者既要向培训部门经理，又要向特定职能部门的经理汇报工作的培训组织形式。培训者兼具培训专家和职能专家两个方面的职责。这种模式有助于将培训与经营需要联系起来，而且还要求培训者保持自身的专业知识的不断更新与完善。其主要问题是培训者可能面对不同指令之间的冲突，而且培训专家的工作负荷过重。

4. 企业大学模式

企业大学是一个企业中的教育实体，它作为一种战略性工具支持企业完成其使命。通过众多活动来推进个人和集体的学习、知识和智慧的发展。企业大学设立学习项目的出发点通常是由于企业经营问题或者机遇所带来的战略转移，通过学习解决方案来对全员传播企业战略思想，从而帮助企业实现其战略目标。与组织战略目标直接相联带来的最明显结果是员工对企业运作行为的认可度和执行力提高，而非普通培训部门仅实现对员工单一工作技能的提高。

在旅游行业，企业大学的特点主要集中在两个方面，首先，注重学习和实践的结合，强调员工在行动中学习的能力。其次，在教学方法上，除了传统的课堂教学以外，也有模拟实际情况的案例教学，还有为了培养学员解决问题的能力而设立的实习或现场学习。以麦当劳的汉堡大学（Hamburger University）为例，它对于每个麦当劳餐厅的经理或特许经营者的训练，都是从普通店员做起，再经历班次经理、助理经理和餐厅经理的全角色训练，它所推行的学习方法包括传统的课堂教学、在实验餐厅的实际操作、为培养学员解决问题的能力而设立的案例模拟。

5. 虚拟培训模式

虚拟培训模式是企业基于现代信息技术支持，将接受培训的员工视为内部顾客，并以其为中心，侧重于员工学习和培训结果，通过有效利用与整合内外部资源而推出的一种新型培训组织模式。虚拟培训组织注重"自我驱动"，根据企业目标和员工需要进行培训选择，培训方式从"推送"式培训转变为"拉动"式学习，这个过程中以前的培训场所被虚拟培训组织营造成为持续学习的环境，管理者扮演着"教练"的角色，而员工接受培训成为持续的学习者，培训活动也就成为了一种学习的机会。

虚拟培训最重要的是如何获取正确答案的过程，而不仅仅是知道正确答案的结果。教练指导员工使用各种学习和培训工具对自己的虚拟工作行为进行反思，对照特定标准进行自我评价，并对自己“做了什么”、“学到什么”进行总结，员工之间相互给予评价和反馈。以旅行社导游培训为例，受训者在教练的指导下使用虚拟现实技术开发的课件，可以随意设计路线，进行场景游览、视点切换、讲解训练、与模拟游客互动等，从而实现足不出户就能真实体验旅游接待操作的实景效果。目前，虚拟培训的发展趋势主要是通过培训业务外包来实现的，见图 8-1。

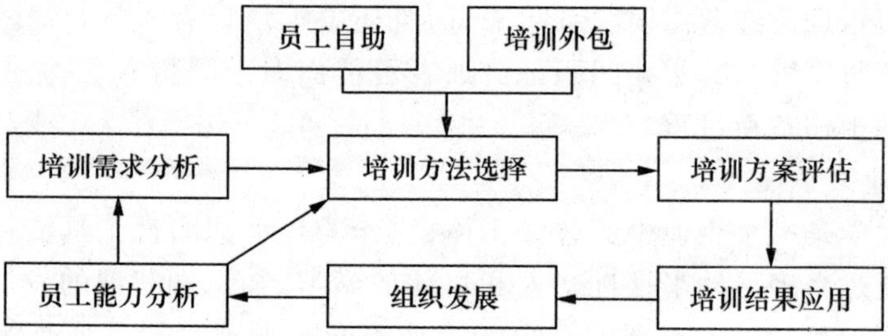

图 8-1　虚拟培训组织运作基本模式

五、旅游企业员工培训的成本

从旅游企业经营的角度来考查，旅游企业员工培训成本可以分为固定成本和可变成本两部分，具体内容见表 8-2。

表 8-2　旅游企业员工培训成本细分

固定成本	可变成本
1. 旅游企业为开展员工培训提供的设备、器材、场所和各种必需品的费用。 2. 旅游企业为开展员工培训提供师资和其他劳务服务的费用。	1. 旅游企业为受训者支付的工资和其他各项福利费用。 2. 旅游企业因受训者参加学习而损失的工时和其他应得收入。

（一）岗前培训成本

岗前培训成本由培训者和新入职者的工资、培训管理费用、资料费用和培训设备折旧费用等组成。

（二）岗位培训成本

岗位培训成本由上岗培训成本和岗位再培训成本组成。上岗培训成本和岗位再培训成本中的直接成本，主要由培训期内发生的培训人员和受训人员的工资费用构成。

上岗培训的间接成本是指对新员工进行最基本的技能培训，间接地使用人部门的工作效率下降，而使企业受到的损失，有的旅游企业会从战略角度将其视为对人力资源的必要投资。上岗培训的间接成本包括培训者离岗损失费用、受训者工作不熟练给服务工作造成的损失、培训材料费用和各种管理费用等。

岗位再培训的间接成本与上岗培训的间接成本类似，只不过发生额少一些，时间也会短一些。

（三）脱产培训成本

脱产培训主要分为两种情况，一种是外派员工脱产培训，其成本包括培训机构收取的培训费、受训者工资及福利费、受训者差旅费、资料费和受训者离岗损失费用等；另一种是从企业外部聘请培训讲师来企业培训，其成本包括培训讲师的课时费及交通费、受训者工资及福利费、培训资料费、培训讲师所属机构的管理费和受训者离岗损失费用等。

六、旅游企业员工培训的分类

（一）根据培训对象分类

1. 新员工

旅游企业在招聘录用新员工的时候，虽然运用各种考试、测评等方法，挑选出符合招聘条件、有发展潜力的人员，但是，所录用的新员工并非一开始就具备完成规定工作所必需的知识和技能，也缺乏在特定集体中进行协作的工作意识和行为习惯。为使他们尽快融入到组织中去，尽快掌握必要的知识、技能和应具备的服务意识，必须对他们进行培训。

2. 在职员工

旅游企业在职员工可以分为普通服务人员、专业技术人员、基层管理者、中高层管理者，由于他们的自身素质、工作职责、工作环境和绩效标准等存在着很大的差异，其培训目标和培训重点也就不尽相同（见表8-3）。

（二）根据培训内容分类

1. 文化知识培训

通过这方面培训，员工应该具备完成本职工作所必需的知识，包括基本知识和专业知识。文化知识的培训对员工素质的提高起着潜移默化的作用，特别是有关跨文化沟通与交流的基本知识更进一步地制约着旅游企业服务质量的提高。例如，一位合格的饭店服务员应该扎实地掌握饭店服务礼仪、本职位基本工作常识；熟悉主要客源国的政治、经济、地理、历史和民俗习惯；了解饭店各项服务措施，懂得顾客消费心理等。

表 8-3 旅游企业员工在职培训的目标与重点

员工分类	在职培训目标	在职培训重点
普通服务人员	• 良好的工作态度和工作习惯 • 熟练、安全地完成本职工作	• 职业道德、文明服务、服务技能和安全生产等方面的培训
专业技术人员（工程师、会计师、厨师等）	• 加强团队合作效率 • 更新专业知识	• 沟通技巧 • 各自领域内的最新技术和最新知识
基层管理者（领班、组长等）	• 既要维护旅游企业利益，又要为下属员工利益着想 • 克服角色冲突，化解基层矛盾	• 基本的管理方法、技能 • 管理者的基本职责 • 先进的服务模式和工作方法
中高层管理者（部门经理以上人员）	• 更有效地运用自己的经验，发挥管理和领导才能 • 帮助其及时发现和理解旅游企业外部环境和内部条件的变化	• 管理技能和领导风格，特别是指挥、协调、组织、计划、授权和沟通等方面的技能 • 对于新上任的管理者，应该是经营目标、战略、竞争环境等

2. 服务技能和工作流程培训

服务技能和工作流程方面的培训是旅游企业员工培训最主要的内容，它直接关系到各项服务工作能否依照标准完成和顾客的满意程度。通过这方面的培训，员工应该全面掌握完成本职工作的基本工作流程、一般技能和特殊技巧。例如，饭店客房部服务员做床培训，餐厅服务员摆台、上菜培训，厨师烹调培训，前台服务员刷卡收银等方面的培训都属于技能培训；而餐厅服务员看台培训、旅行社导游员处理疑难问题等方面的培训则属于服务技巧培训。

3. 服务意识、职业道德和企业文化培训

旅游企业工作的特点决定了员工应有强烈的服务意识、高度的责任心和良好的职业道德。因此，旅游企业员工培训中要时刻注意员工这些方面的思想动态，采用灵活的方式，强化员工的服务意识与职业道德观，弘扬企业文化。此外，服务意识、职业道德和企业文化培训，还应该注意树立旅游企业与员工之间的相互信任，培养员工的团队精神，增强其作为企业一员的归属感和荣誉感。

（三）根据员工培训时间分类

1. 脱产培训

脱产培训是指员工在一定时期内完全离开工作岗位，参加进修学习。它利于员工集中精力，保证时间比较充裕，培训过程连贯，对系统性的学习有比较好的效果。因此，全脱产培训比较适合于旅游企业管理人员的进修培训。

2. 半脱产培训

半脱产培训是安排员工利用部分工作时间参加某种形式的培训学习。半脱产培训应以不影响正常工作为原则，以达到学以致用的效果。例如，礼仪知识讲座、服务案例分析以及顾客投诉分析等培训课程都可以采取这种形式。

3. 在岗培训

在岗培训，又称岗位培训，即员工在工作岗位上，直接在培训指导者、师傅或上一级管理者的指导下进行与工作任务一致的实际训练，既完成工作任务又接受了培训。

（四）根据员工培训的性质分类

1. 入职培训

入职培训，又称上岗引导，它侧重于企业工作环境的介绍、经营理念和服务宗旨的讲解以及企业基本规章制度的学习。开展入职培训主要有两个目的。一是创造一个有利于新员工能够很快融入到工作环境中的机会，即社交引导；研究显示，能够真正有效地融入企业的新员工，其工作效率要明显高于不能完全融入的人。二是传递有关工作的必要信息，见表 8-4。在一些大中型旅游企业里，新员工的入职培训工作一般由人力资源部门统一组织，并承担具体的工作，对于一些小型的旅游企业则通常由总经理亲自负责，以保证入职培训的效果。

表 8-4　旅游企业员工入职培训的主要内容

分　类	内　容	为新员工解决的疑惑
工作背景	• 企业发展历程 • 经营、服务和管理理念 • 企业可接受的行为规范 • 企业的战略目标	• 企业是如何创立的？ • 企业凭什么生存？ • 企业的经营宗旨是什么？ • 企业的未来有前途吗？ • 什么是我可以做的，什么是未经许可我不能做的？ • 我如何与周围的同事建立起良好的关系？
工作常识	• 企业基本的规章制度 • 员工所拥有的基本权益 • 所处职位的管理层级	• 我如何适应这家企业？ • 作为员工我有什么权利？ • 我有权获得哪些一般和特殊的福利待遇？ • 我的直接上级和下级都包括谁？谁和我是平行的工作关系？ • 在企业内获得晋升，上一级的职位是什么？

（续　表）

分　类	内　容	为新员工解决的疑惑
工作责任和工作技能	• 职位说明 • 职位规范 • 绩效评价指标和标准	• 我现有的知识和技能可以完全胜任新的职位吗？ • 为了让我适应企业和自己的职位，我现在和将来可以得到哪些培训？ • 要在这家企业做好工作应该达到什么样的绩效水平？

2．指导性培训

指导性培训是指针对某项具体工作，训练员工如何按规范完成的一种培训方式，它通常需要确定培训需求、制订培训计划、分解培训步骤，并由专人指导各项培训内容。这类培训是旅游企业人力资源开发与管理工作中最常见的。

3．补救性培训

补救性培训是指当出现员工知识老化、技术钝化、顾客满意度下降、设备更新以及经营状况恶化时，所安排的员工培训。补救性培训既要涉及新知识、新技术，同时还应该注意针对工作中所出现的问题，反复强调以往培训过的内容——“回顾和提升”是补救性培训的主要特点。

（五）根据员工培训的场所分类

1．教室课堂培训

有条件的旅游企业会专门装修出若干间现代化的培训专用教室，安装多媒体教学设备，专业理论培训以及服务案例讨论都可在此进行。有时候旅游企业的内部会议室也可开展教室课堂培训。

2．工作现场培训

员工在工作现场参加培训，不仅有强烈的真实感，而且便于培训指导者及时近距离地检查培训效果，特别是一些强调动作规范、操作娴熟的工作，大都适合在工作现场进行培训。

3．在线培训

通过旅游企业内部局域网，运用电子课件或计算机模拟软件对员工进行培训，使员工培训的场所从现实迈入虚拟。例如，邮轮旅游作为一种独特的旅游方式，对从业人员的专业知识和专业素养有很高的要求，皇家加勒比邮轮国际有限公司（Royal Caribbean International）就在其面向业界的专业网站（www. cruising-power. com）上，推出中文在线培训学校，通过见习、专业、专家三个级别的网络课程，生动形象地普及邮轮相关知识，传授邮轮产品的销售及服务内容，介绍精彩的航线和目的地，提供最新图片及新闻等，为业界人士搭建起系统深入了解邮轮旅游的互动平台。

第二节 旅游企业员工培训的特点和规律

一、旅游企业员工培训工作的误区

（一）观念方面的误区

1．培训工作很容易

许多从旅游企业基层刚刚晋升上来的管理者，认为他们知道关于某部分工作的“所有的一切”，并试图自行组织培训。这样做往往不成功。有效的培训需要严密的组织。有计划、有条理地实施培训的过程，是一个耗费时间的过程，做好这一工作要求认真严肃地思考和准备，而不是随便搞一下就能奏效的。

2．培训应该由人力资源部门去管

作为旅游企业一线业务部门的管理者，经常用“培训是人力资源部门管的事”这类态度来逃避培训的责任。事实上，人力资源部门应该在培训的准备工作中协助各业务部门经理，各部门经理应该负责实施对下属员工的大多数培训。由于员工更信服培训者，在培训中形成的凝聚力对今后的工作是十分有利的。

3．有经验的员工不需要培训

旅游行业的各种服务工作都有各自的特点。如果旅游企业雇用那些有经验的员工，哪怕是来自相同业态、相同档次的企业，而不对其进行任何培训，那么员工所表现出的服务水平和企业整个服务流程将无法统一。此外，不是所有的经验都是好经验，有些有经验的求职者可能得到的是极差的培训，并可能已形成不良的工作习惯，更有必要重新培训，克服那些陋习。

4．没有足够的时间

有时一些管理者会因为业务工作太忙，而回避对员工做培训。实际上，员工培训是管理工作中最值得花费时间的领域，如果不以积极的态度去应对，那么也就丧失了管理工作中最本质的东西。管理人员应该合理分配时间，不仅要参与培训计划的制订，而且要保证培训项目的顺利实施。

5．培训是在浪费时间和金钱

一些员工认为自己的业务知识和服务技能已经是最优秀的，不会再有一个人能够达到他这样的水平，因此任何培训都是在浪费时间。一些旅游企业的管理者则认为，员工培训仅仅能够保证每个员工有机会通过培训提高服务技能、绩效水平,但不能保证这种结果的必然出现,因为员工流动过快,员工学好就走了,培训工作浪费了时间和金钱。培训的确是一项投资,存在着风险,但也有巨大的回报,以员工流动为借口放弃开展培训,实际上是一种因噎废食的想法。

(二) 实施过程的误区

1. 缺乏认真的培训准备

有一个糊涂的观念一直在困扰着旅游企业员工培训:既然自己精通本部门所需的知识和技能,自然知道如何把它们传授给他人。事实上,“精通知识或技术”是作为培训人员应具备的最基本的条件,而要想真正获得良好的培训效果,还必须认真研究培训需求、培训资料、培训方法、培训器材以及考核和评估手段等内容。

2. 内容多,进度快

有的旅游企业在实际安排培训课程时,希望把所有的东西都塞进一堂课。结果,员工接受培训后无法学以致用,培训者自己也感到沮丧。还有的时候,培训者忘记了受训者不具有和自己一样的工作背景、受教育程度和经验,结果培训进度搞得太快,受训者无法有效吸收。员工培训应该安排足够的时间,让员工们充分领会并掌握所学的知识与技术。

3. 缺乏耐心

在培训中遇到反应迟钝的、或态度松松垮垮的、或做事粗心大意的员工,一些培训人员很容易变得态度粗暴、情绪失控,其实这样只会干扰受训者的学习,解决不了任何问题。培训者在教习与辅导中保持耐心,是培训获得成功的一个重要条件。

4. 忽视员工工作需求

所谓忽视员工工作需求,是指培训没有满足受训者的工作需要。不同的受训者所需要的培训内容和培训科目是不尽相同的。例如,饭店餐饮部在对中餐厅员工安排酒水知识培训时,应该主要涉及果汁饮料、碳酸饮料、白酒和果酒等,而对于中餐服务很难接触到的威士忌和伏特加等烈性洋酒则不需要介绍。受训者有时会抵制那些不能有助于其工作的培训。员工培训应该紧密联系实际,帮助受训者解决工作中面临的具体问题。

5. 忽视工作经历的不同

培训者不应该忽视受训员工个体之间的差异,有必要对每个受训者以往的工作经历有所了解。员工以往的经历包括就业情况、受教育程度、培训经历、个人境遇、任职目的及职业兴趣等。

6. 没有巩固的措施

如果培训者只是根据实际需要制订了计划,进行了讲课、示范和技能训练,并做了答疑;但是,接下来对受训者的实际工作表现不闻不问,那么,用人部门会发现,刚参加过培训的员工有时并没有按照培训所教的内容行事。因此,希望在培训时间解决所有问题,而不在下一步的实际工作中对受训者跟踪辅导,培训的质量也会打折扣。

二、旅游企业员工培训的特点

(一) 全员性

旅游企业员工培训应该是全员性的,凡是在职的旅游企业员工,无论是一般服务员,还是经营管理者,无论是资深的老员工,还是阅历较浅的年轻员工,都有参加培训的权利和接受培训的义务。

(二) 持续性

现代旅游企业的培训理念是“终身培训”。随着经营环境的变化和服务竞争的加剧,以及物质生活水平提高带来的消费档次的提升、消费模式个性化等,即使是那些接受过常规服务培训的基层员工,也必须持续不断地接受再培训,以适应新旧服务内容和形式上的交替。为此,旅游企业对员工的培训不能“一培永逸”,靠一次培训就“终身受用”是不可能的。知识在更新,科技在进步,社会在发展,为顺应时代的变化与要求,旅游企业必须持续不断地创新员工培训的内容、方式和方法。

(三) 实用性

旅游企业员工培训的实用性,一方面要求员工的培训投资应产生一定的回报,培训成果能够比较快地转移或转化成生产力,并能促进企业竞争优势的发挥与保持;另一方面员工培训必须是为提高旅游企业服务效率、顾客满意度和员工队伍素质而进行的,真正做到有的放矢;此外,还要有必要的超前培训,因为只有为顾客提供超值的服务和实现特色化经营,旅游企业才有可能在激烈的市场竞争中取胜,而必要的超前培训则是制胜的有效手段。

(四) 差异化

1. 内容上的差异化

培训的目的是改善员工的工作绩效,因此培训的内容必须与员工的工作有关,而在旅游企业中每个职位的工作内容都是不一样的,每个职位的绩效标准也是不同的,因此在培训时应当根据员工的实际水平和所处职位确定不同的培训内容,进行有针对性的培训。

2. 人员上的差异化

虽然培训要针对全体员工来实施,但这绝不意味着在培训过程中就要平均使用力量。按照“二八原则”的解释——企业中80%的价值是由20%的员工创造的，加之受培训资源所限，旅游企业在员工培训中应适当向关键职位倾斜，特别是中高层管理者和一线员工。

(五) 成人性

旅游企业员工培训的对象是成人，针对他们的培训，存在着“年龄可能较大，机械记忆力减退；各种干扰因素较多，容易分散精力”等困难，但是美国著名教育家马尔科姆·诺尔斯(Malcolm Knowles)研究发现：

- 成人需要知道他们为什么要学习。
- 成人有进行自我指导的需求。
- 成人可为学习带来更多的与工作有关的经验。
- 成人是带着一定的问题去参与学习的。
- 成人受到内部和外部的激励而学习。

三、员工培训的基本规律

在员工培训中，存在着一定的规律性，充分认识和理解这些规律，并在实践中遵循和利用，有利于旅游企业员工培训的成功。

(一) 整体差异性规律

同一旅游企业的员工在工作能力方面存在着比较大的差异，这些差异往往是由员工不同的知识结构、文化程度、性格特征、品质修养、年龄层次以及职位工作环境所导致的。因此，在接受培训教育的过程中表现各异。有的员工对理论知识掌握比较快，而技能操作如酒吧调酒、餐厅摆台、客房做床等工作相对比较差，而有的员工又恰恰相反；有的员工各方面能力都优于其他员工，相反，有的员工各方面能力都较低。心理学研究发现，员工学习能力的差异处于一种数学中的正态分布。也就是说，100位参加学习的员工中，50位处于中等水平，各有15位略高于平均值和低于平均值，有10位能力最强，成绩优异；另有10位能力差，成绩处于下等。

认识这一基本规律，要求培训者因材施教，因人而异。首先，要放弃使所有员工经过培训都达到同等优良水平的幻想，当员工没有达到理想目标时不至于过于失望，因为部分员工培训效果不理想是一种正常现象。其次，要区分员工的不同特点如能力差异和心理差异，根据不同水平的表达能力、操作能力、记忆力、理解能力、基本功或基础知识、心理素质等，采用灵活多样的培训方法，以进一步提高培训效果。

（二）学习效果的阶段性变化规律

心理学研究发现，员工在接受培训期间，学习的效果有着明显的阶段性变化：

1. 迅速学习阶段

员工在接受培训的最初阶段，当学习的积极性被调动起来之后，会对培训内容产生浓厚的兴趣，对新知识的好奇心会驱使员工主动思考，乐于尝试，创造性地采用各种方法来掌握知识和技术。因此，学习效果很好，学习进展速度快。但是，这一阶段的时间是比较短暂的，一旦过去则将是一个缓慢的过程。

2. 缓慢学习阶段

当员工初步掌握了某项工作的培训要求之后，其学习兴趣与积极性会锐减，学习进度变得十分缓慢，达到一个相对稳定的时期。在这一阶段，员工的培训效果始终在提高，但速度较第一阶段相差甚大。当然，不同心理素质的员工在这一阶段的表现是有区别的，意志坚定者会持之以恒，总以创新的方法和较高的热情迎难而上，其学习效果远优于其他员工。个别意志薄弱者会对培训产生厌恶情绪，甚至放弃培训机会。

3. 心理界限阶段

经过较长时间的缓慢进程，员工对某项工作内容的学习会处于饱和状态，相对达到了心理界限（又称"心理高原"）阶段。如果继续按先期的方法培训，效果将不理想。

尽管由于培训内容不同，这些阶段所占时间和变化程度会有差异，但是，阶段性是比较明显的。只有充分认识这些变化，才能更好地开展培训工作，在培训过程中，有意识地区分阶段，调整培训内容，改变培训方法将是帮助员工克服学习的心理障碍的有效途径。学习效果的变化过程如图 8-2 所示。

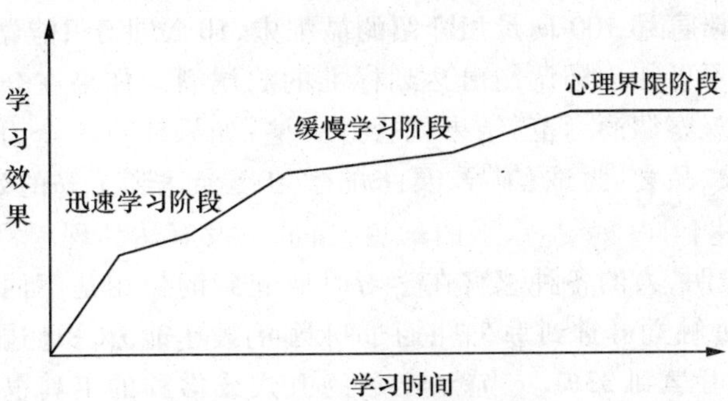

图 8-2　学习效果的阶段性变化

（三）分散性培训优于集中培训规律

心理学研究证实，人的兴趣和注意力的集中都有一定的时间界限。超过一定的时间限度，学习效果会明显下降。在员工培训过程中，特别是针对在职培训，必须要注意培训的时间及节奏安排。将某项培训内容分几个阶段，短时间学习，其效果远远优于集中一上午或一下午、一天，甚至几天的学习。因为，时间的延长意味着员工参加培训的兴趣会降低，同时其学习的精力和注意力也会分散。

例如，在饭店客房服务员的入门培训中，可以将整个客房服务分为分送行李、梯口迎客、整理房间、洗衣服务、会客服务、送客服务、仪表与行为以及客房设备和设施的保养等若干部分，制订培训计划，每天用半小时集中学习某项内容，逐步练习和巩固，经过一个月左右的时间，新员工就能比较扎实地掌握客房服务工作；相反，如果集中一个星期，天天学习这些内容，则效果不会太理想。

（四）以考核促培训规律

培训考核是对一段时期内培训效果的总结和评估。在员工培训中，经常考核员工的学习效果，是激励员工学习和提高学习兴趣的方法和措施。因为，考核会给员工造成一定的心理压力，员工会把培训考核结果同晋升、奖惩、自尊等方面自觉或不自觉地加以联系，从而实现“用外在的环境压力迫使其努力学习”的目的。事实上，任何一项学习的效果都会受到考核的影响。妥善安排考核的内容、时间、次数以及结果的处理会使员工加深对所学知识的理解、掌握和吸收。培训效果的考核还有利于检查员工的工作情况，便于发现不足，强化薄弱环节，终止错误，使员工更加熟练地掌握正确的工作方法。

（五）学习机制制约培训效果的规律

员工掌握知识和技能通常是运用五种基本感觉来实现的，如果员工能同时运用几种感官进行学习，便可以获得较佳的学习效果。例如，在酒吧调酒培训中，如果只是用语言和文字向员工介绍调酒配方，那么员工只能停留在浅显的感性认识阶段，绝不可能立即调制出达到标准的鸡尾酒。如果在介绍鸡尾酒的配方之后，让员工观察调酒示范，结果就会好一些；如果让员工全力投入学习——聆听、观摩、记录、品尝、尝试、辅导，员工的学习便会达到更好的效果，逐步成为合格的调酒师。

研究资料表明，人的各种感官在学习时所起到的作用是不同的。通过味觉可学到1%；通过触觉可学到1.5%；通过嗅觉可学得3.5%；通过听觉可以学到11%；通过视觉可学到33%。当然，学习的方式或借助的工具也直接影响到学习的效果。例如，通过阅读可记住10%，通过听课可记住20%；既读又听，可记住50%；自己再复述一遍，可记住80%；一面复述，一面动手做，可记住90%。

（六）自我效能影响学习动机的规律

自我效能是个人对自己完成某方面工作能力的主观评估。评估的结果如何，将直接影响到一个人的行为动机。针对员工培训而言，自我效能是员工对自己能否学会知识或技能的判断。一个自我效能程度高的受训者会全力参加培训项目的学习，即使在环境不利于学习时他们也最有可能坚持下去。相反，一个自我效能程度低的人会对自己能否掌握培训内容产生怀疑，他们最有可能由于心理或身体上的某些因素而退出培训。

针对旅游企业的员工培训，提高受训者自我效能的方法主要包括：

- 口头说服：通过鼓励性语言使员工相信他们能胜任学习。
- 逻辑证明：论证新任务和已完成任务之间的联系，当员工学习遇到困难时，培训者可以提醒他们曾经成功地学会了类似的事情。
- 示范：让那些已掌握了学习成果的员工向受训者展示自己的绩效。这样可以使员工增强信心，受到同事成功的鼓舞。
- 绩效回顾：让员工建立一个成功绩效的档案；管理者将员工安置到他们可能获得成功的岗位上并提供适当培训，员工就知道他们应该做些什么、怎么去做。

第三节　员工培训的过程

旅游企业劳动力比较密集，员工流动性大，决定了许多员工培训项目是循环往复的周期性工作。本节讨论的培训过程以旅游企业中最为常见的在职培训为研究对象。一项员工培训从需求分析开始到效果评估结束，可以分为三个阶段，即计划阶段、实施阶段和评估阶段，这其中还包括了许多具体的工作步骤，见图8-3。

一、分析培训需求

旅游企业员工培训一方面可以根据人力资源工作计划定期举行，另一方面为了保证培训有针对性和目的性，在实施员工培训之前，必须对培训的需求做出分析，这是整个员工培训工作的起始点，它决定着培训活动的方向，对培训的质量起着决定性作用，如果前期的培训需求分析判断出现偏差，那么培训工作很难成功。

（一）急需员工培训的表象

旅游企业在经营管理过程中如果出现以下现象，则有必要尽快组织实施有针对性的培训。

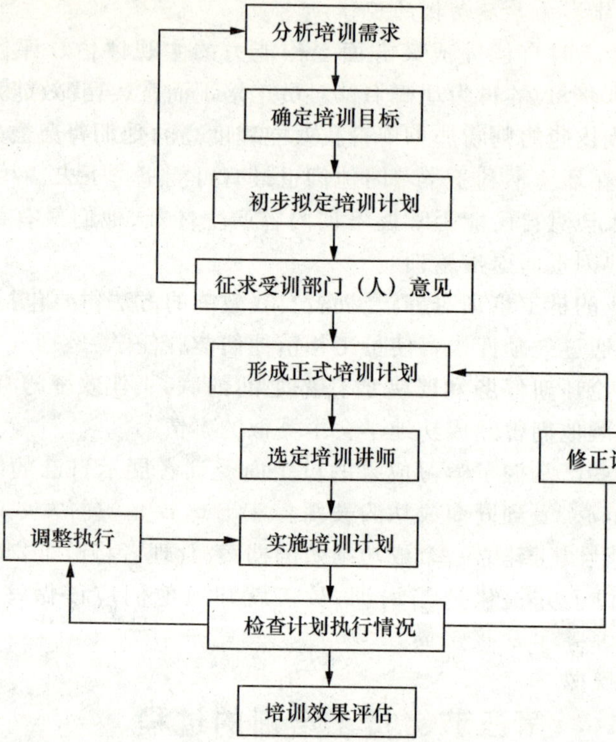

图 8-3　员工培训的基本流程

1．顾客抱怨增多

当顾客抱怨员工对待他们的服务方式是明显错误的时候，员工所属部门应该仔细调查每个顾客的投诉，并围绕这些问题研究对策，分析问题的原因，讨论是不是培训不够而导致顾客不满。

2．工作流程混乱

当员工不能和睦相处顺利合作时，有时候是因为没有对他们进行有关团队精神和关于工作衔接方面的培训，使得一些员工不知道如何继续或支持其他员工的工作。

3．员工士气低落

当员工对自己的工作安排不满意时，就会表现出服务态度差、工作状态低迷、劳动纪律松懈，这些都是士气低落的表现，也象征着组织中职业作风低下。解决这一问题最有效的方法就是培训。员工对自己的工作了解得越全面、越深入，就越能够在工作中表现出自信心和自豪感。自信心和自豪感将有助于提高旅游企业员工的士气。

4．损耗率上升

员工必须懂得工作中成本与收益、供应和消耗之间的相互关系。例如，饭店员工应该意识到配菜过量、低价出租客房、不小心打碎餐具等都意味着损耗，如果员工知道这些损失将影响饭店的收益，为了增加工资，他们将愿意努力减少工作中的损耗。但是，关于防止浪费和降低损耗的技术，必须通过培训才有可能应用。

5．工作效率低下

有一些指标可用来评估员工的劳动生产率，例如，饭店餐厅服务员单位时间内盯台数量，或客房服务员单位时间内清扫的客房数；成功的管理人员应该追求员工工作量的满负荷，而分期分批地交叉培训则是提高工作效率的有效途径。

6．过高的员工流动率

如果员工在组织中能够经常地获得新技能、新知识，他们一方面会感觉到组织对他们的重视程度，另一方面会认为在组织中有比较光明的发展前途；反之，员工会对自己的工作厌倦或失去信心，其结果就是流动率上升。因此，如果员工流失率高于行业平均水平，那么就有必要检讨员工培训是否及时和有效。

（二）员工培训需求分析模型

1．综合分析模型

综合分析模型是从组织分析、任务分析和人员分析三个方面着手评价员工培训的需求，如图 8-4 所示。

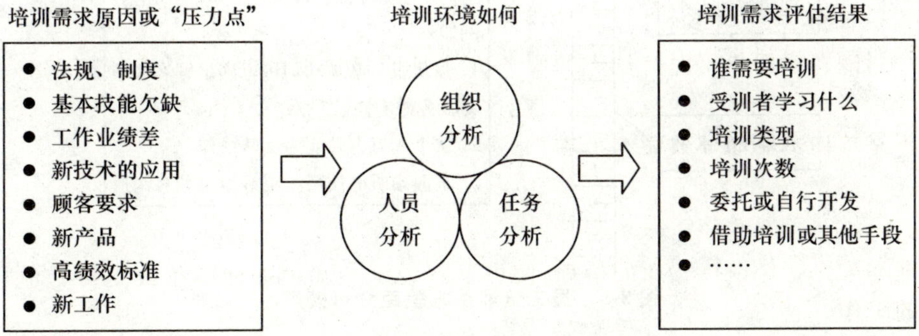

图 8-4 培训需求综合分析模型图

资料来源：Raymond A. Noe，John R. Hollenbeck，Barry Gerhart，Patrick M. Wright. Human Resource Management[M]. 北京：清华大学出版社，2000.

在综合分析模型中，组织分析是在给定企业经营战略的条件下，决定相应的培训，即判断组织中哪些部门和哪些员工需要培训，以保证培训计划符合组织的整体目标与战略要求，为培训提供可利用的资源，同时确保管理者和同事对员工参加培训活动给予支持。任务分析则是要确定具体职位的各项培训任务，精细定义各项任务的重要性、频次和掌握的难度，并揭示成功地完成该项任务所需要的知识、技能和态度等。人员分析是从员工实际状况出发，分析员工现有工作状况与完成任务的要求之间的差距，鉴别培训因素及非培训因素的影响，确定谁需要培训。

综合分析模型将企业战略、培训资源等作为影响培训需求的重要因素，突出了员工培训的战略导向，展现了战略性人力资源管理的特色。

2．培训需求差距分析模型

该模型是通过对理想技能水平和现有技能水平之间关系的分析来确认培训需求的。模型表明，只要理想状态形成，现实状态便会与之构成差距——包括现有知识程度与希望达到的知识程度之间的差距，现有能力水平与希望达到的能力水平之间的差距，现有认识、态度水平与希望达到的认识、态度水平之间的差距，现有绩效与预期的绩效之间的差距，已经达到的目标与要求达到的目标之间的差距，现实中的劳动者素质与理想中的劳动者素质之间的差距等等。随之，以差距的形成而产生“培训需求” 即，“培训需求 = 理想状态 - 现实状态”，如图 8-5 所示。员工培训的实践证实：任何培训活动都旨在消除或缩小这种差距。

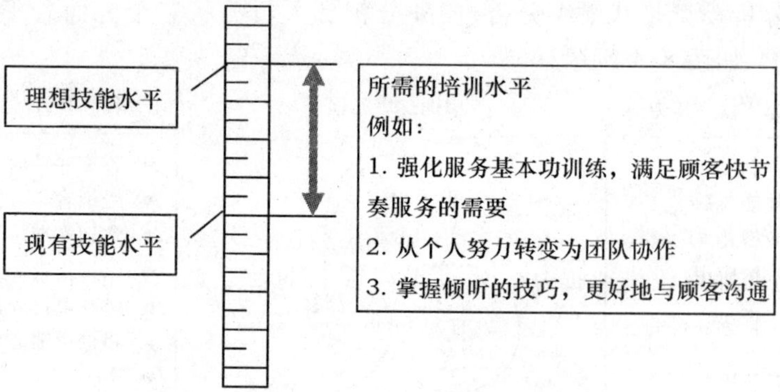

图 8-5　员工培训需求差距分析模型图

3．前瞻性培训需求分析模型

随着技术的不断进步和员工在旅游企业中个人成长的需要，即使员工目前的工作绩效是令人满意的，也可能会因为需要为工作调动做准备、为员工的职位晋升做准备或者适应工作要求的变化等原因存在培训的需求。前瞻性培训需求分析模型为这些情况提供了良好的分析框架，如图 8-6 所示。

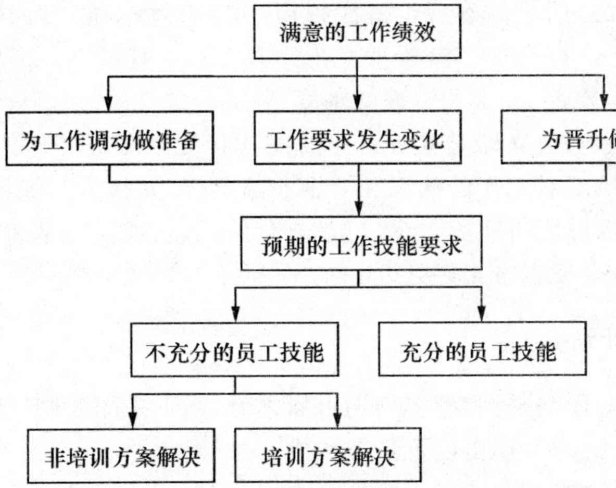

图 8-6　前瞻性培训需求分析模型图

资料来源:吴谅谅. 人力资源开发管理技能[M]. 北京:华夏出版社,2002:317.

二、确定培训目标

在确定培训目标时最重要的是做到清晰、具体,像“提高员工满意度”这种很模糊的目标,对培训是毫无意义的;而“减少员工流失率”(员工满意度的一种衡量指标)就是一个具体的目标。一般来说,清晰、具体的培训目标大都是以“描述”、“完成”、“做到”、“认清”和“参加”等词汇开头的语句。旅游企业员工培训的目标一般可以分为结果导向型、学习型、工作行为型和反应型四种。

(一) 结果导向型目标

这类培训目标的构成主要是一些可量化的工作标准或工作绩效,最终希望通过员工培训加以改进或提升。如以提高饭店前台登记入住的工作速度、减少餐厅厨房的浪费、控制部门差旅费为目标的培训都属此类。

(二) 学习型目标

讲解主要客源国文化习俗方面的知识、介绍葡萄酒的品鉴知识、安排管理者学习新的管理方法等,这些培训的目标均属于学习型培训目标,它是指在培训中通过传授专业知识和专业理论,最终实现受训者职业素养的改善和提高。这类培训目标最常见于管理人员培训和教室课堂培训。

(三) 工作行为型目标

工作行为型目标追求的是通过培训员工的工作技能和解决问题的技巧,最终实现员工的工作行为对旅游企业的服务水平和服务质量产生积极的影响。因此,诸如“殷勤待客之道”、“顾客投诉解决技巧”和“高效沟通”等课程的培训目标都属此类。

(四)反应型目标

反应型培训目标不会立即对旅游企业的经营管理和服务工作产生影响,而是潜移默化地改变员工对工作的认识和对企业的感情,如教员工练习瑜伽、第二外语培训和开展戒烟减肥讲座等。反应型培训目标的实现往往是间接地作用于企业发展,而直接给受训者带来好处。

三、制定培训计划

在对培训需求整理、分析和确定培训目标之后,接下来需要制订出一个可执行的员工培训计划,这项工作由以下环节构成:

(一)设计培训内容

设计培训内容首先要确定培训主题和先后次序,关于次序安排一般是由负责员工培训工作的专业人员先起草一份提纲,然后征求受训部门主管的意见,加以修订;也可以直接与受训部门主管共同协商确定。有时需要培训的内容太多,在一定的时期内不可能全部满足,或者因为资源(人、财、物、时间、信息)不足,一些培训内容就不得不暂缓或放在次要位置上。这样,在正式制订培训计划时,就应该有一个权衡和筛选的过程,以保证培训有重点、有效果。

具体地讲,设计培训内容就是确定培训的起点,组织培训科目的顺序,规划教材和器材,确定培训时间和地点。

(二)确定培训方式和方法

这需要根据培训内容和培训对象的特点,灵活选择,以保证培训的效果。例如,是采用讲座式,还是工作指导式;是对话培训,还是情景培训等。一般来讲,培训内容往往决定着培训方式的选择。对于专业知识类培训,如服务礼仪、产品知识、主要客源国风俗习惯等,可以选用讲座式;对于技能性培训,如点菜服务、客房清洁等,则应考虑工作指导或情景分析等方式培训。

四、选定培训讲师

培训讲师的选择是决定旅游企业培训效果的关键。在一些职位上表现出色的员工或管理人员,有时候并不一定能胜任培训工作。因为一位优秀的培训讲师,除了自己熟知所要传授的知识和熟练掌握所要传授的技能之外,还应具备培训他人的良好素质和才能。

（一）培训讲师的类型

决定培训讲师水平高低的因素主要有三个方面：知识和经验、培训技巧、个人魅力。根据这三个方面的情况，可以将培训讲师划分为八种类型（见表8-5）。

表8-5　培训讲师分类

讲师类型	知识和经验	培训技巧	个人魅力	培训效果
卓越型	理论知识扎实、全面，实践经验丰富	熟练掌握各种培训技能和方法	富有个人魅力	★★★★★
专业型	理论知识比较扎实，实践经验丰富	掌握主要的培训技能和方法	个人魅力不足	★★★★☆
技巧型	理论知识和实践经验不够丰富	熟练掌握各种培训方法和技巧	富有个人魅力	★★★☆☆
讲师型	具有丰富的理论知识和一定的经验	不熟悉员工培训的方法和技巧	个人魅力一般	★★★☆☆
演讲型	仅有相当丰富的行业经验	对培训方法和技巧掌握不好	极富鼓动性	★★☆☆☆
肤浅型	缺乏专业知识，有一定实践经验	熟练掌握培训方法和技巧	缺乏个人魅力	★☆☆☆☆
感染型	缺乏相关的专业知识和经验	通过提问让受训者自行解决问题	富有个人魅力	☆☆☆☆☆
弱　型	缺乏相关的专业知识和经验	只会照本宣科	缺乏个人魅力	☆☆☆☆☆

（二）培训讲师的自我要求

无论何种类型的培训讲师，要想获得良好的培训效果，都需要注意以下方面：

- 明确培训的目的和要求。
- 洞察受训者的心态。
- 善于把握日常工作中的培训机会并及时施教。
- 强调完成工作任务中的关键环节。
- 善于观察并发现受训者工作中的薄弱环节。
- 按计划实施培训。
- 有准备地进行指导。
- 善于利用培训器材。

• 严格培训标准。

• 做好培训记录和检查培训效果。

（三）培训讲师的来源

旅游企业的培训讲师，应该以旅游企业内部素养比较高的管理人员或骨干员工为主；此外，专职从事旅游行业培训的外聘讲师，也是旅游企业员工培训的良好人选。这两方面的培训讲师人选各有利弊（见表8-6），通常强调专业性的培训应该从旅游企业内部选择培训讲师，而通用性的培训，如沟通技巧、财务知识和中外饮食习俗等课程，则可以考虑外聘培训讲师。

表8-6 内部讲师与外聘讲师的优劣势比较

讲师来源	优 势	劣 势
内部讲师	• 对企业情况比较了解，培训更有针对性。 • 责任心比较强。 • 费用比较低。 • 可以与受训人员进行更好的交流。	• 可能缺乏培训经验。 • 受企业现有状况的影响比较大，思路可能没有创新。 • 员工对培训者的认可程度相对较低。
外聘讲师	• 具有比较娴熟的培训技巧和丰富的培训经验。 • 不受束缚，可以带来新的观点和理念。 • 与企业没有直接关系，员工比较容易认可。	• 费用比较高。 • 对企业缺乏了解，培训内容可能不适用，针对性不强。 • 责任心可能不强。

资料来源：董克用．人力资源管理概论[M]．北京：中国人民大学出版社，2007：306.

五、实施培训计划

培训计划的实施，实质是培训计划交由培训讲师采用一定的方法和技巧完成的过程，其中的方法将在下一节专门介绍。

六、员工培训评估

旅游企业员工培训的评估工作包括培训计划执行情况和培训效果评估两部分，前者主要是围绕培训时间、培训参加人和培训进度等方面，比对培训计划检查落实情况，后者则主要监控培训是否实现了预期的目标，更主要的是为以后的培训找到可改进和优化之处。

（一）员工培训评估的指标

评估旅游企业员工培训主要可以从认识、技能、反应、绩效和投资回报等五

个指标的成果进行考量(见表 8-7),具体地讲,对员工培训进行评估,需要回答以下一系列问题:

- 培训内容是否按既定计划、既定方式顺利完成?
- 受训者掌握的程度如何?
- 受训者实际接受的程度如何?
- 受训者在培训后有哪些变化?
- 受训者所在职位和部门的工作有何改观?
- 培训投资与收益的分析结果如何?
- 本次培训中成功与失败之处有哪些?

表 8-7 旅游企业员工培训评估指标

指 标	内 容
认 知	认知成果可以用来测量受训者对培训项目中强调的基本原理、程序、步骤、方式、方法或过程等所理解、熟悉和掌握的程度。
技 能	技能成果可以用来评价受训者对培训项目中强调的操作技巧、技术或技能以及行为方式等所达到的水准。
反 应	反应成果可以用来测量受训者对培训项目的态度、动机以及行为等方面的特征。
绩 效	绩效成果可以用来评价受训者通过该项目培训对个人或组织绩效所产生的影响程度,同时也可以为旅游企业人力资源培训费用计划等决策提供依据。
投资回报率	投资回报率指培训项目的货币收益和培训成本的比较。

(二) 评估员工培训效果的模型和方法

关于员工培训效果的评估,最具有代表性的观点是美国威斯康星大学教授唐纳德·L. 柯克帕特里克(Donald. L. Kirkpatrick)提出的培训效果评估模型,又称"四级培训评估模型"。

第一级,反应评估。受训者作为培训的参加者,在培训中和培训后必然会对培训活动形成一些感受、态度及意见,他们的反应可以作为评价培训效果的依据。反应评估是在培训刚刚结束后,立即对受训者进行了解,及时掌握他们对培训内容、培训方法、培训讲师和培训地点以及时间等方面的反应,完成关于受训者对具体培训科目综合看法的分析。

"反应评估"的方法:培训结束之前就所需要了解的问题进行问卷调查(见表 8-8)。

表 8-8　员工培训反应调查问卷

<table>
<tr><td colspan="6">您好！感谢您参加本次匿名调查。
为了以后培训的改进，请您客观如实地回答下列问题，我们将对您的问卷做保密处理。</td></tr>
<tr><td>部　门</td><td></td><td>职　位</td><td></td><td>培训讲师</td><td></td></tr>
<tr><td>培训课程</td><td></td><td>培训时间</td><td></td><td>培训地点</td><td></td></tr>
<tr><td colspan="3">1. 您对此次培训的总体感觉满意吗？
A. 非常好　B. 较好　C. 一般　D. 较差
E. 非常差
2. 您认为培训讲师的授课水平如何？
A. 非常好　B. 较好　C. 一般　D. 较差
E. 非常差
3. 您认为培训内容对以后的工作有帮助吗？
A. 非常好　B. 较好　C. 一般　D. 较差
E. 非常差</td><td colspan="3">4. 您觉得本次培训的时间安排合理吗？
A. 非常好　B. 较好　C. 一般　D. 较差
E. 非常差
5. 您如何评价本次培训的教学设备和设施？
A. 非常好　B. 较好　C. 一般　D. 较差
E. 非常差
6. 您是否喜欢培训教室的座位安排
A. 喜欢　B. 不喜欢</td></tr>
<tr><td colspan="6">7. 您对本次培训的后勤服务（休息、午餐等）有什么意见？

8. 您对此次培训还有哪些意见和建议？</td></tr>
</table>

第二级，学习评估。这一级评估的目的是确定技能、技巧和基本概念是否已经有效地传授给受训者，他们是否已达到最低标准的熟练程度。

“学习评估”的方法：试卷笔试、工作行为测试和工作现场技能评估等。

第三级，行为评估。受训者在培训中获得的知识和技能能否应用于实际工作，能否实现由学习成果向工作能力的转化，是评价培训效果的重要标准。经过培训后，员工的实际工作表现是对培训效果最客观的反映。“行为评估”就是核查受训者在参加培训后对所学内容的吸收程度，特别是在工作中对所学内容的自觉运用水平。受训者的行为评估通常在其回到岗位 1—3 个月后进行。评估的行为变量包括工作积极性、服务规范性、操作熟练性、分析解决问题的有效性等。在评估中，首先对受训者的工作行为是否发生了变化做出判断，然后分析这种变化是否由培训所引起，分析受训者行为变化的程度。

“行为评估”的方法：行为观察、培训后对受训者上级主管的问卷调查。

第四级，结果评估。利用一系列数字化指标，比较研究员工培训对企业经济效益、服务水平和顾客满意度等方面的影响。培训结果评估的另一个重要内容，是评估培训费用的使用效果，即评估培训对实现组织目标的影响性质和影响程度，如对提高劳动生产率、改进服务质量、提高销售额、降低成本、利润增长等方面的影响。

"结果评估"主要是采取对比的方法，即培训前后有关经营数据的比较、培训成本和收益比较分析、顾客满意度变化分析。其中，培训收益分为短期收益与长期收益，短期收益体现为通过培训提高的员工工作效率；长期收益体现为员工能力和素质的改善对旅游企业发展的作用。

第四节　员工培训的方法

一、基层员工的培训方法

（一）工作指导培训法

工作指导培训法是旅游企业中运用得最多的一种培训方法，它对培训基层员工的操作技能是非常适用的，例如培训一名新员工如何在饭店客房部做床，或在餐厅摆台、折口布等。在工作指导培训法中，培训讲师主要用工作演示的方式来指导受训者，使受训者在较短的时间内掌握工作要领和实质。以下是工作指导培训法的主要工作程序：

1. 确定培训目标

培训讲师首先要明确培训要达到的目的是什么。培训目标将作为培训工作的"导航灯"，决定着培训的整个过程。例如，在饭店客房服务员做床培训中，其目标可定为"让每位客房服务员在10分钟内，按标准流程完成两个床位的整理工作"。

2. 分解培训项目

根据培训目标，培训讲师将培训项目分解为若干步骤，区分重点、难点和一般内容，并按动作的连贯性、系统性以及节奏性安排各个环节。合理分解培训项目是确保培训顺利进行的关键。例如，餐厅中式宴席摆台工作的整个过程可以分解为八个步骤，见图8-7。

3. 确定培训的具体程序

上述工作完成后，培训讲师还要进一步细分每一工作步骤的培训程序，其中包括时间分配、考核要点、场地布置和培训器材等。例如，在"饭店客房清理"培训中，除了各培训环节的时间安排之外，在场地方面，应该选择一间标准客房，需要的培训工具和物品有清洁车、布巾、玻璃杯、烟灰缸、文具、香皂、卫生纸、小水桶、干抹布、湿抹布、刷子、清洁剂和垃圾筒等。

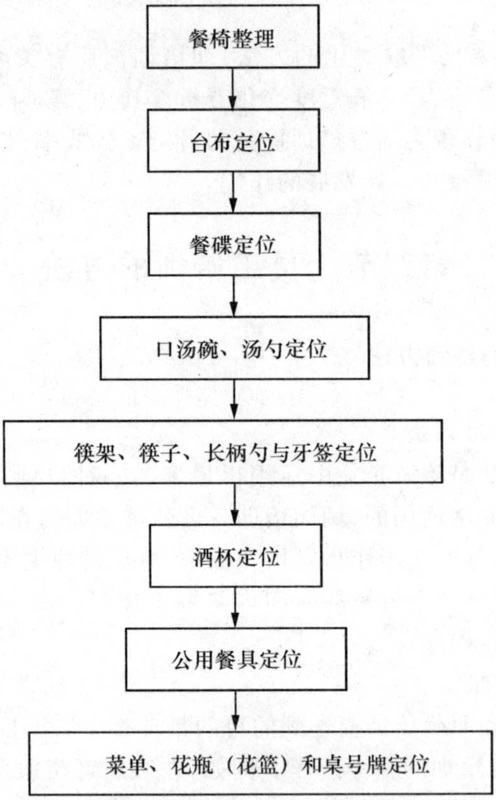

图 8-7　工作指导性培训项目分解示例——中式宴席摆台

4．四步指导性培训

工作指导培训法的具体运用主要包括四个步骤，这四步为：

（1）讲解。培训讲师介绍工作概况和要求，了解受训者对该项工作的认识水平，说明工作的目的及重要性，提高受训者对培训的兴趣，使其能够放松自如地开始学习。培训讲师对一些工作关键点和细节要重点强调和重复，并且一次讲述的内容要适当，不要超出受训者可接受的程度。

（2）示范。培训讲师表演、示范该项工作各环节操作，力求缓慢，重点内容反复示范，每一步骤的操作都要严格按照编定的正确方法进行，允许受训者换位观察并可以随时提出问题，要做到解答详尽、耐心。培训讲师每个步骤的示范次数应不少于 3 次。

（3）尝试。在完成整个讲解和示范过程以后，培训讲师可以指导、监督受训者反复模仿刚才的操作，并及时纠正他们的错误。同时，可以让受训者一边操作，一边解释各步骤的操作要领和关键点，直到受训者完全领会。

(4) 跟踪辅导。受训者经过反复练习，操作逐渐规范后，便可独立上岗工作，接受实践的检验；培训讲师此时可以在一旁观察、提示，辅助员工熟练掌握该项工作。这一步需要的时间最长。

(二) 讲座培训法

讲座培训法是一种培训讲师以个人语言讲述为主，迅速、简捷地同时向许多受训者传递信息的培训方法，它比较适用于旅游企业基层员工的业务知识培训。采用讲座培训法，需要重点注意以下环节：

1. 培训教案的撰写

培训讲师必须撰写完整、详细的教案。教案中除了要包括培训知识之外，还应该包括开场白、讨论题、作业题等内容，以调动受训者的参与。将培训教案制作成幻灯片形式的电子课件，是讲座培训法突出培训重点、强化受训者记忆的必要手段。

2. "开场白"

在正式介绍培训主题内容之前，培训讲师要首先准备一个"开场白"，通常包括启发兴趣，明确培训的必要性，阐明授课主题、范围以及目标等等。

如果开场白组织得不好，以后所传授的知识也很难被受训者接受。"开场白"的主要目的是激发受训者的学习兴趣和自觉性，并且能密切培训讲师和受训者之间的关系，消除受训者的紧张感。

3. 讲授

讲授是讲座培训法的核心。培训讲师在此环节的任务是将培训的关键内容详细、完整地介绍给受训者，让受训者对所学知识有一个全面的认识、了解和掌握。为此，培训讲师在讲授时不仅要注意层次清楚、语言生动、理论联系实际，而且还要根据受训者的文化层次，选择容易被对方接受和理解的表达方式。

4. 提问

在讲授专业知识的过程中，培训讲师充分利用提问技巧，对受训者接受新知识是十分有益的。在培训中经常性地提问有以下作用：

- 了解受训者已有的知识水平；
- 检查受训者对业务知识的掌握程度；
- 调动和鼓励受训者思考；
- 调动受训者的学习兴趣；
- 增进受训者之间和受训者与培训讲师之间的相互了解。

培训过程中的提问可分为三类，第一类是测试性提问，目的在于考查受训者掌握专业知识的水平;第二类是启发式提问,主要是激发受训者自行思考,培养其应用专业知识解决具体问题的能力;第三类是讨论性提问,主要是鼓励每个受训者发表自己的意见,大家共同分享培训的心得体会和收获。

(三) 角色扮演法

角色扮演法的做法是,培训者将员工日常服务工作中出现的具有代表性的问题进行总结和提炼,编排成剧目,让一些服务员分别扮演客人和当班服务员,将正确与错误的服务方式分别演示,在情景再现中,让受训者深入认识和牢固掌握正确的工作方法。

角色扮演法产生实效的关键在于角色互换和员工讨论。角色互换的作用是让员工从不同的角度体验自身工作的重要性,例如,当服务员扮演客人时,就能更加深刻地体验客人的心理感受,认识到不良工作方法对顾客的伤害。在员工表演的同时,要让受训者积极参与讨论分析,集思广益,总结正确的工作方法。这样,受训者对错误工作方法的认识会更加深刻,对正确工作方法的掌握会更加牢固。

使用角色扮演法进行员工培训,比较先进的做法是将编排的有关服务工作的剧目提前拍摄成录像,将正确和错误的表现分别编辑,形成鲜明的对比。在培训中使用这种录像有许多优点:第一,培训者可以根据受训者的专业水平通过重播、慢放或快放录像内容,灵活地调整培训内容;第二,可以让受训者接触到不易解释说明的难题和事件,如各类顾客投诉;第三,受训者可以受到前后连贯一致的指导,使培训内容不会受到培训讲师个人兴趣变化的影响;第四,有时通过工作现场摄像,让受训者亲眼目睹自己的工作表现,而无需培训讲师的过多解释。

(四) 情景培训法

情景培训是由培训讲师提供一些工作中有代表性的情节,并假设几种解决问题的方法,这些方法的正误有一定的代表性,让受训者讨论和选择正确答案,并申述理由,最后,培训讲师再做出综合分析。下面是一个有关情景培训法的应用设计。

一天下午6点前,一位客人找到端坐在大堂一侧的值班经理,说"我是从美国来的史密斯",客人显得有些生气的样子做自我介绍,原来,这位客人在3天前给饭店客房预订部打过电话,要求预订一间高层向阳的标准间,计划住宿5天,当时预订部人员按客人要求为其办理了预订手续,但当客人到店办理入住手续时,接待人员却告诉他向阳的标准间已经全部出租了,问客人是否可以更换一间别的房间。客人当即表示:既然在3天前做了预订,就不应该出现此类情况。客人进行投诉。值班经理很快查明原因:原来,当天上午一位未办理预订手续的客人也提出要高层向阳的房间。接待人员未见史密斯先生到店,以为他不会来了,便将此房间安排给了另一位客人。如果你是值班经理,应该怎么办?

方案一:马上向客人道歉,并承诺一定对工作失误的员工进行处罚,希望获得客人的原谅。

方案二:马上向客人道歉,并为客人在附近联系一家同等价位的饭店,安排出租车将客人送过去。

方案三:马上向客人道歉,并为客人在本饭店安排一间高层向阳的豪华间,房价打折后仍按标准间收取。

方案四:马上向客人道歉,临时为客人在本饭店安排一间高层向阳的豪华间,房价仍按标准间收取。第二天,前厅部优先为史密斯先生安排一间高层向阳的标准间,并安排行李员协助客人换房。

方案分析:"诚信待客"是旅游企业服务的最基本理念。在上述事件中,接待员主观上想多安排住房,满足客人的特殊要求,增加客房收入的动机是好的。但是,他在为一位客人提供方便的同时却给另一位客人造成了不便,这里他忽视了一条服务的重要原则:"饭店要尽力取信于客。"因此,值班经理立即向顾客道歉是必须的,承诺处罚有关责任人,并不能补救顾客受到的服务失误,顾客的满意度没有得到修复,是不可取的;同时,将豪华客房按标准间出租 5 天,对饭店的损失实在不小。尽管安排客人去竞争对手处住宿不是最佳方案,但是从照顾眼前利益和满足顾客需求的角度讲,方案二可以得满分;当然,最好的做法是方案四。

(五)对话培训法

旅游服务工作有许多是需要通过语言交流来完成的,因此员工的语言表达水平会直接影响到旅游企业的服务质量。对话培训的主要目的,就是教给受训者如何以最好的方式去运用对话处理他们日常服务中可能遇到的问题。

对话培训法是旅游企业员工培训的一种特有培训方法,在实际运用时应该遵循以下步骤:

第一步,在进行正式的对话培训之前,培训讲师先对培训的目的和要求做简单的说明,并解释对话背景,然后将受训者分成若干个小组以便于讨论、发言。

第二步,如果有条件的话,使用多媒体设备来放映对话,并把已准备好的资料分发给每个受训者;如果条件不具备,也可以只用文字资料来协助进行。

第三步,让受训者观看视频或文字资料。在观看学习的同时,思考这些对话在哪些地方存在问题,以及如何改进——即在头脑中形成一个初步的改进对话的方案。

第四步，学习完既定的对话资料以后，培训讲师便开始向小组提问题，这些问题包括"对话存在哪些缺陷"、"你认为这位员工所说的话正确吗"、"顾客会满意吗"、"与顾客这样的对话会有助于提高销售额吗"、"怎样改善对话"等等。

第五步，小组成员就如何提高对话质量和效果发表自己的见解。在这一过程中，培训讲师应该要求所有小组成员都参与讨论，如果有人不发言，那么培训者应该指名要求其发表自己的意见，使人人都积极开动脑筋，并感到自己为寻找正确答案贡献了一份力量。

最后，培训讲师对受训者之前的发言和表现进行点评，并就如何在特殊的情况下更好地使用语言沟通提高服务质量总结小组意见，形成共识。

二、管理人员的培训方法

（一）训练辅导

训练辅导是一种由高级别管理者对直接下级在工作中一对一地进行培训的方法。为了顺利推行这种方法，一些旅游企业设立了经理助理职位，被安排在这种职位上的人将有机会成为其上级的接替者。这些下属们除了可以近距离地观察上司的工作外，还会被分配一些需要进行决策的重要任务。作为训练顾问的经理们必须对企业的人力资源战略非常清楚，他们知道"如果不能培养出合格的接班人，自己的晋升将是无望的"，因此非常愿意与助理分享信息，并愿意花时间对下属的管理方法和工作技巧进行耐心、细致的指导。

在训练辅导中，可以适当淡化上下级关系，转而强调建立"教练与学员"的关系。旅游企业人力资源部门则必须为这种方法的应用制订必要的计划和评估标准，这样才能保证训练辅导的有效性。

（二）经营游戏

通过模拟企业经营实况的情境及所产生与衍生出的问题，来训练管理人员分析环境信息、处理群体关系以及制定决策的能力，这就是经营游戏，又称管理游戏。

通常，经营游戏的培训对象被分为几个小组，组成一个旅游市场中的两个或两个以上虚拟的竞争企业，并在小组中分配给参与者一定的角色，如总经理、总会计师、营销副总经理、运营总监等，他们以追求企业价值最大化为其持续努力的目标，仔细分析来自企业内外所有可能的数据资料和各种正式、非正式的信息，做出各自的判断，经过不断的讨论磋商、会议协调等反复集体决策的程序，最终获得代表企业现阶段经营方向的一组数字或文字形式的决策值（如旅游产品的价格水平、营销策略、服务模式等），并将各虚拟企业的决策值投入到产业环境。在相互竞争中,市场状况即刻产生变化,各虚拟企业盈亏立现,在力求保有或改善公司现有市场优劣势的期望下,又进入下一个决策程序,如此周而复始,最后培训讲师根据胜负决定标准(或期末所有者权益、投资报酬率)判定企业经营绩效。

这种学习方式最佳之处在于,如果一项耗资1 000万元的投资决策最终失败,没有人会被解雇,培训课程仍将继续下去。采用经营游戏培训一般需要有比较强大的计算机信息管理系统做支持,且对受训者的个人素质也有比较高的要求,因此,这种培训方法比较适合于大型旅游企业高级管理人员的培训。

(三)案例研究

案例研究是将某一时期或某一特定环境下,企业经营管理活动中发生的具有代表性的事件,加工整理成文字材料,交给受训者学习、分析,让他们诊断并发表个人意见的培训方法。这种培训方法的目的在于为受训者提供一种判断和分析复杂问题的真实经历。通过对案例进行讨论研究,可以使受训者学到许多种分析和解决复杂问题的方法,同时对这些方法的得出途径也有深刻的认识,即不同的人,因为其需求和价值观的不同,解决问题的方法也会不同,这种认识对今后的管理实践会有很大帮助。

为了使案例研究更具有针对性,最好使用受训者所在行业的真实案例,这将有助于受训者理解案例的背景,并把所学到的知识和方法用于对实际问题的解决。在运用案例研究进行培训时,培训讲师一般要求受训者先以小组的形式进行讨论,然后集体对案例进行分析,并找出解决的办法。

(四)头脑风暴法

头脑风暴法又称智力激励法,是一种激发创造性思维的集体培训方法。头脑风暴法通过会议的形式,让所有参加者在自由愉快、畅所欲言的气氛中,相互陈述、提问和追问,自由交换想法或点子,不断进行思想碰撞,激发与会者的创意及灵感,以产生更多富有创意的方法。头脑风暴法的培训目标是培养参加人员的创新能力,激发他们的创造性思维,以得到创新性的构想。

通常,采用头脑风暴法时不需要培训讲师,只需要明确讨论小组的负责人即可,小组负责人的作用是使讨论正常进行并避免某些人的观点偏离主题。头脑风暴法的培训内容一般根据旅游企业的需要来确定,如促销方案、新产品定价策略等需要大量创新构想的课题。学习和掌握这一方法,不仅能培养管理人员的创新意识,还能提高工作效率,塑造一个富有创新精神的工作环境。

(五)处理文件训练

处理文件训练是将通常堆满经理办公桌的各种文件,如备忘录、请示、报告和电话记录等交给受训者处理的一种模拟培训方法。所提供的文件没有条理性和规律,所涉及的问题有些需要紧急处理,有些需要常规处理。处理文件训练要求受训者学习如何处理这些文件中包含的各种主要信息。采用这种培训方法,主要目的是培养受训者一种工作习惯,即首先要对各种情况安排好处理的先后顺序,然后再对每种情况进行决策。

(六) 工作轮换

工作轮换是一种让受训的管理者从一个部门到另一个部门轮换工作,以丰富其工作经验并发现其优势和不足的培训方法。这种方法可以使受训者对整个旅游企业的各部分业务都有充分了解的机会。

为了确保这种培训方法的成功,一般要注意以下几点:

首先,要讲求适用性,要根据受训者的需要和能力来确定合适的培训内容,而不是规定一个职位范围让所有的受训者轮番去尝试。也就是说,安排培训内容时,要在考虑旅游企业工作需要的同时,结合受训者的职业兴趣、工作能力及其职业生涯发展方向。

其次,要注意灵活性,主要是对受训时间的规定要有灵活性。对每位受训者在每一职位上所停留的时间,要根据实际情况做出相对灵活的规定,其所需要时间的长短,主要取决于受训者对相关知识掌握速度的快慢。

最后,一定要跟踪检查受训者的工作情况,并及时向受训者反馈检查结果。采用工作轮换对管理人员进行培训,在任何情况下都不应该使受训者感到被忽视或被遗忘,否则对员工个人的工作信心和培训目标的实现都不利。

关键术语

培训(training)
在职培训(on-the-job training)
脱产培训(off-the-job training)
培训需求分析(training needs analysis)
企业大学(corporate university)
虚拟培训(computer-based training)
培训计划(training plan)
培训目标(training objectives)
培训讲师(training instructor)
工作指导培训(job instruction training)
讲座培训(lecture)

角色扮演(role playing)
情景培训(scenario-based training)
对话培训(dialogue training)
训练辅导(coaching and mentoring)
经营游戏(business game)
案例研究(case study)
头脑风暴(brain storming)
处理文件训练(in-basket training)
工作轮换(job rotation)

复习思考题

1. 如何分析员工的培训需求?
2. 为什么说旅游企业的员工培训是一个"循环过程"?
3. 旅游企业员工培训的成本是如何构成的?
4. 旅游企业员工培训有什么特点?
5. 员工培训的规律主要有哪些?对规划旅游企业员工培训有什么启示?
6. 旅游企业培训讲师应具备怎样的素质?
7. 四级培训评估法中各级评估的重点是什么?
8. 管理人员的培训方法分别适用于旅游企业中哪些具体培训科目?

课　业

通过查找资料,找到四星级饭店门童职位说明书,然后选择一家四星级饭店的前厅部,对照手边的职位说明书,观察门童的"迎宾服务",尝试按照"工作指导培训法"设计一份饭店门童"迎宾服务"培训提纲。

案例学习

国际饭店管理集团的人才培训

万豪国际饭店集团(以下简称"万豪")的总部设在美国首都华盛顿,曾经连续六年被《财富》杂志评为100家员工最喜欢的公司之一。万豪的员工培训很有特色,公司规定每天每位员工都有15分钟的培训。万豪给旗下各饭店品牌总结出了20个基本习惯,要求员工每天都温习一个习惯。万豪认为,人如果是按照习惯来提供服务，将会更自然、更顺畅。公司规定经理每年必须有40个小时的培训时间，并且专门为之设计了核心管理课程，这些课程是由饭店服务业所需的9个主要技能发展出来的，而万豪规定普通员工一般每年也要有20—30个小时的培训时间。

2007年万豪集团和上海师范大学旅游学院、上海旅游高等专科学校达成协议，以加强饭店管理人才培养的教学与实践合作、推进企业管理文化交流、增进相互了解和支持。协议包括学校从每年的入学新生中，选择组建以“万豪班”冠名的饭店管理、财务管理和烹饪专业本、专科教学班。学校将根据自身教学计划，提前制订万豪集团承担课程的计划和内容，并指定专人负责组织与管理。万豪集团则制订相关部门的年度实践培训计划供学校参考。万豪集团的专业管理人员还作为学校的客座讲师，教授专业理念及实践操作知识，为学生们开设企业文化、人才需求、企业发展规划及具有现代饭店培训特色的实践教学课程。在实习合作方面，万豪定期为学生提供饭店服务和管理的体验见习。在万豪举办大型国际活动或者宴会期间，为学生们提供实践的机会。对于实习成绩合格的学生，万豪优先录用并签订就业协议。

希尔顿饭店集团(以下简称“希尔顿”)拥有自己的在线学习平台——希尔顿大学。一项针对希尔顿员工做的调查发现，员工获得在该平台接受培训的机会将有助于他们保持较高的企业忠诚度。调查人员对希尔顿集团在全球范围内的1 500名员工进行了取样。40%被访者表示能够得到培训机会是自己继续留在希尔顿工作的主要因素。49%被访者表示，虽然这不是最主要的原因，但能够有机会接受职业培训对于他们来说非常重要。世界各地的希尔顿员工都能够通过希尔顿大学参加广泛的培训活动。其中包括Skill Soft公司的550个电子学习课程(涵盖运营技能、专业技能以及IT技能等)、Books24x7公司的电子参考文档(管理、运营以及技术方面的畅销书和参考资料)、在线导师和虚拟课堂。

2005年4月1日起，香格里拉饭店集团(以下简称“香格里拉”)与康奈尔网络学院合作，首次为公司管理层员工提供在线远程培训，这个培训计划将在此后的5年中为香格里拉集团提供3 000个在线职业发展机会。学员从57门课程中任选并完成规定的五个方面的课程(包括人力资源管理、管理学基础、饭店及食品服务管理、战略管理和财务管理)，就可以获得康奈尔网络学院颁发的证书。在完成一系列其他相关课程之后，学员还将获得由康奈尔大学颁发的证书。在线培训计划为员工提供了一个可以高度灵活安排学习时间的拓展自身知识的平台。这项员工职业发展计划对公司在全球范围内的拓展计划来说至关重要。

“香格里拉饭店十分重视雇用那些工作态度好、有发展潜力的员工，并为他们提供必要的技能培训。集团每年至少投资员工工资总额的2%用于培训与发展。”香格里拉集团中国区公关总监王宏玲如是说。在中国,香格里拉旗下每个饭店都会给员工进行英语培训,而这种培训会根据公司上下不同级别、不同部门的员工专门制定出系统的培训进程。各个部门有不同的英语需求,香格里拉一般会请来几名全职英语教师,让他们先同部门主管沟通,然后根据需求专门制订出培训计划。该集团在北京还设有一个香格里拉学院,提供一些证书类学习课程,如英语、前台、餐饮服务、厨政、客房服务等,也有高级人员的培训证书。这些证书将在所有香格里拉饭店内通用。

资料来源:赵焕焱.国际知名酒店集团人力资源培训体系解析[J].中国酒店人力资源与培训,2009(3).

案例思考

1. 请根据上述材料,比较万豪国际饭店集团、希尔顿饭店集团和香格里拉饭店集团在员工培训方面的相似点和差异点。

2. 你认为三家国际饭店集团在中国开展业务的过程中,其员工培训工作还有什么需要改进的地方?

3. 未来连锁旅游企业员工培训将呈现怎样的发展趋势?

第九章

旅游企业员工激励

知识要求

通过本章学习,学生应该掌握六项基本知识:

• 需求和动机的含义

• 人性假设理论

• 主要内容型激励理论(需求层次理论、ERG理论、双因素理论和成就需求理论)的核心思想

• 主要过程型激励理论(期望理论和公平理论)的核心思想

• 强化理论的核心思想

• 目标激励理论的核心思想

技能要求

通过本章学习,学生应该掌握五项基本技能:

• 通过情景分析找出旅游企业员工工作压力产生的原因,并掌握从生理和心理方面减轻员工工作压力的技巧

• 了解员工需求,实施有效激励的管理技能

• 围绕某一旅游企业的现状,分析并找到其内部标杆、竞争标杆和职能标杆的能力

• 作为旅游企业未来的领导者,以自身行为激励下属的能力

• 对旅游企业员工违规行为,选择积极矫正或消极矫正的能力

引 例

埃德·戴维斯是帕尔玛饭店餐饮部的自助餐厅主管,他刚从另一部门调到现在的工作岗位。埃德的新部门里有16名员工,他们的工作基本上是相同的。帕尔玛饭店自助餐厅的业务非常繁忙,以至于需要员工经常加班,当然饭店会为此支付双薪作为员工的加班补偿。因为自助餐厅的编制已经达到了饭店人力资源部规划的上限水平,所以这种加班在自助餐厅的员工中很普遍,埃德的几位前任主管都是以简单的轮流方式来安排加班的。

埃德接管自助餐厅后,他认为加班可以使员工获得更多的收入——这是员工所期望的,所以应该多安排那些服务技能娴熟、能够让客人满意的员工来加班,这也是对他们出色工作表现的一种奖励。此外,埃德还会注意安排那些家境比较困难的员工多加班,毕竟他们需要更多收入。总之,埃德上任以来从未与下属讨论过加班问题,而是简单地按他认为合适的方式分配着加班。

朱莉已经在帕尔玛饭店餐饮部工作了11年,先后在意大利餐厅和宴会部做过服务员,虽然工作经验丰富,但她可不是一个爱表现的人,每天都会按部就班地做好本职工作。稳定的职业,多一点收入,这就是朱莉想要的。

瑞恩三年前大学一毕业就来到帕尔玛饭店餐饮部工作了,现在他已经成为一名领班。性格开朗、专业基本功扎实使得瑞恩很受客人的喜欢,他总能应付工作中的各种挑战。不过,最近让瑞恩有点郁闷的是,自从埃德来了以后,加班成了家常便饭,为此女朋友已经和他发生了两次争吵,虽然他们明年结婚需要一大笔钱,但是女友还是渴望瑞恩现在能够多陪一陪自己。

凯蒂是一位单身母亲,她一个人需要抚养一个五岁的孩子,她和埃德是同一天到自助餐厅报到的,之前凯蒂在一家高级咖啡厅,由于离家太远,凯蒂无法很好地照顾孩子,所以她辞工来到帕尔玛饭店,这里的工资要比原来少20%。凯蒂在高级咖啡厅的工作经历,使得她为自助餐厅提出的一些工作建议非常有成效。埃德给凯蒂安排的加班几乎和别人一样多。

一切似乎都进行得很好,这种情况一直持续到埃德被叫到餐饮部经理玛丽·唐纳利办公室的那一天。玛丽在简单的寒暄之后说:"埃德,我听到一些反映,在你的下属中有许多意见。一些员工感到他们没有得到公平的加班分配。"埃德回答:"我正是一直采取不平均地给每个人分配加班。"玛丽说:"埃德,你说的是事实,有人认为自己加的班实在太多了——吃不消,而也有人认为,大多数加班费都让少数人赚了。"埃德问:"谁告诉你的?"玛丽回答:"我认为这不重要,但是你需要认真地思考一下你的员工到底想要什么。”埃德说:“你可能是正确的。难道大家不都喜欢赚更多的钱?”

显然,埃德对自己的下属到底想要得到什么,并不十分了解。旅游企业激励员工从来都不是很容易的事情。员工带着不同的需求、个性、技术、能力、兴趣和态度来到旅游企业,他们想从工作中得到的利益也是多种多样的。有些员工有个人兴趣和追求,从每月拿一次工资中便能获得比较多的满足,并不在乎其他的好处,他们对工作是否更具有挑战性、趣味性或者在绩效比赛中获胜不感兴趣;另一些员工则希望从工作中得到更大的满足和激励,因而工作更努力。在员工需求具有多样性的背景下,旅游企业的管理者怎样才能有效地激励自己的下属呢? 首要之事应该是必须理解员工的激励需求。

第一节　需求、动机与积极性

旅游企业激励管理就是要有效激发员工的工作动机,调动员工的积极性与工作热情。而人的积极性是以需求为基础的,是由人的动机而推动的,因此,要想预测、引导、强化员工的行为,调动员工工作的积极性,就必须了解旅游企业员工的需求、动机及其基本规律。

一、需求

(一) 需求的一般概念

需求是个体缺乏某种东西时产生的一种主观状态,它是客观需要的反映。这里所指的客观需要既包括人体内的生理需要,也包括对外部环境的需要。例如,当人体内缺乏热量时,血糖降低,浑身无力,经过神经传至人脑,就会产生进食的需求。但是,需求作为客观需要的反映并不完全是一个消极、被动的过程。在人与客观环境相互作用中,需求是在积极的活动中产生的。

具体来讲,需求是在各种刺激的作用下产生的。刺激是多种多样的,但总的来说可以分为两大类:一是有机体内部的刺激,是通过内部器官感受到的,如饥渴、性欲、情感等,是人体本能与心理活动的反映;二是外部的刺激,是通过外部感受器官如眼、耳、鼻、舌、皮肤等感受到的,是客观环境包括自然和社会的各种事物在人的大脑中的反映。

（二）需求的分类

1．按起源划分需求

人的需求是多种多样的，按照需求的起源可以将需求分为自然需求与社会需求。

（1）自然需求。自然需求是一个人生而具有的，它是人类延续和发展其生命所必需的客观条件需求，它的满足是通过利用一定的对象或获得一定的生活状态而达到的。人的自然需求有时也受社会生产力水平和生活条件的影响。

（2）社会需求。人类所特有的社会需求，是在人类社会历史发展过程中，在自然需求的基础上形成的。例如，对知识的需求、文艺的需求、道德的需求、实现理想的需求等。社会需求会受到特定的文化背景、政治制度、风俗习惯等的制约，也可以说是人的自然需求在特有的社会制度和背景下的产物。

2．按性质划分需求

按照需求的性质，可以将需求分为物质需求和精神需求。

（1）物质需求。物质需求主要是指人们生理方面的要求，包括衣、食、住、行、安全等方面的需求，它是人类生活的基本需求，是推动人们行为的基础力量，只有在物质需求得到基本满足的前提下，人的行为管理才会有效。从这个意义上讲，最大限度地满足员工的物质需求是充分利用人力资源的重要条件。

（2）精神需求。精神需求是指除生理需求以外的各类需求，如文化、成就、地位、归属的需求等。学习、发展和参加社会活动的需求在精神需求中占重要地位。精神需求主要是满足人的心理感受，比如工作内容、工作环境、团队等能带来快乐和满足感，人际关系融洽无间，上司的鼓励与表扬多于批评和指责等，这就构成了激发人们动机、支配人们行为的最有普遍意义的动力。

3．按时间划分

人的需求具有一定的时效性，在一定的时间范围内需求是比较稳定的，由此可以将需求分为当前需求和长远需求。

（1）当前需求。当前需求是指现实生活中由某一具体的主客观因素引发的需求。例如，人进入25岁以后对个人问题考虑最多的通常是婚姻，“住房”就成为处于这一年龄段青年人的当前需求。解决员工当前需求问题，应该努力做到及时、准确。

（2）长远需求。长远需求，是指个人根据社会经济、文化条件和工作环境的变化、发展趋势，所做出的着眼于未来的需求判断。长远需求是经过个人思想加工形成的，它对人的行为影响是渐进式的，因此，组织应该对员工的长远需求进行引导，使其个人理想和信念能够随着组织的发展逐步实现。个人长远需求的内涵要比当前需求复杂得多,同时也不容易准确把握,但是它对稳定员工队伍和人力资源开发、建设的影响是不容忽视的。

二、动机

(一) 动机的含义

动机是指推动人去从事某种活动的意图、愿望、信念等。动机是行为的直接原因。

需求与动机虽然具有相似的含义,但是二者是有区别的。需求是人的积极性的基础和源泉,动机则是推动人们活动的直接原因,也就是说,当人的需求具有某种特定的目标时,才能转化为动机。例如,人在长途跋涉中饥渴难忍,从而具有强烈的饮食需求,如果周围没有可能找到餐馆,那么他只有按照原计划前进,但是一旦发现了理想的就餐条件,就会促使其调整计划向目标就餐地点走去。

动机的表现形式是多种多样的,它可以表现为感觉、兴趣、意图、信念、理想等各种形式。动机虽说是行为的直接原因,但应指出,推动人的行为的往往不是一种动机,而是几种动机的综合。这种动机的综合被称为“动机系统”,当然,在某一动机系统中有占主导地位的动机。研究人的动机系统及主导动机有助于预测和引导人们的行为活动。

(二) 动机的功能

动机作为行为的直接驱动力,具有三种功能:

1. 始发功能

始发功能即行为的内驱力,这是指由人体基本需求所驱使而产生行为的功能。

2. 导向功能

导向功能又称为选择功能,即动机选择与指导行为的功能。由需求所引起的动机使行为朝着特定方向,选择和决定行为的目标。

3. 强化功能

强化功能是动机使人的行为进一步强化的作用。动机会因良好的行为结果而进一步重复出现,以致得到加强,动机也会因不良的行为结果而受到削弱,使其减少或不再出现。

(三) 动机的分类

人的动机倾向于逐渐发展成一定的驱动力。这些驱动力会影响人们看待工作和处理生活的方式。根据美国学者戴维 · C. 麦克利兰(David C. McClelland)

和约翰·W.纽斯特罗姆(John W. Newstorm)等人的有关理论,以驱动力为研究对象对动机进行分类,人的动机可以分为成就动机、亲和动机、权力动机和能力动机四种。员工在工作中的表现能够反映出其当时的动机,管理者应该仔细观察和分析,并采取相应的管理措施(见表9-1)。

表9-1　员工动机管理分类表

动机分类	工作中的表现	管理措施
成就动机	• 把解决问题视为自身的责任 • 以目标为中心,并制定现实的、可以实现的目标 • 寻求独立、挑战和卓越 • 愿意进行有意义的、适当的冒险 • 渴望获得工作绩效的具体反馈	• 安排超常的、具有挑战性的但通过努力可以完成的工作任务 • 重点对其工作绩效的量进行反馈
亲和动机	• 非常注重和同事之间的关系,希望被他人接受 • 热衷于参加社会活动,同时寻找归属 • 喜欢开发和帮助他人	• 及时对其良好的工作态度和合作精神进行赞扬 • 过分强调社会维度会干扰完成工作的正常程序,应特别注意 • 安排从事培训、招聘等强调关心他人的工作
权力动机	• 希望能控制局势 • 希望能影响和控制其他人 • 喜欢参加能获胜的竞争 • 极力寻求具有权力和地位的职位	• 让其领导和控制团队工作 • 安排参与决策的制定,尤其是与之有关的、影响重大的决策的制定 • 尽量把一个完整的工作任务交给他们去完成,而不是承担其中的一部分
能力动机	• 追求工作熟练,以发展和运用解决问题的能力为荣耀 • 对工作中所遇到的困难努力创新解决 • 从过去的工作经验中受益,持续提高个人能力 • 因高质量地完成工作而感到内心满足、从注意到他们工作的人(如同事、客人和经理)那里获得自尊	• 安排从事与其过去工作经验类似的工作 • 重点对其工作绩效的质进行反馈 • 从培养能力的角度让其承担具有探索性的工作

三、需求、动机和积极性的关系

根据心理学所揭示的理论,当人产生了某种需求而又没有得到满足时,就会产生一种紧张和不安的心理状态。为了缓和这种心理紧张,人就产生了动机,动机推动着人们去寻找、选择目标。在遇到能够满足需要的目标时,这种紧张的心理状态所转化的动机就会推动人们去从事某种活动,向目标前进。当人们顺利达到目标时,紧张的心理状态就会消除,需求得到满足,这时人又会产生新的需求、新的动机,引发新的行为,这样周而复始,往复循环,使人不断向新的目标迈进;如果人们在达到目标的过程中受阻,心理紧张会加重,进而产生新的动机,并调整自己的行为,再一次尝试满足自己的需求(见图9-1)。

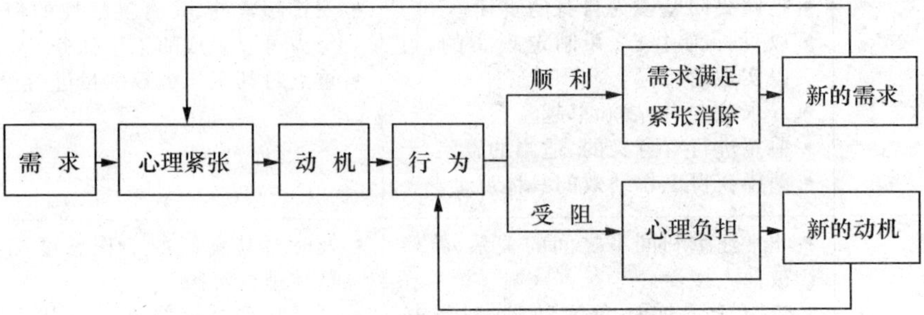

图9-1 需求、动机和积极性的关系模型图

第二节 激励的概念与激励理论

一、激励的概念

在现代管理学中,激励是指为使员工的需求得到满足而激发其个人动机,使之有一股内在的动力,朝着一定的组织目标行动的心理活动过程,简单地说,就是调动人积极性的过程。对管理者而言,在清楚地了解员工个人的需求和动机之后,就有机会引导员工的行为方向,使之与组织的目标相一致,并通过有效的刺激措施,帮助员工通过努力工作去实现这一目标。激励的内涵通常包括以下三个基本要素:

(一)行为动因

在研究激励时首先要意识到,每个人的行为举止和思想活动都含有一种深层次的动因,使人按照某一特定方向或方式行动或思考,在与外界环境力量相结合后,产生某种行为。

(二)行为方向或目标

每个人的行为都具有方向性,但是个人行为目标是否清晰,是否与组织目标相一致,是选择激励措施所必须考虑的。要实现组织的有效激励,不仅要清楚地认识组织的整体目标,而且还要想方设法地将组织的整体目标,分解成对每一位组织成员都具有诱惑力的、个人努力工作的目标。

(三) 行为保持

每个人的行为从启动到发展,直至终结,都受到内在动因与外界环境力量的影响,通过调整由内在动因与外界环境力量所构成的行为导向系统,可以使行为保持或中止。在实际工作中,组织的管理水平是影响员工工作行为最主要的外界环境力量。因此,现代管理理论一致认为,有效地激励员工是企业使员工保持良好绩效的一项非常重要的管理任务。

二、激励管理的前提思想

不论采取什么样的模式或措施激励员工,其前提条件都是基于管理者对员工的一种基本判断,即员工是如何看待所从事的工作,以及员工在工作中行为表现的目标。人性假设理论为激励管理的模式选择提供了一定的理论依据,其中最有代表性的就是X理论、Y理论、超Y理论和社会人假设理论。

(一) X理论—Y理论

美国学者道格拉斯·麦格雷戈(Douglas McGregor)首先提出X理论—Y理论,并认为Y理论比X理论更优越,是管理者应该积极采纳的。

1. X理论对人性的基本判断

(1) 人天生是懒惰的,大多数员工厌恶工作,并总是尽可能地逃避工作。

(2) 个人工作收入比工作性质更加重要。

(3) 很少有员工能够完成那些需要创造性、自立与自控能力的工作。

(4) 人有天生抵抗变革的本能,喜欢一成不变的工作状态。

(5) 人生性自私,总是把个人利益凌驾于集体利益之上。

(6) 只有少数人能够克制自己,这部分人应该担当起管理的责任。

在这种思想的支配下,管理者的主要工作就是严格监督和控制下属,根据员工的工作表现进行惩罚或奖励;企业必须建立详细的工作程序并让员工严格遵守,同时要将工作简化和分解以利于员工学习和掌握。

2. Y理论对人性的基本判断

(1) 人并非天性厌恶工作,员工会把工作看成是生活的一个必要组成部分,很愿意去从事。

(2) 在一定的情况下,一般人不仅愿意承担责任,甚至会设法去寻求责任,逃避责任往往是后天的工作经历所致。

(3) 人并非天性抵制企业的目标,产生这种情况大都是管理者强迫的结果。

(4) 一般人对企业目标的承诺程度,取决于在目标实现之后个人所得到的报酬的多少。

(5) 大多数人都具有想象力、创造力,以及解决工作中具体问题的能力,而这种能力通常只发挥了一小部分。

在这种理论的指导下,管理者的责任是调动员工的工作积极性,引导员工自觉工作,并听取员工对工作计划和安排的不同意见;企业要建立和谐的人际关系,创造一个有助于员工发挥才华的良好氛围,为他们提供富有挑战性或自立自控性质的工作。

(二) 超 Y 理论

约翰·J. 莫尔斯(John J. Morse)和杰伊·W. 洛希(Jay W. Lorscn)在“X 理论—Y 理论”的基础上进一步研究,提出了具有权变思想的超 Y 理论。超 Y 理论对人性的基本判断是:

(1) 人们是抱着各种不同的需求加入企业的。有的人愿意在有严格规章制度的企业中工作;有的人却需要更多的自主权和更多的责任,需要有更多发挥创造力的机会。

(2) 组织形式和管理方法要与工作性质和员工的需求相适应,不同的人对管理方式的要求是不一样的。对上述的第一种人应当以 X 理论为指导来进行管理,而第二种人则应当以 Y 理论为指导来进行管理。

(3) 组织结构和管理层次的划分,员工培训和工作安排,薪酬、控制程度的把握都要从工作性质、工作目标和员工的素质等方面考虑,不可能完全一样。

(4) 一个目标的达成,可以激起员工的胜任感和满足感,使之为达到新的更高的目标而努力。

按照超 Y 理论的观点,在进行人力资源管理活动时要根据不同的情况,采取不同的管理模式和方法。

(三) 社会人假设理论

美国学者埃德加·H. 施恩(Edgar H. Schein)在乔治·E. 梅奥(George E. Mayo)等人的研究基础上提出的“社会人假设理论”,对人性的基本判断是:

(1) 人们工作的主要动机是社会需要,人们要求有一个良好的工作氛围,要求与同事建立良好的人际关系。

(2) 非正式组织有利于满足人们的社会需要,因此非正式组织的社会影响比正式组织的经济诱因对人有更大的影响力。

(3) 信任员工可以使其坦率和诚实地对待工作和他人,忠实于企业,关心企业劳动生产率的提高。

按照“社会人假设理论”，员工管理的重点就是要营造和谐融洽的人际关系，培养员工的归属感和成就欲。

三、内容型激励理论

内容型激励理论所解释的是“为什么”有人会被激发去从事某些活动，例如一个人被激发去工作可能是因为他需要挣钱去购买住房，也可能是为了子女接受高质量的教育，还有可能是为了证明自己的工作能力等，这种理论认为激发需求是激励的主要问题，所以应该以需求、动机等心理内容为研究重点。

（一）需求层次理论

美国心理学家亚伯拉罕·H. 马斯洛（Abraham H. Maslow）提出的“需求层次理论”，是试图揭示需求规律的主要理论。

马斯洛将人类行为的动力从理论上和原则上进行系统化的整理，提出了人类需求的层次学说。他把人的需求分为五个基本层次，即生理需求、安全需求、社交需求、尊重需求和自我实现需求（如图 9-2 所示）。

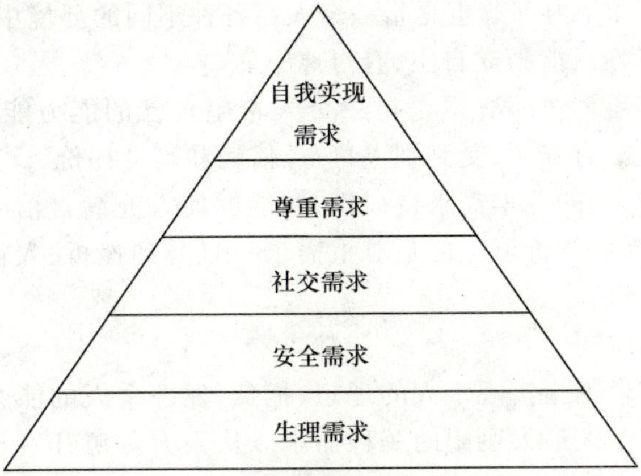

图 9-2　马斯洛的需求层次排序

1. 生理需求

这是人类最基本、最强烈、最明智、最原始的一种需求，包括对食物、水、氧气、睡眠、住所、性行为等人类生存和种族延续所必需的各种需求。这些需求如果不能得到满足，人类的生存就成了问题。

2. 安全需求

当生理需求基本上得到满足之后，安全需求就上升到主要的位置。安全需求主要是指人们要求使已得到的生理需求具有保障；例如，摆脱失业的威胁，在将来年老或生病时有足够的保障,要求避免职业病的侵袭,希望解除严格的监督等。

3. 社交需求

社交需求,通常包括友谊和归属两部分内容。

(1) 友谊。人们都希望朋友之间、同事之间的关系融洽或保持友谊和忠诚,并希望在生活中得到爱情。

(2) 归属。人们都有一种归属感,有一种要求归属于一个组织或群体的感情,希望成为其中的一员,并与成员们相互关心和照顾。

社交需求的产生比生理需求和安全需求要复杂得多,它与一个人的生理特性、经历、教育、宗教信仰都有关系。

4. 尊重需求

尊重需求是指在以上需求基本上得到满足的前提下,人们希望自己有稳定的社会地位,有追求名利的欲望,要求个人能力、成就得到社会的承认等。尊重需求可以分为内部尊重和外部尊重。

(1) 内部尊重。内部尊重是指一个人在各种不同的环境中,自己有实力、能接受挑战、充满信心,能独立自主,有自尊心。

(2) 外部尊重。外部尊重是指一个人希望自己的能力能被其他人广泛认可,即希望有地位、有威望、受到别人尊重、信赖和高度评价。

马斯洛认为,人的尊重需求得以满足,能够使人充满自信心,对社会满腔热情,体会到自己人生的价值。但是尊重需求一旦受到挫折,人往往会变得自卑、脆弱,容易失去自信心。

5. 自我实现需求

自我实现需求是指实现个人的理想、抱负,发挥个人的能力于极限的需求,是人们努力实现个人最大愿望的一种需求。从人力资源开发与管理的角度讲,帮助员工实现自我,意味着必须做到人尽其才,达到人与职位或工作的最佳组合。为满足自我实现的需求而采取的途径是因人而异的。

马斯洛认为,上述五种基本需求是按次序逐级上升的,当下一级需求获得基本满足以后,追求上一级的需求就成了行为的驱动力;但这种需求层次逐级上升并不是遵循"一种需求 100% 的满足后,另一种需求才会出现"这一规律。事实上,在今天社会生活中大多数人在正常情况下,他们的每种需求都是只有部分得到满足,而另一部分得不到满足。

马斯洛把五种基本需求进一步归纳为高层次需求和低层次需求两类,其中生理需求、安全需求、社交需求属于低层次需求,这些需求通过外部条件使人得到满足,如借助于工资收入满足生理需求;借助于法律制度满足安全需求;借助于组织满足社交需求等。尊重需求、自我实现需求是高层次的需求,它是从个人内心使人得到满足的,而且一个人对尊重和自我实现的需求是永远不会感到完全满足的。因此,通过满足员工的高层次需求来调动工作积极性,具有更稳定、更持久的力量。

马斯洛指出,对于大多数人而言,需求层次的内容是一个固定的系列,但是有七种人例外:

- 有些人把自尊看成比爱更重要。这种人自高自大,想突出自己。
- 具有天赋创造性的人,其创造性的驱动力似乎比其他相对的决定因素更为重要。这种人尽管有时缺乏基本需求的满足,但仍有创造性。
- 有些人的抱负水平可能永远压抑或低下。例如长期失业的人,只要能在有生之年得到足够的食物,他们就会心满意足。
- 病态人格的人会永远丧失"爱"的需求,这些人在他们生命的最初岁月中就已缺乏爱,因而永远丧失了给予和接受感情的愿望和能力。
- 有些某种需求长期得到满足的人,反而会对这种需求的价值估计不足。例如,一个从未经历过长期饥饿的人,容易低估饥饿的效应,而把食物看做是很不重要的东西。这种人为了追求较高层次的需求,会漠视自己低层次需求的存在,但低层次需求被长期剥夺后,他又会放弃高层次需求而追求低层次的需求。
- 有些人受许多其他因素的影响,不按自己的需求和愿望行事。
- 有远大理想和崇高社会责任感的人,为了追求真理、实现理想,可以牺牲个人的一切。

(二) ERG 理论

美国学者克莱顿·奥尔德弗(Clayton Alderfer)对马斯洛的需求层次理论进行修正后,认为人的需求主要有三种:生存需求(existence)、关系需求(relatedness)和成长需求(growth)。由于这三个英文单词的第一个字母分别是E、R、G,因此又被称为ERG理论。

1. 生存需求

生存需求是人类最基本的需求,包括生理上和物质上的需求,这类需求相当于马斯洛提出的生理需求和安全需求。

2. 关系需求

关系需求指与他人进行交往和联系的需求,这相当于需求层次理论中的社交需求和尊重需求中的他人尊重部分。

3. 成长需求

成长需求指人们希望在事业上有所成就、在能力上有所提高，不断发展、完善自己的需求，这可以与需求层次理论中的自我实现需求以及尊重需求中的自我尊重部分相对应。

ERG 理论的创新点在于：第一，ERG 理论认为各个层次的需求得到的满足越少，人们就越希望满足这种需求；较低层次的需求越是得到较多的满足，就越渴望得到较高层次的需求。

第二，奥尔德弗指出可以同时有两种或两种以上需求占主导地位。例如，人们可以同时被对金钱的欲望（生存需求）、友情（关系需求）和学习新技能的机会（成长需求）所激励。

第三，ERG 理论有"挫折—倒退"的机制。如果需求迟迟不能满足，个体会感受到挫折，退回较低的层次，并对较低层次的需求有更强烈的欲望。例如，以前由金钱（生存需求）激励的员工可能获得了一次加薪，从而满足了这方面的需求。假定他接下来试图建立友情，以满足关系需求。如果由于某些原因他发现不可能与工作中的其他同事成为好朋友，他可能遭受挫折并且退缩，进而会去争取更多的金钱来满足自己的生存需求。

此外，ERG 理论还指出，人们所有的需求并不都是天生就有的，有些需求是经过后天学习和培养得到的，尤其是较高层次的需求。

（三）双因素理论

美国学者弗雷德里克·赫茨伯格（Frederick Herzberg）提出的"双因素理论"认为，使员工满意与不满意的因素是两类不同性质的事物。传统观点认为同一事物既可以引起满意，又可以引起不满意。赫茨伯格却认为，一种事物当它存在时可以引起满意，当它缺乏时，不是导致不满意而是导致"没有满意"；另一类事物，当它存在时，人们并不觉得满意，而是"没有不满意"，当缺乏它时，会引起不满意。这两类事物，第一类称为激励因素，第二类称为保健因素。因此，赫茨伯格的这一理论称为"激励因素、保健因素理论"，简称为"双因素理论"。

赫茨伯格认为，"满意的对立面是不满意"的观点是不正确的；事实上满意的对立面是没有满意，不满意的对立面是没有不满意（如图 9-3 所示）。

1. 激励因素

激励因素，是指能够激发人工作的积极性和创造性的因素。只有这些因素具备，才能真正激发起员工的工作动机。这些因素通常包括：工作中的成就感、工作成绩能够得到承认、工作本身富有挑战性、职务上的责任感以及个人事业发展的可能性。

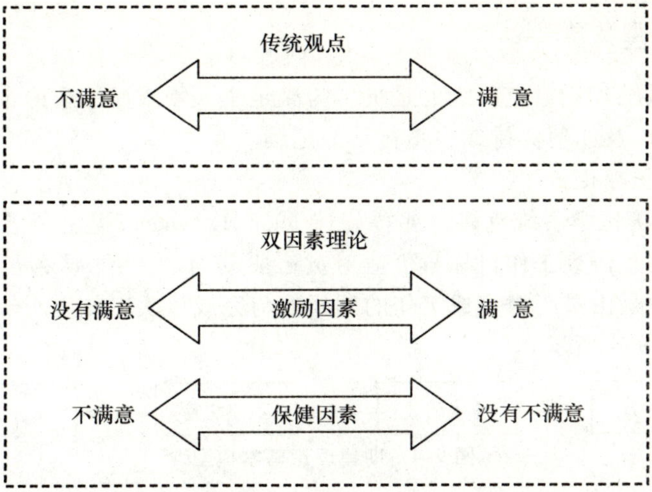

图 9-3 双因素理论与传统观点比较示意图

2. 保健因素

工作中的保健因素通常包括：薪酬、人际关系、劳动环境、行政管理、福利政策以及工作安全等。如果员工在工作中缺乏保健因素，则有碍于员工的身心健康。保健虽起不了治疗作用，但却有预防作用。当保健因素中的任何一项使员工无法接受时，消极情绪及对工作的不满意就会油然而生。通常，员工的消极情绪往往通过以下几个方面表现出来：大量的违纪情况的出现、效率极低、人浮于事或消极怠工、缺勤率上升、懒散现象严重、员工对工作缺乏兴趣、请病假人数明显增多、人员流动率高、经常发生争吵与内讧等。但是，保健因素具备后，并不意味着员工对本职工作就一定抱有积极的态度，这一点与数学中的“必要条件”十分相似，保健因素对员工满意程度的作用是“有之未必然，无之必不然”。

双因素理论与马斯洛的需求层次理论在很大程度上是非常接近的，例如，被赫茨伯格定义的激励因素，与马斯洛的尊重需求和自我实现的需求同属一类。赫茨伯格还指出满足较低层次的需求只能防止员工对工作的不满，而要达到真正的满意，就必须帮助员工实现其较高层次的需求。

（四）成就需求理论

美国学者戴维·C. 麦克利兰在对人的个性需求进行研究后，提出人的需求是不断发展的，因此，当人与周围环境相互影响、相互作用时，他们需要一些因素的鼓舞，这些因素主要包括成就、权力和亲和。关于成就需求理论的主要思想，已经在本章第一节中关于“动机的分类”部分进行了阐述，请参阅。

四、过程型激励理论

过程型激励理论重点研究的是员工为满足个人需求而采取的行动是如何产生和发展的，以及如何保持或中止行动的延续。

（一）期望理论

1964 年，美国学者维克多·弗鲁姆（Victor H. Vroom）提出了著名的期望理论。该理论侧重研究工作目标与价值对员工驱动力的关系，认为员工工作的积极性或驱动力是由员工对完成工作的期望值与完成该次工作后所带来的价值来决定的（如图 9-4 所示）。

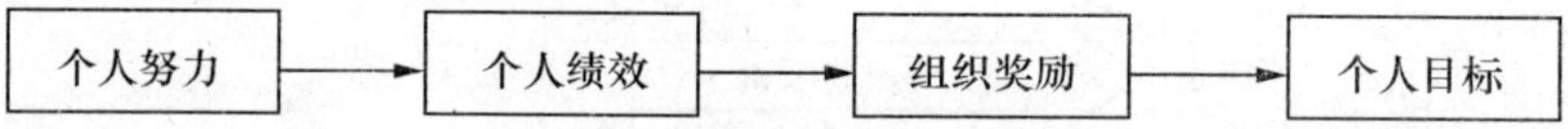

图 9-4　期望理论基本模型

期望理论用公式表达如下：

$$F = \sum (E_{ij} V_j)$$

其中，F：激力值；E：期望值（i 指努力程度，j 指达到目标的程度）；V：实现目标后的效价。

这一公式可以作如下解释：激力值是指调动一个人积极性和创造性、激发人内在潜力的程度；期望值是指人付出 i 程度努力而达到 j 程度目标的可能性；效价是指达到目标后对于满足个人需要的价值。

期望理论认为：员工能否被激励主要取决于两个期望和一个效价，期望是指某些事件将要发生的概率，效价则是指一个选定的价值，即某事物在员工心目中价值的大小。

（1）期望一：员工对将付出的努力程度与所能取得的工作绩效之间的概率的判断。只有当员工认为他只要付出适当的努力就能取得他预期高水平的工作成绩时，激励才能奏效。即目标实现的概率越高，激励效果就越好。

（2）期望二：员工把取得工作绩效的大小与所获得奖酬的高低相联系而进行的比较判断。有效的激励只有在员工坚信他们的工作成绩会使他们获得很高程度的奖励或回报时，才会出现。

（3）效价：这里是指人们对奖酬或回报的感兴趣程度。这意味着员工只有在发现奖励内容正是他所渴求的目标时，才会尽最大努力去工作，以实现愿望，这时激励的效果最好。

（二）公平理论

公平理论是美国心理学家 J. S. 亚当斯（J. S. Adams）在 20 世纪 60 年代中期

提出来的。这一理论认为,人们在工作所得到的酬劳与他们所取得的工作绩效之间寻求一种社会公平,公平理论是建立在“公平”对人的激励的基础上的一种过程激励理论。公平理论研究的领域主要涉及员工薪酬的公平性与合理性对员工工作行为的影响,这一理论的主要思想已经在本书第七章第一节关于“薪酬的意义”部分进行了阐述,请参阅。

五、其他激励理论

(一) 强化理论

强化理论是美国学者 B. F. 斯金纳(B. F. Skinner)等人在巴甫洛夫条件反射理论和华生的行为主义基础上提出来的,他们认为,人为了达到某种目的,本身就会采取行动作用于环境,如自卫等;又因为人们都是从尝试和成败中吸取经验和教训的,所以积极或消极的结果都会对人们的行为产生影响。如果行为的结果是积极的,人们就会继续重复这种行为;如果行为的结果是消极的,人们就将避免或停止这种行为。

1. 强化的方式

强化理论认为人的行为是可以塑造的。具体地讲,人的行为可以通过内部和外部因素,而使之重新塑造、成形和改变。强化的方式包括以下四种类型:

(1) 积极强化,就是用某种对员工有吸引力的奖励(包括表扬、奖金、晋升等)来表示对某一行为的肯定,以起到引导和加强的作用。

(2) 消极强化,就是通过设置一系列的障碍,阻止员工某种行为的达成。

(3) 惩罚,指当某种不符合要求的行为发生后,给予相应的处罚和惩戒,以这种刺激表示对这种行为的否定,从而减少或阻止这种行为在以后的出现。

(4) 自然退化,指撤销对原来可以接受的行为的强化,由于一段时间内连续的不强化,该行为逐渐降低了重复发生的频率,甚至最终消失。

2. 强化的频次

(1) 连续强化,指在每次行为发生之后都进行强化。

(2) 间隔强化,指间隔性地进行强化,其中包括固定间隔、固定比率、可变间隔和可变比率四种情况。固定间隔指在固定的一段时间后给予强化;固定比率指在可确定数量的行为发生后给予强化;可变间隔指给予强化的时间间隔是变动的,但时间的长短围绕一个平均数变动;可变比率指在一定数量的行为发生后给予强化,这一数量虽然不是确定的,但围绕某个确定的数值变动。

(二) 目标管理理论

目标管理理论是由美国著名管理学大师杜拉克最先提出的,所谓目标管理就是为了实现企业的总体目标,制定目标体系,发挥企业管理者与全体员工的主动性与创造性,采取经过适当授权的“自主管理”或“自我控制”方法的一种管理方式。

目标管理理论认为,激励的效果主要取决于目标的明确度和目标的难度这两个因素。目标的明确度是指目标能够准确衡量的程度,目标的难度则是指实现目标的难易程度。一般来讲,有目标的任务比没有目标的任务要好;有具体目标的任务比只有笼统目标的任务要好;有一定难度但经过努力能够实现目标的任务比没有难度或者难度过大的任务要好。目标管理理论发挥作用的一个必要前提就是,员工必须承认并接受具体的目标。

六、主要激励理论在旅游企业员工激励中的运用

(一) 需求层次理论在旅游企业员工激励中的运用

需求层次理论的应用是针对具有不同需求层次的员工,采取不同的手段进行激励。例如,对于基层员工的生理需求,旅游企业要做到准时发放工资、不断改善工作条件等;在安全层次方面,旅游企业不仅要保障员工工作安全,而且还要依法签订劳动合同、足额交纳社会保险。

1. 解决员工对工作缺乏稳定感的问题

在我国的旅游行业,员工对工作缺乏稳定感是一个突出的问题。工作的稳定感具有双重效应:一方面是如果旅游企业的经营管理对员工的工作稳定感威胁太大,会使其无法安心本职工作;另一方面如果员工感到绝对没有来自工作稳定性的威胁,他们往往会产生懈怠情绪,工作上缺乏动力。就我国旅游企业人力资源管理现状来看,对员工工作稳定感威胁过大的主要方面,表现在员工年龄和管理制度上。

(1) 年轻化压力

旅游企业的工作特点决定了其基层员工必须年轻化,尤其是饭店前台、餐厅、客房部和旅行社,对服务员、导游员等一线员工的年龄要求比较苛刻。一般年轻人在旅游企业只能工作几年,合同期满后,除极少数人晋升或被吸收到二线从事辅助性工作外,绝大部分被灵活的用工制度推向社会。由于职业缺乏稳定感,旅游企业的基层员工普遍存在着混几年再说的短期行为,这在客观上导致他们在工作上缺乏服务热情,工作表现更难以与企业的服务宗旨和经营目标保持一致。

事实上,旅游企业应该正视员工的年龄问题。在我国劳动力过剩的情况下,难免使一些旅游企业对服务人员过于注意外表与年龄,而忽视员工的内在素质

和员工的长远利益。但是，如果综合考虑培训费用、人事工作支出和服务质量，那么尽量延长员工在旅游企业工作的年限，甚至逐步使用中年服务人员，也能获得理想的服务效果；此外，还可以拓展旅游企业的业务范围，如饭店的洗衣房可以考虑承接外来洗涤业务，吸纳和消化那些年龄已不适合在一线工作的员工。

(2) 惩罚从严的压力

在一些旅游企业，管理制度严密，惩罚制度使用过多，动不动就用开除来威胁员工，使员工的危机感超过了稳定感。例如，有的旅游企业甚至规定员工迟到两次者开除，给员工造成了极大的心理压力。当然，严格管理，奖惩严明，有利于企业的正常运转和保证高水平的服务质量。但是，如果威胁过大，就会给员工造成逆反心理和出现短期行为。长远来看，不利于旅游企业的管理工作。因此，惩罚手段应该适度。

2. 改善管理层次和管理方式，使员工的自尊感得到满足

以国内的中高档饭店为例，其组织机构设置通常借鉴国外饭店的管理模式，使得饭店分工明确、层次分明、逐级管理、组织严密。但是，这些科学的组织方法必须辅之以科学的管理手段，在一些由外方负责主要管理工作的饭店，职位的差别、收入的差别以及中西方思想意识的差别等使得饭店管理形成"一级管一级，不可越级管理，有问题不能越级汇报"的局面，阻碍了员工与上级管理者的思想沟通，使普通员工甚至中低级管理人员产生了一种被排斥在饭店经营管理活动之外的疏远感和受人摆布的雇佣感，他们感到在饭店工作有强大的心理压抑，从而漠视饭店的发展。因此，国内的旅游企业不仅要在形式上采纳西方管理模式，更重要的是应该认真学习西方企业"以人为本"的人力资源开发与管理思想，以获得理想的管理效果。

(二) 双因素理论在旅游企业员工激励中的运用

1. 工作丰富化

工作丰富化是根据双因素理论提出的一种新的劳动组织形式。这种劳动组织形式的核心内容是让员工参加工作的计划和流程设计，并在工作中及时得到信息反馈，从而自我评估和修正自己的工作，使员工对工作本身产生兴趣，并获得责任感和成就感。工作丰富化试图通过赋予员工更多的控制权、责任和自由决定权，来增加工作的深度，因此又被称为"纵向工作扩张"。

旅游企业的绝大多数服务性工作都是简单而重复的体力劳动，容易使员工产生厌恶感，失去工作兴趣和积极性。采取工作丰富化，旅游企业可以在服务方式和流程方面广泛接受员工的建议，并尝试采用多种服务形式来提高员工的工作兴趣和成就感，从而激发员工的积极性。例如，饭店餐饮部可以从厨师中选拔

人员,参与到食品原材料的采购和库存管理中,使其工作内容在饭店整个餐饮生产链中前移,以激发员工的工作兴趣。

2. 工作扩大化

工作扩大化是指在横向水平上增加员工工作任务的数目或变化性,使工作多样化,以减少工作单调乏味而造成的员工满意度降低。由此可见,工作扩大化是属于双因素理论中的保健因素,其激励效果并不明显。

工作扩大化是要让员工增加所从事的工作种类,掌握承担几项工作的技能,以增加其对工作的兴趣。因此,工作扩大化一方面可以提高工作效率,另一方面可以改善员工的工作满意度。对于旅游企业而言,可以通过这种工作调换,丰富员工的工作技能,做到“一专多能”,在某一岗位出现劳动力紧张时,可以迅速在旅游企业内部进行调剂、增补,从而降低劳动成本。

工作扩大化主要适用于同一部门的不同班组或不同职位之间的变动。有时也可以在部门之间进行工种的变换。尽管工作扩大化有时会给服务质量带来一定程度的不良影响,但是员工积极性的提高,以及一专多能所创造的效益是能够弥补这些损失的。

(三)期望理论在旅游企业员工激励中的运用

根据人的期望模式,旅游企业为了有效激发员工的工作动机,需要处理好以下三个方面的关系:

1. 努力与绩效之间的关系

员工总是想通过努力达到一定的目标,取得绩效。在工作中,如果他们认为工作目标实现的可能性很大,就会有信心、决心,就会激发起强大的力量。但是,如果他们认为目标高不可攀、可望而不可即或者目标太低、唾手可得,就会鼓不起干劲,失去内在的动力。因此,旅游企业在制定工作定额时,要根据员工工作的基本情况,经过仔细分析、研究来确定,决不可想当然,目标过高或过低都会使员工工作失去内驱力。

2. 绩效与奖励之间的关系

员工在实现目标之后,都期望达到预期的目的即得到适当的、合理的奖励。奖励的形式可以是奖金、晋升、表扬、看到自己的工作成绩、得到同事的信任、提高个人威望等。如果员工作出贡献之后,没有得到相应的奖励,那么积极性就会降低,内驱力的作用就会削弱甚至消失。反之,员工得到了合理且及时的奖励,其积极的行为就得以维持和发展。因此,旅游企业凡制定了工作指标,就必须在员工完成该项目标后及时落实激励措施。

3. 奖励与效价之间的关系

员工之间在年龄、性别、资历、社会地位、经济条件等方面存在着差别,反映在需求上有明显的个体差异。因此,对待同一种奖励形式,员工所体验的效价是不一样的。为了提高奖励的效价,使其对员工产生强大的吸引力,要根据员工的需求,采取多种奖励形式,才能最大限度地挖掘员工的潜力。

例如,某五星级饭店在业务旺季为了进一步提高服务质量而采取评选“微笑大使”暨优秀服务员的活动。管理者在员工大会上宣布:根据两个月的服务工作表现,评选出10位优秀服务员,奖励这些服务员“东南亚7日游”。表9-2是客房部三位服务员的心理调查结果:

表9-2 评选“优秀服务员”活动,员工心理调查统计

	甲	乙	丙
对获得“优秀服务员”的可能性估评(取值:0—1)	0.2	0.5	0.9
取得“优秀服务员”称号的重要性(取值:0—5)	5	3	5
本次奖励方式是否值得(取值:0—5)	4	5	3
本次奖励对自己未来发展的影响(取值:0—5)	3	4	2
结果	0.2×5×4×3=12	0.5×3×5×4=30	0.9×5×3×2=27

从表9-2中的三个结果得分可以看出上述活动对员工激励的不同作用。其中,甲认为获胜的可能性很小,尽管获奖后对其很重要,但最终还是会放弃努力;乙认为通过努力有可能获得“优秀服务员”称号,同时这些获奖对其至关重要,其动力最大。丙认为获得“优秀服务员”称号唾手可得,也很重要,但是考虑其他影响,所以动力不大。

(四)目标管理在旅游企业员工激励中的运用

目标管理就是企业运用所制定的目标来调动员工的积极性。目标设置对于一个企业来说至关重要,因为它不仅是一个企业在一定时期所要完成的任务,而且决定着企业在一定时期的发展方向。

1. 目标设置的标准

(1) 具体性,是指设置的目标具有可衡量性,一个具体的目标不仅可以为个人提供一种实现目标以后的满足感,而且也能够为组织衡量其成员的工作绩效提供一个标准。目标设置得是否具体,所产生的行为效果是不相同的。例如,如果某饭店餐饮部月度的经营目标是增加销售和利润,那么具体目标可以定为“宴会销售额提高5%,酒水毛利率保持30%,总销售额提高10%”。

(2) 挑战性,是指实现设置目标需要努力的程度。人们普遍都有一种自我实现的要求,追求较高的目标往往是每个人的理想和抱负,当目标设置难度大,以至于对个人来说具有挑战性时,就有可能产生较高水平的激励效果和绩效,相反,如果目标设置得过低,不仅使组织失去了本可达到更高目标的可能,而且还会降低目标对员工的激励作用,使人们简单地按容易实现目标的节奏工作。

(3) 认同性,是指设置的目标要使员工得以接受并转化为自己的目标。目标的实现单靠管理者的努力是不行的,而是要靠全体员工的共同努力。目标能否实现,关系到每个组织成员的切身利益,因此,在设置目标的过程中,必须认真听取他们的意见,并把他们吸收到目标设置的活动当中去,这样有利于激发全体员工关心和支持组织发展的热情,自觉地把组织的目标贯彻到自己的行为中去。此外,管理者对设置的目标要有足够的信心和勇气,并敢于承担责任。

2. 目标设置的方法

目标管理理论的最大启示是,管理者应帮助下属设立具体的、有相当难度的目标,使下属认同并转化成他们自己的目标。除此之外,组织管理者在制定目标的过程中,还需注意和掌握以下三个方面的问题:

(1) 注意总体目标和阶段目标的结合,远期目标和近期目标的结合。为了保证旅游企业总体目标或远期目标的实现,在管理实践中,可以将总体目标或远期目标划分成若干个阶段目标或近期性的小目标来进行。这样做,第一,可充分调动组织成员的积极性,具体说来就是通过"大目标、小步子"的方式,使员工每完成一个小目标,都感到与大目标的实现接近了一步,从而在心理上感到满足,受到鼓舞;第二,可以促进总体目标或远期目标的稳步实现。

(2) 目标的设置必须注意目标的可度量性与不可度量性的结合。设置的目标要具体,同时找到一种有意义的和有效的目标衡量手段是非常重要的,这种目标衡量手段可以作为实现目标的指示器。一个科学合理的目标,其完整的内容应是可度量性与不可度量性两方面的结合。例如,某饭店提出通过提高顾客满意度,使客房的平均出租率提高15%,达到90%。显然,后者的数字化指标是可度量的,而前者顾客满意度则是难以准确度量的。

(3) 目标必须与员工的现实需求相联系。目标的形成过程是人们产生需求、诱发动机进而导致行为的整个过程。在目标实现的过程中,最好是员工的物质需求与精神需求同时得到满足,这样才能够起到激发员工积极性的作用;反之,如果设置的目标不能在一定程度上为员工带来需求的满足,这种目标注定是不能实现的。

(五) 强化理论在旅游企业员工激励中的运用

1. 依靠正强化手段,调整员工工作情绪

学习和使用正强化手段是旅游企业管理者必须掌握的人力资源管理方法之一。旅游服务工作的质量与数量并不像工厂的产品质量与数量那样易于检查和掌握,特别是服务质量,往往是由接受者即顾客的心理感受来确定的,而员工在工作中所表现出的服务质量又与其个人情绪和自信心有很大关系。员工的心境与情绪、服务意识与能力、自信心的培养等都需要管理者采用正强化的手段进行管理,即在日常工作中及时发现员工的优点、长处和成绩,适时地加以赞美、表扬和奖励。对员工的工作表现经常采取正强化,不仅能够收到较好的管理效果,而且还有利于树立管理者的威信。

2. 采用负强化手段,思想、行为双重制约

对员工不良的工作表现,管理者采取批评、指责和处罚等负强化手段,需要注意的是要让员工认识到惩罚并不是因为管理者对其个人有偏见,而是作为执行企业规章制度的一种选择,管理人员仅仅是在履行这一职责。同时,在行使惩罚促使员工行为转变的过程中,还要争取员工思想方面的接受,即实现双重制约。所谓双重制约是指要想改变员工的行为,就必须从员工的思想根源入手,使其意识到行为的不良后果,在管理者的帮助下逐步改变不良的行为方式。

第三节 旅游企业员工激励管理的实践

一、合理控制员工工作压力

压力是常见的社会心理现象,实质上是指个体在环境中受到各种刺激因素的影响而产生的情绪和身体上的异常反应。当压力发生在工作场所时称为工作压力,它是工作中个人处理问题的能力与意识到的工作要求之间不相称时,与工作相关的不良刺激对个体所引起的负性主观体验和心理、生理反应。

(一) 工作压力与工作绩效之间的关系

工作压力和工作绩效之间的关系可以用倒 U 形曲线形象地表示出来(见图 9-5)。压力在一个最适宜的程度时会导致绩效提高;工作压力过小或过大时,工作绩效都较低。压力较小时,人处于松懈状态之中,工作绩效自然不高;当压力逐渐增大时,压力成为一种动力,它会激励人们努力工作,工作绩效将逐步提高;当压力达到人的最大承受能力时,人的工作绩效达到最大值;但压力超过了人的最大承受能力之后,压力就成为阻力,工作绩效也就随之降低。因此,工作压力

对绩效的影响要一分为二地看待，应找到这个最佳点，并以此为标准，当工作压力较小时应适当增加压力，当工作压力较大时应缓解压力。

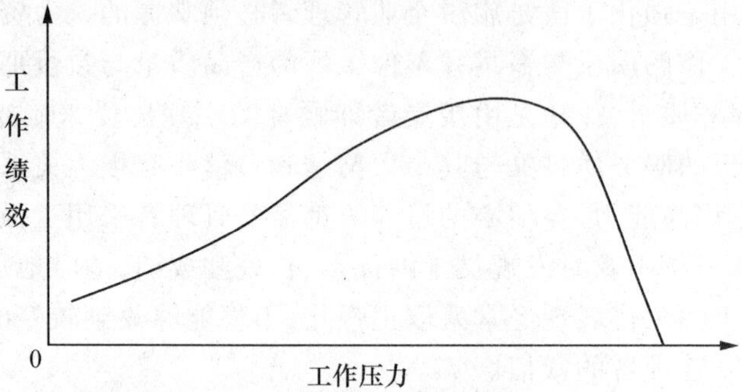

图 9-5　工作压力与工作绩效关系图

（二）工作压力管理

工作压力问题，是在工作环境中，使工作行为受到逼迫与威胁的压力源长期持续地作用于个体，在个体的主体特性及应对行为的影响下所产生的一系列生理、心理和行为反应的系统过程；工作压力可能导致员工积极的或消极的不同工作状态，并最终影响组织绩效。

对于组织管理而言，压力管理工作的有效开展必须包含组织管理维度和员工个体管理维度两个方面的内容。组织维度的压力管理，主要是工作压力结构系统的调整和优化管理，工作压力生成系统的控制管理，压力承受系统的改进管理，人力资源管理层面的各种压力管理机制的建立和完善。压力管理的组织维度为组织的压力管理提供了框架性和程序性的内容，是进行压力管理的制度保障。个体维度的压力管理表现为组织帮助员工更好地应对压力、战胜压力，缓解过高的工作压力带来的对个体身心的伤害。

对于个人管理而言，养成良好的工作习惯，有效地管理时间，正确地解决工作中遇到的危机，构建个人在组织中良好的人际关系，化解工作与家庭的冲突压力，同时加强自我身心的放松修炼等措施，都有利于员工个人更好地应对压力，缓解过高的工作压力给身心带来的影响。

（三）旅游企业员工工作压力原因分析

旅游业作为一个劳动密集型行业，吸纳的员工不仅数量多，而且层次复杂；由于种种原因，员工的流动率也较大。而导致员工流动率大的原因之一，是员工承受着来自于多方面的压力，员工除了受到来自于生活、社会的压力外，作为服务的主体，其主要压力来自于工作。影响旅游企业员工工作压力的因素，主要表现为以下五个方面：

1. 角色模糊

所谓角色,是指一个人在与他人交往时所期望的行为模式。一个人的角色反映了其在社会系统中的地位以及相应的权利、义务和责任。工作中的角色模糊,是指员工对自己的工作职责、工作权限的权利与义务不清楚。具体地讲,就是:

(1) 一些旅游企业职位设置混乱,职责不清,这就容易造成员工角色不明确、多角色矛盾和负担过重;此外,在工作中接受多头领导,也会使得员工在工作中茫然慌乱,无所适从,工作压力增加。

(2) 员工个人的职业生涯发展不畅。员工在旅游企业工作,不仅是为了得到金钱和物质方面的回报,同时也期望个人的能力和价值能够随着企业的发展而提高和实现。如果员工的职业目标不明确、职业生涯停滞不前、感到工作的社会价值和社会地位比较低或者担心工作不稳定,都会导致过重的心理负担,加大工作压力。

2. 角色冲突

所谓角色冲突,是指员工可能同时承担相互矛盾或冲突的工作职责,以致相互干扰和妨碍。这种冲突使得员工如果不拒绝某一方的要求,就很难满足另一方的期望。例如,某旅行社的总经理得知,计调部和财务部经理都要求他把编制预算的职能分派到他们自己的部门,此时总经理便面临着角色冲突。具体地讲,就是:

(1) 工作中人际关系出现问题。人是在群体的相互协作和相互影响中工作的,如果脱离了同事或失去了同事的支持,便会觉得孤独,并需要独自承受巨大的工作压力。这里的同事包括上级、同级和下级。

(2) 工作任务设计不合理。这包括确定工作任务时考虑不充分、工作任务不确定、工作单一或多变、工作无意义或易使人烦躁、员工工作技术不熟练等。

3. 角色过载

所谓角色过载,是指员工承担的工作超过了其能力所能负担的极限。具体地讲,就是:

(1) 工作时间安排不科学,包括轮班工作的随意性、工作时间不灵活、工作时间长短不可预知等都会给员工造成比较大的压力。

(2) 工作量和工作速度要求不科学。工作量过重或者工作速度"超限"都会造成工作压力过大,只能迫使员工延长工作时间,加班加点,或者敷衍了事,降低工作质量,这不仅会损害员工的身心健康,也会影响旅游企业的经济效益。

4. 缺乏控制感

所谓控制感,是指员工对工作的自主权限和参与决策的程度的主观感觉。当员工的工作能力不够满足工作所赋予的自由度和控制度时,员工在工作中就会感到缺乏参与感,做决定时优柔寡断或者觉得自己控制不了工作,从而造成不必要的工作压力。

5. 缺乏社会支持感

所谓社会支持感,是指员工所知觉到的从企业、社会和家庭获得的支持和帮助。当工作需求与家庭需求之间产生矛盾时,如果自己的工作得不到家庭成员的支持和尊重,这种影响就会映射到工作中,产生不良的压力。

(四) 从生理和心理方面减轻员工工作压力的措施

1. 为员工提供压力管理的信息和知识

旅游企业可以为员工订阅有关保持心理健康的报纸、杂志,供员工免费阅读。这也能体现企业对员工成长与健康的真正关心,使员工感受到来自企业的关怀与尊重,从而转化为一种有效的激励,激发员工提高个人绩效进而提高整个组织的绩效。

旅游企业还可以开设宣传专栏,普及心理保健知识,有条件的企业还可以开设有关压力管理的课程,告知员工诸如压力的严重后果(如疾病、工作中死亡、事故受伤、医疗花费、生产率下降而造成潜在收入损失等)、压力的早期预警信号(生理症状、情绪症状、行为症状、精神症状)、压力的自我调适方法(如健康食谱、有规律地锻炼身体、学着放松和睡个好觉、发展个人兴趣爱好)等,让员工筑起"心理免疫"的堤坝,增强心理"抗震"能力。

2. 向员工提供保健或健康项目,鼓励员工养成健康的生活方式

有条件的旅游企业可以建立专门的员工健身室,向员工提供各种锻炼、放松设备,让员工免费使用。健身、运动不仅可以保持员工的生理健康(这也是心理健康的基础),而且还可以使员工的工作压力很大程度上得到释放和宣泄。

3. 提供免费心理咨询

心理咨询在为员工提供精神支持与心理辅导、帮助其提高社会适应能力、缓解心理压力、保持心理健康方面是一种十分有效的科学方法。工作压力大的旅游企业可以考虑聘请资深专业人士作为心理咨询员,免费向承受较大压力的员工提供心理咨询。心理咨询可以帮助员工处理特殊的人际关系或与工作相关的问题,提高员工的抗压能力。

二、挖掘员工可激励因素

激励的效果取决于激励的手段和激励的对象这两个基本的要素。因此,研究和寻找有效的激励手段之前,首先要真正地了解被激励的员工。

(一) 认识员工

对于旅游企业管理者来说,认识自己所管辖的员工似乎并不是一件难事,每日打交道,都已十分熟悉。但是,作为管理者,不能将认识员工仅仅停留在表面上,要想管理好员工,有效激发员工的积极性,就必须深入了解员工的心理需求。

认识员工的最佳方法是观察员工。观察其工作情况、对管理者的态度、对同事的态度和与同事的关系、对顾客的态度和与顾客的关系、提出的问题、其动作和反应、在讲话及听讲时的表情;什么事情使其高兴、什么事情使其沮丧,在短暂的接触中其谈话内容是什么。根据这些观察,管理者要发掘员工的真正需求、动机和目前的状况。同样,员工的兴趣、爱好也是要观察的内容。但是,在观察员工的表现时,要注意规避员工的个人隐私。

(二) 建立对员工的信任

信任是对员工进行管理和建立一个高绩效组织的基本要素。信任是建立所有其他关系的基础。如果员工感觉上级并不相信他们能够很好地完成自己的工作,那么只要没有获得批准,他们就不愿意额外做任何事情。相反,如果员工感觉到上级相信他们能把工作干好,就会努力把工作做完美来回报上级的信任。

(三) 重视员工的需求

管理者通过观察和了解员工,不难发现员工的需求是什么。在此基础上,应该采取有针对性的措施考虑和满足员工的需求。

以满足员工的社交需求为例,管理者要考虑三个方面:其一是满足员工的被接受需求。这是指每一位员工都希望受到管理者的重视和尊重,因此管理者与每位员工的交往方式可能不一样,但是,原则与标准却是一致的,决不应该厚此薄彼、以貌取人、“一碗水端不平”。管理者要以工作成绩作为主要的衡量标准,如面对一间收拾整洁的客房、一道创新的佳肴等,都应该对员工的工作加以肯定,从而使员工感到其在企业内存在的价值。其二是尊重员工的归属需求。为了强化员工的归属感,管理者要与员工建立起开放式的信息沟通网络,员工能与管理者畅所欲言,有利于管理者对工作情况的了解,增强对员工的信赖。其三是要尊重员工的非正式团体。只要这些非正式团体对旅游企业的目标实现无不利影响,就要尊重员工的选择、信任员工,管理者可以不介入这些团体之中。

（四）多依靠积极强化方式，调整员工工作情绪

员工的心境与情绪、公关意识与能力、自信心的培养等，都需要管理者经常采用积极强化的手段进行管理。积极强化的具体方式包括称赞、公开表扬和奖励等。

（五）罚不迁列，赏不逾时

“罚不迁列，赏不逾时”，语出《司马法·天子之义第二》：“罚不迁列，欲民速睹为不善之害也。赏不逾时，欲民速得为善之利也。”意思是说行罚要当场，好让百姓迅速看到为非作歹的害处；行赏要及时，让百姓及时得到为善的好处。赏和罚是古今中外将帅治军的一个重要手段，也是现代管理者的用人之道。在现代旅游企业管理中，惩罚和奖赏都是行之有效的激励手段。惩罚的形式和内容是多种多样的，有以剥夺或削减收入为主的物质惩罚，也有如降职、公开处分等形式的剥夺或削减高级需求的精神惩罚。惩罚的关键在于客观、适度。奖励的效果取决于奖励的时间性和奖励形式的有效性。奖励并不一定是多花钱才有效果，管理者的口头表扬、对下属工作的认可、证书、福利、有薪度假等都能起到激励作用。

三、标杆激励

（一）标杆激励与标杆管理

标杆管理是现代企业经营管理活动中支持企业不断改进和获得竞争优势的重要管理方式之一。标杆管理是一个系统的、持续性的评估过程，通过不断地将企业流程与世界上居领先地位的企业相比较，以获得帮助企业改善经营绩效的信息。简单地讲，标杆管理就是确立一个具体的先进榜样，解剖其各项指标，不断向其学习，发现并解决旅游企业自身问题，最终赶上和超过榜样企业的持续渐进的学习、变革和创新过程。

标杆管理的基本环节是以最强的竞争对手或行业中领先和最有名望的企业在产品、服务或流程方面的绩效及实践措施为基准，树立学习和追赶的目标，将本企业的实际状况与这些基准进行定量化评价和比较，分析这些基准企业达到优秀绩效水平的原因，并在此基础上选取改进本企业绩效的最佳策略，争取赶上和超过对手，成为强中之强。

标杆管理为企业提供了一种可行、可信的奋斗目标，以及追求不断改进的思路，是发现新目标并寻求如何实现这一目标的手段和工具。由此可以看出，标杆管理的积极意义在于能够有效地激励员工不断进取。

(二) 标杆激励的主要类型

1. 内部标杆激励

内部标杆激励是最简单且易操作的标杆激励方式之一。通过辨识内部绩效标杆的标准,即在旅游企业内部确立主要标杆目标,做到内部信息共享;通过辨识旅游企业内部最佳职能或流程及其实践,然后推广到组织的其他部门。例如,某饭店客房部根据顾客的住宿登记,了解顾客的个人信息,为其提供个性化的服务,从而获得了顾客的赞许;餐饮部在了解了客房部这一服务精髓后,可以结合自己部门的特点,建立顾客特殊就餐档案,对那些在饭店餐饮部举行过婚礼庆典和生日聚餐的顾客,在来年的同一时间提前发出祝贺和邀请,创造有自己特色的顾客满意度。

2. 竞争标杆激励

竞争标杆激励的目标是与有相同市场的旅游企业在服务和工作流程等方面的绩效与实践进行比较,直接面对竞争者。这类标杆激励的实施比较困难,原因在于除了公共领域的信息容易获得外,其他关于竞争对手的信息不易获得。

3. 职能标杆激励

职能标杆激励是以行业领先者或某些企业的优秀职能操作为基准进行的标杆管理。这类标杆管理的合作者常常能相互分享一些技术和市场信息,标杆的基准是外部企业(但非竞争对手)及其职能或业务实践。由于不是直接的竞争对手,合作者往往较愿意提供和分享技术与市场信息。例如,全球500强的美孚石油公司(Mobil)为了提高其加油站的顾客满意度,经过调查发现,有80%的顾客需要"能提供帮助的友好员工",于是他们找到了号称美国最温馨酒店的丽思卡尔顿酒店(Ritz-Carton),因为丽思卡尔顿酒店的服务人员总能保持招牌般的甜蜜微笑,因此获得了不寻常的顾客满意度。通过实地观察、感受以及电话访谈,美孚石油公司从丽思卡尔顿酒店员工自豪地为顾客提供满意服务中,发现了其加油站可以学习借鉴的东西。

四、工作激励

(一) 工作环境激励

工作环境不仅是指工作的物理环境如卫生、气温、噪音、照明、设备、休息室等,更重要的是指工作的社会环境,如员工与管理者和其他员工的关系、工作时间、工资待遇、福利以及企业的规章制度等。这些都是赫茨伯格双因素理论中所指的保健因素。无论保健因素是否具有激励作用,作为管理者,创造良好的工作环境都是激励员工的首要工作。在社会环境方面,管理者要重视开放的信息沟通系统的建立，与员工建立相互信任的人际关系，尊重每位员工的贡献，努力将工资和福利待遇提高到竞争对手的水平。

（二）工作激励

有时员工在完成工作的同时，可以满足其兴趣和追求自我实现的成就欲即高层次的需求。因此，工作本身也具有激励作用。为了发挥工作激励的效果，在管理中要注意以下方面：

1. 人尽其才

这是指人与工作之间达到最佳匹配，使员工在其适合的工作职位上，发挥自己的能力与才干。这就要求管理者深入了解每位员工，根据其兴趣、特点、能力来安排工作职位，人尽其才往往是最大的工作动力。

2. 工作丰富化

工作丰富化是根据双因素理论提出的一种新的劳动组织形式。请参阅本章第二节第六部分。

3. 工作扩大化

工作范围有两个维度——广度和深度。工作广度是员工所直接负责的不同任务的数量。对那些只有比较狭窄的工作广度的员工，要求其承担更多的工作职责，以减少他们工作中的单调乏味，这个过程就是工作扩大化。请参阅本章第二节第六部分。

五、领导行为激励

（一）情绪激励

管理者自身的心境和情绪具有传递性和感染力，管理者的情绪能对下属产生影响。管理者高昂的情绪、十足的信心和奋发的斗志往往能极大地调动员工的积极性。因此，管理者在要求员工具有积极性时，首先要自己情绪高昂。此外，管理者要敢于承担责任，只有这样，员工的动机和信念才会坚定。

（二）期望激励

管理者充分信任员工并对员工抱有较高的期望，员工就会充满信心。研究表明，在一个组织中，管理者对下属的期望高低与员工的劳动效率和工作动机有着直接联系。

“你希望我做什么？”“我在旅游企业服务中扮演什么角色？”“什么叫顾客满意？”“我怎样才能达到你所规定的绩效标准？”每一位管理者都必须能够准确地回答员工提出的这些问题，而且答案应当清楚明确。对员工的期望越具体、越明确，员工实现和超越这些期望的可能性就越大。当然，如果管理者对下属期望过高,目标可望而不可即,仍然无法激发员工的工作积极性。

(三) 榜样激励

管理者的行为本身具有榜样作用和可效仿作用。我国自古就有"上行下效"之说,因此,为了引导下属,管理者必须树立起榜样。管理者的工作言行,绝不仅是其个人的事,而且会直接影响下属的行为。要想有效地激励员工,管理者就不能忘记树立良好的榜样。

六、员工行为矫正

(一) 行为矫正的含义

行为矫正是指在旅游企业严密的规章制度基础上,调整与矫正员工的行为,使之遵规守纪,完成旅游企业的工作目标。严格地讲,行为矫正是一种员工被动激励的措施。

(二) 行为矫正的手段

行为矫正的手段通常可以归为两类:一类是以指导性培训为主,即积极矫正;另一类是以惩罚为主,即消极矫正。在实践中,管理者采取积极矫正还是消极矫正,与管理者信奉哪一种人性假设理论有很大关系。

1. 积极矫正

积极矫正是指管理者认为员工是勤奋而自觉的,出现工作失误后,只要给予说服教育,帮助他们改进工作,克服思想上和工作上的困难,违规犯纪的现象就会消失,旅游企业的规章制度还能得到强化。当然,如果通过帮助、培训、教育之后,一些员工仍然不改过,那么惩罚仍然是必要的。

积极矫正通常采用的模式可以归纳如下:

(1) 口头提示。友好地指出员工的工作失误,解释这种错误的不利后果,让员工制定改进工作的措施。

(2) 书面提示。当该员工二次违纪时,找到员工,态度严肃地与其单独谈话,找出二次违纪的原因。最后,以书面形式将该员工的违纪情况作记录,放入员工档案。此外,要与员工达成一份改进工作的计划。

(3) 停职反省。当员工多次违纪时,管理者要无情地指出员工的错误行为,反复强调规章制度,表示不愿失去这位员工,但要么必须改正错误,下不为例,要么离职。为了使员工反省,旅游企业可以停止该员工的工作,但依然发放工资,在几天内等待该员工的回答。许多员工当其在该企业工作时,并没有感到有什么值得留恋的,但是一旦失业,就会很快发现原来的工作难得。

(4) 劝辞。如果停职反省的员工最后决定不再上班,那就是自己主动辞职而不是旅游企业开除了他。即使员工离开了这家旅游企业,他依然会感到旅游企业的宽容与大度。管理实践发现,70%的员工会自动返回工作岗位,愿意遵守规章制度,并接受规章制度所列出的处罚。

积极矫正有利于在管理者与员工之间建立起良好的合作关系,减轻双方的矛盾冲突,降低员工流动率,提高管理者的威信。

2. 消极矫正

一些管理者认为,当员工违反了企业的规章制度时,必须加以惩处,这样,不仅该员工不会再犯错误,而且也能达到警示他人的作用。现阶段,这种以惩罚为主的消极矫正的效果,被许多旅游企业的管理者肯定,他们认为旅游服务业的工作性质和员工的心态决定了使用严格规章、严格惩罚可以取得比较好的效果,这也是提高服务质量的重要管理手段。

消极矫正通常采用的模式可归纳为以下四步:

(1) 口头警告。警告员工不要再犯。

(2) 书面通告。以书面形式通告员工已两次违规,提出公开批评。

(3) 惩罚。采用物质性惩罚,如扣奖金、扣工资等;或采取精神性惩罚,如当众批评、记过、降职等。

(4) 开除。如果员工屡教不改或严重违反规章制度,给企业带来巨大经济损失,则考虑给予开除处分。

以惩罚为主的消极矫正,本身存在一些弊病。首先,消极矫正只是达到了惩前毖后的目的,却没有从根本上解决员工的问题。当员工因为畏惧而受到"激励"时,他们不会尽力去追求最佳的工作状态,而是更关心如何避免被解雇。其次,惩罚经常会引起员工的尴尬、逆反、愤怒、敌对情绪,从而导致员工集体与管理者之间的心理对抗,破坏彼此的沟通和合作。最后,消极矫正导致消极的结果,这就可能会造成惩罚无休止地进行,形成一种恶性循环。

关键术语

需求(need)
动机(motive)
积极性(initiative)
激励(motivation)
X 理论(theory X)
Y 理论(theory Y)
超 Y 理论(theory super Y)

需求层次理论(needs hierarchy theory)
ERG 理论(ERG theory)
双因素理论(motivation-hygiene theory)
成就需求理论(achievement motivation theory)
期望理论(expectancy theory)
公平理论(equity theory)
强化理论(reinforcement theory)
工作压力(job stress)
角色(role)
标杆激励(benchmarking motivation)
工作激励(work motivation)
领导行为激励(leader behavior motivation)
员工行为矫正(employee behavior modification)

复习思考题

1. 为什么激励员工要从研究员工的需求、动机和积极性入手?
2. 什么是激励? 激励的三要素包括哪些方面?
3. 各种人性假设理论对激励措施的选择分别有什么重要影响?
4. 内容型激励理论和过程型激励理论有什么区别和联系?
5. 双因素理论对充分认识员工满意度有哪些贡献?
6. 需求层次理论中各层级之间存在什么样的关系?
7. 对员工的行为进行约束和管理,正强化的效果是否总是优于负强化呢? 为什么?
8. 旅游企业如何运用期望理论对新入职员工的工作进行规划?
9. 领导行为激励主要包括哪些方面? 你认为其中什么是最有效的? 为什么?

课　业

围绕“良好的工作环境”、“在组织内的提升和发展”、“丰厚的薪酬”、“工作安全”和“对员工所做工作的充分肯定和感激”这五个可以激励员工的因素,采用李斯特五点量表,设计一份包含 10 个问题的问卷调查表,目的是了解其中最有效的因素是什么以及五种因素的排序。选择至少 3 家旅游企业,分别请企业的高层管理者、中层管理者和普通员工进行问卷调查,然后统计调查结果,比较一下旅游企业各层级对激励员工的因素存在怎样的分歧。

案例学习

员工眼中的诺德酒店工作方式

“我们的员工真诚地希望看到您的所有需求都得到了满足。他们是酒店业的行家里手,可以为您提供全方位的帮助——不仅仅是舒适的睡眠和各种美味珍馐,还包括帮助您规划旅行,提供各种交通服务,为您的商务活动提供办公支持,直到您满意为止。”这是诺德酒店印在《诺德服务手册》封面的一句话。为了赢得顾客的满意和忠诚,诺德酒店规定了适用于所有员工的三大升职标准:顾客满意、服务效率和团队合作。诺德酒店的服务理念历经二十余年,酒店中的许多资深员工几乎将其奉为圣经,心悦诚服地信守。但是,近年来一些员工感到,不顾本身的工作条件追求满足顾客的需要,这种制度使员工处于无休止的压力、折磨和竞争中,使员工备感压抑。

洛瑞·卢卡斯第一次来参加星期六早上的“义务”部门会议时,看到一个标牌,上面写着“不要打卡”。她原以为经理们说的钟暂时坏了是实话。可一周周过去了,她发现钟总是坏的,或者压根就没有考勤卡。

最后,她和另外几名员工用手工在考勤卡上标上工作时间。她和另外一名员工回忆说,他们的经理涂掉了时间,并且指责他们“没有团队精神”。

部门会议“令人难以置信”。卢卡斯说:“虽然早晨的上班时间是七点,但是你六点半就得赶到酒店开例会,例会结束要统一喊‘我们是第一’、‘顾客至上’。最后,我走到经理的身边问:‘这是在干什么?’她说:‘你要适应诺德的工作方式。’”

诺德酒店的工作方式包括一轮又一轮的各种工作竞赛,还有每天大声背诵“誓言”(餐饮部的员工在例会上会大喊“我会卖出很多”)。卢卡斯发现所谓“诺德酒店的工作方式”就是无报酬地工作。“我的经理会说,‘你早点来,我们有事谈谈’,这只是他的小把戏,说明有额外的工作要干了。”

像多数诺德酒店的员工一样,卢卡斯每天都要写规定数量的感谢信,目的是向每一位刚刚光顾过诺德酒店的顾客表达感激之情,并欢迎他们再次光临。诺德酒店认为这种工作是应该在下班以后完成的。“我有时候写信到半夜三点钟,好像你的全部生命都是属于诺德酒店的。但你不能抱怨,因为那样的话,经理就会给你安排不好的班次,你的小费就会少很多,接下来就是被扫地出门了。”

因为压力太大，卢卡斯得了失眠症。有一天，在连续工作了22天没有休息日后，她要求有一个午餐休息时间。在这段时间里，她在别处申请了一份新工作，并且刚返回酒店就接到了对方的试工通知。“我当时在想，我一年赚的钱不到2万美元。我为什么要这么玩命？诺德酒店是我工作过的最不公平的地方。”卢卡斯在离开诺德酒店3个月后如是说。

资料来源：Paul F. Buller, Randall S. Schuler 著；卢娵，杜仕平 译. 组织和人员管理案例[M]. 北京：清华大学出版社. 2004：238—247.

案例思考

1. 请全面分析诺德酒店在员工激励方面存在的问题。
2. “满足顾客需求”与“员工满意”之间存在矛盾吗？你如何看待这个问题？
3. 诺德酒店如何通过调整自己的员工激励政策建立核心竞争力？

第十章

员工职业生涯发展

知识要求

通过本章学习,学生应该掌握六项基本知识:

• 职业的概念及其特点
• 员工职业选择的理论依据
• 旅游企业员工职业流动的主要类型
• 职业生涯的含义
• 员工职业生涯设计的含义
• 职业生涯发展的主要途径

技能要求

通过本章学习,学生应该掌握三项管理技能:

• 根据职业选择理论,明确职业选择的一般步骤

• 根据员工职业生涯设计的步骤,初步拟定一份自己理想中的职业生涯发展规划

• 掌握旅游企业在员工职业生涯设计中可作为的方面

引　例

麦当劳于1979年打入法国，在斯特拉斯堡开设了第一家餐厅，而到2008年，麦当劳在法国的餐厅数已达到1 115家，遍及法国750个大城小镇。如此的发展速度和规模，必然需要一个相当成熟的中级管理阶层。在麦当劳，这个阶层主要是由年轻人组成的。而如何将一名大学毕业生培养成一位成熟的公司管理者，是麦当劳最值得对外称道的成功经验之一。

在麦当劳里取得成功的人，都有一个共同的特点，即从零开始，脚踏实地。炸土豆条，做汉堡包，是在公司走向成功的必经之路。当然，这对于那些年轻的、取得了各式文凭、踌躇满志想要大展宏图的人来说，往往是不能接受的。但是，在麦当劳工作的新人必须懂得，脚踏实地从头做起才是在餐饮业中成功的必要条件。如果没有经历过各个阶段的尝试，没有在各个工作岗位上亲自实践过，那么他又如何以管理者的身份对部属进行监督和指导呢？在这里，从收付款到炸土豆条直至制作各式冰淇淋，每个岗位上都会造就出未来的餐厅经理。

法国麦当劳公司人事部经理艾蒂安·雷蒙说："平均在25岁左右，一名青年就可以成为一家真正的中小型餐厅的领导人，管理100来人。我们在教会他们如何当老板。"法国麦当劳公司实行的是一种快速晋升的制度：一个刚参加工作的出色的年轻人，可以在18个月内当上餐厅经理，可以在24个月内当上监督管理员。

首先，一个有文凭的年轻人要当4—6个月的实习助理。在此期间，他们以一个普通班组成员的身份投入到公司各个基层工作岗位，如炸土豆条、收款、烤牛排等。在这些一线工作岗位上，实习助理应当学会保持清洁和最佳服务的方法，并依靠他们最直接的实践来积累实现良好管理的经验，为日后的管理实践作准备。

第二个工作岗位则更带有实际负责的性质：二级助理。这时，他们在每天规定的一段时间内负责餐馆工作，与实习助理不同的是，他们要承担一部分管理工作，如订货、计划、排班、统计……他们要在一个小范围内展示他们的管理才能，并在日常实践中摸索经验，协调好他们的小天地。

在进入麦当劳8—14个月后，有文凭的年轻人将成为一级助理，即经理的左膀右臂。与此同时，他们肩负了更多更重的责任，每个人都要在餐馆中独当一面。他们的管理才能日趋完善。这样，离他们的梦想——晋升为经理，已经不远了。有些人在首次干炸土豆条之后不到18个月就将达到最后阶段。

当然，一个有才华的年轻人升至餐厅经理后，麦当劳公司依然为其提供了广阔的发展空间。经过一段时间的努力,他们将晋升为监督管理员,负责三四家餐厅的工作。3年后,监督管理员将升为地区顾问。届时,他将成为总公司派驻其下属企业的代表,用艾蒂安·雷蒙的话说,是成为“麦当劳公司的外交官”。作为公司下属十余家餐馆的顾问,他们责任重大。他将是公司标准的捍卫者,而一个从炸土豆条做起,经历了各个岗位和阶段的地区顾问,对各方面的管理标准游刃有余。他将是公司哲学的保证人,一个由麦当劳特有的公司哲学创造的高级管理人员,其本人正是麦当劳哲学的保证。

作为“麦当劳公司的外交官”,他的主要职责是往返于麦当劳公司与各下属企业,沟通传递信息。同时,地区顾问还肩负着诸如组织培训、提供建议之类的重要使命,成为总公司在这一地区的全权代表。

当然,成绩优秀的地区顾问依然会得到晋升,最终有一天,艾蒂安·雷蒙的愿望——法国麦当劳公司董事长的位子上坐着的是一个法国年轻人将会得到实现。

资料来源:许金晶.从0到∞:法国麦当劳管理者的成长之路[J].培训,2008(12)。

像法国麦当劳公司这样,把员工的职业发展与企业的成长结合在一起,是所有成功的旅游企业所具备的特质之一。在相当长的一段时期内,所有的管理者,乃至普通员工,都认为“职业生涯”是员工个人的事情,但是,随着把员工视为最重要的一种资源,在企业中广泛实施以人为本的管理思想及管理技术以来,人们发现:重视员工的职业管理,实际上与企业的目标是一致的,是实现企业目标的有效管理手段,也是人力资源开发的责任。

第一节　职业的选择

一、职业的概念

所谓职业,是人们为了获取物质报酬而从事的连续性社会活动,是指人们从事的相对稳定的、有收入的、专门类别的工作,是人的社会角色的一个极为重要的方面。

职业贯穿了员工选择工作、掌握必要的工作技能、确立自己在工作中的地位以及获得工作回报等多个环节。

对于职业的理解,员工个体和企业组织存在一定的差异。美国学者埃德加·H.施恩在其著作《职业的有效管理》中提出了内职业和外职业两个概念。所谓内职业，是个人追求的一种职业，在内职业中，员工个体力图使工作与其个人的其他需要（如维持生活和提高生活质量、安全、社会交往、获得尊重、实现价值等）、家庭义务及个人休闲等达成平衡。对个人来讲，如何处理工作、家庭、自我之间的冲突，使之最大限度地协调，将贯穿整个职业。内职业是员工个体追求自我职业过程中经历的通路。

外职业则是相对企业组织而言的职业，表示组织努力为员工在组织的职业进程中确立一条有所依循的、可感知的、可行的发展通路。相对于内职业来说，外职业是外在的客观存在。

二、职业的特点

（一）专业性

职业是社会分工的必然产物。不同职业对从业人员有不同的要求，越来越多的职业对从业人员提出了职业进入的资格条件。对旅游企业而言，这种资格条件一方面取决于从业人员的身体条件，另一方面则取决于从业人员的知识和技能水平。由于旅游行业的特殊性，一些职业对从业人员的生理条件会有所要求，例如，导游不能有口吃，厨师不能是色盲，饭店前厅接待员应该五官端正等；还有一些职业则是根据工作内容的特点对从业人员的专业技能有一定的侧重性要求，例如，四星级饭店的酒吧调酒师应该具备一门以上外语口语交流能力。

（二）经济性

员工从事某项职业工作，目的是从中取得经济收入。换句话说，员工是为了取得收入，才长期、稳定地承担某项社会分工，在企业中从事该项职业。没有经济报酬的工作，不是职业工作。因此，旅游企业应该根据职业内容的不同，为员工提供能够体现其职业价值的报酬。职业价值一方面是员工在工作过程中所创造出的财富水平的体现，另一方面还受到当时社会对该职业认可程度的影响。

（三）社会性

职业是员工所进行的社会工作。职业的产生是社会分工的必然结果，例如，家庭主妇和保姆可以从事同样内容的劳动，但保姆是一种职业，而家庭主妇却不是，因为保姆的劳动是社会分工的结果，而家庭主妇的劳动却不是。

（四）稳定性

员工在比较长的时期内连续、不间断地从事的某种社会工作，才称其为职业。就员工个人而言，如果今天在饭店做厨师，明天在高尔夫球场干球童，后天又改行到旅游景区做保安,其具体的职业就很难确定,也就是说,离开了工作的稳定性,员工的个人职业是无从谈起的。

三、职业分类

职业是社会分工的必然产物,但具体如何分工,划分成什么工种、岗位,则是人们根据客观经济运行和社会经济发展的需要而设置、划分和归类,即进行职业分类。因为各国经济发展水平不同,社会发展历史各异,不同国家对职业的具体分类不尽相同。

国际劳工局1988年版《国际标准职业分类》将职业分为十大类:(1) 立法者、高级官员和管理人员;(2) 专业人员;(3) 技术和辅助专业人员;(4) 职员;(5) 服务人员和商店与市场销售人员;(6) 农业和水产业技术工人;(7) 手(工)艺人和有关行业的工人;(8) 设备与机械操作工和装配工;(9) 简单劳动职业者;(10) 军队。

我国根据国情,按从业人员所从事的社会经济活动的同一性或工作性质的同一性进行了职业分类,《中华人民共和国职业分类大典(2007增补本)》将全国职业分为八大类:(1) 国家机关、党群组织、企业、事业单位负责人;(2) 专业技术人员;(3) 办事人员和有关人员;(4) 商业、服务业人员;(5) 农、林、牧、渔、水利业生产人员;(6) 生产、运输设备操作人员及有关人员;(7) 军人;(8) 不便分类的其他从业人员;共计2 028个细类职业。

四、职业分层

在人力资源管理工作中,对职业管理有直接影响的是职业分层。所谓职业分层,即按照职业的社会地位和社会对职业的价值取向所做的职业等级排位。职业分层是纵向的社会职业等级层次排位,它是以职业角色、职业声望为依据,确定员工的社会经济地位的方式。

职业分层与职业分类不同,它不是由政府做出的,而是由行业或企业内部根据当前的职业价值取向进行的排序(见表10-1所示)。职业分层能在很大程度上影响从业者的职业选择和对未来职业发展的期望。任何一个员工都愿意从事高社会地位、高社会声望的职业,他们会自主地根据自己的学历、技能水平和各方面条件,在原有的职业地位基础上,追求自己适合的、胜任的最高社会地位的职业。企业的职业生涯规划与发展正是在承认这种职业追求的合理性的基础上,为其实现提供计划和相关的资源条件的过程。

表 10-1　旅游企业职业分层表

职业分层	说　明
非熟练体力员工	在技术和责任方面要求最低的体力员工,如旅游景区清洁工和饭店行李员等
半熟练体力员工	以体力劳动为主,技术要求不高的员工,如饭店餐厅服务员、电梯工和洗衣工等
熟练体力员工	具有一定技能的体力员工,如普通厨师和 SPA 按摩师等
白领职员	包括各类职员和技术工人,如旅行社计调部文员、饭店前台接待员和收银员等非体力劳动的员工
普通经营管理者	如部门经理、主管等非旅游企业资产所有者
专业技术人员	如电脑工程师、高级厨师和娱乐部门的 DJ 等拥有较高技术或技能专长的员工
工商业者	如旅游企业所有者、总经理、总会计师和旅游企业其他高级管理者

五、职业期望

职业期望又称职业意向,是员工对某项职业的向往,是希望自己从事某项职业的态度倾向。职业期望是员工的一种主动追求,是员工将自身的兴趣、价值观、能力等与社会需要、社会就业机会进行协调后所确定的,并力求实现的个人社会活动目标。

职业期望反映着每个人的职业价值观,美国学者唐纳德 · E. 萨柏(Donald E. Super)将影响职业价值观的因素概括为助人、美学、创造、智力刺激、独立、成就感、声望、管理、经济报酬、安全、环境优美、与上级的关系、社交、多样化和生活方式等十五个方面。

人们的职业期望往往同时受两种或两种以上价值取向左右,但居主导地位的职业价值取向起着决定性的作用。例如,大学生择业时,是选择一个稳定但收入不高的工作,还是选择一个有较高收入但不十分稳定的工作?如果经济报酬的价值取向居主导地位,他就很可能选择后者。

六、职业选择

(一) 职业选择的含义

职业选择与职业期望具有密切联系。所谓职业选择,是员工根据自己的职业期望和兴趣,凭借自身能力挑选职业,使自身素质与职业要求相符合的过程。全面理解职业选择的含义应该注意以下几个方面:

• 员工是职业选择的主体,是择业行为的主动方面,各种职业则是被选择的客体。

• 虽然员工居于主导地位，但不能随心所欲地进行选择。一方面员工不能也不可能拥有从事一切职业的能力与兴趣；另一方面各项职业由于有不同的劳动对象、劳动手段、劳动条件和作业方式，必然对员工能力提出特定的要求。

• 职业选择是一个过程，员工作为主体在主动择业，职业作为客体也在筛选员工。因此，职业选择是一个员工与职业互相磨合、相互适应的过程。

（二）职业选择的理论

如何选择职业才能使员工的特点与职业的工作特点相结合，是关系到员工能否在工作中取得较大成就的重大问题，必须认真研究，慎重对待。关于职业选择方式，有以下几种影响较大的理论观点：

1. 人与职业匹配理论

这是用于职业选择、职业指导的经典理论，其内涵是在清楚地认识、了解个人条件和职业状况的基础上，实现人与职业的合理匹配，使人能够选择一种适当的职业。最先提出这一理论的美国学者弗兰克·帕森斯（Frank Parsons）认为，个人职业选择的三要素包括：第一，应清楚地了解自己的能力、兴趣、局限和其他特征；第二，应明确地认识职业选择赖以成功的条件，了解不同职业的优势和劣势、不利和补偿、机会和前途；第三，应明智地进行上述两个方面的综合与平衡，使个人特征与职业特征较好地结合起来。

具体而言，人与职业的匹配包括两个方面的要求：一是“技能匹配”。例如，需要专门技能的职业，应该与掌握这种技能的择业者相匹配；脏、累、苦、劳动条件差的职业，必须与能够吃苦耐劳、体格健壮的员工相匹配。二是“个性匹配”。例如，具有敏感、不守常规、有独创性、理想主义等人格特性的人，应该与从事审美性、自我情感表达的艺术类职业相匹配。

2. 择业动机理论

人与职业匹配理论指出，员工要尽量根据自己的性格、技能、知识水平以及身体素质选择职业。但是，同一类型职业，往往有多种职位可供选择。例如，饭店服务员这一职业中，有客房服务员、餐厅服务员、前台接待员、商务中心服务员等许多种具体职位，员工该如何选择呢？美国心理学家维克多·H.弗鲁姆（Victor H. Vroom）利用期望理论成功地解释了员工的择业动机。

期望理论的基本公式是：

$$F = V \cdot E$$

其中，F 为动机强度，指积极性的激发程度，表明个体为达到一定目标而努力的程度；V 为效价，指个体对目标重要性的主观评价；E 为期望值，指个体对实现目标可能性大小的估计,亦即目标实现的概率。员工个体行为动机的强度取决于效价大小和期望值的高低。效价越大,期望值越高,员工行为动机越强烈。就是说,为达到一定目标,个人将付出极大努力。如果效价为零乃至负值,表明目标实现对个体毫无意义,甚至给个人带来负担。在这种情况下,个人不会产生追逐目标的动机,不会有任何积极性,也不会为此付出任何努力。同样,如果目标实现的概率为零,那么无论该目标的效价有多么重大,个人同样也不会产生追求目标的动机。

弗鲁姆用期望理论来解释个人的职业选择行为,演绎为择业动机理论。弗鲁姆认为个人进行职业选择,可以分为两步。

第一步,确定择业动机。用公式表示为:

择业动机 = 职业效价 × 职业概率

式中,择业动机表明择业者对目标职业的追求程度,或者对某项职业选择意向的大小;职业效价指择业者对某项职业价值的评价。职业效价取决于择业者的职业价值观和择业者对某项具体职业要素如劳动条件、工资、职业声望等的评估。即:

职业效价 = 职业价值观 × 职业要素评估

职业概率指择业者获得某项职业的可能性大小。职业概率的大小通常取决于四个条件:第一,某项职业的需求量。在其他条件一定的情况下,职业概率和职业需求量正相关。第二,择业者的竞争能力,即择业者自身工作能力和就业求职能力。择业者竞争力越强,获得职业的可能性越大。第三,竞争系数。指谋求同一种职业的人数的多少。在其他条件一定的情况下,竞争系数越大,职业概率越小。第四,其他随机因素。因此,职业概率的公式表达为:

职业概率 = 职业需求量 × 竞争能力 × 竞争系数 × 随机性

择业动机公式表明,对择业者来讲,某项职业的效价越高,获取该项职业的可能性越大,择业者选择该项职业的意向或倾向越大;反之,某项职业对择业者效价越低,获取此项职业的可能性越小,择业者选择这项职业的倾向也越小。

第二步,职业选择决策。即在择业动机的比较中,确定具体的职业选择。择业者对其视野内的几种目标职业进行了价值评估和获取该项职业的可能性评价后,会进一步对不同职业的择业动机进行比较和决策。由于择业动机的状况是对职业全面评估的结果,已经包含对多种择业影响因素的考虑与利弊得失的权衡,人们大多以择业动机分值高的职业作为自己的职业选择结果。

3. 职业锚理论

现实中的"锚"是一种铁质尖头重物,它是船舶在水面停泊时抗拒水流冲击的系留点或停泊的中心。“职业锚”则是一种人们选择和发展自己的事业时所围绕的中心。它是指当一个人不得不做出职业选择时，无论如何都不会放弃的职业中那种至关重要的东西或价值观。

职业锚理论是由埃德加·H.施恩首先提出的。施恩认为，职业锚是一个人“自身的才干、动机和价值观的模式”，是一种职业自我观。当一个人对自己的天资、能力、动机和需要以及态度和价值观等有了清楚了解，积累了一定的社会阅历后，他才会意识到自己的“职业锚”到底是什么。

施恩同时指出：很难对职业锚进行预测，因为个人的职业锚不断发生变化，是一个不断探索的过程所产生的动态结果。人们往往在不得不做出某种重大职业选择时才会意识到自己的职业锚（即最重要的东西是什么）。施恩的职业锚模型可以分为以下五种情况：

（1）技术或功能型职业锚

有较强此类型职业锚的人，总是倾向于选择能保证自己在既定技术或功能领域不断发展的职业，往往不愿选择带有一般管理性质的职业。他们认为自己的职业成长只有在诸如工程技术、财务分析、营销等特定的技术或职能领域才意味着进步。

（2）管理能力型职业锚

具有管理能力型职业锚的个体，会表现出成为管理人员的强烈动机，他们相信自己具备提升到一般管理性职位上所需要的各种能力和价值倾向，担任较高管理职位是其最终目标。他们具有或自认为具有三种能力：

• 分析问题的能力——在信息不完全或不确定情况下发现、分析、解决问题的能力；

• 人际沟通能力——在各层次上影响、监督、领导、操纵以及控制他人的能力；

• 情感能力——在情感和人际危机面前会受到激励而不受其困扰和削弱的能力，以及在较高压力下不会变得无所作为的能力。

其他类型的人往往只拥有上述一两项能力。

（3）创造型职业锚

具备创造型职业锚的个体往往有这样一种需要：“建立或创设某种完全属于自己的东西”，要依靠创新性努力，创造出新的产品或服务，搞出新事业、新发明等。他们以“创造”为自我扩充的核心，要求有自主权，施展自己的特殊才华，创建新组织、新事业等。成功的企业家大多具有这种职业锚。

(4) 自主或独立型职业锚

具有自主或独立型职业锚的人希望随心所欲地安排个人的工作与生活方式,追求能够施展个人职业能力的工作环境,尽量摆脱组织的限制和约束。他们追求在工作中享有个人的自由,有比较强的个人认同感,认为工作成果与自己的努力紧密相关。他们追求的典型职业有:教师、咨询专家、小企业所有者、小组织成员等。创造锚型个体也会拥有很多自主权,但他们真正追求的是建立自由的职业目标而非自由本身。具有技术或功能型职业锚的个体,虽然也从事上述类型的职业,但他们很少为了追求自由和个人生活方式而放弃晋升和高薪的机会。

(5) 安全或稳定型职业锚

具有安全或稳定型职业锚的个体,其特点是极为重视职业的长期稳定和工作的保障性,他们追求稳定安全的前程,追求有保障的工作、体面的收入和可靠的未来生活——良好的退休计划和较高的退休金保证。他们的安全感和稳定感或者以一定的居住区域为基础,或者以某一组织中稳定的成员资格为基础。具有安全或稳定型职业锚的个人,其职业发展依附于组织对他们能力和需要的识别和安排,为此,他们甘冒风险,愿意以对组织价值观和准则的高度服从来作为交换。

职业锚理论有助于识别个人的职业抱负模式和职业成功标准,有助于增强个人职业技能和工作经验,提高工作效率。职业锚能够促进员工预期心理契约的发展,有利于个人与组织稳固地相互接纳,并可以为员工未来的职业生涯发展奠定基础。

第二节　职 业 生 涯

一、职业生涯的概念

职业生涯有广义与狭义之分。广义的职业生涯,是职业兴趣的培养、选择职业、就职,直至最后完全退出职业这样一个完整的人生过程,因此,其初始从接受启蒙教育起,其结束到失去劳动能力止。狭义的职业生涯,仅指直接从事职业工作的这段时间,即从就职到退职这段时间。

职业生涯的具体含义体现在:

- 职业生涯是个体的行为经历,而非群体或组织的行为经历。
- 职业生涯是指一个人一生之中的有偿劳动经历,而非其他活动经历。
- 职业生涯是一个时间维度的概念,意指职业生涯期。实际的职业生涯期在不同个人之间有长有短,各不相同。

• 职业生涯不仅表示职业工作时间的长短,而且内含着职业发展、变更的经历和过程。

二、职业生涯阶段

职业活动内容伴随着年龄的增长而变化,人们在某一年龄阶段往往表现出大致相同的职业任务,因此可以将职业生涯划分为以下阶段:

(一) 成长阶段(0—20 岁)

一个人在 0—20 岁年龄段,通过各种方式接受教育,发展职业想象力,对职业进行评估和选择,确定职业取向和做好职业准备。在这一阶段的具体任务是:

1. 发现和发展自己的需求、兴趣、天赋和能力,为下一步的职业选择打好基础。

2. 通过学校教育和社会活动,学习和获得具体职业方面的知识和技能,并从周围环境中寻找现实的职业角色模式,并获取相关职业信息。

3. 接受教育和培训,培养相应的职业活动素质和能力。在这一阶段,人的角色是学生、职业工作的申请者和候选人。

由于内外界条件的不确定性,人在这一阶段的职业取向大多数不是很具体,但是职业观念应该已经形成,这是职业生涯"成长阶段"完成的重要标志。

(二) 进入工作阶段(20—30 岁)

这一阶段的主要任务是择业与适应。择业包含两层意思:一是选择一个理想的企业,二是在其中选择一份合适的较为满意的职位。从职业生涯长远考虑,这一阶段选择理想的企业比挑选满意的职位更重要。适应也包含两层意思,一是指适应工作本身的要求,二是指能够尽快融入到组织中去。

员工在"进入工作阶段"还面临两方面的矛盾,一方面是原来在教育环境中养成的简单的、理想的、明确的观念,与具体工作环境中复杂的、多样的现实形成鲜明的对比;另一方面,刚开始工作时对企业抱有不切实际的过高期望,不久发现实际上很难得到预期的指导、帮助和评价,从而产生失望。这些矛盾极有可能使新参加工作的员工丧失信心,工作绩效不理想,进而员工流动增多,增加企业人力资源成本,干扰用人计划。

工作实际展示和员工自我管理指导是解决上述矛盾的有效方法。

工作实际展示是指将工作与企业中积极和消极的方面,选择合适的时机向新员工进行客观的展示和介绍。新员工不切实际的期望不仅源于传统的教育,而且有可能来自严格的招聘过程或是企业的各种规章制度。例如，旅游企业在对大学毕业生进行招聘面试时，大都会对英语和计算机水平提出比较高的要求，但是当大学毕业生作为新员工到基层实习工作时，他们很快会发现英语和计算机方面的专长是无法在基层工作中全面发挥的，失望也就随之而来。工作实际展示的目的就是使新员工在正式进入工作职位之前有机会看到企业与工作的真实状况，使其对可能面临的矛盾、挫折、困难做好心理准备。

自我管理指导旨在教会员工善于观察自我行为，正确评估自我抱负，从而加强自我支配力。自我管理指导的具体措施包括：制定具体的行动目标；积极参与讨论预测工作环境中的障碍，制定解决的办法；比较行动成果与目标的距离，以利于目标承诺的保持和目标的完成。员工学会进行自我管理指导可使其在整个职业生涯中受益匪浅。

（三）确定职业阶段（30—40 岁）

确定职业阶段一般处于员工的 30—40 岁这一年龄阶段上。它是大多数人工作生命周期的核心部分。个人在这一阶段会找到合适的职位，并为之全力以赴地奋斗。

这一阶段的主要任务是：努力在企业的工作和职业中找到自己的位置，独立做出成绩，同时承担更多的责任，获得更多的收入，并建立一种接近理想的生活方式。对于这一阶段的员工，企业需要制定政策，来协调其工作角色和非工作角色。同时，该阶段的员工需要更积极地参与自己的职业生涯规划活动。

对于这一阶段又可以分成两个子阶段：

1. 尝试子阶段

尝试子阶段是确定职业阶段的最早期，这一阶段的人们将会对自己当前从事的工作做出判断，以确定是否适合自己，如果是否定的话，这一阶段的人就会进行不同的尝试，以便最终找到基本适合自己的职业。

2. 稳定子阶段

寻找到适合自己的职业后，人们就会比较容易确定自己较为坚定的职业目标，并制定较为明确的职业计划来确定自己晋升的潜力、工作调换的必要性以及实现这些目标需要进一步接受哪些专业教育、培训活动等。

（四）巩固职业阶段（40—50 岁）

巩固职业阶段一般在人们的 40—50 岁的时期。这一阶段的人们关注技能的更新，希望他人仍将自己看成是一个对企业有贡献的人。他们有多年的工作经验，拥有丰富的工作知识，对于企业及其目标、文化的理解会更加透彻。他们往往能够充当新员工的培训导师。在这一职业阶段的后期，人们的大多数精力都放在了保持和巩固某一工作职位方面。

这一阶段的主要任务是:对前期职业生涯规划从个人收益、企业认同和社会价值等三个方面进行评估,回顾已实现的职业目标,提出新的职业构想,强化或调整自己的职业理想;进一步明确职业定位,努力工作,创造更多、更优的绩效。此阶段员工面临的问题有两个:职业中期危机和职业停滞。

1. 职业中期危机

职业中期危机的产生主要来自于两方面。一方面是生理和心理压力,处于这一年龄段的员工大多开始感觉体力和精力有所下降,有时会感觉到难以跟上工作变化的节奏。由于旅游行业工作的特殊性,这一方面对普通员工的影响是十分突出的。另一方面是工作压力与职业定位之间的矛盾,人们在巩固职业阶段会自觉或不自觉地对自己半生的职业生涯进行评估,由于承受比较大的工作压力,许多人会对自己的职业定位产生怀疑,或是认为自己前半生的努力并不是自己真正想要的。人们开始面临一个艰难的选择:是否放弃自己经营半生的事业,开始涉足另一职业领域。这个年龄阶段重新开始一段新的职业生涯的事例并不少见。

对于这些因素所引起的职业中期危机,旅游企业可通过一些方式,如鼓励员工发展新技能、安排其指导年青一代的员工、设计自我评估活动等来帮助员工克服。

2. 职业停滞

职业停滞是指个人在工作中职务或职称晋升缓慢,而且继续升迁的希望逐渐减少。职业停滞的原因主要有两个方面,一方面是员工由于个人原因拒绝职业晋升机会,或是自身的业务知识水平和技术技能不足以支持上一级职务所要求的绩效;另一方面是企业忽视员工的晋升需求,或是无法提供足够的晋升机会。在企业中级别越高,晋升机会越少,大多数人迟早会遇到职业停滞问题,帮助员工认识到这一点可以有效地避免其职业挫折感。

事实上,最应引起重视的是知识老化造成的职业停滞。当前,技术进步或竞争激烈使工作的方式、方法发生很大变化,进而也要求员工及时更新知识结构,迅速掌握新技术。如果忽视这一事实,员工职业生涯就必然会出现停滞,甚至倒退。企业可以通过强调持续变化的现实和对持续学习的需要,督促员工不断更新知识,也可以通过频繁的工作轮换和委派重要业务来培养员工高度适应性的技能和工作态度,这些都是帮助员工克服职业停滞的良策。

(五) 逐渐退出职业阶段(50—60 岁)

逐渐退出职业阶段,员工需要准备调整其工作活动和非工作活动的时间比例，将不得不面临这样的一种前景：接受权利和责任减少的现实。退休是每个人都必须面对的。这个阶段的主要任务是：保持已有的职业成就，维护自尊，准备引退。一方面要对抗衰老，保持工作中的创造性；另一方面又要做好从工作中解脱出来的准备。

高龄员工在企业中常被看成是没有创造力、故步自封和缺乏适应性的。这些偏见会使员工在职业生涯的晚期保持高效工作变得很难。只要员工能像以往一样对待工作，再辅以成功的晚期职业管理，这些偏见是完全可以被打破的。旅游企业中有许多需要大量经验积累才能充分胜任的工作，如成本核算与控制、税务统筹、饭店厨政管理等，对于这些工作如果旅游企业能够从退休员工中挑选出合适的人选充当顾问，不仅有利于旅游企业的经营管理，而且还会对那些即将退休的员工产生一定的积极示范效应。

员工在职业生涯的不同时期会遇到不同的问题，优秀的人力资源开发系统应该是为此制定政策和计划，以帮助员工处理这些问题。旅游企业还需要提供一个职业生涯规划体系，以了解员工的职业生涯发展需求，帮助员工进行有效的自我策划。

三、职业生涯与员工职业流动

所谓职业流动，是指由于工作的需要或员工个人需求的变化，员工工作性质或职位发生比较大的变化，体现为员工与工作职务的动态结合。员工职业流动是职业生涯发展的一种必然形式。

员工的职业发展途径和组织能够为员工提供的发展环境，是影响员工职业流动的主要原因。按照这一线索，旅游行业员工职业流动的类型主要可以划分为以下四种：

（一）发展型职业流动

发展型职业流动涉及的员工往往有较强的职业志向，对自我职业发展有明确的规划。当组织提供的发展机会与自我职业发展相匹配时，员工能够较好地协调两者的关系；但当组织的发展与自我职业发展相冲突时，这类员工往往选择离开。随着人们生活水平的不断提高，追求自我职业发展的员工在旅游行业中所占比重越来越高，尤其是学历层次较高、事业心较强的大学毕业生，他们大多是组织的优秀员工或核心员工，如何满足他们的职业发展需要将是旅游企业人力资源部门必须认真思考的问题。

（二）逐利型职业流动

逐利型职业流动的驱动因素或原因很简单，就是为了获取更多的个人经济利益。在我国目前经济还不发达的情况下，绝大多数旅游行业的员工的主要工作目的还是解决基本需求，为了使自己的生活质量得到改善，不少员工在有机会获取更高薪酬的机会下往往选择职业流动跳槽。加之旅游行业员工整体年龄偏小，职业选择尚未定型，又没有家庭拖累，逐利型职业流动的比例明显较高。

（三）调整型职业流动

调整型职业流动的员工离职动机可能有很多种，包括工作和竞争压力过大、厌倦目前的工作、人际关系处理不好等。员工工作和竞争压力过大，一方面是旅游企业经营管理活动的内外部环境造成的，另一方面与员工自身的职业发展观有着密切的联系。当个人制定的职业目标过高而无论如何努力也难以达到，但自己又不能察觉时，员工就会产生职业流动的想法；工作内容的简单重复可能导致员工的厌倦情绪；人际关系处理不好，难以融入企业文化当中也可能使员工产生职业流动的想法。

（四）生活驱使型职业流动

生活驱使型职业流动的动机是解决现实生活问题，如上班通勤困难、子女教育、侍奉老人、夫妻两地分居等，现阶段旅游行业的员工，特别是女性员工有这种倾向的占有相当大的比重。旅游企业应该对这一群体给予充分重视，解决他们的现实生活问题，尽可能地留住这部分员工，这对于增强组织的凝聚力，提高组织士气，进而增强企业竞争力具有十分重要的意义。

四、组织与职业生涯的发展

（一）个人职业生涯与组织的关系

1．组织是个人职业生涯存在与发展的载体

在劳动力市场上，个人是劳动力的所有者，是劳动力的供给方；企业要通过劳动力的使用实现经营效益，是劳动力的需求方。双方必须结合，劳动力供给与需求才能平衡。供求结合与实现的过程，是员工让渡自己的劳动力给组织，供组织使用和支配，并与生产资料相结合的过程，也就是员工求职过程和职业活动过程。在这个意义上，员工的职业生涯离开组织需要是难以实现的。

在大多数情况下，人们只有进入组织，才能获得从事职业活动的机会和条件，并使个人职业才能得到发挥。不加入组织，就没有职业位置，没有工作场所，个人的才能再强，也难以发挥，更谈不上实现成功的个人职业生涯。所以，没有组织，就很难实现职业的发展。

2．员工的职业工作是组织存在的根本条件

在诸多生产要素中，员工是唯一能动的要素。没有员工在分工协作体系中各职业岗位上的工作，劳动工具、劳动对象、技术、资金等生产要素都会变成无用之物。员工在推动客体生产要素的过程中，不仅转移旧价值，而且创造新价值。员工的职业工作是企业利润的源泉。显然，如果没有员工，没有员工在组织中各职业岗位上的劳动，便没有组织的存在。

3．组织的发展依赖于员工个人的职业发展

现代企业管理理论普遍认为，企业的成长和壮大，主要取决于科学知识、高新技术以及高水平、专业化的经营与管理，这些都要求有相应素质和能力的员工来承担新的职业工作和胜任新的职业岗位。因此，员工的职业发展，是组织发展的根本保证。

从上述分析可见，组织与员工在职业活动中存在着相互依存、相互作用、共同发展的关系。在职业发展过程中，员工要积极主动地提高自己和开发自己，组织也要积极努力地为员工的职业发展创造条件和提供机会。

（二）职业生涯内涵的变化

简单地讲，传统职业生涯是员工在组织中，从一个特定的工作到下一个工作的一条纵向发展途径，它是基于一种假设，即每一个当前的工作是下一个较高层次工作的必要准备。因此，一名员工必须一级接一级地，从一个工作到下一个工作进行变动，以获得所需要的经历和准备。

但是，传统职业生涯由于以下原因正在发生改变：

第一，组织的结构发生了变化，现在组织的结构趋向于扁平化。减少管理层次，提倡适度分权，提倡以顾客为中心来组织员工，这就要求员工拥有多方面的技能。

第二，旅游业日益加剧的国内、国际竞争和企业间的兼并收购等战略举措，使组织无法提供工作保障，但是组织还是要想方设法地确保员工有机会参与培训项目并获得工作经验。

第三，由于人们对机会认识的普遍提高，以及个人所面临的物质和精神文化生活日益丰富的诱惑，员工对组织的忠诚度正在下降。

表 10-2 给出了传统职业生涯与现代职业生涯在几个主要维度方面的差异。

表 10-2　传统职业生涯与现代职业生涯的比较

维　度	传统职业生涯	现代职业生涯
目　标	晋升、加薪	心理的成就感
心理因素	工作的安全感	灵活的受聘能力
管理责任	组织承担	员工承担
方　式	直线型、专家型	短暂型、螺旋型
专业知识	知道如何做	不断学习如何做
发　展	很大程度上依赖于正式的培训	更依赖人际互助和在职体验

五、职业生涯的主要途径

职业生涯的核心就是实现职业目标的途径。职业生涯的途径大致可以分为四种类型:传统职业途径、网状职业途径、横向技术职业途径和双重职业途径。

(一) 传统职业途径

传统职业途径是员工在组织内从一个层级到另一个层级纵向发展的过程。每一个当前的职务能力是下一个较高层次职务的必要准备,员工必须一级接一级地向上,以获得自身发展所需要的经历,这是实现最终职业目标的准备。例如,一家大型饭店的餐饮部管理人员的传统职业途径,可以是领班→宴会(厅房)领班→中(西)餐厅经理助理→中(西)餐厅经理→餐饮部经理助理→餐饮部经理→餐饮总监→饭店副总经理→饭店总经理。传统职业途径的优点是直线向上,清晰明了,让员工清楚地了解自己向上发展的特定职务序列。这种途径的不足之处在于,上层职务通常少于下层职务,且职务层次排序的方式单一,不一定适合每一位员工的特点,因此,可能产生多人走独木桥的情况,使一些员工走这条途径受阻。

(二) 网状职业途径

网状职业途径是纵向职业发展的职务序列与横向发展的职务机会的综合交叉。这一途径承认某些层次工作经验的可替换性,使员工在纵向晋升到较高层职务之前具有拓宽和丰富本层次工作经验的经历。例如,饭店前厅部的工作需要与客房部衔接的内容最多,为了熟悉彼此的工作流程,保证客人入住饭店所受到的服务流畅、快捷,可以考虑将前厅部的管理人员与客房部的管理人员进行同级别的平行调换,一方面可以丰富其工作经验,保证两个部门今后工作沟通的畅通,另一方面也有助于为员工纵向发展奠定基础。员工培训中提到的关于管理人员"工作轮换"制度正是职业横向发展的具体应用。

网状职业途径比传统职业途径更灵活地为员工提供了在组织中发展的机

会。纵向的和横向的选择交错，减少了在一定时期内职业途径堵塞的可能性。但是，对于员工来说，网状职业途径不及传统职业途径那样明晰、清楚，选择自己想走的职业途径比较困难。

（三）横向技术途径

传统职业途径是向组织中较高层级的升迁。网状职业途径基本上也是职务等级的升迁和为升迁做的准备。这两条途径虽好，但适用面比较窄，主要适用的对象都是未来进入管理阶层的员工。对相当数量的员工来讲，采取横向工作职务调动虽然没有提高职务等级，但可以更新工作内容，开发个人潜力，从而调动工作积极性和主动性，获得职业成就。因此，在现代人力资源开发中，这也是一条重要的职业发展途径。尽管这条途径可能没有晋升，也无加薪，但员工可以使自己获得新的发展机会，因而对于大多数普通员工来讲，是一条有吸引力的行之有效的职业发展途径。

（四）双重职业途径

双重职业途径的实质是使员工通过提高自己的专业知识水平和业务技能，为组织作出更大贡献并提高自己在组织中的地位，增加个人薪酬，但不刻意追求进入管理层。在饭店中，选择双重职业发展途径最具有代表性的工作岗位就是厨师，一方面勤于钻研的厨师大都会成为饭店必须依靠的技术骨干；另一方面现实工作中的厨师文化水平普遍不高，既掌握精湛的烹调技术，又具备较高管理素质的人实不多见。那么，对于厨师队伍就可以采取双重职业发展的途径，以培养技术专家为主，其中发现具有管理能力的人则可以考虑引导其向厨政管理和餐饮管理等管理型职业发展。

双重职业途径不是从合格的技术专家中培养出劣等的管理者，而是使组织既可以培养拥有高技能的管理者，又可以造就拥有高技能的技术人员。在我国，企业实施双重职业发展途径需要解决的问题主要是克服官本位思想，保证员工技术职称评定的公平性和制度化，同时使员工的技术职称与管理架构中的职务等级在薪酬待遇方面能够有所衔接，确保员工不论选择哪一条职业途径，其个人从组织中应获得的利益都是公平的。

第三节　职业生涯设计与管理

一、职业生涯设计的概念

职业生涯设计是指对决定一个人职业生涯的各种主客观因素进行分析、总结和测定,确定一个人未来的工作发展道路,并选择与之相适应的职业,编制相应的工作和培训计划,对各环节的时间、顺序和方向做出科学的安排,从而达到个人发展与组织发展有机的结合。

进行科学的职业生涯设计,必须从主观和客观两个方面考虑。主观方面,涉及个人的价值观、人生观、需求、动机、性格、能力、发展取向等。客观方面,涉及个体所处的社会环境和组织环境。

职业生涯设计的内容包括职业目标、职业发展道路、将要进行的准备工作等。从职业发展角度讲,涉及选择职业、调整职业和更大的职业发展计划;从个体发展角度讲,涉及员工自我认知、知识、技术和能力的开发性培训、行为活动与理念、价值观等几个方面的调整和准备。

二、职业生涯设计的意义

(一)通过职业生涯设计可以明确个人职业发展的目标

现代社会中,职业发展的机会众多,常常使求职者无所适从,缺乏明确的目标,使得不少人在职业发展的道路上走了不少弯路。有了职业生涯发展目标,就会使人在每一天的工作和学习中,都在为这个目标积累资源,创造条件。

(二)职业生涯设计可以帮助员工了解自己的实力、潜力和专业优势

在进行职业生涯规划时,组织不仅要帮助员工正确地认识自我,知己所长、明己所短,而且还要为员工创造机会发现其潜力,并通过一系列的强化措施树立其专业优势。例如,有的旅游企业通过组织演讲比赛、职工文艺活动,发现口才优秀、仪表端庄的员工,就可以考虑对其进行专业化的训练和培养,使之成为旅游企业大型活动和娱乐部门的专业主持人,直至公关活动代言人。

(三)职业生涯设计有利于制订更为科学、合理的培训开发计划

当作为新员工进入企业时,每一个人都会有自己的发展愿望和计划,即对哪些工作有兴趣、希望两年后做什么、五年后做什么、成为什么样的人才、朝哪个专业发展等,但是并不是所有的人都会具备与组织的人力资源动态需求相吻合的知识和能力,只有通过职业生涯设计,企业才有可能帮助员工认识和发现其职业发展道路的每一个阶段所必须接受的训练与开发。

(四)职业生涯设计有利于人尽其才,避免人力资源的浪费

个人制定的职业发展目标和职业生涯规划能否实现,除了个人主观努力以外,还需要组织创造外部条件。因此,组织应该了解每一位员工的气质、性格、能力、兴趣、价值观和理想等,特别要了解员工个人的职业发展规划和设想,从而为他们创造实现职业目标的环境和条件。

三、职业生涯设计的原则

(一) 具体性原则

职业生涯设计必须是针对某个特定个体所进行的具体的职业指导。每个员工所处的具体的职业发展阶段不同,能力、性格、职业发展愿望等特点因人而异,每个员工所处的组织环境也有所差异,因此在进行职业生涯设计时不能搬用其他人的职业发展模式,职业生涯设计必须是具体的、因人而异的。

(二) 清晰性原则

为员工设计的职业发展目标以及接近与达到目标的措施必须是清晰且明确的,实现目标的步骤也应直截了当地提出。

(三) 现实性原则

在进行职业生涯设计时,必须要考虑到员工自身的特征、社会环境、组织环境以及其他相关因素,选择现实可行的目标和途径。

(四) 连续性原则

员工的职业发展历程是一个连贯衔接的统一体。在进行职业生涯设计时不能割断个体的完整的职业发展历程,而应该通过职业生涯设计尽可能帮助员工实现职业的可持续发展。

(五) 可度量性原则

职业生涯设计不但应规划出总的职业发展目标,还应制定具体的阶段性步骤,要有明确的时间限制和标准,以便在达到职业生涯目标的过程中随时进行阶段性的度量和检查,随时掌握执行的情况,以便为职业生涯目标的调整提供信息。

四、职业生涯设计的步骤

(一) 自我评价

职业生涯设计的第一步是由企业向员工提供自我评价的帮助。自我评价是指员工通过各种信息来确定自己的职业兴趣、价值观、性格和行为倾向的一个认识自我、了解自我的过程。只有正确地认识了自我,才有可能对自己的未来职业发展做出正确的分析和选择,确定适合自己发展的职业生涯途径。因此,对个人特征进行评价和分析,是职业生涯设计中的一个重要环节。

对个人特征进行分析主要有测试法和自我反思法两种。测试法是综合利用心理学、组织行为学和人才学等学科的理论、方法和技术,对人的能力水平及倾向、个性特点和行为特征等进行系统的、客观的测量和评价。自我反思法主要是通过自己的回顾和别人对自己的反应来认识个人特征。测试法比较系统、客观,但必须依赖特定的工具;自我反思法简便易行,但通常会受到个体认识自我的能力和一些偏见的影响。

（二）职业环境与职业发展机会评估

职业环境与职业发展机会评估是指员工从组织获得信息，了解职业环境和职业发展的机会，主要是分析组织内外界环境因素对个体职业生涯发展的影响。

1. 社会环境分析

对社会环境的分析主要包括对如下因素的分析：

（1）社会各行业对人才的需求状况。随着社会经济的发展，企业对各种人才的需求也在不断变化。例如，随着信息技术的发展和在旅游企业经营管理中的普及应用，旅游企业管理者的计算机应用能力变得越来越重要。对这方面信息的分析可以使员工认识到自己目前所具备的知识和技能是否为社会所需要，需求程度如何，自己应在哪些方面学习和提高才能适应社会的需要。

（2）社会中各种人才的供给状况。对人才资源供给状况的分析实际上是在分析人才竞争的状况。对这些信息的分析，可以使员工认识到与自己竞争相似职业的人的状况，自己与他人相比较优势在哪里、不足在哪里，如何才能在竞争中取得优势。

（3）国家政策。对国家有关政策的分析，特别是有关产业政策的分析，可以使员工了解到一些新的事业机会，以便在进行职业生涯设计时利用这些机会。

（4）社会价值观的变化。不同时代有不同的社会价值观，人们在从事职业时也需要得到社会的认同。了解社会价值观，有利于在职业生涯设计时做出与社会价值观相一致的职业选择。

2. 组织环境分析

许多员工是在一定的组织中进行职业发展设计的，这时所要考虑的因素主要有：

（1）组织的特色，包括组织文化、组织规模、组织结构和组织中的人员状况等。

（2）组织发展战略，主要包括组织未来发展的目标是什么，有什么阶段性的发展目标，目前组织处于何种发展阶段等。

（3）组织中的人力资源状况，包括组织目前的人员年龄结构、专业结构、学历结构是什么样的，组织的人力资源开发政策是怎样的，组织会针对员工发展采取哪些行动等。

通过对组织环境的分析，员工可以确认该组织是否是自己所偏好的职业环境，自己在组织中的发展空间和发展机会如何，从而决定是在该组织中寻求发展，还是脱离该组织而到其他组织中寻求发展，哪些类型的组织将是适合自己未来发展的组织。

（三）目标设定

目标设定是指员工形成长短期职业生涯目标的过程，是职业生涯设计的核心。员工通过对个人特征的分析和内外环境的分析，不仅认识了自己，同时也了解了内外环境中的职业发展机会，从而根据自身的特点和环境条件为自己选择职业目标。

职业生涯目标的选择，一方面应该是实际可行的，也就是通过自己的努力可以达到的；另一方面，职业生涯目标应该是具有挑战性和激励性的，也就是说职业生涯目标应该是立足于目前的现状，同时又高于个体目前的现状，是付出努力才能够达到的，激励个体不断发展和提高自己。

职业生涯目标通常可以分为短期目标、中期目标和长期目标。短期目标通常为一年以内的目标，中期目标通常为三年到五年的目标，长期目标通常为五年到十年的目标。

（四）职业生涯路径的确定

职业生涯路径是对前后相继的工作经验的客观描述，而不是对个人职业生涯发展的主观感觉，组织可以按职业生涯路径来调整员工的工作，训练和开发其担任各级职务和从事不同职业的广泛能力。职业生涯路径包括了一个个职业阶梯——由初级到高级，主要描述某一职业个人发展的一般路线或理想路线。

（五）职业生涯行动规划

职业生涯行动规划是指员工为了达到长短期的职业生涯目标应采取的措施。在行动规划中主要包括通过什么样的途径来开发和提高自己与目标相关的知识与技能。开发和提高的方式和方法是多种多样的，主要有自我学习、系统培训、观摩和考察、专题研讨会、互助学习或申请组织内的空缺职位等。

（六）评估与反馈

在行动的过程中，需要通过不断的评估与反馈来检核与评价职业生涯行动的效果。在职业发展的过程中，往往需要不断地对职业发展计划进行调整。这种调整可能是对具体的行动计划的调整，也可能是对职业生涯途径的调整，甚至可能是对职业生涯目标的调整。

五、旅游企业在员工职业生涯设计中的作为

每一位有责任感的员工，都会在不同的时期设计、调整自己的职业生涯；每一个重视人力资源并且追求规范化管理的旅游企业，都应该积极地考虑设计旅游企业中各种职业的衔接与发展序列。旅游企业在员工的职业生涯设计中，应

当采取适当的方式加以引导和促进,并给予积极的帮助。

(一)提供全面的职业信息

在进行职业生涯设计之前,员工首先希望得到有关职业情况和职业机会的信息。而及时、准确地提供职业信息,是旅游企业做好职业管理、促进员工职业发展义不容辞的责任。

1. 提供职位规范和职位说明

职位分析作为人力资源管理最基础性的工作,对工作的职责、与其他工作的关系、所需要的知识和技能等都进行了研究,而这些成果的文字性表述就是职位规范和职位说明,这些信息对于员工的职业生涯设计是必不可少的参照依据。

2. 提供绩效考评信息

旅游企业将员工绩效考评情况和结果反馈给本人,有助于员工全面正确地认识自己在工作中的优势与缺陷,通过对照职位规范和职位说明,找出个人与职业要求的差距,明确今后的职业发展方向和途径。

3. 提供调整职业所需要的信息

当员工在组织中工作一段时期后,由于工作绩效不理想或个人条件不允许,可能会对自己所选择的职业产生怀疑,进而希望调换工作职位。员工选择新的职业需要旅游企业提供以下必要的信息:

- 新的职业工作内容与其他工作是如何衔接、配合的。
- 调整职业对员工所受教育和工作经历的要求。
- 未来职业的发展机会。

4. 及时通报旅游企业管理架构、职位和职业变化的信息

当旅游企业的经营业务、管理架构、职位和职业发生变化时,员工的职业生涯或多或少都会受到影响。为了使员工的职业生涯能够跟上旅游企业的变化与发展,旅游企业应该针对这些变化,阐明需要员工调整职业生涯的措施。

(二)咨询和指导

1. 有针对性地帮助分析

有条件的旅游企业可以聘请人力资源管理方面的专家,为员工职业生涯设计提供咨询,帮助员工进行实事求是的客观分析,指导其依据自己的实际情况、职位规范和职位说明以及旅游企业的需要,确定职业目标。

2. 垂直沟通,消除职业发展障碍

旅游企业应该建立员工职业生涯沟通机制,使上级与下级能够充分交换意见,就员工的职业生涯计划和途径达成共识。

六、员工职业生涯管理

员工的职业生涯管理是旅游企业与员工双方的责任，必须由旅游企业与员工分别做好职业生涯管理的份内工作，努力合作、紧密配合、共同完成对员工个人的职业生涯管理与开发。不同的员工所处的职业生涯阶段和旅游企业发展阶段在不断变化或特点各异，因此旅游企业对其员工的职业生涯管理是一种动态管理，是贯穿于员工职业生涯发展的全过程和旅游企业发展变化的全过程的动态过程。旅游企业对员工职业生涯的有效管理应当随着主、客观条件的变化而调整，一切从实际出发，因地制宜地实施运行。旅游企业员工职业生涯管理的具体内涵可以用图 10-1 表示。

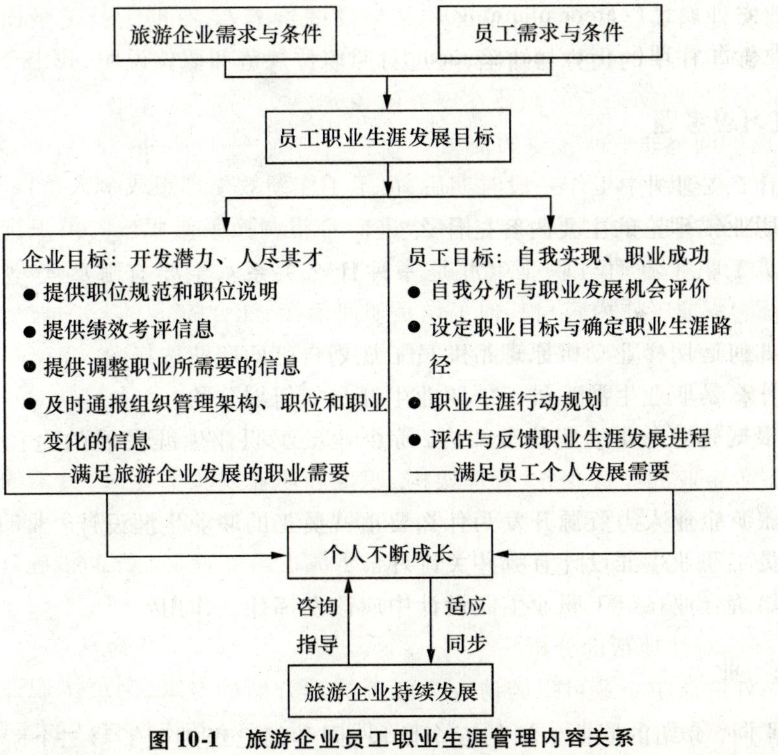

图 10-1　旅游企业员工职业生涯管理内容关系

就旅游企业而言，员工职业生涯管理实际上是研究旅游企业发展过程中产生的职业需求，与员工理想抱负主导的个人职业发展需求之间的关系及其相互适应规律的科学。一个旅游企业要对其员工进行有效的职业生涯管理，必须系统地分析和研究员工个人因素（个人的生理特质、心理特质、学历、资历、家庭背景等)、环境因素(社会、政治、科技、经济、文化等)和组织因素(服务理念、目标任务、产品特点、市场组合、组织结构、管理机制、企业文化、薪酬福利、员工关系、发展策略等)。

关键术语

职业(career)
职业选择(career choices)
职业锚(career anchor)
职业流动(career mobility)
职业途径(career path)
职业生涯设计(career planning)
职业生涯管理(career management)

复习思考题

1. 什么是职业?
2. 职业锚理论的主要内容是什么?
3. 员工职业流动与职业生涯是一种什么关系?主要有哪些类型的职业流动?
4. 如何运用择业动机原理帮助员工规划自己的职业选择?
5. 什么是职业生涯?员工的职业生涯是如何划分的?
6. 根据旅游企业的职位分布,旅游企业员工职业生涯发展的途径可以有哪些?
7. 旅游企业人力资源开发为什么要重视员工的职业生涯设计?
8. 员工职业生涯设计有哪些关键环节?
9. 旅游企业在员工职业生涯设计中应该发挥什么作用?

课　业

根据本章介绍的职业生涯的五个阶段,同学们已经进入了第二个阶段——“进入工作阶段”,回顾从“成长阶段”到现在,自己的职业兴趣和志向发生过哪些变化?是哪些因素影响了你?请在分组讨论中坦诚说明,并围绕“选择理想的企业比挑选满意的职业更重要”这一命题发表自己的观点。

案例学习

中国高端酒店的人才争夺战

"对于新开酒店,采购和人力资源是两大问题。"上海千禧海鸥大酒店(下称"千禧")人事经理徐雅珍告诉《第一财经日报》,由于前期准备和酒店运营目标,新开酒店需要60%—70%的成熟经验型员工,人员缺乏问题在很多新开酒店相当明显。

上海千禧海鸥大酒店是新加坡"千禧"进军中国的首家五星级酒店,其后该品牌酒店扩张的进度在很大程度上会参照首店状况进行部署,这使上海首店的人力资源部压力倍增。"经过很大努力,目前酒店经验型人员比例达到60%以上,算是新开酒店中比例很高的了。"徐雅珍表示。

"现在一个有2—3年酒店经验的人,一出去马上就被其他酒店抢走了。"洲际酒店集团大中华区品牌公关及传媒经理陶悦告诉《第一财经日报》。陶悦认为,高端酒店对人才的要求是高于其他行业的,所以经验型人才相当难找,简单的高薪策略未必有效,"目前上海高端酒店里,开出年薪10万元招聘不到一个厨师长是常事"。

"我们需要让员工体会到我们的企业文化是将员工放在重要地位。"上海JW万豪酒店人力资源总监告诉《第一财经日报》。万豪有一套完整的员工培训体系,让员工有机会到集团下属的其他酒店进行实践交流,且对员工有一项个人升职发展计划,让员工体会到加入万豪工作是有发展前景的。

徐雅珍也向《第一财经日报》透露,目前公司正计划捐助一些品学兼优但经济条件不好的学生念书,而这些学生可能成为"千禧"今后的员工。"假如这些学生日后为我们集团服务,其对企业的忠诚度会相当高。"

在各大酒店企业绞尽脑汁的人才争夺战中,就业机会接踵而来,于是"人才"们开始频繁跳槽。"原本要做1—2年才能升到的职位,现在由于人才紧缺,可能几个月内跳个槽就可以得到了。"分析人士向记者指出了酒店人才争夺战造成的一个现象。

一些才做几个月服务员的员工到下一个酒店时马上就会被升为领班,接下来再跳槽,就可能变成部门经理了。

除了过多的就职机会,高等学府出身的酒店业新人对自身职场生涯起步点定得颇高也是造成频繁跳槽的一大原因。不少旅游类专业毕业的高校生表示,自己有高学历,不甘于做一线服务员,所以一有机会,马上就"往高处走"。

记者在采访过程中,遇到过一个真实案例,一位从事酒店公关工作的女孩,一年内跳槽4次,职位连升几级,薪水增了一万多元。

"这是一个恶性循环,一年内跳槽4次,尽管看上去服务了4家酒店,但实际上,她根本不具备做管理层的能力,这种拔苗助长型的人,是会对酒店带来伤害的。"雅高酒店集团人力资源部有关负责人表示,酒店业不同于其他行业,任职中高管理层的人最好是有一线工作经验的,但这需要多年的培养。

"频繁跳槽不是好事,这类人的决策和个性会影响到其下属,使整个部门都处于不稳定的状态。"有着25年在大型连锁酒店工作经验的上海世贸皇家艾美酒店总经理Akram Touma认为。

尽管如此,高端酒店人员频繁流失状况似乎避无可避。有数据显示,不少高端酒店不定期地有10%的人才流失比例,有些酒店人才流失比例甚至高达20%—30%。为了挽留和招聘员工,酒店得付出更多的成本去增加员工福利与薪水。

分析人士指出,专业教育严重滞后是问题的源头所在。从职业教育上看,走的是"低端路线",以培养基层服务人员为主,管理人员的培养几乎是空白。从高等教育上看,走的是"高层路线",过高的培养目标和过宽的专业设置,导致学生学习目标不明确,专业能力不突出,虽有理论素养,却眼高手低,难当大任。

业界认为,这些"并不完美"的人才频繁跳槽更是造成恶性循环,其看似风光的头衔下,其实并没有太多的专业内在。假如长此以往,中国酒店业人才素质会有一定程度的下降。Akram Touma认为,从业人员一定要端正心态,在实践中一步步提升耐心。短期逐利行为可能会对个人和酒店造成长期发展的伤害。

资料来源:乐琰.数十万缺口高端酒店开打人才争夺战[N].第一财经日报.2006-11-13

案例思考

1. 高端酒店人才争夺对中国酒店人力资源市场有什么影响?

2. 旅游专业的大学生如何结合"高端酒店人才争夺的现状"规划自己的职业生涯?

3. 现阶段中国高端酒店人才争夺所采取的策略,你认为哪些对大学毕业生有吸引力?为什么?

参考文献

1. 董克用.人力资源管理概论[M].北京:中国人民大学出版社,2007.

2. 赵西萍.旅游企业人力资源管理[M].天津:南开大学出版社,2001.

3. 李志刚.饭店人力资源管理[M].北京:中国旅游出版社,2005.

4. 余昌国.旅游人力资源开发[M].北京:中国旅游出版社,2003.

5. 罗旭华.实用人力资源管理技巧[M].北京:经济科学出版社,1998.

6. 吴国存,李新建.人力资源开发与管理概论[M].天津:南开大学出版社,2001.

7. 萧鸣政.人力资源管理[M].北京:中央广播电视大学出版社,2001.

8. 郑绍濂等.人力资源开发与管理[M].上海:复旦大学出版社,1995.

9. 陈远敦,陈全明.人力资源开发与管理[M].北京:中国统计出版社,1995.

10. 陆国泰.人力资源管理[M].北京:高等教育出版社,2000.

11. 于桂兰,魏海燕.人力资源管理[M].北京:清华大学出版社,2005.

12. 高舜礼.中国旅游业对外开放战略研究[M].北京:中国旅游出版社,2004.

13. 孙宗虎,肖书民.旅行社管理流程设计与工作标准[M].北京:人民邮电出版社,2004.

14. 孟秀勤,史召杰主编.国际化人才战略与开发:首都国际化人才发展论坛文集[C].北京:中国人民大学出版社,2006.

15. R.韦恩·蒙迪,罗伯特·M.诺埃.人力资源管理[M].北京:经济科学出版社,1996.

16. 刘易斯·C.小福雷特斯.餐旅业人员培训[M]·北京:旅游教育出版社,1990.

17. E.H.施恩.职业的有效管理[M].上海:生活·读书·新知三联书店,1992.

18. 唐·约翰逊.旅游业人力资源管理[M].北京:电子工业出版社,2004.

19. 约翰·W.纽斯特罗姆,基斯·戴维斯.组织行为学[M].北京:经济科学出版社,2000.

20. D.E.伦德博格,J.P.阿玛塔斯.旅游饭店人事管理[M].杭州:浙江摄影出版社,1991.

21. 富兰克·M.戈,玛莉·L.蒙纳彻罗,汤姆·鲍姆.酒店业人力资源管理[M].大连:大连理工大学出版社,2002.

22. Peter Boxall, John Purcell. *Strategy and Human Resource Management* (2nd Edition). Macmillan Publishers Limited, 2007.

23. Robert H. Woods. *Managing Hospitality Human Resources* (4th Edition). Educational Institute of Am. Hotel & Motel Assoc, 2006.

24. Mary L. Tanke. *Human Resources Management for the Hospitality Industry* (2nd Edition). Cengage Learning, 2000.

25. Robert S. Kaplan, David P. Norton. The Balanced Scorecard: Translating Strategy into Action. Harvard Business School, 1996.

26. Dennis Nickson. *Human Resource Management for the Hospitality and Tourism Industries* (2nd Edition). A Butterworth-Heinemann Title, 2007.